市域铁路规划与运营管理

刘建红　主编

西南交通大学出版社
·成 都·

图书在版编目（CIP）数据

市域铁路规划与运营管理 / 刘建红主编. —成都：西南交通大学出版社，2021.9
ISBN 978-7-5643-8266-7

Ⅰ. ①市… Ⅱ. ①刘… Ⅲ. ①城市铁路 – 铁路线路 – 规划②城市铁路 – 运营管理 Ⅳ. ①U239.5

中国版本图书馆 CIP 数据核字（2021）第 190291 号

Shiyu Tielu Guihua yu Yunying Guanli
市域铁路规划与运营管理
刘建红　主编

责任编辑　周　杨
封面设计　曹天擎

出版发行　西南交通大学出版社
（四川省成都市金牛区二环路北一段 111 号
西南交通大学创新大厦 21 楼）
邮政编码　610031
发行部电话　028-87600564　028-87600533
网址　http://www.xnjdcbs.com
印刷　成都市金雅迪彩色印刷有限公司

成品尺寸　185 mm × 240 mm
印张　20.5
字数　374 千
版次　2021 年 9 月第 1 版
印次　2021 年 9 月第 1 次
定价　128.00 元
书号　ISBN 978-7-5643-8266-7

编委会

主　　编： 刘建红

副 主 编： 曲思源　饶雪平　陈望桂　侯　悦　刘智平

参编人员： 张海东　王法武　郭也清　于荣喜　刘　富

陆　云　王亚丽　赵俊骎　刘　洋　柏　锋

李　政　周　期　罗志刚　黄玲珍

序言

PREFACE

市域铁路作为连接城市中心城区和周边城镇、服务通勤客流为主的轨道交通系统，具有运量大、速度快、公交化、能耗低等特点，对优化城市规划功能布局、解决城市中心城区拥堵、实现城市交通碳中和目标、促进城市可持续发展具有重要作用。

我国市域铁路虽然起步较早，但后来由于各种原因发展停滞，市域铁路尚未形成一个独立的标准、规划、建设、运营的轨道交通层级。近几年随着国家新型城镇化战略的加快推进和长三角、珠三角、京津冀等区域现代化都市圈的形成，北京、上海、广州、深圳、成都、重庆等一些大城市借鉴国际大都市经验积极探索建设市域铁路，国家层面也连续出台政策明确支持市域铁路发展，提出要打造“轨道上”的都市圈和 1 小时通勤圈，市域铁路进入了新的发展阶段。

随着市域铁路在规划和运营管理等方面的研究和实践不断深入，需要从多方面进行梳理和总结。刘建红主编的《市域铁路规划与运营管理》可以说是目前国内这方面最为全面系统的专著之一。中铁上海设计院集团有限公司作为较早参与市域铁路规划的设计单位，全面参与了上海市域铁路的线网规划、标准编制和工程设计等工作，作者具有丰富的理论和实践经验，以上海市域铁路线网规划为基础，以《市域铁路运营模式与管理研究》等课题为依托，结合《上海市域铁路设计规范（试行）》规范编制以及机场联络线、嘉闵线等项目工程设计，从都市圈与市域铁路的关系分析市域铁路的特征，对国内外市域铁路规划与运营管理实践和市域铁路设施设备、互联互通等问题进行了深入研究分析，对利用既有铁路开行市域列车和新建市域铁路的运营与管理进行了全面阐述，最后对市域铁路的发展与展望提出了独到见解，形成了这本集专业性、知识性于一体的著作。这是一项很有现实意义的工作，我相信本书的出版有助于进一步推动市域铁路的理论研究和实践创新，促进市域铁路和现代化都市圈高质量发展。

张建平

2021 年 8 月

前言

PREFACE

进入21世纪，随着城镇化速度的加快和人口集聚效应，我国中心城市的规模也越来越大，城市周边郊区人口的不断增长、基础设施的加快建设以及职能的不断完善，超特大城市周边渐渐形成了一定规模的卫星城镇，有的已发展成为城市副中心，以中心城区为核心的现代多中心城市，正在逐渐替代原来的单中心城市。随之而来的是城市中心与周边城镇（含卫星城、新城、组团等）以及大城市与周边经济联系密切的城市之间出行需求逐步增多，逐渐形成一定规模的通勤客流。市域铁路作为通勤化、快速度、大运量的轨道交通系统，是服务市域及都市圈快速出行的重要方式，对扩大交通有效供给，缓解城市交通拥堵，改善城市人居环境，优化城镇空间布局，促进新型城镇化建设，具有重要作用。

20世纪80年代，我国利用既有干线铁路开行市域列车的方式曾经获得了一定的发展，但由于各方面原因其发展势头并未得到延续。近年来，随着大城市郊区和卫星城的发展，城市交通体系中需要建设长距离、大容量、快速度的轨道交通，市域铁路又慢慢开始得到关注。北京、上海等特大城市纷纷开始对市域铁路进行规划研究，并开始建设。我国“十三五”规划和《城镇化地区综合交通网规划》等规划中也都提出在城镇化地区要发展市域铁路，形成多层次轨道交通网络。为优化城镇空间布局、缓解城市交通拥堵，我国一些大城市在借鉴国际经验的基础上开始发展市域铁路，但其规模尚不充足，发展模式尚不清晰，服务质量有待提升，发展理念和体制机制有待完善，市域铁路建设和运营管理缺乏理论研究和实践指导，这些都制约了市域铁路的健康发展。

2021年2月24日，中共中央国务院印发《国家综合立体交通网规划纲要》中明确提出：加快建设高效率国家综合立体交通网主骨架，京津冀、长三角、粤港澳大湾区和成渝地区双城经济圈4个地区作为极。交通基础设施质量、智能化与绿色化水平居世界前列。交通运输全面适应人民日益增长的美好生活需要，有力保障国家安全，支撑我国基本实现社会主义现代化。《国家综合立体交通网规划纲要》呼应着我国城市发展的趋势，即打破过去割裂式、个体式、孤立式的单体城市发展模式，转向更加强调协同式、和谐式的区域发展模式。市域铁路在新时代被赋予了新的内涵，市域铁路的建设需要有系统、完整、权威的规划、设计、建设、验收以及运营管理的基础理论。

本书主要内容为市域铁路的规划和运营管理两大方面，共分为 7 章。第 1 章主要讲述了都市圈与市域铁路的关系，从市域铁路的功能定位与都市圈发展规律的匹配性，以及市域铁路对都市圈的影响进行了全面分析；第 2 章对国外典型大都市圈轨道交通以及市域铁路发展现状进行全面调研，并由此总结出可以用于国内市域铁路发展借鉴的经验；第 3 章对国内市域铁路发展现状和规划进行了调研和归纳，阐述了目前国内市域铁路发展规划存在的不足，并提出了发展建议；第 4 章主要对新建市域铁路的主要线路设施、系统设备以及车辆设备进行了调研和归纳，对轨道交通之间的互联互通进行了需求分析，并对“四网融合”提出了发展展望；第 5 章主要对利用既有铁路开行市域列车的意义和存在问题进行了全面分析，并对利用既有铁路开行市域列车的创新模式方面进行了分析，并列举了国内如金山铁路等几个利用既有铁路开行市域列车的典型案例分析；第 6 章是本书的重点内容，主要对市域铁路的运营管理从客流分析、列车开行方案、运营管理模式、调度指挥、票务管理、动车管理以及典型案例进行了全面阐述；第 7 章对市域铁路发展优势、发展对策等进行了全面阐述，并对市域铁路发展未来进行了展望。

本书由中铁上海设计院集团有限公司市域铁路研发中心组织撰写，并邀请中国铁路上海局集团有限公司运输部曲思源正高级工程师加盟。主要针对利用既有线开行市域列车和新建市域线路规划与运营管理进行描述，特别是把“长三角”市域铁路运营管理与组织方面的精细、超前管理等理念和做法加以分析，总结市域铁路运营组织与管理的相关规律，在研究和探讨现代铁路运营管理方法中进行了有益的尝试，反映了目前市域铁路规划与运营方面的真知灼见以及研究成果，本书编写组充分吸收和借鉴并有所创新，但鉴于资料收集的限制以及作者业务视野的局限性，书中不妥之处在所难免，敬请广大读者批评指正。

2021 年 8 月

目 录

第 1 章　都市圈与市域铁路

1.1　都市圈与市域铁路的联系

近年来，随着新型城镇化进程的不断推进，对城市发展理念和发展思路的认识日渐成熟，我国已进入大城市向“都市圈”发展的新阶段。都市圈是城市群内部以超大特大城市或辐射带动功能强的大城市为中心、以 1 小时通勤圈为基本范围的城镇化空间形态，“都市圈”侧重于核心城市功能的外溢和疏解，强调通勤联系。城市群、都市圈的发展情况关乎城镇化发展的质量，是未来资源要素集聚、经济增长与社会发展的载体，而市域铁路能对塑造都市圈的空间形态、提升都市圈的经济实力、优化产业和人口格局、打造更宜居生活环境等方面有着重要的作用。

1.1.1　都市圈的发展及特征

1. 都市圈的发展规律

都市圈的形成与发展有其需要遵循的内在规律，可以分为三个阶段：核心城市的壮大，都市圈的形成与都市圈向城市群的转化，如图 1.1 所示。

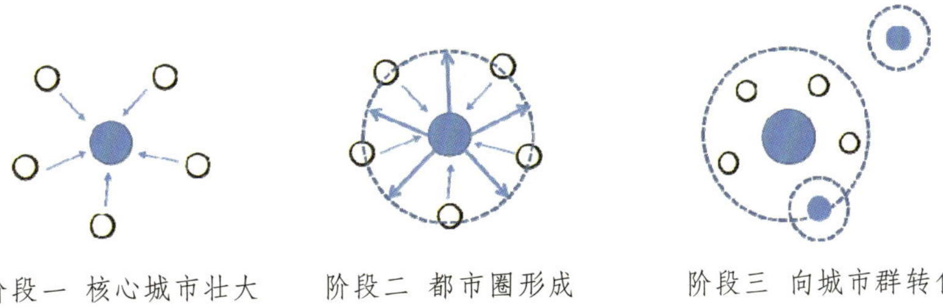

图 1.1　都市圈发展示意图

2. 都市圈的特征

国内外对都市圈的空间界定理论与方法主要有两大类，即从空间分布、群体联系上界定。根据发达国家的经验，都市圈一般具有以下特征：

（1）由 1 ~ 2 个人口在 200 万以上的特大城市作为中心城市，地区生产总值一般可占到圈内的 1/3 到 1/2 以上，是整个区域城市体系的核心与枢纽。

（2）圈内的大中城市围绕中心城市基本成圈层状布局，等级规模体系相对合理。

（3）圈与圈之间的经济发展具有相对独立性，但圈内各城市间的分工和合作非常密切，并且产业结构呈现综合、多元和开放的趋势，具有较强的创新能力和结构转换能力以及国际市场竞争能力。

（4）都市圈以密集的基础设施网络作为支撑系统，并且以中心城市为核心向外延伸。

（5）特大型城市的通勤都市圈范围为 50 ~ 80 km。

1.1.2 我国城市群与都市圈的战略发展

我国正迈向以超大城市为带头的都市圈和城市群发展。至 2020 年我国城镇常住人口为 9.02 亿人，城镇化率为 63.89%。我国作为快速发展中的大国，其城市化进程日益加快，城市群已渐渐形成，已逐渐形成包括长三角、珠三角在内的 22 个城市群。其中，长江中游、哈长、成渝、长三角、中原、北部湾、关中平原 7 个城市群已成为获国务院批复的国家级城市群。

2015 年，我国市辖区人口超 500 万的特大城市有 12 个，其中人均 GDP 超万元的城市全部分布在京津冀、长三角、珠三角、长江中游和成渝地区等经济发达地区，特别是诞生在长三角城市群之间的上海大都市圈，是我国城市化率最高，经济最发达的地区，而且长三角城市群之间还有若干个不同等级的都市圈正在形成，如：南京、合肥、杭州、宁波都市圈等。最早的长三角，只有上海、杭州、南京、苏州、无锡、宁波等 15 个主要城市，主要位居江浙沪三地，以上海为中心，构成环沪城市群。

2016 年，长三角城市群规划获批。安徽合肥、芜湖、马鞍山、铜陵、安庆等城市获得“入长资格”，长三角城市群规模扩大到 26 城。2018 年以来，随着长三角一体化上升为国家战略，铜陵、安庆、蚌埠、阜阳等安徽城市全部纳入长三角范围，长三角最终扩容到“三省一市”，共计 41 个城市。

2019 年 11 月，长三角城市经济协调会召开，会议通过了《关于吸纳蚌埠等 7 个城市加入长三角城市经济协调会的提案》，黄山、蚌埠、六安、淮北、宿州、亳州、阜阳 7 个城市加入协调会。这意味着，安徽全部地市正式“入长”，长三角再度扩容。

珠三角城市群随着《粤港澳大湾区发展规划纲要》国家发展战略的实施，包括香港特别行政区、澳门特别行政区和广东省广州市、深圳市、珠海市、佛山市、惠州市、东莞市、中山市、江门市、肇庆市，总面积 5.6 万平方公里，2017 年末总人口数约为 7000 万，是我国开放程度最高、经济活力最强的区域之一，在国家发展大局中具有重要战略地位。

京津冀城市群处于河北与京津两地，其中北京和天津等城市无论是地理区位、政治地缘还是经济发展上都早已密不可分，三个城市群及群内都市圈发展规划如图 1.2 所示。

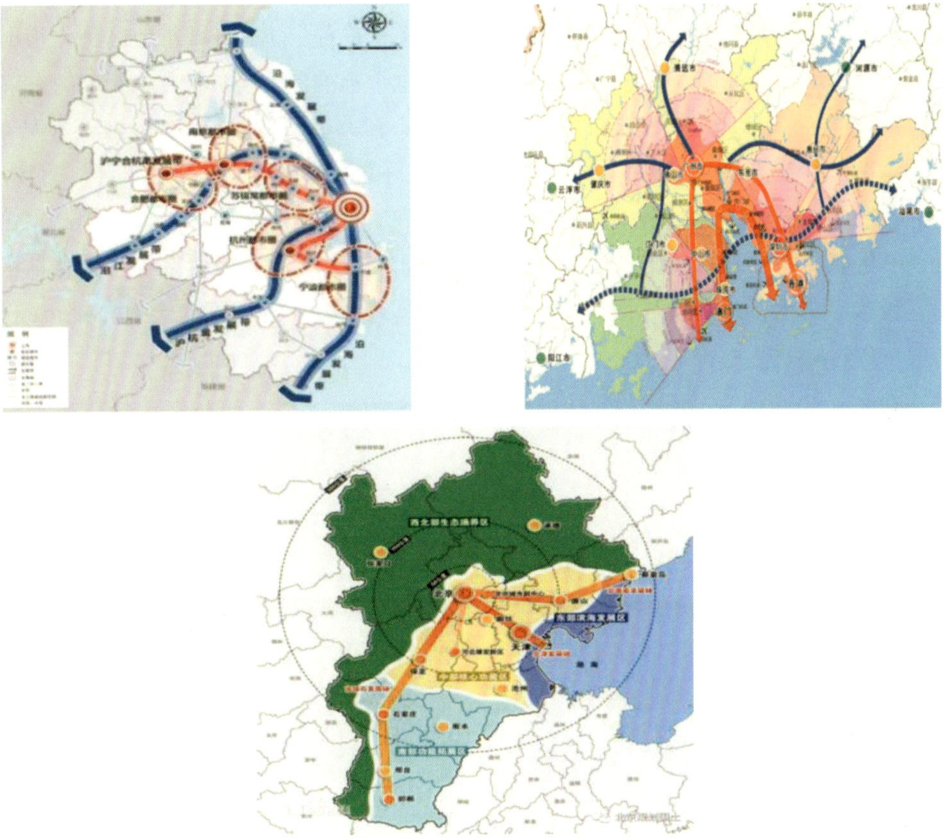

图 1.2　长三角、珠三角、京津冀城市群及群内都市圈发展示意图

作为全国经济发展龙头的沿海三大城市群，有这样一些共同特点：人口相对密集而且持续流入，与外部市场有便捷的联系，整体对外开放度比较高，人居环境比较好。在城市群里，又出现了许多更小层级的都市圈，比如长三角城市群里，有以上海为中心的上海都市圈；以杭州、嘉兴、绍兴、湖州组成的杭州都市圈；以南京、镇江、扬州组成的南京都市圈；以宁波、舟山、台州组成的宁波都市圈；以苏州、无锡、常州组成的苏锡常都市圈；还有以合肥、芜湖、马鞍山组成的合肥都市圈等。

1.1.3 发展市域铁路对都市圈的影响

1. 扩大都市圈联系范围

需要指出的是，“都市圈”的形成是中心城市与周围地区资源要素双向流动的结果，其突出特征是“都市圈”内的区域具有通勤联系。从东京、纽约等国际上比较成熟的“都市圈”来看，“都市圈”的最远距离基本稳定在 50 km 左右。日本将城市地区称作市街地，即人口密度不小于 4000 人/平方公里的地区。按照这个标准制作了如图 1.3 所示的东京“都市圈”的成长图。可以看出，东京“都市圈”是从小到大逐步发展起来的，其半径从 1920 年的 10 km，发展到 1980 年的 50 km 左右，且从 1980 年开始，其长轴半径一直稳定在 50 km 附近（短轴半径为 30 km 左右）。东京“都市圈”的长轴半径二十多年都稳定在 50 km 附近，不是偶然的，它与人们日常生活规律、通勤范围、交通运输效率等因素息息相关。此外，城市经济水平、房价、居民收入、交通工具运输效率等因素也会对“都市圈”范围造成一定影响。

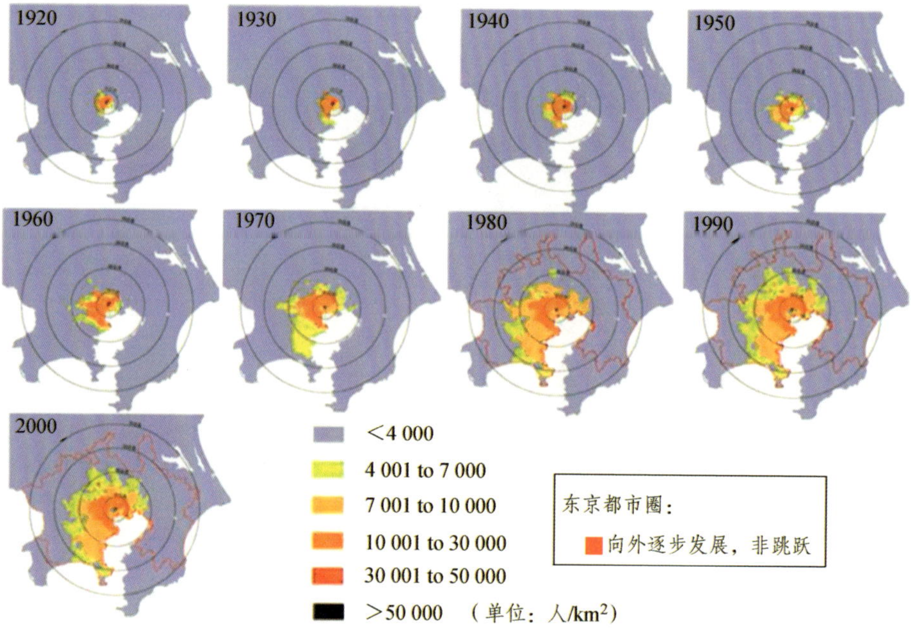

图 1.3 东京都市圈发展历程

“都市圈”中绝大多数人都属于常态居民，他们要上班、上学和回家，业余时间还有休闲娱乐的需求。同时，人们对于通勤时间长度的忍耐性也是有限的，绝大多数人对通勤时间的最长忍耐度一般不超过 1 小时。国家发改委在发布的《关于培育发展现代化都市圈的指导意见》中，对都市圈的定义是城市群内部以超大特大城市或辐射带动功能强的大城市为中心、以 1 小时通勤圈为基本范围的城镇化空间形态，重点强调了 1 小时通勤圈的量化指标。但 1 小时通勤圈并不等于 1 小时交通圈，比如我国高铁 1 小时可以承担 200 ~ 300 km 的运输需求，但由于高速铁路价格较高，居民难以承担每天高铁上下班的经济成本，所以通勤圈不可能无限制扩大。

这就是尽管交通运输效率较过去有了长足提升（如高铁等），但都市圈的半径并没有出现无限制增长的主要原因。因此，大“都市圈”的长轴半径稳定在 50 km 附近有其客观规律性，即通勤圈的大小决定着都市圈的大小。这一点，从图 1.4 所示日本首都交通圈轨道交通所示半径恰是 50 km 左右中可以得到证明，法定的东京“都市圈”居民出行调查的范围（即通勤圈范围）就是这个范围。

图 1.4　日本首都交通圈轨道交通网络示意图（不含地铁）

2018 年，北京通勤圈城市区域（人口密度不小于 4000 人/平方公里）的半径也仅在 30 km 左右，上海、深圳、广州等通勤范围更小，参见图 1.5。借鉴国外都市圈成长经验和实践，北京“都市圈”未来的长轴半径稳定在半径 50 km 是极有可能的，其范围中近期就是北京平原区，远期个别主要发展轴或将延伸到半径 50 km 范围，如廊坊的北三县地区，有较大发展空间。

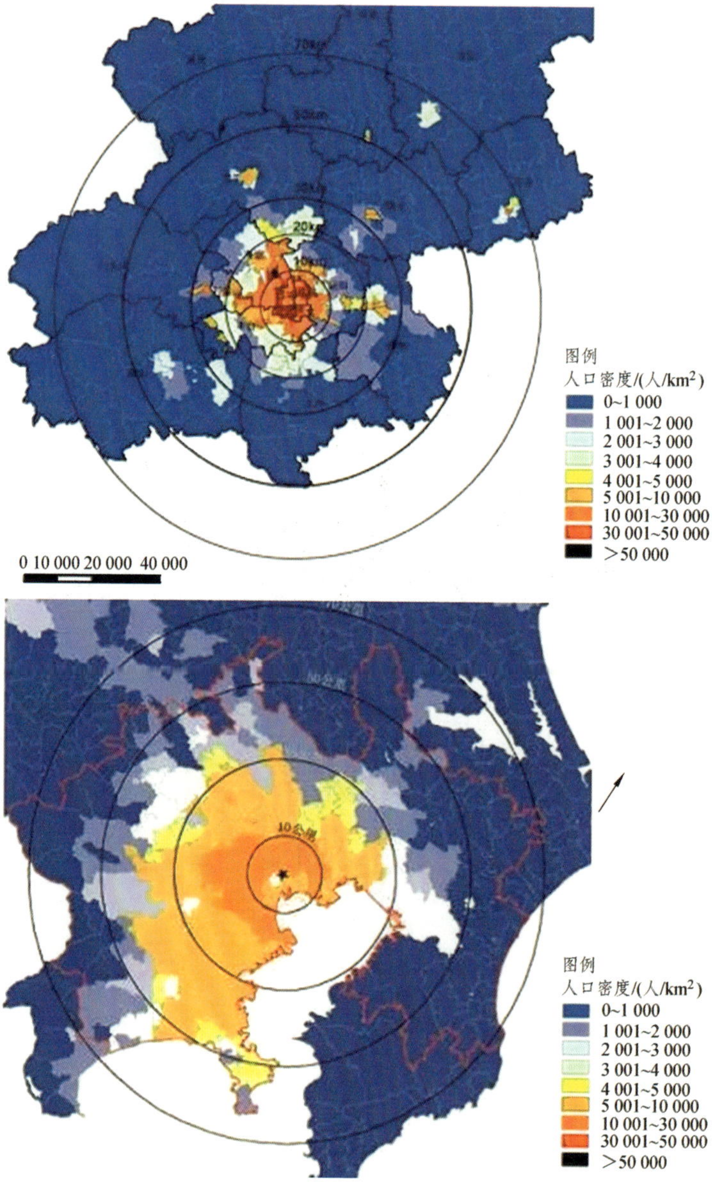

图 1.5　北京、东京都市圈同等尺度人口密度分布比较图

2. 缩短都市圈通勤时间

现代大都市与传统大城市的显著区别在于：大运量快速公交系统特别是轨道通勤系统是否形成。通勤交通的需求量最大、位移链时效要求最高、高峰期和方向差最明显、线路与枢纽设施覆盖范围最完整，因此在各大城市交通问题中，通勤交通必然是其核心，在较好地解决通勤问题的基础上，其他交通需求绝大部分也可通过通勤系统及其附加功能得以满足。在人的通勤时间忍耐程度基本不变的前提下，随着城市通勤范围的不断扩大，乘客对快速性的需求也相应提高。

在城市化过程中，特大城市和超大城市的中心城区与周边城镇组团逐渐形成了具有相对密切职住关系的都市圈，对铁路和轨道交通的需求非常明显。这时需要把原本较远的空间距离转化为可接受时间距离的时空转化能力。大数据证实，每天有数万“长三角人”往返上海工作，其中，来自苏州的人数占到总人数的 80%。而在与嘉定安亭毗邻的苏州昆山花桥地区，跨城到上海中心城区工作的人数甚至超过奉贤、青浦等郊区新城，表现出与上海市中心间非常紧密的通勤联系。有报告显示：上海上班族平均单程通勤路程为 12.4 km，平均单程通勤时间为 54 min。

都市圈轨道是支撑都市圈发展、解决出行难题、缓解交通拥堵的必然选择，也是带动产业发展、完善公共服务的重要纽带。都市圈轨道（Suburban rail 或 Commuter rail），国际上通常叫市域铁路、通勤铁路、近郊列车，我国通常称为市域铁路、市域快轨、城郊轨道等，主要指都市圈内的中心城区与城郊、外围新城、中小城市之间的轨道交通系统。

1.2 市域铁路功能定位与建设模式

1.2.1 市域铁路的定义

市域指都市圈（城市群）内中心城市及周边城市功能属性和经济属性相近、同城化发展趋势明显的卫星城市和城镇组团的范围。市域铁路服务于与中心城经济、人口交流紧密的地区，以及组团城市联系密切的各城镇地区，其服务范围可不完全受限于行政区划。

关于市域铁路的准确定义，目前在业界并没有统一的标准，在大多数国家或地区，“市域铁路”更广泛的是被称为“通勤铁路”。通勤铁路是以功能定位来命名一条轨道交通线路，它可以是区域性质的城际铁路，也可以是纳入城市轨道交通系统的市域快轨，或者是由国铁或地方铁路公司运营的市域铁路。市域铁路通常指的是大都市市域范围内的客运轨道交通系统，服务于城市与郊区、中心城市与卫星城、重点城镇间等，服务范围一般为 50 ~ 100 km，其车站距离短、密度大，平均旅行时速一般在 50 km 以上，是为中心城与外围城镇组团之间提供快速、大容量、“公交化”服务的新型交通方式。市域铁路的设计速度一般为 100 ~ 160 km/h，比地铁的设计速度高，站间距也比地铁大，因此通行速度更快。市域铁路应以实现区域中心城市与周边新城、城镇地区及组团城市各城镇地区间 1 小时交通为基本目标。市域轨道交通的功能首先体现在满足城市中心与郊区组团之间的交通出行需求；同时还应配合和引导沿线的土地开发及城镇组团的建设，疏导城市高密度人口向郊区疏散，抑制私家车的过度发展。

国家发改委于 2017 年发布了《关于促进市域（郊）铁路发展的指导意见》（发改基础〔2017〕1173 号）文，明确市域铁路定义：市域（郊）铁路是城市中心城区连接周边城镇组团及其城镇组团之间的通勤化、快速度、大运量的轨道交通系统，提供城市公共交通服务，是城市综合交通体系的重要组成部分。因此，市域铁路是介于城市轨道交通和区域轨道交通（城际铁路）之间的一种轨道交通系统。从服务对象看，它以郊区城镇及组团与城市中心区之间的通勤、通学、公务、商务等客流为主；从服务范围看，主要服务于城市中心区以外，但其服务范围不完全受城市行政区的限制，可涵盖功能属性和经济属性具有同城化的城镇和组团。另外市域铁路既可自成体系，相对独立运营，也可纳入城市轨道交通网络运营，还可与铁路互联互通，这取决于市域轨道交通采用何种制式。

1.2.2　市域铁路的分类

根据我国目前轨道交通现状，专门从事旅客运输的轨道交通系统有高速铁路、城际铁路、市域铁路、城市轨道交通四种。这四种轨道交通方式在社会化运输过程中，按照各自的技术经济特征和比较优势共同构成一个有机整体，是我国城镇化发展的重要交通基础。在各类城市轨道交通中，市域铁路所具有的速度快、服务范围大和运营方式灵活等特征使其成为引导城市发展的最佳交通工具。随着城镇化的进一步深化，各大城市的人口还将继续增加，为解决中心城区过度拥堵的现状，需要建立以公共交通为骨干的“节点+走廊”式城市形态，引导中心城区人口向周边地区疏导，以利于城镇化的实现。

市域铁路是介于城市轨道交通与城际铁路之间的一种轨道交通方式，主要满足中心城区以外的市域范围内的中、长距离客流需求。最高运行速度以 100 ~ 160 km/h 为宜，适用于市域内中、长距离的客运交通系统，是通勤都市圈的主要交通方式，承担大量的通勤客流，是区域居民高效便捷出行的工具。大都市在中心城区与周边地区存在大量的通勤客流，市域铁路作为一种大运量、高速度、中长距离出行的交通工具，非常适合具有潮汐特征的通勤客流需求，是支撑城镇化发展，实现城市总体规划的交通保障。

1. 按线路形式分类

（1）市域铁路终止于中心城市外围。终止于中心城市外围的市域铁路通常存在于具有城市轨道交通环线的网络中，其一端连接了城市的主要卫星城镇和对外交通的枢纽，另一端则终止于城市轨道交通环线上。这样的线路形式有利于城市轨道交通的环线和市中心已有轨道交通线路功能的充分发挥，但郊区乘客需要在城市外围的市郊车站换乘其他市区轨道交通进入市中心区。采用这种形式的代表包括东京和中国香港地区。东京山手环线与武藏野环线将地铁及市域铁路有机衔接，地铁线路大多布置在环线内，均从市中心向山手环线辐射，延伸到山手环线附近；东京 JR 线与私营铁路系统以山手环线为起终点，向外辐射，在山手环线上与城市地铁系统形成换乘。目前上海轨道交通 5 号线和 16 号线采用放射线的形态，11 号线则采用贯通线的形态。放射线主要起到市郊外围组团与中心城区快速联系的功能，但实际上乘客进入中心城区后一定会需要借助中心城区的轨道交通网络来实现到达最终目的地的功能；放射线在中心区的终点实际上是一个大型的换乘点，大量的郊区乘客都需要在此换乘。

因此，放射线在城市中心区的终点必须是大型的换乘枢纽点，这样的终点才是一个好的终点。另外，放射线要尽量实现多线多点的衔接换乘，避免单线单点的衔接。单线单点衔接既使得换乘站的客流压力过大，同时也因乘客的换乘点选择单一而最终导致便捷性的丧失。

（2）市域铁路终止于城市中心。其中一端连接城市的主要卫星城镇和对外交通枢纽，另一端终止于城市中心。这样的线路形式能够实现城市中心与主要卫星城和对外交通枢纽间的便捷联系，满足旅客的出行需求，郊区乘客不需要换乘即可直达市中心，但市域铁路直接进入市中心，通常采用地下敷设方式，存在建设和拆迁成本较高的缺点。纽约的市域铁路即采用这种形式。纽约市域铁路的长放射网络以中心区的纽约中央车站、宾州车站和大西洋站为起点，分别向纽约北部地区、新泽西和长岛 3 个方向辐射，半径超过 100 km。

（3）市域铁路穿越城市中心而过。穿越城市中心的市域铁路两端连接了城市的主要卫星城镇和对外交通枢纽。这种形式的铁路一般在城市中心采用地下的形式，并与其他的地铁、轻轨线路间具备方便的换乘条件。在郊区采用地面线路的形式，并且根据需要往往还延伸和链接了部分支线，这样的线路不仅能够实现郊区旅客前往市中心的直达运输，而且还可以提供城市两端卫星城镇间的直达，最大限度地满足旅客的出行需求。贯通线穿越中心城区，两端衔接市郊外围组团，在中心城区段的线路或多或少地承担中心城区的城市轨道交通功能。其优点是能与中心城区轨道交通网实现多线多点换乘，两侧组团之间的客流直达性高；其缺点是建设和拆迁成本较高，由于要承担中心城区的城市轨道交通功能，造成站间距短，运输效率和速度降低，同时可能由于市域铁路的系统能力问题直接影响穿心快线的运输效果。

穿心快线的明显特点就是位于城市中心两侧市郊外围组团之间的客流无须换乘，直达性高，同时由于穿越市中心区，一定会与中心城区的轨道交通网络存在多线多点换乘，换乘和直达性都非常好。但为了满足市域线的快速功能，中心城区车站的设置不能像城市轨道交通那么密集，这就需要在中心城区相应的区段有地铁线来承担相应的中心区轨道交通的功能。

巴黎的 RER 线在中心城区通过设置三四线来分离服务城市中心区和郊区的功能。如果无法设置三四线，贯通线经过市中心的区段就需要考虑兼顾城市中心区轨道交通的功能，这样会导致该线在城市中心区段的设站密度大，进而影响市域线的快速功能的发挥，在功能上该线成了一条普通的城市轨道交通线，如上海的轨道交通 2 号线、9 号线等。三种市域铁路类型形式如图 1.6 所示。

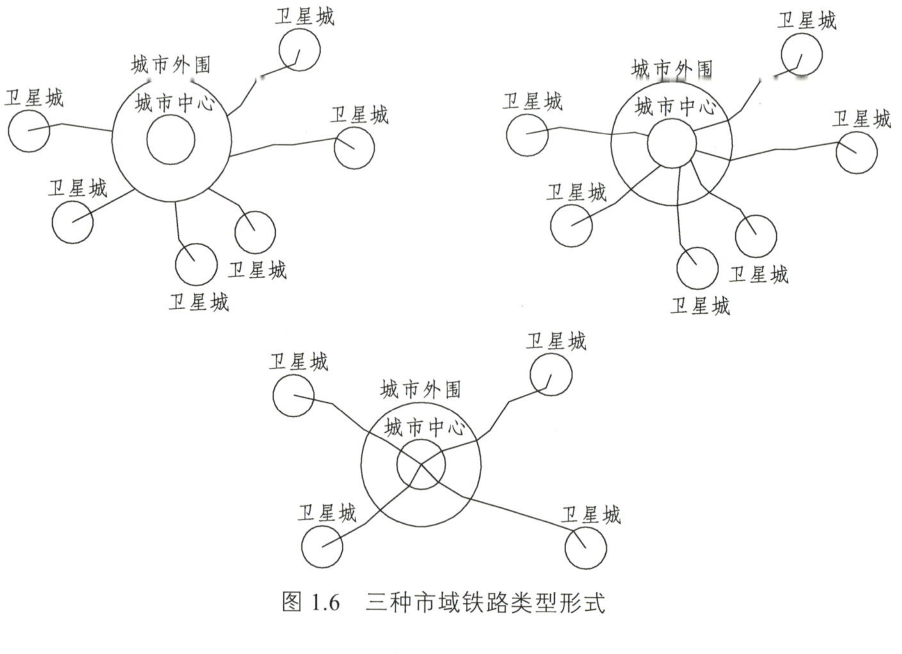

图 1.6　三种市域铁路类型形式

2. 按主要服务功能分类

（1）服务于市郊卫星城居民日常通勤的市域铁路。这类市域铁路需要有较高的运行效率，缩短通勤所需时间。这种形式的市域铁路连接了市郊卫星城与城市中心区商务区或者交通枢纽，能够快速地运送乘客到达城市中心区，并且主要车站周围配备了完善的换乘交通设施和商业设施。

（2）服务于卫星城之间的市域铁路。这类市域铁路可不途经城市中心，主要运输不同卫星城之间的居民，往往卫星城之间存在不同的职能，因此产生出行需求。这种形式的市域铁路往往建立在地面，会预留未来的发展空间，给卫星城的发展起到引导作用。

（3）服务于特殊需求的市域铁路。这类市域铁路具有特定的服务对象，包括但不限于机场线、游乐园专用线或者景区线。这类线路往往在靠近城市一端会有配套设施完善的交通枢纽作为搭配，可以快速地集散客流。由于服务对象的特殊性，这类型线路的客流特征随着时间的不同会有明显的区别，需要比较先进的运营管理方式相匹配。

3. 按牵引类型分类

（1）市域列车内燃牵引。既有线路建造时间较早，线路电气化程度较低，利用内燃机车牵引可以减低线路改造成本。但内燃机车运行速度较慢且起停制动不够灵活，较难适合站间距较短的区段运行。我国市域铁路发展初期可以利用内燃机车进行市域铁路运营的探索，如北京市域铁路 S5 线由和谐长城号 NDJ3 型准高速内燃动车担当牵引。

（2）市域列车电力牵引。随着我国铁路的快速发展和环保意识的加强，内燃牵引与我国能源政策不相适应，成为铁路运输业废气污染的主要来源，对整个运行区段的生态环境、气候均有影响，电力牵引因其清洁、减少污染排放、提高机车能源利用率等特点，被大力倡导使用。目前，市域铁路大多采用电力牵引，新建和改造市域铁路更多采用动车组运行，可以适应不同线路的运营条件，起停灵活，加减速快，能较好地适应停站频繁、区间较短的线路运行需求。如上海金山支线采用 CRH6 型动车组、温州市域 S1 线采用市域 D 型动车组承担运营。

1.2.3 市域铁路技术特征与功能定位

1. 技术特征

1）旅行时间

在两个关键政策文件中已经明确了通勤圈的时间范围，其中 2017 年《关于促进市域

（郊）铁路发展的指导意见》中提出“构建核心区至周边主要区域的 1 小时通勤圈”，2019 年《关于培育发展现代化都市圈的指导意见》中提出“以 1 小时通勤圈为基本范围”，作为都市圈的范围。所以市域铁路旅行时间应尽量控制在 60 分钟以内。

2）列车最高运行速度

该列车技术速度是由站间距、运营组织方案、线路长度以及旅行时间等决定的。目前比较公认的市域铁路列车最高旅行速度在 100 ~ 160 km/h，具体情况下可能达到 200 km/h，所以选择范围较广，需要结合具体项目具体分析比选。

3）站间距

根据线位所在区域，在中心城区因为客流点分布较密，站间距较小，一般不宜小于 3 km，但具体到项目中，可能在 1.5 ~ 3 km 之间，需要具体情况具体分析；在中心城区之外的郊区、卫星城镇、组团范围内，站间距则相对较大，一般在 3 ~ 10 km，也需要根据客流需求具体分析。

4）运输组织

市域铁路最主要关注的是中心城区外围与中心城区内的通勤客流，所以运输组织相较于城市轨道交通更加灵活，特别是列车编组方面，大、中、小编组可以依据不同时段的客流需求灵活采用，从而提高市域铁路运营的经济效益性。

5）票价水平

由于市域铁路主要服务通勤客流，工作日出行乘客较多，考虑到居民出行所花费的交通费用，同时为了提高公共交通的吸引力，票价宜采用城市公共交通的模式，不宜采用国铁计价方式，既能保证市域铁路发挥准时、快速、大容量的高效服务水平，又能提高轨道交通的分担率，降低道路拥挤程度。当然，具体还要根据项目投融资模式而定，在发挥公益性的同时，能带来可量化的收益，保证市域铁路可持续的发展。

2. 功能定位

我国的城镇化已经进入大都市区化的发展阶段，几乎所有的省会以上城市都出现了严重的交通拥堵，这是轨道交通不能支持大都市区发展的市场信号。大都市区是空间一体化的劳动力市场和住房市场，人口密度高的大都市区劳动力市场要由通勤铁路和城市轨道交通支撑。通勤铁路也被称为市域铁路，但市域铁路的概念容易产生误导。市域铁路往往指城市行政区划内的郊区铁路，而区别于中心城区的地铁。通勤铁路主要服务于通勤客流，并且通常是跨行政区划的。

发展城市轨道交通不能仅仅发展地铁（轻轨），而应该包括发展市域铁路/通勤铁路，地面市域铁路的建设成本只相当于地铁的 1/3 甚至更低。市域铁路与其他轨道系统相比还存在一些差异，主要体现在系统配置的灵活性方面，包括建设模式、装备制式、设站距离、运营组织等。例如，在建设模式上，市域铁路既可以利用既有铁路线路场站进行改造，又可以新建基础设施；在装备制式上，市域铁路可以采用国铁车辆、供电和信号，也可以选用城市轨道标准制式；在设站距离方面，市域铁路在市内可以缩短至 1.5 ~ 3 km，在郊区则可拉伸为 5 ~ 10 km；在运营组织上，市域铁路既可以选用跨线、大小交路等形式，也可以采用我国地铁常见的专线专用等形式。

市域铁路是介于城市轨道交通与城际铁路之间的轨道交通，在服务范围、服务特征、运营特征、技术标准上与其他轨道交通均有所区别，如表 1.1 所示。

表 1.1　市域铁路与干线、城际、城市轨交对照

内容	干线铁路	城际铁路	市域铁路	城市轨交
功能定位	全国铁路主干网，远距离、网络化特征明显	相邻城市间旅客列车，区域化、网络化特征	中心城区与周边城镇，区域化、公交化特征	中心城区公共交通，公交化、高密度、大运量特征
整体规模	13 万 km	3 万 km	发展初期	5000 km
线路速度	最高 350 km/h	一般 200 km/h	100 ~ 160 km/h	一般 80 km/h
站间距离	20 ~ 50 km	10 ~ 20 km	3 ~ 10 km	1 ~ 3 km
投资主体	国家	国家/地方	地方	地方
服务特征	大容量、高速度、低频次	大容量、快速度、中频次	大容量、便捷性、中高频次	大容量、准点性、高频次
运营特征	互联互通网络化运营	互联互通网络化运营	具有互联互通网络化运营需求，部分单线独立运营	单线独立运营

不同于地铁、有轨电车及轻轨，市域铁路是将市区与郊区，以及城市周围几十千米甚至更大范围的远郊地区（卫星城镇或城市圈）连接在一起的铁路或轨道交通，简言之就是城区通往郊区的铁路。其具有以下优势：

（1）投资成本优势。相对公路，建设市域铁路占用土地较少，节约土地资源；同样

规模的轨道交通，当采用地面、高架、地下不同敷设方式时，其投资比大体为1∶2∶5。市域铁路大部分可铺设在地面，站间距较长，车站设置数量相对较少，车站结构简单，无须复杂的环控机电设备和车站照明。

（2）换乘衔接优势。市域铁路与普通铁路可以有相同的基础设施和便利的联络线；许多大城市建有铁路枢纽，利用既有线路，可以实现市域铁路与既有铁路标准的兼容和功能的衔接。

（3）安全环保优势。随着私家车增多，许多大城市正面临交通拥堵之苦，同时也导致交通事故频发，空气污染严重。而市域铁路专线运行，对恶劣天气的抵抗能力较强，技术成熟、安全系数高、运行正点、舒适性好。据测算，市域铁路人均每公里耗油量约为汽油公共汽车的1/9，柴油汽车的1/7。当采用电动车组时，废气排放量几乎为零。

（4）运能及速度优势。市域铁路运能在轨道交通系统中属于中大容量类型，具有较大的运能空间，能够适应宽泛的运量范围。人们通常可以忍受的上下班交通时间为 1 小时。通常，地铁系统的旅行速度为 35 ~ 40 km/h，轻轨系统为 25 ~ 30 km/h，而市域铁路的旅行速度可达 70 ~ 80 km/h，比地铁快一倍。

通勤铁路大都是从城市核心区的铁路车站呈放射状向外延伸，把一系列中小城市连接在一起，形成以特大城市为中心、由轨道交通连接众多中小城市组成的大城市群。每条通勤铁路的里程在 50 km 左右，形成 1 小时通勤的大都市区。这既避免了城市摊大饼式的发展，又最大限度地提高了大都市区的人口密度，发挥了大城市群的集聚经济，同时避免了人口过密。市域铁路主要服务于城市中心与城郊卫星城镇或组团，并服务于城市发展，对于城市中心区的辐射效应非常强烈，所以对于几十公里的市域通勤客流来说，市域铁路往往是最佳选择，其可以承担中心城、城市组团、部分次中心城镇之间日常通勤、通学、购物、休闲、娱乐等交流需求，以短途旅客为主。

从功能上看，市域铁路主要匹配都市圈范围内的通勤出行需求，从运行速度、辐射范围、联系对象等方面恰能满足都市圈的这类出行需求。

市域铁路功能体现在以下五个方面：

（1）推动城镇经济社会发展。市域铁路对加快城市经济发展转型，伸展城市发展空间，协调市域各城镇发展、促进城市对外开放，提高城市竞争力等具有重要作用。

（2）完善城镇综合运输体系。市域铁路对优化城镇综合运输结构，扩大交通运输能力，满足多样化运输需求，促进综合运输一体化，提高运输效率等具有重要作用。

（3）扩大辐射半径。市域铁路较快的运营速度，可以缩短市域核心区至周边主要区域的时空距离，形成“1 小时交通圈”，对增强中心城区的辐射作用，加强各区域、城镇之间的分工与协作具有重要作用。

（4）保护中心城区。市域铁路可以减少进入中心城区的私家车数量，对于缓解中心城区交通压力，改善居住条件，保护历史文化等具有重要作用。

（5）引导城镇体系建设。市域铁路为市域土地开发创造了条件，可以引导城市规划和布局调整，对促进城镇体系的形成和完善具有重要作用。

1.2.4　我国市域铁路建设模式

市域铁路的建设是一个循序渐进的发展过程，在市域铁路建设初期，为了降低造价，同时加快城市轨道交通系统的建设速度，可以考虑利用城市近、远郊地区原有铁路线路，充分发挥既有线路的运能。随着卫星城镇的发展，市郊客流需求增大，可以新建部分新路形成网络。总结国内外市域铁路的发展，可以将市域铁路的建设归结为四种模式：利用既有铁路、新建线路、城际铁路替代、地铁线路延伸。

1. 利用既有铁路

市域铁路的建设有不同的模式，国外大部分大都市圈的市域铁路是直接利用既有铁路实现的，如巴黎、伦敦、东京、纽约、孟买等城市。虽然都是利用既有线，但铁路转化为市域铁路的形式却不同。

近年来，由于高速铁路的建设和铁路货运需求的回落，大城市枢纽内的既有铁路的运输能力有所释放，存在开行市域旅客列车的可能性。在上海规划的 1000 余千米的市域铁路线路中，其中有 400 余千米线路拟利用既有铁路开行市域列车。我国最早以前的市域铁路基本上都是利用既有铁路开行市域列车的方式，比如北京市郊 S2 线、上海金山市域线等。许多大城市既有铁路线和车站建设时间较早，随着城市的扩张，车站位置往往位于或接近于现有的城市中心，是城市客流重要的集散点，对客流有较大的吸引力。既有铁路车站周围与市政公共交通的配套较为完善，有利于市域铁路旅客的集散，充分发挥了不同公共交通方式的便捷性。利用既有铁路开行市域列车具有建设周期短、初期投资省、与国铁线路互联互通等优点。

同时由于既有铁路特别是货运线路的技术标准较低、线路条件及状况较差、车站客运设施条件差或无客运设施，因此要开行市域列车就必须对既有铁路进行必要的更新改造，比如金山铁路和巴黎 RER 线路即为改造既有线，使其满足市域铁路运营条件的例子。

另一方面，利用既有线开行市域列车，其与长途客运列车共线运营，必然导致两种列车在高峰时段相冲突。大城市间的“夕发朝至”列车和“朝发夕归”列车，其“朝”与“夕”两个高峰时段，恰好也是市郊列车开行的黄金时段。在我国，大城市主干线的能力通常较为紧张，并且满足全路统一的列车运行图的要求，使得其客货列车开行对数、运行时间较为固定，而市域列车的开行基本上是由铁路局决定。在编制全路列车运行图时，需优先考虑城市间客车到发时刻。为保证国铁的正常运营，很有可能使得公交化模式的市域列车无法开行。同时既有铁路存在技术标准较低、线路走向固定、服务水平低、与市域需求分布不一致以及与城市发展方向符合性一般等缺点，不能完全满足市域出行需求。因此，从满足市域出行需求、匹配城市发展角度考虑，利用既有铁路只能承担部分市域铁路功能。

2. 城际铁路替代

城际铁路主要是服务于各中心城市间的城际客流，也能够承担外围城镇至中心城区间的市域客流。但由于城际铁路普遍站间距比较长，列车开行大站快车较多，其覆盖范围和服务频次均难以满足中心城区与外围城镇组团间通勤客流的出行需求。因此基于对功能定位、覆盖范围、服务频次的考量，城际铁路不宜作为市域铁路服务的主体，虽可以承担部分市域铁路功能，但不能完全替代市域铁路。比如规划建设中的上海沪通二期和沪乍杭城际铁路均承担部分市域铁路功能，但它们并不能完全替代市域铁路的功能。

3. 地铁线路延伸

地铁线路主要是指城市轨道交通中的地铁和轻轨，其主要特征是采用单线独立运营，利用高密度追踪运行和高折返效率的运行模式，采用站台候车、快速乘降的方式，满足市区内高效快速疏散客流的公交化运输模式。

利用地铁线路延伸构成市域铁路功能的模式，具有建设周期短、运营管理成熟等优点。与此同时，地铁线路通过延伸后的长度普遍超过 35 km，由于地铁线路的旅行速度基本在 35 ~ 40 km/h，列车运行时间单程将超过 1 小时。以上海地铁 11 号线为例，全长 82.4 km，共设 38 座车站，列车单程运行时间约 2 小时。因此利用地铁线路延伸的市域线路还具有因旅行速度低造成运行时间长、出行时间难以保证，同时运营成本亦将大幅增长等缺点。

4. 新建市域线路

利用既有线的行车间隔开行市域列车，利用这部分铁路设备为市郊客运交通服务，是发展市域铁路的有效方法，国外许多大城市多采用这种模式发展市域铁路；地铁线路延伸模式由于线路的旅行速度不能满足快速度的要求，出行时间难以保证，对客流吸引力度不大；城际铁路替代的方式虽可以满足部分市域铁路的功能，但在功能定位服务频次方面均与市域铁路的功能有一定差距，因此上述模式均存在一定的局限性。结合我国国情，我国大城市人口基数大，在卫星城镇发展到一定规模后，与中心城市之间的通勤客流巨大，以上模式可能无法满足市郊客流需求，因此需要新建连接卫星城镇与中心城区的市域铁路。

新建市域铁路的技术条件可参考我国新建客运专线技术条件确定，但对于新建市域铁路的站间距的研究，需要结合市域铁路的主要目标，即将卫星城镇的居民尽快送达市中心区，其次才是解决沿线居民聚集点的出行问题。要综合考虑卫星城镇与中心城市之间的时间距离，并符合大城市发展的整体规划，因此有必要研究在我国大城市郊区化发展的过程中，为市域铁路的建设同步做好提前的规划。

新建市域铁路在规划阶段，应该与城市中长期发展规划相结合，在卫星城镇规划中应预留市域铁路线位，降低建设市域铁路的成本，保证市域铁路车站周边配套公共交通接驳设施。新建市域铁路也可采取 TOD 模式，即公共交通导向性开发模式，以公共交通枢纽和车站为核心，发展周边地区，如东京就属于成功且典型的 TOD（Transit-oriented development，以公共交通为导向的开发）开发案例。

四种建设模式各自存在利弊，具体优缺点总结见表 1.2。

表 1.2　市域铁路发展模式优缺点分析表

发展模式	与城市发展的适应性	与客流走廊的吻合性	服务水平	经济性
利用既有铁路	线路走向固定，与城市发展的适应性一般	线路走向固定，与客流走廊的吻合性一般	既有铁路设站较少、服务范围有限，设计时速较低、出行时间难以保证，运输能力也会受到铁路客货运的影响，服务水平较差	利用既有线路，投资较低
新建市域线路	新建线路，线路走向可以根据城市规划情况进行相应调整，与城市发展的适应性较好	新建线路，可以按客流走廊建设，与客流走廊的吻合性较好	可根据需要设站、服务范围可保障，一般采用较高的设计时速，与客流需求特点相吻合，服务水平较好	新建线路，需要规模较大的投资

续表

发展模式	与城市发展的适应性	与客流走廊的吻合性	服务水平	经济性
城际铁路代替	本质上是利用既有线路，线路走向固定，与城市发展的适应性一般	本质上是利用既有线路，线路走向固定，与客流走廊的吻合性一般	城际铁路设计时速较高，可保证出行时间，但站间距较大、服务范围有限，服务水平一般	本质上利用既有线路，投资较低
地铁线路延伸	本质上是新建线路，线路走向可根据城市规划情况进行相应调整，与城市发展的适应性较好	本质上是新建线路，线路可以按客流走廊布设，与客流走廊的吻合性较好	可根据需要设站、服务范围可保障，但市区轨道交通通常采取较低的设计时速，出行时间较长，服务水平一般	本质上是新建线路，需要规模较大的投资

上述 4 种市域铁路建设模式中，地铁线路延伸模式由于仍属于地铁线路的性质，其运营组织管理方式、列车运行组织以及设备设施等基本完全与地铁线路一致；而利用城际铁路代替的模式，其运营组织管理方式等要么采用城际铁路模式，要么采用新建市域线路模式。因此，本书主要针对利用既有线开行市域列车和新建市域线路的规划与运营管理进行描述。

第 2 章　国外市域铁路发展特征

市域铁路在国外发展较早，其对塑造都市圈空间形态、支撑都市圈经济社会发展具有重要意义。东京、巴黎、伦敦、纽约等典型都市圈都非常重视市域铁路的发展，市域铁路已成为解决大城市中心城区与郊区、外围城镇间交通问题的主要方式，在综合交通体系中发挥了非常重要的作用。

2.1　总体概述

东京都市圈、巴黎都市圈、伦敦都市圈、纽约都市圈这世界四大都市圈是目前全球公认最成功的都市圈发展典范。

东京拥有世界最大的通勤轨交网，由地铁、国营铁路 JR 线和私营铁路组成，国营铁路 JR 线和私营铁路实现市域铁路功能，在轨道交通中占比高达约 88%。巴黎的轨交网由地铁、RER 快线和远郊铁路组成，RER 快线和远郊铁路实现市域铁路功能，在轨道交通中占比高达约 89%。大伦敦的轨交网由市域铁路、城市地铁组成，市域铁路主要服务郊区，连接了几乎所有主要市镇，在轨道交通中占比达约 88%。纽约的轨交网由地铁、通勤铁路(市域铁路)组成，其中通勤铁路在轨道交通中占比高达约 85%。

国外典型都市圈轨道交通网络发展成熟、功能层次清晰，不同网络层次间融合发展，尤其主要承担都市圈中长距离通勤功能的市域铁路在网络中占比较大，发展较为成熟，有效支撑都市圈发展。

市域铁路不仅提供了一种更便捷的出行方式，极大程度地缓解了城市中心城与外围组团间的交通压力，满足城市向外围拓展和辐射发展的需求，对于重塑都市圈发展格局具有重要意义。

2.2　东　京

2.2.1　东京都市圈概况

东京都市圈作为世界五大都市圈之一，是日本的政治、经济、文化和国际交流中心，其演化历程一直是各大城市关注和探讨的对象，其发展历经了雏形期、扩张期和成熟期，逐步形成了东京都心三区、东京都区部、东京都、东京都市圈、东京首都圈 5 个圈层。关于其定义，狭义上的东京是指东京都心，包括东京都中心区域最主要的 3 个区，即中央区、千代田区与港区，三区总面积相对较小，仅与合并后的北京新东城区相当；第二层是俗称“东京 23 区”的东京都区部，也是一般意义上的东京所指的范围；第三层是东京都，包括 23 个区、西部的多摩地区等；第四层是东京都市圈，包含“一都三县”，即东京都、埼玉县、千叶县、神奈川县；第五层是首都圈，包括东京都、神奈川县、千叶县、埼玉县、群马县、栃木县、茨城县和山梨县，共一都七县，圈域面积 36 884 平方公里，占日本国土总面积的 9.8%。

表 2.1　东京都市圈各区域基本情况

区域	范围	面积/平方公里	人口/万人
东京都心三区	中央区、千代田、港区	42	37.5
东京都区部	23 区	622	894.5
东京都	23 区、多摩地区及岛部	2188	1316.0
东京都市圈	东京都、埼玉县、千叶县、神奈川县	13 555	3609
首都圈	由都市圈与茨城县、栃木县、群马县、山梨县组成	36 884	4237

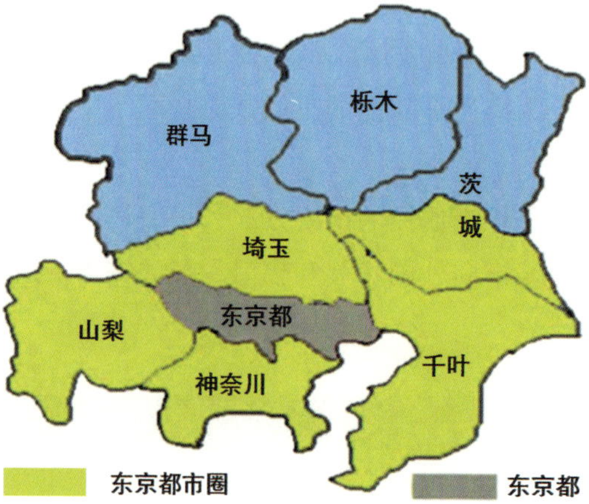

图 2.1　东京都市圈划分图

在日本城镇化快速发展阶段（1935—1970 年，共 35 年），人口从 1129 万人增加到 2411 万人，增加了 1282 万，年均增加 36.6 万。东京都市圈人口一直处于增长过程中，2015 年更是达到了 3613 万人，占到日本总人口的 28.4%。东京都市圈历年人口增长如图 2.2 所示。

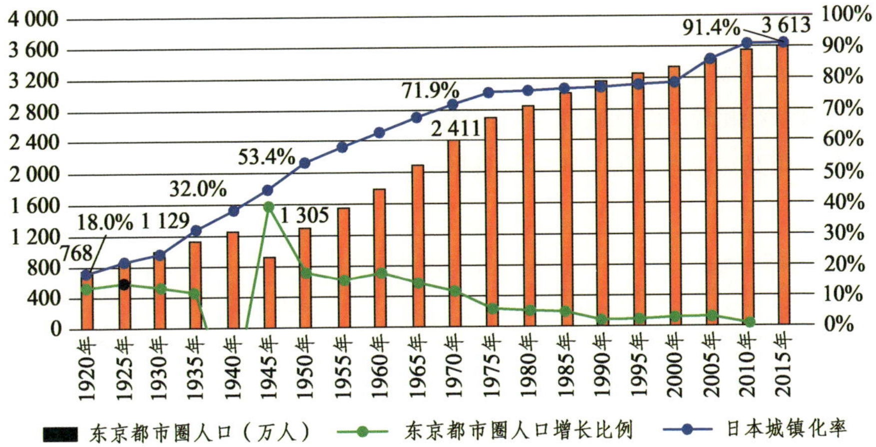

图 2.2　东京都市圈人口增长图

随着人口的急剧扩增，密度增加，必然造成东京都市圈人口蔓延的现象，可以总结如下：第一，从中心向外围人口密度梯度逐渐下降；第二，沿轨道交通呈八爪鱼的状态。如图 2.3 所示，左图为东京内部人口的密度梯度图，右图为人口随轨道交通走向分布图。

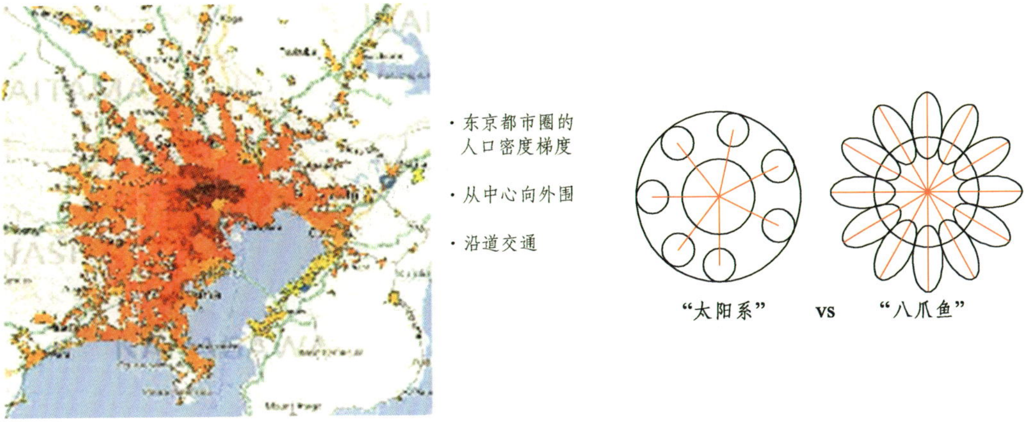

图 2.3　东京都市圈发展常见模式

2.2.2 东京都市圈轨道交通概述

东京享有“轨道上的城市”之美誉，其轨道交通客运量的市场份额占 59.3%，而各类机动车（含公交车、出租车、私家车等）的运量只占 40.7%，便捷的轨道交通是东京都市圈交通结构的主体。

东京拥有全世界最大的通勤轨道交通网，主要由 JR 东日本公司管辖的铁路（简称“JR”线）、私营铁路（简称“私铁”）、地铁等组成，不仅在中心城区与郊区间的各个方向上都有市域快线相连，而且通过 JR 山手环线将各条放射线连接起来，充分发挥环线和市中心已有轨道交通线路的能力，实现各区之间的快速通达。东京都市圈轨道交通系统如图 2.4 所示。

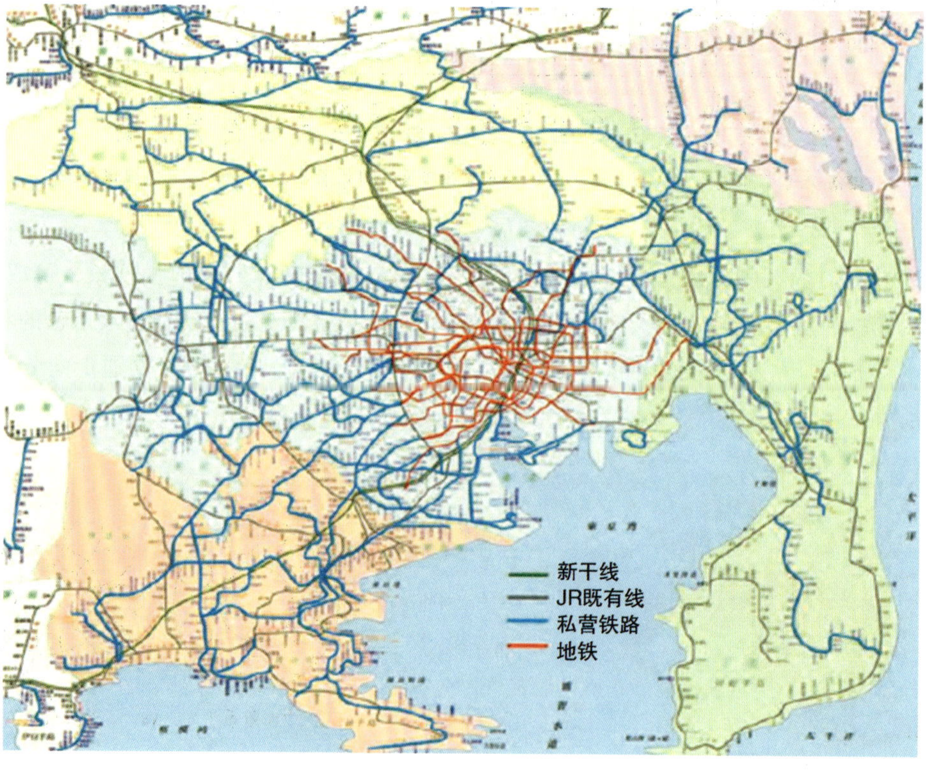

图 2.4　东京都市圈轨道交通系统

东京都市圈内主要轨道交通网包括地铁和市域铁路，其中市域铁路又由 JR 线和私铁组成。东京都市圈轨道交通网概况见表 2.2 所示。

表 2.2　东京都市圈轨道交通网概况

线路		线路数量/条	运营里程/km	占比	覆盖范围	运营公司
市域铁路	JR 线	31	1491.0	48.7%	东京都	JR 东日本公司
	私铁	66	1213.0	39.6%	东京近郊	私营轨道企业
地铁	东京都中心 23 区地铁	13	304.0	9.9%	东京都中心 23 区	东京都交通局
	横滨市地铁	2	53.4	1.8%	横滨市	横滨市交通局
合计		112	3061.4	100%	东京都市圈	—

注：其中 JR 线、私铁的运营里程为在东京都市圈内的里程

在轨道交通线网中，市域铁路承担了远郊圈的运输任务，日运送旅客 2800 多万人，占总客流量的 7 成以上。东京市域铁路与地铁的客运量对比如表 2.3 所示。

表 2.3　东京市域铁路与地铁客运量对比

交通方式		客运量/（万人/天）	占轨道交通总客运量比例
市域铁路	JR 线	1456	39.8%
	私营铁路	1387	37.9%
地铁		815	22.3%
轨道交通合计		3658	100%

（1）地铁

主要包括东京都中心 23 区地铁和横滨市地铁 2 大部分。其中，东京都中心 23 区的地铁线路主要分布在 JR 山手线内，与山手线衔接形成如池袋站、新宿站、涩谷站等大型综合枢纽车站，为乘客在地铁、JR 线和私铁之间接驳换乘提供了良好条件。

（2）JR 线

JJR 线主要分布在东京都内，为都市圈内的居民以及往返周边城市的中短途通勤通学客流提供便捷服务，线路示意见图 2.5。其中，JR 山手线长 34.5 km，共设 29 个车站，其中 24 座换乘站，运营速度 50 ~ 60 km/h，在连接地铁、JR 线、私铁中发挥着重要作用。

（3）私铁

私铁主要分布在 JR 山手环线外围，即在 JR 线未覆盖的区域承担东京都中心 23 区的客流输送，主要以 JR 山手线各站点为起点向四周辐射，运营速度 40 ~ 45 km/h。东京都

市圈私铁线路示意图如图 2.6 所示。

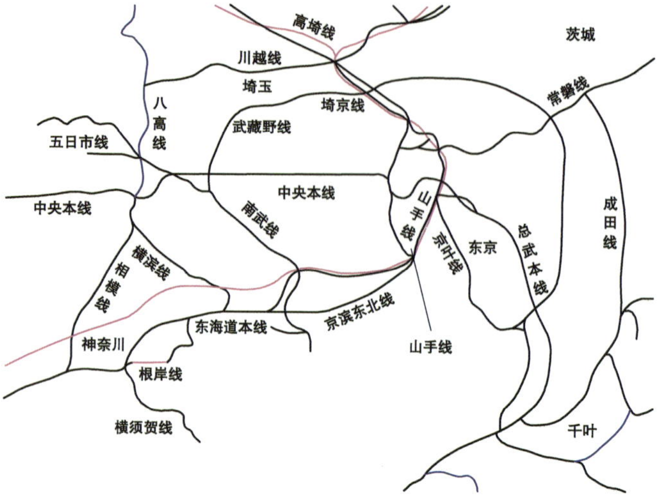

图 2.5　东京都市圈 JR 线路示意图

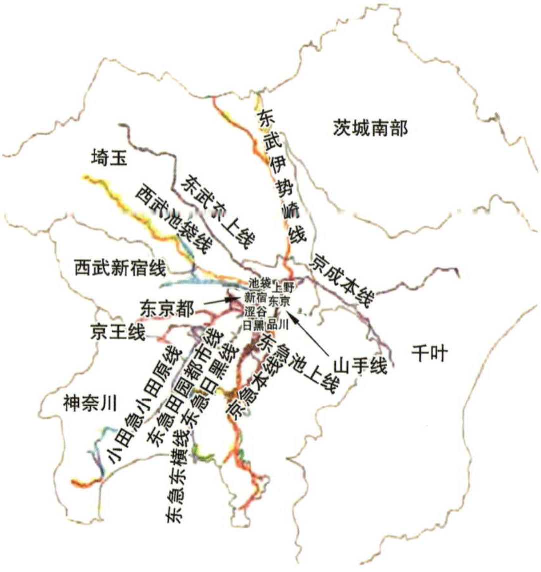

图 2.6　东京都市圈私铁线路示意图

2.2.3　东京都市圈市域铁路特征

东京都市圈的轨道交通分为 2 个层次，即地铁和市域铁路。市区主要由地铁网络覆盖，范围较小，线网密度大；郊区由 JR 线和私铁覆盖，范围较广。东京都市圈市域铁路线路密度和长度居于世界前列，市域铁路运行至市区后，连接至主要综合交通枢纽，通过环线及地铁网络将客流运送至市区，除此之外还具有一般市域铁路站间距较长（2.2～3.9 km）、运行速度快、覆盖面广等特点，具体有如下特征：

（1）总体布局

环形+放射式。JR 山手线与武藏野线构成了主要的环线结构，在环线上与地铁、私铁有机衔接，与此同时，地铁线从东京中心区向 JR 山手线辐射，私铁则以 JR 山手线为起点向外辐射，共同构成了环形+放射式的总体布局。

（2）站间距

市域铁路大部分位于郊区，但并没有因为车站位于郊区而一味地增大站间距，而是根据实际客流需求设置车站，其平均站间距一般大于市区，但有的站间距比市区还小。

（3）运营模式

① 大小交路、快慢车结合：为了追求效益及尽可能吸引客流，通常会根据客流特点，在同一线路上开行特急、准急、普通等大小交路、快慢不同的列车。JR 东日本东京都市圈主干线通达范围与时间如图 2.7 所示。

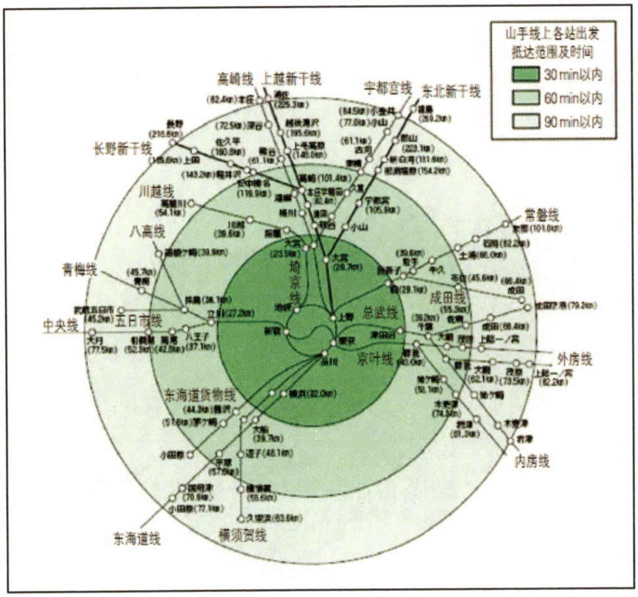

图 2.7　JR 东日本东京都市圈主干线通达范围与时间

② 互联互通、贯通运营：市域铁路网以国家铁路为主体架构，其建设标准一致，可以实现同站多向换乘和列车跨线直通。同时部分地铁与市域铁路的互联互通，可实现乘客无换乘，大大缩短通行时间，缓解运输工具和枢纽拥挤，同时吸引客流，带动沿线地区发展。

③ 干线大编组、支线灵活编组：市域铁路编组大小主要由客流需求决定。主要干线的编组都在 10 辆以上，其中常磐线可达 15 辆编组，而郊区支线基本采用 6 辆以下的小编组。

④ 列车高密度开行：东京都市圈内所有 JR 东日本的市域铁路都进行了信号改造，可实现列车 2 ~ 3 min 的追踪开行。

2.3 巴 黎

2.3.1 巴黎都市圈概况

巴黎都市圈是法国 22 个大区之一，包括巴黎（75）、近郊 3 省（上塞纳省（92）、塞纳-圣但尼省（93）、瓦勒德马恩省（94））和远郊 4 省（塞纳-马恩省（77）、伊夫林省（78）、埃松省（91）和瓦勒德瓦兹省（95））。在法语中，巴黎都市圈被称为“法兰西岛（Ile-de-France）”。整个巴黎大区由首都巴黎市和 7 个省份组成，总面积达 1.2 万平方公里，总人口逾 1100 万，由内而外分为中心城市、近郊（也称为小圈）和远郊（称为大圈）。巴黎都市圈如图 2.8 所示。

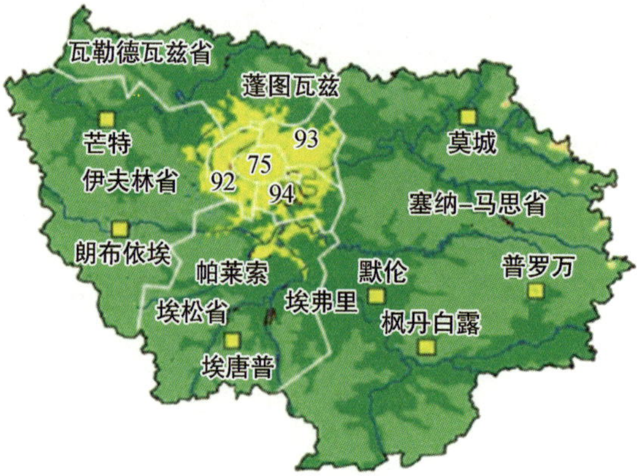

图 2.8 巴黎都市圈

在法国城镇化快速发展阶段（1860—1970 年，共 110 年），人口从 200 万人增加到 820 万人，增加了 620 万人，年均增加 5.6 万。巴黎都市圈人口一直处于增长过程中，2010 年更是达到了 1046 万人，占法国总人口的 16.7%。巴黎都市圈人口发展如图 2.9 所示。

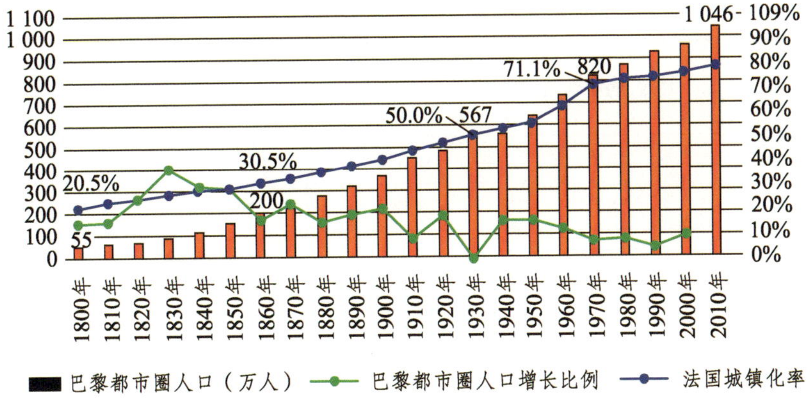

图 2.9　巴黎都市圈人口增长图

2.3.2　巴黎都市圈轨道交通概述

为适应 20 世纪 50 年代末巴黎城市人口的集中化和郊区城市化的需要，1965 年《城市规划和地区政治战略规划》提出了在距市区 25 ~ 30 km 外建设 5 个新镇，每个新镇远期人口规模平均达到 20 ~ 30 万人。20 世纪 60 年代，巴黎市在地铁网的基础上，修建了放射状的市域铁路和贯穿市中心的市域快线（RER），从而形成由两个子系统组成的混合型结构的市域快速轨道网。

巴黎轨道交通网主要由 16 条地铁线、5 条市域快线（RER）、8 条市域铁路线共同组成，线路长度超过 2000 km，如表 2.4 所示。

表 2.4　巴黎都市圈内轨道交通概况

线路		线路数	运营里程/km	覆盖范围	运营公司
市域线	RER	5 条	587（28%）	1 ~ 5 圈	RATP/SNCF
	Transilien	8 条	1296（61.8%）	1 ~ 5 圈外	SNCF
地铁		16 条	214（10.2%）	1 ~ 3 圈	RATP
合计		29 条	2097	巴黎都市圈	RATP/SNCF

巴黎轨道交通（Transilien、RER、地铁）承担了公共交通总客运量的 70%，其中，郊区列车和 RER 占到 43.8%。市域铁路每天开行约 5000 次列车，乘客 150 万人次，年运量 5.48 亿人次，成为承担客运量仅次于地铁的第二大交通方式，如表 2.5 所示。

表 2.5　巴黎市域铁路与地铁里程及客运量对比

交通方式	运营里程/km	占轨道交通总里程比例	客运量/（万人/天）	占轨道交通总客运量比例
Transilien	1296	61.8%	266	43.8%
RER	587	28.0%		
地铁	214	10.2%	342	56.2%
轨道交通合计	2097	100%	608	100%

（1）地铁

共有 16 条地铁线，整体运行速度较低，主要分布在城市中心区，具有范围小、密度高的特点。

（2）RER 线

市域快速轨道交通（RER）线修建前，郊区乘客需在城市边缘换乘地铁进入市中心，地铁的速度当时仅为 25 km/h，从郊区到达市中心需换乘，耗时长，而郊区之间的联系也较为不便，需要在城市边缘至少换乘两次才能抵达目的地，卫星城的发展也因此受到了极大的限制。为实现郊区与城市中心、郊区与郊区之间的快速通达，因而修建贯穿市中心的 RER 线，与既有市域铁路互联互通，极大地缓解了市区地面交通和地铁运输的压力，实现卫星城—中心城—卫星城之间的直通服务，快速高效地服务沿线通勤通学客流。

RER 线由巴黎运输公司和法国国营铁路公司共同经营管理，是贯穿巴黎市区并延伸至郊区的大运量、快速度的铁路公交线。RER 线以既有市域铁路为基础，在中心城区普通地铁的下方修建新线，并通过设置若干换乘枢纽与地铁网接驳，再分别沿不同方向贯穿巴黎城区，出市区后敷设方式由地下线转为地面线，最后各自分成若干支线，与多条市域铁路相连，通向巴黎郊区的卫星城，成为在郊区延伸的放射线。

RER 线的修建，一方面充分利用了既有的市域铁路设施，另一方面在市区建设新的地下线，即不干扰市区交通，还能起到输送市域—市域、市中心—市域的旅客功能。此外，RER 线可在重要站点（如火车站等）与地铁实现同站台便捷换乘，满足了不同层面乘客的需求，体现了“以人为本”的设计理念。

目前，巴黎共有 5 条 RER 线，为 A ~ E 线，每条线路含有多个分支，主要服务于距巴黎市区半径为 40 ~ 50 km 范围内的通勤通学客流，除南部及东南部线路外，RER 线极少延伸至远郊路段。其中 RER-B 为乘客提供往返机场的快速服务。整个 RER 线路总长约 587 km，累计有 258 个车站，如图 2.10 所示。

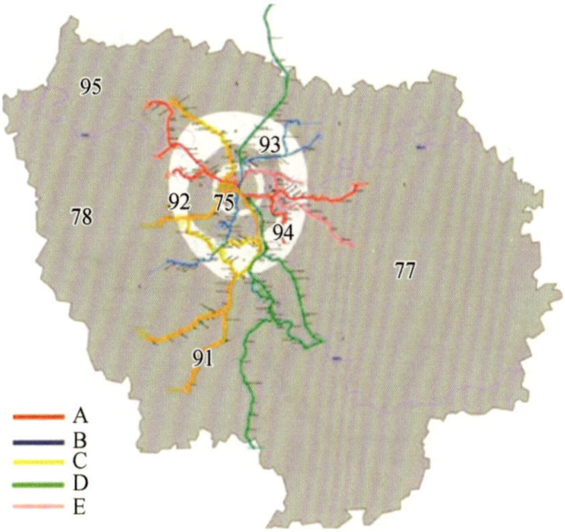

图 2.10　巴黎都市圈 RER 线路示意图

（3）Transilien 线。

巴黎市域铁路与 SNCF 管辖的 RER 部分统称为 Transilien。Transilien 作为一种新的概念产生于 1999 年，它替代了原来的“郊区列车”，主要体现在能提供更好的服务（如舒适性，准时性，整洁性，信息多样性等），同时修建车站附近的停车场，鼓励采用“私车 + 火车”的通勤方式。整个 Transilien 网络全长 1098 km，此类线路通常站间距较大，运营速度较高，服务范围为整个巴黎大区，服务半径为 60 km。

Transilien 线主要服务于巴黎都市圈外围 RER 线路未覆盖的区域，从巴黎 6 个车站（巴黎北、巴黎东、里昂、蒙帕纳斯、圣拉加尔、拉斯芳斯站）始发，向巴黎都市圈的各个方向延伸。

TransilienH/J/K/L/N/P/R/U 总共由 8 条线路组成，如图 2.11 所示。

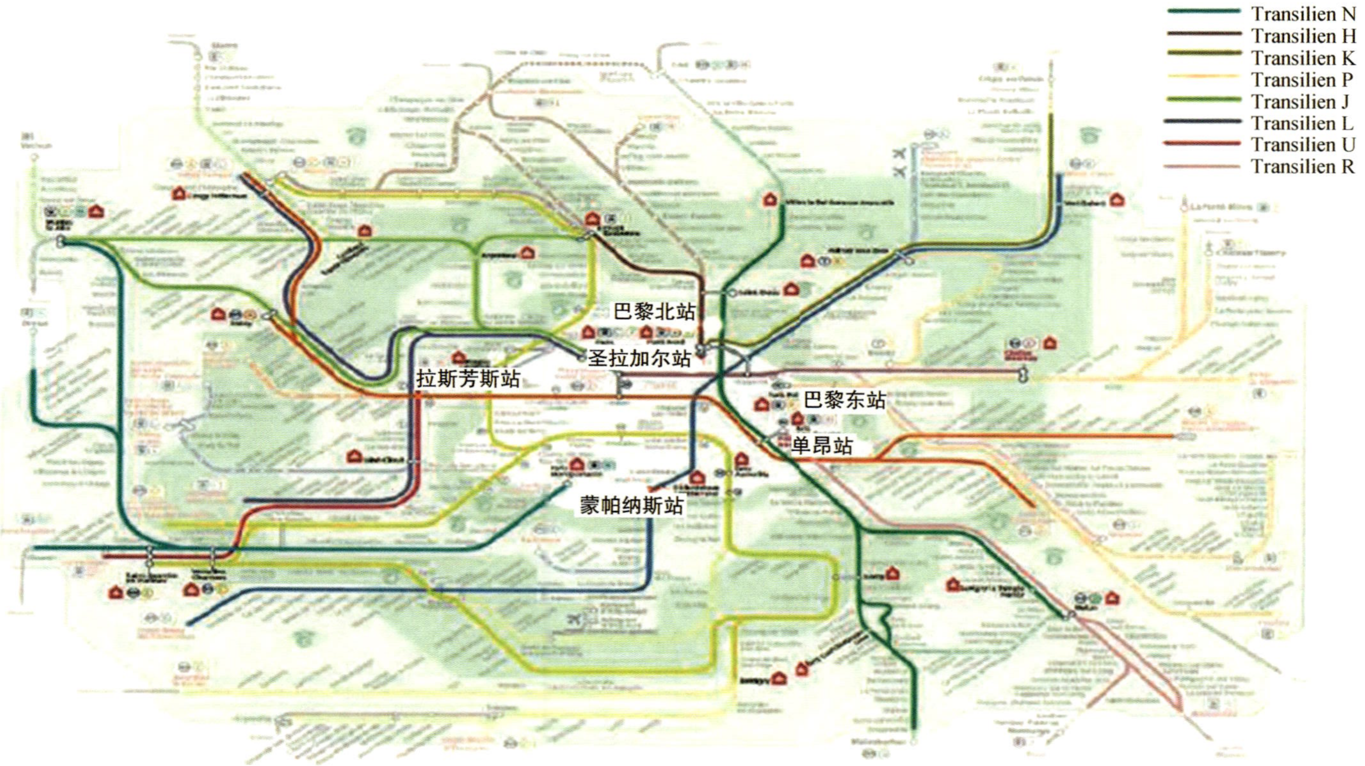

图 2.11　巴黎都市圈 Transilien 线路图

2.3.3 巴黎都市圈市域铁路特征

巴黎 RER 线和市域铁路，总长约 1800 km，具有里程长、站间距大、运行速度快等特点，主要服务于市中心—市域、市域—市域之间的旅客运输，将巴黎与周围的远郊城镇连成一体。

（1）总体布局

贯穿式+放射式。RER 线从郊区进入中心城区后没有终止，而是在地铁的下方修建新线，分别沿东西和南北 2 个方向贯穿巴黎市区，该线在市区停站较少，主要通过若干换乘枢纽与地铁系统接驳，出市区后由地下转到地面，形成若干支线，与多条 Transilien 线相连，通向巴黎郊区的卫星城镇。Transilien 线始于巴黎市内的火车站，其线路不穿越市区，而是呈发散型向不同方向辐射至远郊地带，利用原有的铁路网络实现大巴黎的通勤交通。RER 线贯穿式+Transilien 线放射式的总体布局模式，既不干扰城市交通，又能便捷、快速地服务于市域—市域、市域—市中心的客流。

（2）站间距

RER 共有 5 条主线，22 条支线，全线布设 258 座车站，站间距为 2 ~ 3 km；Transilien 线作为远郊线路，站间距稍大，为 3 ~ 4 km。

（3）运营模式

① 站站+跨站停：在“站站停”运营模式的基础上，RER 线还采用了跨站停方式，既为长距离出行乘客节约了时间，又满足了近郊乘客的出行要求。

② 共线运营：在市区，由 RATP 经营的 RER-B 线列车和由 SNCF 经营的 RER-D 线列车共线运营；在郊区，RER 线列车还与 Transilien 线列车以及货运列车共线运营。

③ 便捷换乘：巴黎都市圈内不同公共交通间的换乘非常方便，Transilien 线始发的 6 个车站将公交、地铁、RER 线、Transilien 线等整合为一体，形成综合交通枢纽，方便换乘。

2.4 伦 敦

2.4.1 伦敦都市圈概况

伦敦都市圈是全球经济贸易中心，是城市集群各方面发展到极致的空间组织形式，其发展由封闭到放射，最后形成圈域型都市圈。伦敦都市圈广义上包括大伦敦、伯明翰、曼彻斯特、谢菲尔德、利物浦等城市和周边众多小城镇，约有 3650 万人口，总面积约 4.5 万平方公里，为全国面积的 1/5。而狭义上的大伦敦（Greater London），由伦敦市（City of

London）和其他 32 个行政区共同组成，人口超过 878 万，占地面积约 1572 平方公里。伦敦都市圈范围如图 2.12 所示。

图 2.12　伦敦都市圈范围

在英国城镇化快速发展阶段（1800—1910 年，共 110 年），人口从 101 万人增加到 716 万人，人口增加了 615 万，年均增加 5.6 万。伦敦都市圈人口一直处于增长过程中，在 1950 年更是达到了人口的高峰，为 816 万人，之后随着城镇化的发展，出现了空心化（人口下降）的现象，于 1980 年一度跌到了 661 万人。之后伴随着老城的复兴，伦敦都市圈人口又恢复到 817 万人，占英国总人口的 13%。伦敦都市圈人口增长如图 2.13 所示。

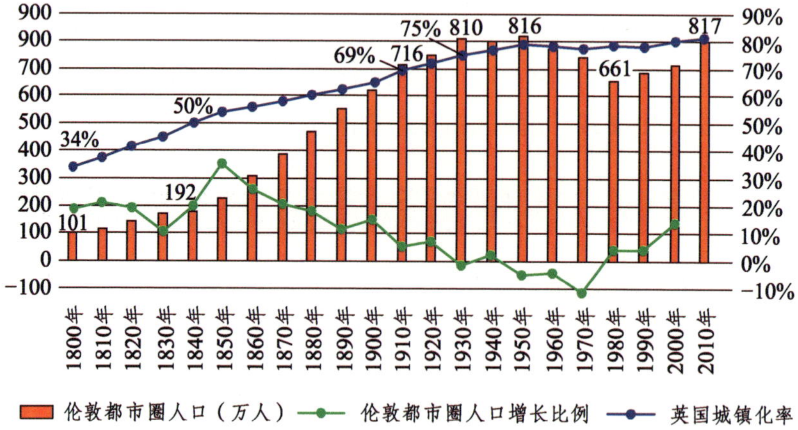

图 2.13　伦敦都市圈人口增长图

2.4.2 伦敦都市圈轨道交通概述

伦敦市域铁路主要依托国家铁路（BR），又被称为市郊铁路。伦敦市域铁路线网密度高、分布均匀，连接了几乎所有的大伦敦范围内的主要城镇，是世界上市域铁路最为发达的大都市，市域铁路总长逾 3000 km，平均站间距 5 km。伦敦市域铁路与地铁的里程及客运量对比如表 2.6 所示，伦敦都市圈铁路网络图如 2.14 所示。

表 2.6 伦敦市域铁路与地铁里程及客运量对比

交通方式	运营里程 /km	占轨道交通总里程比例	客运量 /（万人/d）	占轨道交通总客运量比例
市域铁路	3071	88.1%	约 700	70%
地铁	415	11.9%	约 300	30%
轨道交通合计	3486	100%	约 1000	100%

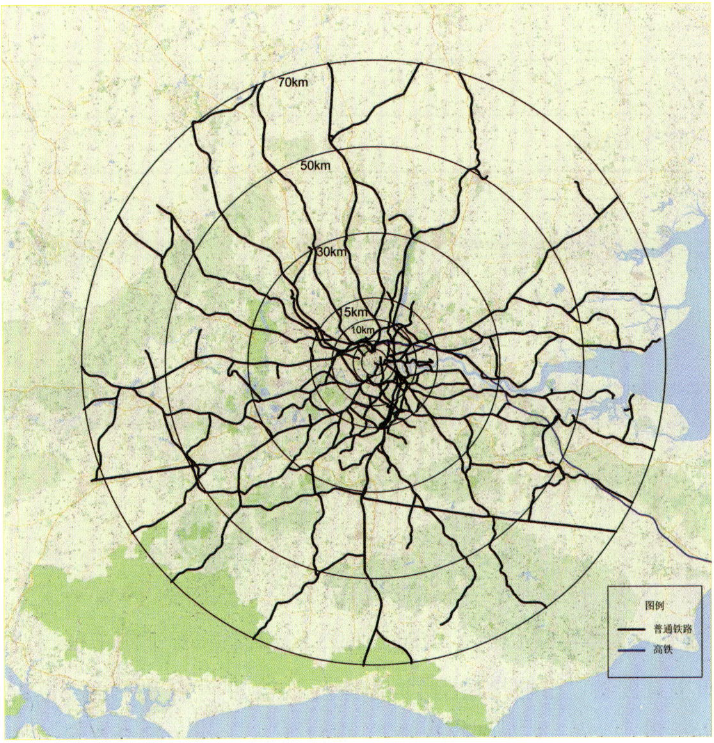

图 2.14 伦敦都市圈铁路网络图

2.4.3 伦敦都市圈市域铁路特征

（1）总体布局

伦敦都市圈市域铁路主要依托国家铁路提供市域（郊）铁路客运服务功能。铁路基本以伦敦地铁环线为端点向外形成多支线的放射线网。

（2）站间距

伦敦市域铁路在不同的交通圈形成不同的站点密度和站间距，见表 2.7。伦敦的中心城内市域铁路站点多、密度高，站间距较短，离中心城距离较远的交通圈，站点设置越少，站间距越大。中心城高密度的站点布置及外围区低密度大站间距的网络结构特征，适应了大都市交通圈不同的交通特征和出行多样化的需求。

表 2.7　伦敦市域铁路不同交通圈的站点密度和站间距

交通圈	总长/km	车站数/座	平均站距/km
中心城内	788	321	2.5
近郊区（50 km）	923	254	3.5
远郊区（50 ~ 100 km）	1360	173	7.5

（3）运营模式

在运营组织上，采用站站停、错站停及大站停等灵活多样的组织模式；由于支线较多，一条线路上往往会有多个不同方向的开行交路，满足不同方向的乘客出行需求。

2.5 纽　约

2.5.1 纽约都市圈概况

纽约都会区是全美最大的都会区，也是全世界最大都会区之一，整个纽约都会区由 23 个郡组成，面积约为 1.74 万平方公里，2010 年估计人口约 1938 万人。美国行政管理和预算局还定义了一个范围更广的、由纽约都市区和邻近 5 个都市区组成的区域，称为纽约-纽瓦克-布里奇波特，纽约州-新泽西州-康涅狄格州-宾夕法尼亚州联合统计区，面积约为 3.4 万平方公里，2009 年人口估计约为 2223 万人。纽约都会区示意图如 2.15 所示。

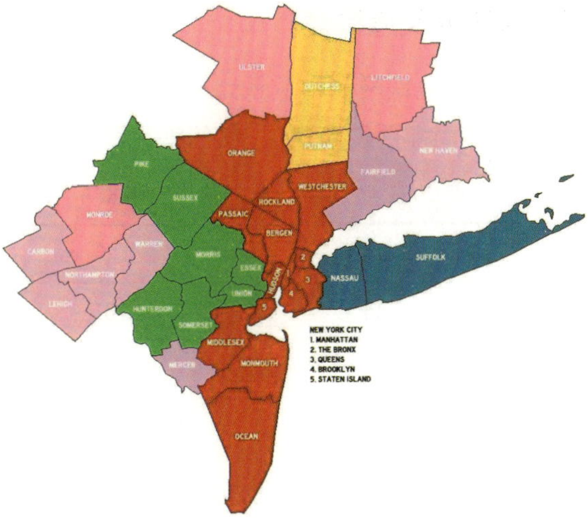

图 2.15　纽约都会区示意图

在美国城镇化快速发展阶段（1880—1960 年，共 80 年），纽约都会区人口从 508 万人增加到 1678 万人，增加了 1170 万，年均增加 14.6 万。随着美国城镇化的发展，其人口一直处于增长过程中，2010 年更是达到了 1938 万人，占到美国总人口的 6.3%，在 1940 年，纽约都会区人口占美国总人口的比例更是达到了峰值，为 10.2%。纽约都会区人口增长如图 2.16 所示。

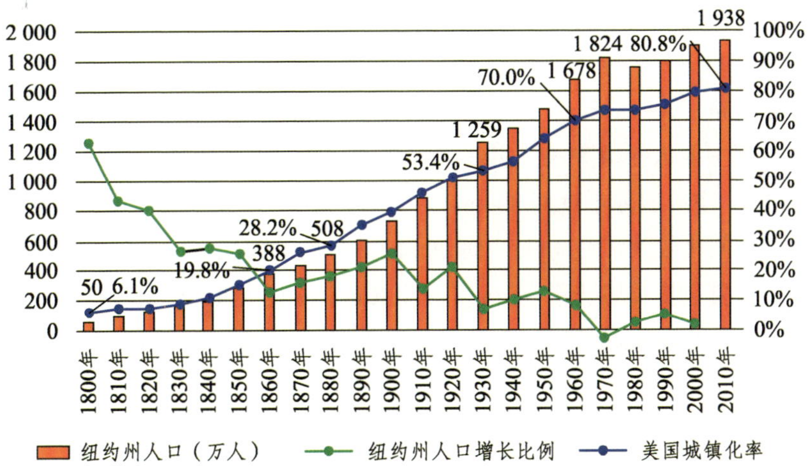

图 2.16　纽约都市圈人口增长示意图

2.5.2 纽约都市圈轨道交通概述

纽约城市轨道交通系统由地铁网和市域铁路（主要依托国铁）组成，其中市域铁路又分为长岛铁路、北方铁路和新泽西铁路三类。纽约都市圈内轨道交通概况如表 2.8 所示。

表 2.8 纽约都市圈内轨道交通概况

轨道交通	线路数/条	线路总长/km	车站数/个
地铁	26	370	468
市域铁路	24	2159	452

（1）地铁

地铁线路主要分布在纽约市的曼哈顿区、布朗克斯区、布鲁克林区、皇后区。

纽约地铁快慢车通过修建快慢线实现，快线与慢线同方向不同轨道，共同服务于同一个区域，既满足了不同层面的乘客需求，又提高了轨道系统的效率和运能，对缓解高峰时段的客流压力起到了作用。在双向流量较均衡的市中心区，采用 4 轨模式（平行布置或上下层布置，如曼哈顿 42 面中央火车站以北的 4、5、6 号线），在客流呈现出明显潮汐性的郊区，采用 3 轨模式（如 7 号线）。通过减少快车沿途停靠车站数，使列车快速运行，服务于乘客中长距离的出行。曼哈顿中心地区距周围各区的平均距离约 20 km，开行快车可以使中长距离出行的乘客尽快到达中心城，提高地铁的客流吸引力。以纽约第 7 大街地铁线为例，地铁慢车线的平均站间距为 0.63 km，旅行速度为 22 km/h；快车线的平均站间距为 1.9 km，旅行速度为 33 km/h。

（2）市域铁路

纽约都市圈主要依托国家铁路实现市域铁路功能，通称为通勤铁路。都市圈内总规模超过 2000 km，主要服务于近郊 80 km 以内的区域，为沿线郊区提供通勤服务。市域铁路在中心城内站间距较大，约 4 km，而 80 km 以外的远郊区平均站间距 6 km。

市域铁路主要包括长岛铁路（Long Island Rail Road，LIRR）、北方铁路（Metro-North Commuter Railroad Company，Metro-North）和新泽西铁路（NJ Transit）。

长岛铁路：连接纽约市市区（曼哈顿区、布朗克斯区、布鲁克林区）与长岛地区的长岛铁路，服务于纽约都市区内城区与郊区间的通勤以及其他活动，以曼哈顿的宾夕法尼亚车站为总站，向东延伸，是北美地区最古老、最繁忙的市域铁路之一，如图 2.17 所示。

图 2.17　长岛铁路示意图

北方铁路是美国第二大市域铁路，主要为纽约上州与康涅狄格州的居民提供往返纽约的通勤服务，以纽约中央火车站，宾州站和霍博肯站为终点站，如图 2.18 所示。

图 2.18　北方铁路示意图

新泽西铁路是连接曼哈顿、泽西市及霍博肯的重要通道。

2.5.3 纽约都市圈市域铁路特征

（1）总体布局

主线+支线。例如长岛铁路 1 条主线+10 条支线覆盖全岛，北方铁路通过 4 条主线+5 条支线向外辐射。

（2）速度及站间距

纽约市域铁路最高速度可达 160 km/h，在远郊区段站间距较大，可达 5 ~ 6 km；近郊区站间距较小，低至 1 ~ 3 km；靠近和进入市区后，为快速到达终点站，站间距加大甚至不设站。

（3）运营模式

① 多样化运营：采用大小交路、快慢车混跑、开行跨站停列车等多种运营方式。

② 换乘便捷：市域铁路向长岛、纽约北部郊区和新泽西 3 个方向辐射，实现城市中心与主要卫星城和对外交通枢纽间的便捷联系，满足旅客便捷换乘的需求。

2.6 经验借鉴

东京、巴黎、伦敦、纽约等典型都市圈，均形成了范围广泛的市域铁路交通系统，主要承担卫星城之间以及卫星城与主城之间的通勤客流，在都市圈交通体系中发挥了重要作用，为各大城市成为政治、经济、文化中心起到了重要保障作用。

2.6.1 市域铁路的系统特征

（1）网络规模大

发展较为成熟的大城市都存在着一个跨越行政区的通勤都市圈，通勤都市圈具体范围不等，与中心城的连接强度也不相同，总的来看范围在 50 ~ 100 km 不等，但主要出行客流集中在 30 ~ 50 km 半径范围。都市圈内都有着发达的市域铁路（通勤铁路）网络系统，占整个轨道交通网络比重基本在 70%以上。

网络形态基本呈中心放射状或廊轴放射状，外围区域支线众多，服务范围广，在都市圈公共交通中发挥骨干作用，其中东京、伦敦都市圈内市域铁路客运量占公交总运量的 49%、41%。

（2）通勤特征明显

人口规模大、相对密集的城市和都市圈，往往都有多层次的轨道交通网络系统，各层次轨道交通在不同服务范围内发挥着各自的作用与功能，而市域铁路系统成为支撑都市圈发展的轨道交通主体方式。作为服务更大范围、更高速度的轨道交通系统，能提供早晚通勤高峰的“公交化”服务。比如在人口规模大、相对比较密集的东京、大阪，市域铁路主要服务中心城区与外围近、远郊之间的快速通勤出行需求，无论采取何种制式，都能提供通勤所需的“公交化”服务，所以在国外对于市域铁路往往更倾向于称之为“通勤铁路”。

（3）充分利用既有国铁资源

新建市域铁路线路建设投资成本较大，通常适用于交通及周边土地开发利用较强的市域地区与主城区之间。改扩建市域铁路线路则适用于市域地区与主城区之间国有铁路资源较丰富的大都市区，利用国有铁路富余运能开行市域铁路具有建设投资成本较小等优点。

在上述城市案例中，均存在国铁建设年代较早、规模较大的情况，且随着货运的缩减，国铁运能富余，因而才能够被市域铁路所利用，有开行市域列车的可能，其中东京、大阪为小规模利用，欧美城市为大规模主体利用。无论大规模或者小规模的利用国铁，其都在高峰小时提供了与地铁基本一致的通勤、“公交化”服务。

（4）与既有系统贯通运营或多点换乘

市域铁路与既有系统存在贯通运营或接驳多点换乘模式，无论是法国 RER 线穿越中心城区，还是东京私铁与地铁贯通运营，由于前期没有系统规则，都付出了巨大代价。也有城市的市域铁路终止于市中心边缘的铁路客运站，不穿过市区中心，这样的线路形式能够实现城市市区与主要卫星城间的便捷联系，满足旅客快速、方便出行的需求。

另外，各大城市的市域铁路都体现了深入中心城区或贯穿中心城区的特点，并与多只线路换乘衔接。在所选取的城市案例中，就东京的情况来看，放射型线路客流基本都是快速增加的进程，客流压力最大。在东京主要廊道内，都提供了多层次的轨道服务，快慢车混合运营等，当客流量进一步增加时，有多个廊道进行快慢分离的复线建设。

（5）系统运能较大

市域交通系统客流潮汐特征明显，全天客流量较地铁系统小，高峰小时客流量大。市域铁路的系统能力需求与城市的人口规模、分布密切相关，对于强中心的城市而言，市域铁路的系统能力需求一般较大。尤其对于人口规模较大、分布密集的亚洲大城市，如东京、大阪等，市域铁路多采用的大编组，系统运能往往也较大。

（6）系统制式相对较统一或兼容

市域交通本层次的系统制式基本统一，根据与线网衔接的紧密程度，采用交流或直流的系统制式。欧洲由于国家、地域、历史和技术延续发展的原因，很多线路采用双流或多流制，市域交通系统内部以及市域—地铁—国铁都存在互通运营模式。日本东京为了提高网络出行便捷性，提升客流效益，也有不少线路采用双流制直通运营。

2.6.2 市域铁路的技术特征

尽管各个城市的市域铁路长短、建设时序、系统制式各不相同，但总体看来，有如下方面具有一定的规律可循：

（1）最高速度及旅行速度

国际典型都市圈中，最高运营速度现状一般为 100 ~ 160 km/h，旅行速度则为 50 ~ 80 km/h。需要指出的是，国外的市域铁路建设年代较早，多为 20 世纪初，受曲线半径等工程条件限制，现在的最高速度是不断改造升级后的速度。各大城市市域铁路都采取快慢车混跑、大小交路套跑的运营组织模式。日本都市圈对快车越行列车还进行了特快、快速分类。

（2）站间距

在站间距的分布上，亚洲城市和欧美城市有着明显的不同，亚洲城市多在 2 km 左右，欧美城市在 3 ~ 5 km 左右，这主要是因为亚洲城市人口密度大，主要新城与中心城区间，都已经形成带状连片发展，因此站间距相对较密。

（3）车辆编组

东京、大阪等亚洲城市，市域铁路编组一般较大，为 8 ~ 10 节左右，而地铁则为 8 节车辆编组，从客流特征上也明显地呈现出市域铁路高峰小时断面客流较大的情况；欧美城市呈现相反的状况，一般中心城区地铁编组要大于市域铁路车辆编组。

（4）运营模式

为吸引市域客流，提高线网通过能力，达到市域铁路“公交化”运营的目标，各城市采取了多种方法提高运营效率，如直通运营、支线运营、共线运营、快慢车运营、大小交路套用，以及在不同支路、不同时段、不同节日采用不同运行图等方式，详见表 2.9。

表 2.9　各大城市线网运营组织与行车安排表

城市	运营组织方式					发车间隔（工作日）/min	
	支线运营	共线运营	快慢车结合	大小交路	贯通或直通运营	高峰/h	非高峰/h
巴黎RER	√	B线部分区间与D线共线	"站站停"、跨站停、直达	√	主轴线贯通市区	3（B线）	5（B线）
东京京王线	√	主线与支线之间	"站站停"、跨站停	√	与地铁直通	2～10	10～20
伦敦	√	少部分线路与货运共线	"站站停"、跨站停	√	贯通市区的南北向线路在建	4～8	20～30
纽约	√	不同运营方之间的共线运营	"站站停"、跨站停	√	尚无贯通或直通运营线路	8～20	30～60

2.6.3　建设和运营体制

发达国家在构建路地双方合作的外部机制上提供了丰富经验。从国际经验分析，由于发展市域铁路涉及中央政府、铁路和城市交通管理部门之间的合作，因而为市域铁路的发展逐步建立起一套较为有效的制度安排，形成了自上而下的合作协调机制。如美国、法国等都在中央层面设了市域铁路的管理部门，在其发展中起到了顶层设计的作用，能够最大地减少铁路、城市交通管理部门和其他部门之间的合作障碍，提高合作效率。在中层机构设计方面，建立适合各大城市情况的市域铁路中层管理机构，使其在发展中发挥重要作用。

世界各主要大城市的铁路运营管理体制形式多样，但主要是由市政府、国有铁路、社会团体和消费者组成的合作机构和机制。法国大巴黎区的市域铁路发展由法兰西岛运输公司联合会（STIF）进行协调，该联合会包括的运输公司为法国国铁（SNCF）、巴黎公交公司（RATP）和法兰西岛私人运输协会。在执行层设计方面，发达国家基本都有明确的市域铁路运营管理的企业，大部分由国铁来进行运营管理。例如，东京的原国铁市域铁路业务是由东日本铁路下设的东京和横滨的分支机构来完成的，巴黎的市域运输则由法国国家铁路集团公司的 Transilien 事业部承担。

我国香港和日本的交通融资实践表明，通过 TOD 模式是实现外部效益内部化，提升市域铁路投融资能力的重要举措之一。将站点及周边沿线的土地交由项目公司进行系统的高密度开发，这种开发模充分利用市域铁路与沿线物业的良性互动，带动周围住宅、商业物业的提升和铁路客运的增长；同时物业发展得到的投资回报和经营收益又可以提高市域铁路的融资能力和弥补其经营亏损，只要有一套合理的合作与利益共享机制，TOD模式不仅可以由铁路企业与地方政府合作，而且可以带动房地产开发商出资设站、购置动车组等，实现铁路企业、地方政府及社会资本的多元化合作。

2.6.4 经验总结

（1）国外都市圈轨道交通线网都按照城市功能区域分为服务于核心区的“城区轨道交通线网”和服务于都市圈的“市域铁路线网”。

在核心区内主要采用大运量、站间距小、线网密度高的地铁、轻轨制式的城市轨道交通系统，来提供中心城区的大容量客流输送任务。并且地铁、轻轨系统的发车间隔、平均站间距较短。国外大都市区地铁、轻轨系统的服务半径一般不大于15 km。

在都市圈大尺度空间范围内则主要采用放射状的市域铁路线网结构，采用平均站间距相对较大、旅行速度较快的市域铁路方式以辐射更大范围，满足外围与中心间的快速通勤需求。

（2）客流特征决定了轨道制式。

轨道交通方式之间除了技术特征等方面的差异之外，其根本区别是轨道交通服务的客流特征差异。由于大都市区不同区域的轨道交通的时间效率和空间可达性是不一致的，因此其客流特征也不相同，也就决定了需要采用不同的轨道交通制式。例如，大都市区中心城区的客流具有频繁与周边地区交流的需求，要求轨道交通具有较高的可达性，因此，可以采用发车间隔较小、线网密度较高的地铁、轻轨系统。但在大都市区郊区新城、卫星城镇与中心城区之间的交流则需要的是高效率（因为距离远），因此，可以采用旅行速度较高的市域铁路或城际铁路来满足通勤交通需求。

（3）市域铁路线路尽可能穿越或进入中心城与城区轨道无缝衔接。

如巴黎的市域铁路线路、伦敦国家铁路线路和东京的终点站均进入但未穿越中心城区，并且与地铁、轻轨等城市轨道交通系统进行衔接换乘；而巴黎的市域轨道快线和慕尼黑的市域铁路网则分别采用多通道和穿越核心区形式。并且在我国的北京、上海、广州等大城市也规划了穿越城市核心区的市域铁路线路。

（4）市域铁路可作为客运专线，也可作为客货兼顾线路。

大都市区市区内与郊区发展新城之间客流量较大的市域铁路，宜作为客运专线进行运营管理；大都市区市区内与郊区区县或大型工业园区之间客流量较小并且具有货运需求的市域铁路线路，可以在客运低峰期内提供货运服务。如东京的 JR 线白天以客运为主，夜间或平峰期运输货物，同样的还有上海金山铁路。

第 3 章　国内市域铁路发展现状及规划

随着我国新型城镇化快速推进，尤其是以城市群、都市圈为代表的城镇化地区不断扩大，从供给侧角度，仅仅依靠“国铁干线+城市轨道交通”发展模式已经难以适应城镇化的变化需求，不少城市和地区构建多层次轨道交通系统的呼声日趋强烈。与需求相比，我国市域铁路发展相对滞后，有效供给能力不足，补齐市域铁路这一短板，也是交通运输供给侧结构性改革的重要任务。在此背景下市域铁路发展成为新的着力点，尽管对市域铁路存在着认识相对模糊、缺乏相对统一的规范标准等问题，但仍有不少城市进行了这方面的尝试和探索，为我国市域铁路的规划建设提供重要的发展经验。本章选取上海、北京、广州、成都、温州五个城市为代表分别进行介绍。

3.1　总体概述

3.1.1　发展现状

20 世纪 80 年代，国内通过利用既有铁路开行市域铁路列车的方式，承担了一定数量的市域客运任务，曾经发挥过相当重要的作用，为市区和郊区的居民出行提供了便利。

但遗憾的是，由于铁路服务对象主要是干线客货运输，枢纽地区也是以货物车流组织为主，在当时既有铁路运能普遍紧张的情况下，开行了数量极少（1 ~ 5 对）、与干线客货列车混跑的市域列车，主要为铁路职工的通勤服务。随着我国公路交通系统的快速发展，市域列车的发展呈萎缩状态。

1975—1980 年市域客运占总运量的 24%左右；1980—1985 年占 20%左右，1985—1990 年萎缩到 14%左右，1990—1995 年进一步下滑为 10%左右，1995 年之后市域铁路客运更是进一步萎缩，市域列车的开行数量从 1975 年的 14.3%降到 1997 年的 7.5%，在城市客运领域所占份额微乎其微。

近年来，一方面随着我国城市化进程进入新阶段，城市和区域发展需求发生了较大变化，对都市圈、市域快速轨道交通出行方式提出了更高的需求；另一方随着国家对高铁骨干网络的持续投入以及特大、超大型城市中心区轨道交通网络的成型，四网融合方案中的中间层级市域铁路已经成为亟需提升和补短板的领域，市域铁路的发展迎来了新的机遇。

2016 年 5 月 13 日，国家十三五规划中明确提出要构建国内国际通道联通、区域城乡覆盖广泛、枢纽节点功能完善、运输服务一体高效的综合运输体系。这个体系将以高速铁路、城际铁路、市域铁路和城市轨道交通的“四网融合”作为核心基础网络，在城市群中心城市间、中心城市与周边节点城市间形成 1 ~ 2 小时交通圈，城市群中心城市与周边重要城镇间形成 1 小时通勤都市圈。

2017 年 6 月，国家发改委与多部门联合印发了《关于促进市域（郊）铁路发展的指导意见》，明确市域铁路是城市中心城区连接周边城镇组团及其城镇组团之间的通勤化、快速度、大运量的轨道交通系统，提供城市公共交通服务，是城市综合交通体系的重要组成部分。加快市域铁路发展，对扩大交通有效供给，缓解城市交通拥堵，改善城市居住环境，优化城镇空间布局，促进新型城镇化建设具有重要作用。

据不完全统计，截至 2019 年底，我国共有 9 个城市 16 条市域铁路开通运营（主要为利用改造既有铁路），运营总里程超过 1000 km。

3.1.2 发展趋势

2017 年，国家发改委《关于促进市域（郊）铁路发展指导意见》明确要求，按照“五位一体”总体布局和“四个全面”战略布局，牢固树立和贯彻落实创新、协调、绿色、开放、共享的新发展理念，着力推进交通供给侧结构性改革，坚持以人民为中心的发展思想，落实公交优先发展战略要求，总结国内外先进经验和有效做法，以体制机制创新为动力，以示范项目为抓手，强化规划衔接，推进既有铁路挖潜扩能改造，视需要有序规划新线，着力扩大市域铁路公交化运营服务的有效供给，鼓励发展多层次、多模式、多制式的轨道交通系统，完善城市综合交通运输体系，更好地适应都市圈和城市群发展新要求。至 2020 年，京津冀、长江三角洲、珠江三角洲、长江中游、成渝等经济发达地区的超大、特大城市及具备条件的大城市，市域铁路骨干线路基本形成，构建核心区至周边主要区域的 1 小时通勤圈；其余城市群和城镇化地区具备条件的城市启动市域铁路规划建设工作。

《关于促进市域（郊）铁路发展指导意见》中也指出，拟发展市域铁路的城市，城市政府应会同有关方面深入研究市域运输需求、路网布局、规划衔接等问题，单独编制市域铁路发展规划或统筹纳入相关规划。规划范围原则上应为城市所辖市域，可统筹市域周边具有一体化倾向、通勤需求较高的毗邻区域。利用或改造既有线路的，应充分征求铁路企业意见。确需规划新建线路的，应符合城市总体规划要求，与铁路网规划、综合交通运输体系规划等相关规划做好衔接，并充分考虑综合开发需求，形成布局合理的规划方案。通过规划的编制，摸清有效需求，建立项目储备库，明确建设重点，积极有序推进建设。

在 2020 年 12 月发布的《关于推动都市圈市域（郊）铁路加快发展的意见》中指出以习近平新时代中国特色社会主义思想为指导，全面贯彻党的十九大和十九届二中、三中、四中、五中全会精神，坚持以人民为中心的发展思想，坚持新发展理念，坚持推动高质量发展，顺应新型城镇化发展要求，积极有序推进都市圈市域（郊）铁路建设，统筹规划布局，加强资源共享，创新投融资模式，优化运营服务，强化与城市建设有机衔接、深度融合，进一步增强市域（郊）铁路运营供给能力、提高服务水平，为完善城市综合交通运输体系、优化大城市功能布局、引领现代化都市圈发展提供有力支撑。

在长江三角洲区域一体化发展规划纲要中更是明确提出共建轨道上的长三角。加快建设集高速铁路、普速铁路、城际铁路、市域（郊）铁路、城市轨道交通于一体的现代轨道交通运输体系，构建高品质快速轨道交通网。

在此背景下，各大城市、都市圈纷纷开始着手开展市域铁路相关规划和研究工作。尤其在经济发展较快、区域一体化发展程度较高的京津冀、长三角、珠三角等区域，各大城市基本上都开展了市域铁路相关规划研究。如浙江省完成了浙江都市圈城际铁路二期建设规划，江苏省完成了江苏省沿江城市群城际铁路建设规划，安徽省完成了皖江城际轨道交通线网规划，上海也结合新一轮城市总体规划修编了轨道交通网络规划，并提出了包含市域铁路在内的 3 个一千公里的规划目标。

展望未来，我国市域铁路发展前景广阔，但需做好统筹规划、合理有序推进建设，实现市域铁路的健康、可持续发展。

3.2 国内典型城市市域铁路发展现状与规划

3.2.1 北　京

1. 都市圈空间结构

北京市位于华北平原，东南距渤海约 150 km，面积约 16800 平方公里，北京有着三千余年的建城史和八百五十余年的建都史，是中华人民共和国首都、中央直辖市，是中国政治、文化、教育和国际交流中心。北京的城市形态类似方格网式结构。北京的平原地形加上河流稀少的自然原因，使得北京的城市集中紧凑。其向东和向北的发展较为成熟，南向和西向稍显不足。

根据《北京城市总体规划（2016—2035 年）》中提到，为落实城市战略定位、疏解非首都功能、促进京津冀协同发展，充分考虑延续古都历史格局、治理“大城市病”的现实需要和面向未来的可持续发展，着眼打造以首都为核心的世界级城市群，完善城市体系，在北京市域范围内形成“一核一主一副、两轴多点一区”的城市空间结构，着力改变单中心集聚的发展模式，构建北京新的城市发展格局。

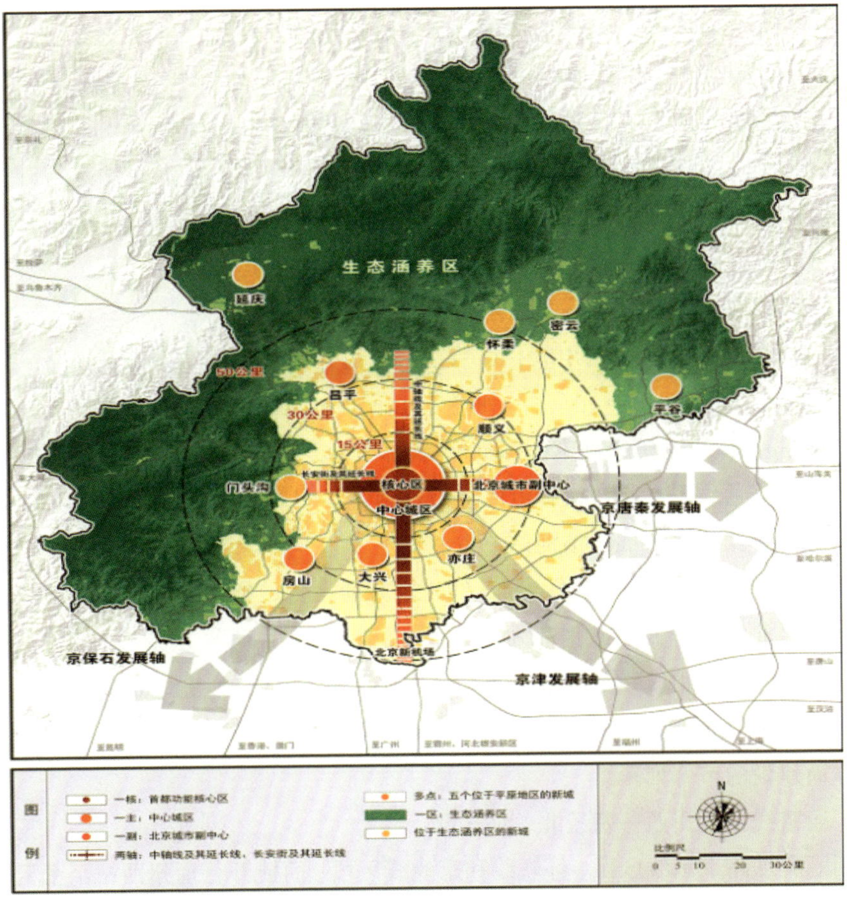

图 3.1　北京市城市总体规划（2016—2035 年）

根据北京市规委会和铁道部计划司的研究，将以北京为核心的京津冀都市圈按轨道交通线网服务水平划分为三个圈层。

第一圈层：涵盖首都核心区及通州、顺义、亦庄、大兴、房山、昌平、门头沟 7 个近郊城市，敷设半径约 30 ~ 35 km，主要交通方式考虑地铁和轻轨系统，服务于中心城内及中心城与近郊新城之间的中距离出行；第二圈层：为北京都市区拓展区域，涵盖怀柔、平谷、密云、延庆 4 个远郊新城以及燕郊、廊坊、固安、涿州等环首都圈重点发展区，辐射半径 50 ~ 70 km，以市域铁路（快轨）为主，服务中心城与远郊新城间中长距离旅客出行；第三圈层：进入城市群范围，承接首都产业转移与协作的主要区域，以城际铁路为主，服务于北京市与周边 100 ~ 300 km 城市（城镇）之间旅客出行。

2. 市域铁路现状运营及建设情况

（1）S2（黄土店—延庆、沙城）

北京市域铁路 S2 线是于 2008 年 2 月，为解决奥运项目应急通道和八达岭旅游，同时兼顾市域运输，北京市与原铁道部合作，对既有京包铁路和康延支线进行升级改造，2008 年 8 月 6 日正式开行 S2 线市域列车，该项目升级改造既有线路 64 km，设站 4 座，设计速度 120 km/h，是北京市的第一条市域快速通勤铁路运输系统。

（2）城市副中心线（良乡—乔庄东站）

城市副中心线是北京市利用既有京哈铁路通道开通运营的一条市域铁路。目前线路全长达 63.7 km，共设良乡、北京西、北京、北京东、通州、乔庄东 6 座车站，全程运行时间约 76 min。该线是国家确定的首批市域铁路试点项目，进一步完善中心城区与城市副中心的快速交通体系，有效缓解市区至城市副中心间的通勤压力。

（3）S5（怀柔—密云线，清河站—古北口）

2017 年 12 月 31 日起，怀柔—密云线正式开通运营，怀柔—密云线起自昌平区黄土店站，经怀柔北站至密云区古北口站，全长约 136 km，共设黄土店、昌平北、范各庄、怀柔北、黑山寺、古北口 6 座车站，全程运行时间约 139 min。此线是为满足怀柔区、密云区市民日常通勤出行需求，并重点为怀柔科学城、雁栖湖等重点功能区提供快速轨道交通支撑而建设的市郊列车。

（4）通密线（通州西—密云北、怀柔北）

利用既有铁路京承线区段、怀联线和京通线区段，简捷开行通州西站至密云北站（主线）、通州西站至怀柔北站（支线）的市郊列车。线路全长 83.4 km，联通通州、顺义、怀柔、密云四区，设通州西站、顺义站、牛栏山站、怀柔站、密云北站、雁栖湖站和怀柔北站 7 座车站。通密线简捷开通期，线路暂时采用国铁普速空调列车运行，每日开行通州西站—密云北站列车 1 对（2 列），通州西站—怀柔北站列车 1 对（2 列）。通州西站至密云北站全程运行时间 76 min，通州西站至怀柔北站全程运行时间 73 min。线路的开通表明打通了北京市东北部区域联系中心城和城市副中心的轨道交通走廊，实现了东北部新城、怀柔科学城、国际会都、城市副中心北部与中心城的联系。

（5）新机场线（草桥—大兴机场）

北京地铁大兴机场线是北京市轨道交通“十三五”规划中的一条骨干线路，是落实北京城市总规、促进京津冀协同发展的重要组成部分，也是北京大兴国际机场“五纵两横”配套交通工程中的快速、直达、大运量的公共交通服务专线、快线，其对加速京津冀地区经济融合、助力新引擎建设起到积极推进作用。新机场线一期全长 41.4 km，共设草桥站、磁各庄站和新机场北航站楼站 3 座车站和磁各庄 1 座车辆段，最高速度可达 160 km/h，草桥至新机场线全程运行时间 19 min。

3. 北京市域铁路规划

为解决干线铁路、市域铁路的主要客站快速集散、各方向客流的交换、缓解城市内部交通压力，结合现状线路资源，综合考虑投资效益，规划市域环线方案。北京市域铁路初步规划为“双环+九射+三支线”的网络形态。

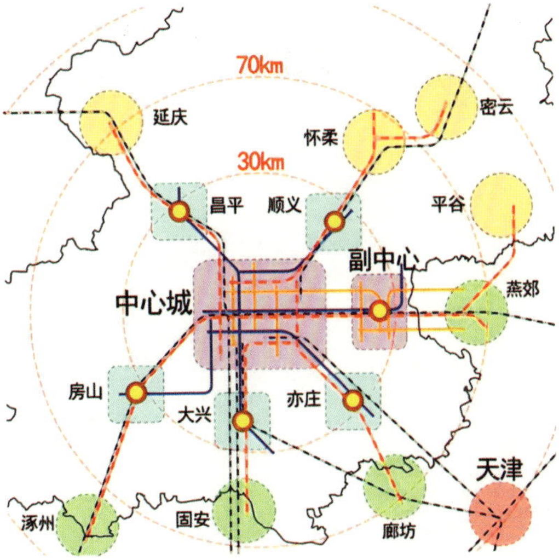

图 3.2　北京市域铁路规划示意图

规划后的市域网覆盖了北京全部外围功能组团，实现 30 ~ 60 min 交通圈；主要通勤走廊形成大能力市域铁路通道，实现公交运营，有力支撑北京非首都功能快速疏解的交通体系，与地铁线网衔接紧密，促进了四网融合发展。

3.2.2 上　海

1. 都市圈空间结构

上海是我国的直辖市之一，长江三角洲世界级城市群的核心城市，国际经济、金融、贸易、航运、科技创新中心和文化大都市，国家历史文化名城，并将建设成为卓越的全球城市、具有世界影响力的现代化国际大都市。

图 3.3　上海大都市圈空间结构示意图

《上海市城市总体规划（2017—2035 年）》（以下简称“上海 2035”），提出上海主动融入长三角区域协同发展，构建上海大都市圈，打造具有全球影响力的世界级城市群。

从引领长三角城市群的层面出发，以都市圈承载国家战略和要求，适应全球城市区域协同发展趋势，发挥上海作为都市圈中心城市的辐射带动作用，重点是依托交通运输网络培育形成多级多类发展轴线，推动近沪地区及周边同城化都市圈的协同发展，积极完善区域功能网络，加强基础设施统筹。

在市域层面，“上海 2035”中明确指出上海要构建“网络化、多中心、组团式、集约型”的市域空间体系。从市域层面的城市空间结构布局出发，重点以生态基底为约束，以重要的交通廊道为骨架，以城镇圈促进城乡统筹，以生活圈构建生活网络，优化城乡体系，培育多中心公共活动体系，形成“一主、两轴、四翼；多廊、多核、多圈”的市域总体空间结构。“一主、两轴、四翼”：主城区以中心城为主体，沿黄浦江、延安路-世纪大道两条发展轴引导核心功能集聚，并强化虹桥、川沙、宝山、闵行 4 个主城片区的支撑，共同打造全球城市核心区。“多廊、多核、多圈”：基于区域开放格局，强化沿江、沿湾、沪宁、沪杭、沪湖等重点发展廊道，培育功能集聚的重点发展城镇，构建公共服务设施共享的城镇圈，实现区域协同、空间优化和城乡统筹。

2. 市域铁路现状运营及建设情况

上海较早探索市域铁路是利用既有单线货运金山铁路，通过增建二线并电气化的方式，改建金山铁路开行市域列车，于 2012 年 9 月开通运营，全长 56.4 km。金山铁路由中国铁路上海局集团有限公司和上海市共同出资改造，由上海市政府以“政府购买服务”方式补贴运营。运输组织开行一站直达列车、大站停列车和站站停列车，其中，一站直达车的旅行时间为 32 min，平均旅行速度 105 km/h。客流从最初的 1.3 万人/日，增加到现在的 3 万人/日，累计发送旅客超过 4000 万人，较好地解决了金山区与中心城区的通勤交通问题，取得了良好的社会效益和示范效应。

2018 年国家批复上海轨道交通第三期建设规划，其中市域铁路机场联络线与嘉闵线获批，其中机场联络线虹桥站至上海东站，全长约 69 km，嘉闵线一期工程自城北路站至银都路站，全长约 44 km。目前机场联络线、嘉闵线均已经开工建设。

3. 上海市轨道交通线网规划

上海市轨道交通线网规划按照“一张网、多模式、广覆盖、高集约”的规划理念，规划形成市域线、市区线、局域线三个网络层次。“一张网、多模式”是指构建适合全球城市发展的包含城际铁路、市域铁路、城市轨道、中运量轨道的整体运营网络，通过枢纽节点换乘和运营衔接，促进多种轨道交通系统的融合。“广覆盖、高集约”是按照国家新型城镇化、长三角一体化和上海未来城市发展要求，提供与长三角节点城市、新城和新市镇发展相适应的互联互通的轨道交通服务；同时从集约节约土地资源的角度，强调枢纽与城市空间体系的紧密结合，通道资源复合利用和网络设施资源共享。

根据规划，市域线网络总规模约 1157 km，其中利用国铁通道约 443 km，城市轨道快线通道约 202 km，新增市域铁路通道约 512 km；预留通道规模约为 22 km。

图 3.4　上海市域轨道系统规划图

表 3.1　上海市域线规划一览表

类别	序号	名称	长度/km	主要服务节点	备注
射线	1	轨道交通 16 号线	59	龙阳路枢纽、周浦、新场、惠南、南汇新城	已建
	2	金山支线（金山铁路）	56	金山、亭林、叶榭、莘庄、上海南站	已建
	3	轨道交通 17 号线	35	虹桥枢纽、国家会展中心、徐泾、青浦新城、朱家角	已建
	4	崇明线	47	金桥、曹路、长兴岛、陈家镇	在建
	5	嘉闵线	77	嘉定新城、虹桥枢纽、莘庄	规划
	6	奉贤线	35	海湾、奉贤新城、浦江镇、三林	规划
	7	沪杭线	46	上海南站、松江新城、枫泾	现状改建
	8	沪宁线	33	上海西站、南翔、安亭	现状改建
	9	沪崇线	44	城桥、杨行	规划
联络线	1	机场联络线	68	虹桥枢纽、三林、国际旅游度假区、浦东机场、上海东站	在建
	2	机场快线	61	虹桥枢纽、上海南站、世博、龙阳路、迪士尼、浦东枢纽	规划
	3	宝嘉线	36	花桥、安亭、嘉定新城、宝山	规划改建
	4	南何支线	60	宝山、桃浦（上海西）、南翔、国家会展中心、七宝	现状改建
	5	嘉青松金线	77	安亭、青浦新城、松江新城、朱泾、金山	规划
	6	南枫线	64	南汇新城、奉贤新城、枫泾、朱泾、亭林	规划
	7	曹奉线	55	曹路、川沙、祝桥、奉城	规划

续表

类别	序号	名称	长度/km	主要服务节点	备注
联络线	8	沪通线	140	嘉定新城、外高桥、曹路、浦东机场、惠南、四团	规划
	9	沪乍线	64	南汇新城、四团、奉城、奉贤新城、金山	现状改建
	10	南汇支线	34	浦东机场、南汇新城	规划
	11	东西联络线	54	松江南站、吴泾、浦江、张江科学城、上海国际旅游度假区、浦东枢纽	规划
	12	吴江支线	12	青浦新城、吴江	规划
	13	南北快线	—	三林、前滩、世博、陆家嘴、北外滩、吴淞	规划
		小计	1157		

3.2.3 广　州

1. 都市圈空间结构

广州是“一带一路”关键节点，粤港澳大湾区核心增长极，战略位置关键，社会经济发展水平高，城市发展迈入了新阶段，城市空间呈现多中心发展，人口岗位分布逐渐由中心城区向外围疏散，周边城镇与广州的一体化倾向高、跨城通勤交流强。

广州与佛山的融合打破了地理边界，成为一个有机整体。而广州城市本身由于受到山体和河流的分割，又呈现出不规则的分布形态。广州市实施“南拓、北优、东进、西联、中调”的十字方针，促进城市空间发展从快速增长走向优化提升，形成“一个都会区、两个新城区、三个副中心”的多中心网络型市空间结构，城市形态为“蜘蛛网”式结构。

（1）一个都会区

一个都会区是国家中心城市功能的主要承载地。重点发展现代商贸、金融保险、文化创意、医疗健康、商务与科技信息和总部经济等现代服务业，优化布局区域及城市高端功能；加强历史文化保护，提升都会区用地效益和环境品质。

（2）两个新城区

两个新城区指南沙滨海新城和东部山水新城，是带动率先转型升级的两个战略性新区。重点完善综合配套，注重提升新城区综合服务功能，实现居住、就业、基本公共服务设施均衡协调及与产业同步发展，吸引人口加快集聚。

（3）三个副中心

三个副中心指花都、从化、增城三个副中心，是城乡统筹的重要载体。提升综合服务功能，承担都会区人口和功能的疏解，辐射带动镇、村整体联动、共同发展。

2. 市域铁路现状运营及建设情况

《广州综合交通枢纽总体规划（2018—2035 年）》中再次提出了市域铁路的概念，连接广州主城区与外围城区、周边城镇组团及其之间的快速轨道交通系统，打造 30 min 通勤圈。规划提出研究利用在建或既有东北外绕线、南沙港铁路等开行市郊列车。目前在建广佛环线佛山西至广州南站段、广清城际广州北站至清远段、佛莞城际广州南至望洪段、穗莞深城际新塘至洪梅段、珠三角城际新塘经白云机场至广州北站段、广佛环线广州南至白云国际机场段等 6 条城际铁路实际上也承担了部分的市域铁路功能。

随着更多市域快线的开通，未来包括南沙、增城、从化等远城区将成为半小时通勤的区域，也就变成了人们可以常住的区域，使得城市外围的土地可以得到有效利用，这将极大地改变广州的都市圈空间结构和人们的居住分布。由于外围土地多、房价便宜、环境好，便捷的轨道交通将吸引更多人口转移过来。人口、产业往外扩散，可以减轻中心城区交通、环境、房价压力，使广州的城市空间得到优化。

3. 广州市轨道交通线网规划

根据《广州综合交通枢纽总体规划（2018—2035 年）》，未来广州将形成 2000 km 左右的城市轨道交通网络。根据最新的规划方案，到 2035 年，广州将拥有 33 条地铁线路，计划总里程 1335 km，是目前已开通长度的 4.7 倍。广州市城市轨道交通主要由城市高速轨道（高速地铁）、市域轨道快线（快速地铁）、城市轨道普速（普速地铁）以及城市有轨电车构成。从系统特征及功能角度，规划的高速轨道与部分快速轨道承担了市域铁路的功能。

（1）市域高速轨道

协同城际铁路，建设跨市的高速轨道，按照“一张网、一张票、一座城”的运营模式，实现城际公交化，紧密联系广州与邻近城市的各重要组团。市域高速轨道主要承担主城区与南沙副中心、外围城区及邻穗城市中心间的高速联系，设计速度在 160 ~ 250 km/h。城际铁路共 13 条线路，线路总长约 467 km（广州境内）；城市高速轨道共 5 条线路，线路总长约 452.2 km。

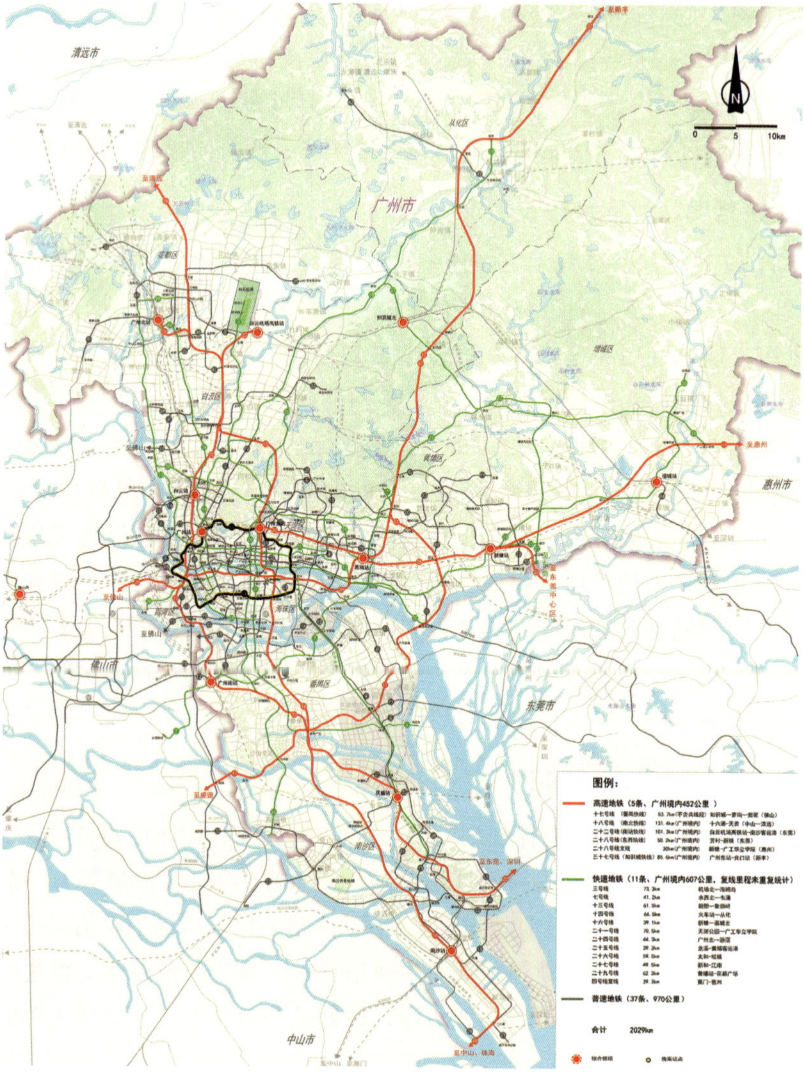

图 3.5　广州轨道交通线网规划图

（2）市域轨道快线

完善轨道快线网络，支撑广州市域一体化发展，实现市域内外围组团至核心区

45 min 通达。主要承担主城区、南沙副中心及外围城区间的快速联系，以通勤功能为主，设计速度在 100 ~ 140 km/h。市域轨道快线共 11 条线，共计 607 km。

3.2.4 成　都

1. 都市圈空间结构

成都，简称“蓉”，别称蓉城、锦城，是四川省省会、副省级市、特大城市、成渝地区双城经济圈核心城市，国务院批复确定的中国西部地区重要的中心城市，国家重要的高新技术产业基地、商贸物流中心和综合交通枢纽。全市共辖 12 个市辖区、5 个县级市、3 个县，总面积 14 335 平方公里。2019 年建成区面积 949.6 平方公里，常住人口 1658.10 万人，城镇人口 1233.79 万人，城镇化率 74.41%。

规划成都市市域形成“一心两翼三轴多中心”的网络化市域空间结构。一心：龙泉山城市森林公园。两翼：中心城区和东部城市新区。中心城区为 11 个市辖区（含高新西区、南区和天府新区直管区）城区；东部城市新区包括龙泉山东侧空港新城、简州新城、淮州新城、简阳城区。三轴：南北城市中轴、东西城市轴线和龙泉山东侧新城发展轴。多中心：28 个国家中心城市功能中心。

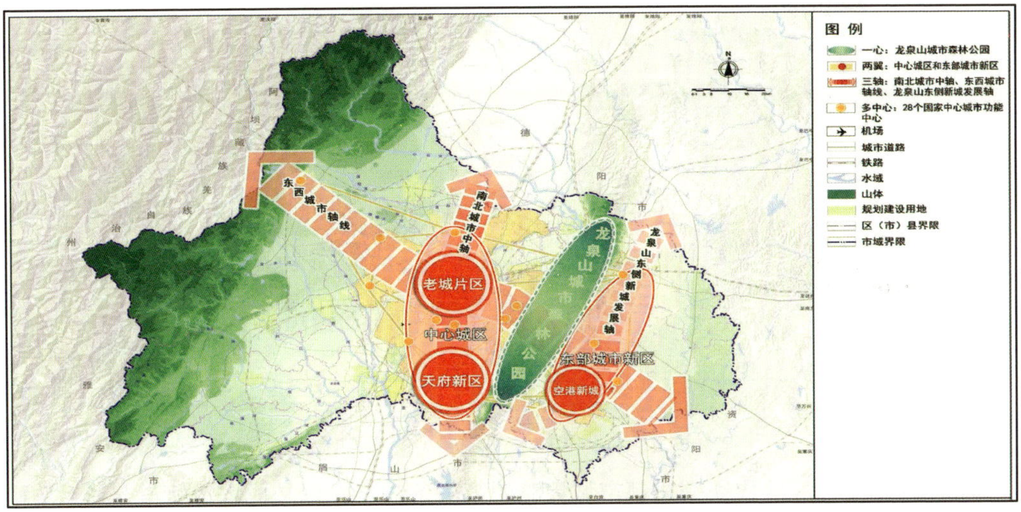

图 3.6　成都市域空间结构图（2016 版）

2. 市域铁路运营现状与建设情况

成都市规划形成“一心两翼三轴多中心”的网络化市域空间布局，还明确提出轨道交通引领城市发展的 TOD 理念，中心城区加速加密成网，天府新区核心成网，两核互动加强，放射骨干形成，全域基本覆盖，支撑“双核共兴、一城多市”的网络城市群发展，规划 4 条市域铁路。市域轨道交通形成“南北中轴、三新放射、外围串联”架构。

2018 年 11 月，中国铁路总公司与四川省人民政府联合批复《成都市域铁路“公交化”运营改造工程项目建议书》，同意对成都市既有铁路进行“公交化”改造。同时，同意成都新建铁路联络线、动车运用所及购置动车组，满足市域“公交化”列车开行要求。利用既有铁路资源加密开行市域铁路“公交化”列车，提升铁路运输服务范围和服务质量，对增加城市轨道交通有效供给，进一步完善成都绿色交通出行体系具有重要意义。目前成都正加快推进成都平原经济区铁路“公交化”运营，成灌（彭）铁路即将率先迎来全新的“公交化”动车组。新建铁路联络线将让成灌、成绵乐和即将开通的成蒲铁路联系更加紧密。

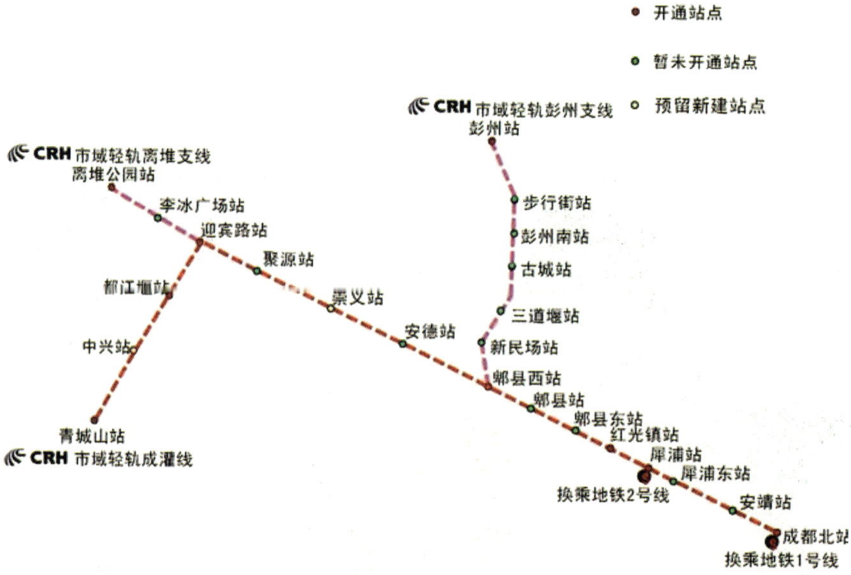

图 3.7　成灌铁路线路走向示意图

成灌铁路又称成灌快铁是成都市域铁路的第一条线路，也是成都市轨道交通系统中投入运营的第一条线路。该线起于成都站（火车北站），正线经成都铁路西环线，之后沿国道 317 线向西延伸，至成都县级市都江堰市后向南延伸，止于都江堰市青城山站。成灌铁路离堆支线进入都江堰市区，是连接都江堰水利工程鱼嘴、玉垒山景区的便捷通道，将为游客“拜水都江堰”带来更多便利。

成灌铁路第二条支线——彭州支线连接高新西区（郫都）、新民场、三道堰、古城和彭州，将为游客前往龙门山、银厂沟、白鹿镇、丹景山等景区带来更多的便利。

技术标准方面，成都至郫都西站最高运营速度 120 km/h，郫都西站至都江堰站最高运营速度 200 km/h，都江堰站至青城山站最高运营速度 140 km/h，离堆支线最高运营速度 80 km/h，郫都站至彭州站最高运营速度 200 km/h，全线桥梁长度 67 km，占正线总长 70%以上。成灌快铁主线运营里程 67 km，离堆支线长 6 km，彭州支线长 20 km。

成灌快速铁路作为成都市西向交通运输通道的重要组成方式，其建设具有显著的社会经济效益，能够对沿线地区社会经济的发展起到积极、有力的推动作用。促进了区域生活水平的改善，推进了成都市城乡一体化进程，同时，也增强了成都应对突发自然灾害后的应急交通保障能力。另外，成灌铁路所带来的产业升级调整、投资环境改善和提升区位竞争优势等经济效益在未来也将越来越凸显。

3. 成都轨道交通线网规划

根据《成都市城市轨道交通线网规划》（2021 版），远期规划线网由 36 条线路组成，包括 21 条普线、8 条快线，7 条市域铁路，总规模约 1666 km；远景规划线网由 55 条组成，包含 27 条普线、9 条快线、19 条市域铁路，总规模约 2382 km；其中 1 ~ 8 号线、11、12、15、20 ~ 22、26 ~ 30、32、33、D1 ~ D6 号线为普线；9、10、13、14、16 ~ 19、23 号线为快线；S1 ~ S19 线为市域铁路。

根据规划，S1 线为联系新都、青白江和金堂的市域铁路线，与 S11 线具备互联互通运营条件；S2 线为串联龙泉山东侧城市发展轴线的市域铁路线，串联金堂、淮州新城、简州新城、空港新城；S3 线为连接空港新城和资阳市区的市域铁路线，串联资阳市区、临空经济区及天府国际机场片区，可衔接 S13 线、18 号线联系成都中心城；S4 线为联系中心城和淮州新城的市域铁路线，具备与 17 号线互联互通运营条件；S5 线为连接天府新区直管区核心区和眉山市区的市域铁路线；S6 线为蒲江至新津的市域铁路线，作为 S7 线的支线连接天府新区核心区；S7 线为天府新区核心区至新津、邛崃的市域铁路线；S8 线为大邑至新津的市域铁路线，作为 S7 线的支线连接天府新区核心区；S9 线为联系温江和都江堰的市域铁路线，具备与 19 号线互联互通运营的条件；S10 线为由新都向北辐射连接德阳市的市域铁路线，大致沿成绵乐城际方向联系广汉、德阳；S11 线为向北至广汉、德阳方向的市域铁路线；S12 线为中心城联系青白江、向北延伸至德阳的市域铁路线；S13

为联系中心城区、东部城市新区（简州新城、空港新城）和天府国际机场的市域铁路线，西端与 13 号线互联互通，东部与 S2 线、S3 线具备互联互通运营条件；S14 线为联系中心城区、东部城市新区（空港新城、简阳城区）的市域铁路线，西端与 14 号线互联互通，东部与 S2 线具备互联互通运营条件；S15 线为龙泉山西侧联系青白江欧洲产业城、龙泉驿洛带镇和城区、天府新区，衔接天府新站的市域铁路线；S16 线为预留由国际生物城向南前往眉山市区的市域铁路通道；S17 线为预留简阳东部新城前往资阳市区的市域铁路通道；S18 为连接国际生物城和新津城区的市域铁路线；S19 为联系温江和崇州市区的市域铁路线，东端与 13 号线具备互联互通运营条件。

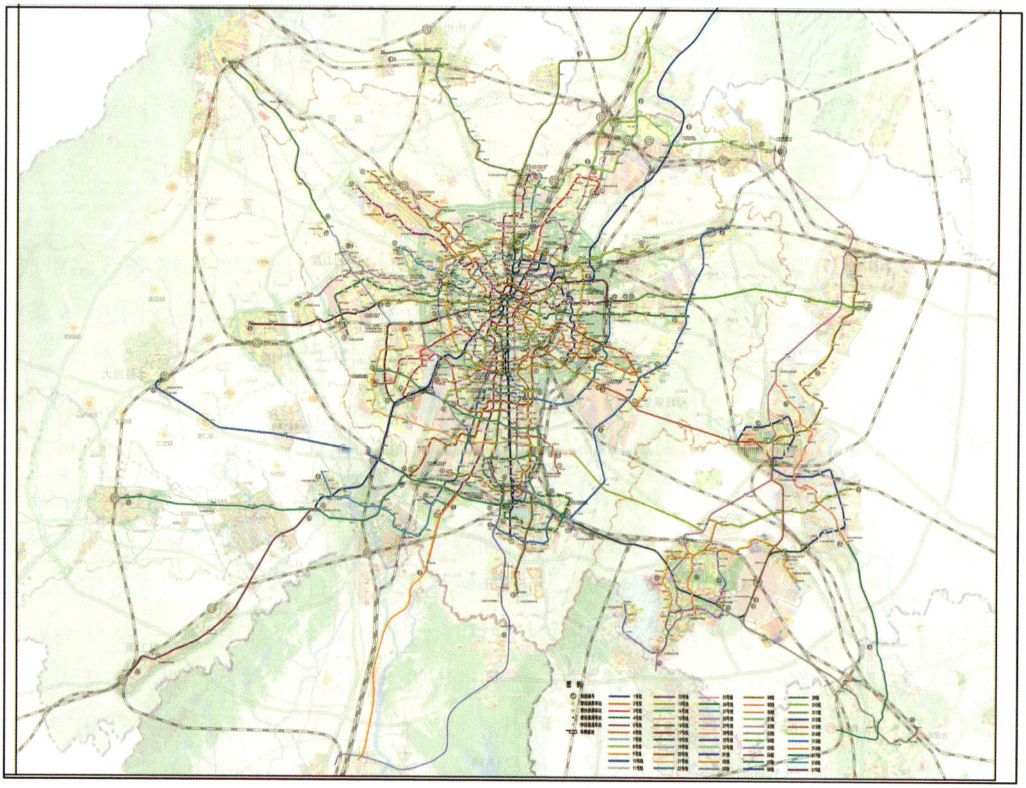

图 3.8　成都市轨道交通线网规划图

此轮规划是为了深入落实成渝地区双城经济圈发展战略，切实强化成德眉资同城化区域轨道联系，加快建设践行新发展理念的公园城市示范区，进一步衔接铁路枢纽总图重大调整，适应四川天府新区、成都东部新区、大港区空间格局优化与功能调整，实现客流密集区域的轨道精准覆盖，深化产业功能区的轨道交通服务。

3.2.5 温　州

1. 温州都市圈空间结构

温州市位于浙江东南部，为沿海港口城市，位于中国黄海岸线中段，是我国第一批对外开放的 14 个沿海城市之一，是浙南经济、文化中心。市域总面积为 11 784 平方公里。

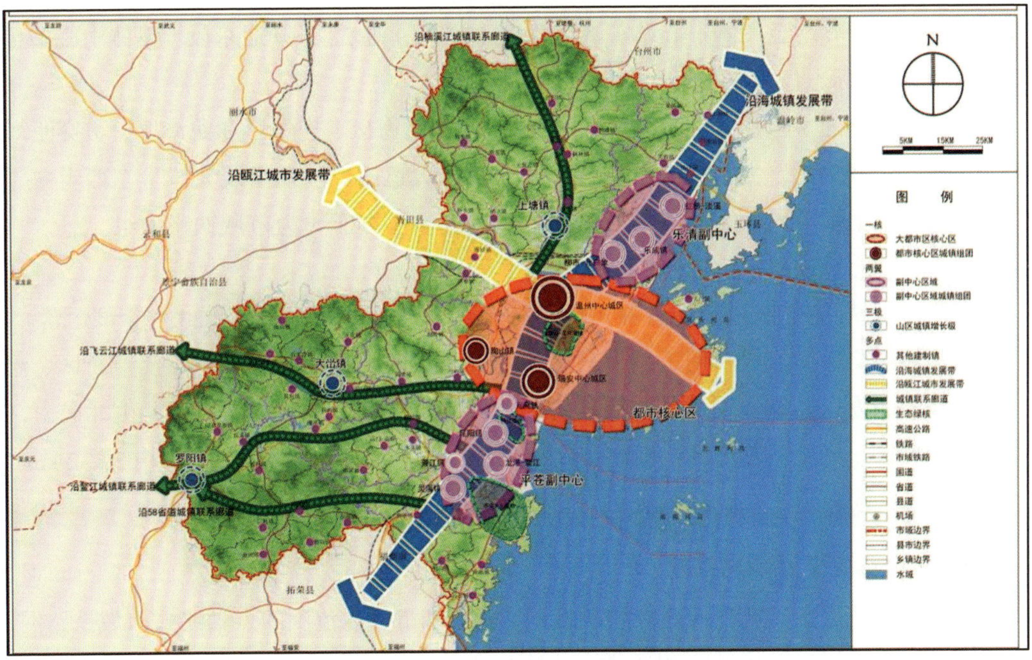

图 3.9　温州市域城镇空间结构规划图

温州市构建“双轴双心四片”的城市结构。“双轴”指沿沿江城市拓展轴和沿海功能联系轴，“双心”分别指中部复合中心与东部复合中心。“四片”指以自然山水为界，将中心城区分为西片、中片、东片、洞片，各片区均为综合发展区，功能各有侧重并突出特色。

温州市形成“一核两翼三极多点”的大都市区空间结构。“一核”是指以温瑞平原为大都区主中心，形成环大罗山一体化发展的大都市核心区，为全市国际化和高端服务业集聚核心，全市对外综合交通枢纽。“两翼”是指以乐清和平阳苍南为大都市区副中心，形成围绕大都市核心的都市功能提升区，承担重要产业和区域服务功能，支撑温州城市化和经济社会转型发展。“三极”是指三个带动山区城市化和旅游、文化产业发展的增长极，分别是水嘉、文成和泰顺的县城。“多点”是指多个支撑全市城市化发展的中心镇。

2. 温州市域铁路运营现状及建设情况

（1）温州市域铁路 S1 线

温州市域铁路 S1 线是温州轨道交通第一条建成运营的线路，也是中国第一条新建的真正意义上的采用城市轨道交通模式运营的市域铁路。S1 线于 2019 年 1 月 23 日开通一期工程西段（桐岭站至奥体中心站）试运营，2019 年 9 月 28 日开通东段（奥体中心站至双瓯大道站），标志色为海蓝色。

温州轨道交通 S1 线一期工程西起桐岭站，途经瓯海区、鹿城区和龙湾区，贯穿瓯海中心区域、温州大道、龙湾瑶溪片区等，东至双瓯大道站。一期全线大体呈东西走向。线路全长 53.5 km，设置 18 座车站，采用 4 节编组 D 型列车，为市域铁路编组。

（2）温州市域铁路 S2 线

温州市域铁路 S2 线是浙江省温州市正在建设中的市域铁路，预计 2023 年试运营。

温州轨道交通 S2 线一期工程为东北-西南走向，是串联乐清辅城、瓯江口新区、温州经济技术开发区、瑞安辅城的主要通道。线路起于乐清城东街道下塘站，由北向南，途经乐清城区、灵昆、龙湾区、浙南产业集聚区，止于瑞安人民路站，全长 63.632 km，共设车站 20 座。

3. 温州轨道交通线网规划

温州城市轨道交通规划构建多层次线网，以大都市区为范围的点轴线式市域铁路网，与远景都市区的城市总体结构相适应，线网为“市域铁路+大运量系统双层次”，市域铁路层次包含 S1、S2、S3 三条线路，主要提供都市区范围内的交通供给，总规模约为 257.48km。大运量系统包含“M1、M2、M3、M4”四条线路，总规模约为 124.87km，主要提供中心城范围内的交通供给。

市域铁路是契合温州当前城镇发展的轨道交通方式，它不仅仅是一条交通出行轨道，更像是一条“珍珠链”，串起沿线城镇群，推动新型城镇化的建设，成为新型城镇化发展的支撑。温州地理环境特征：山水阻隔：三大水系、众多山体；土地稀少：七山二水一分田；海相冲积：深厚软土地层。人民出行块状+组团式特征明显，市域轨道交通的建设，引领温州新型城镇化发展。

图 3.10　温州轨道交通线网规划图

3.3　市域铁路发展规划存在的不足与建议

市域铁路的发展规划既要考虑市域铁路线网本身的功能，又要与其他层次轨道交通和都市圈城市发展的主体功能相结合，真正实现“内畅外通”的轨道交通一体化网络。针对现阶段市域铁路发展规划中存在的一些不足提出以下建议。

3.3.1　注重多网融合发展

市域铁路发展要重点补齐规划的缺位，发挥好规划的引导作用，建立以市域铁路为主体的都市圈多层次轨道交通体系。市域铁路与高速铁路、城际铁路和城市轨道交通既有功能分工、又有紧密联系，共同构成服务不同国土空间尺度的多层次轨道交通系统。其中，城市轨道交通主要服务于城市城区内部的短途出行，市域铁路主要服务于都市圈范围内的中心城区与郊区及周边城镇组团间的中短途出行，城际铁路主要服务于相邻城市间或城市群的中长途出行，高速铁路主要服务于跨区域长途出行。城际铁路可以兼顾部分都市圈的市域出行功能，市域铁路与城市轨道则共同构成都市圈的轨道交通运输主体。因此，如何规划市域铁路与其他层次轨道交通一体化融合发展，提升综合轨道网络的整体效率和效益，对于市域铁路的稳健发展与打造轨道上的都市圈具有深远意义。

3.3.2 完善网络构架与布局

为支撑多中心城市格局，避免“摊大饼”式发展，往往需要沿主要发展廊轴布置快速市域铁路（快线）线路，实现中心城与外围城镇的点对点快速直达。一方面，引导中心城区人口向卫星城疏解，另一方面促进中心城与卫星城的协同发展。在客流特征上以向心客流为主，并具有较为明显的潮汐特征，外围城镇之间的切向客流需求相对较小，故网络布局上往往呈现中心放射形态，与中心城区的网格化轨道网络形态一般差异较大，并可多采用主支线形式，扩大服务范围。

3.3.3 做好互联互通、网络化运营及资源共享规划

习近平总书记在京津冀协同发展工作会上七点要求中明确指出，“要着力构建现代化交通网络系统，把交通一体化作为先行领域，加快构建快速、便捷、高效、安全、大容量、低成本的互联互通综合交通网络”。

市域铁路作为多层次轨道交通网络中的重要组成部分，具有承上启下的功能。由于市域铁路的功能定位和特征，有互联互通、网络化运营的需求。因此，应从网络层面做好市域铁路的互联互通及资源共享的顶层规划，最大程度发挥网络化运营及资源共享优势，提高网络运营组织灵活性与运营效益，并指导后续具体项目的研究与设计。

3.3.4 加强通道集约、复合利用

市域铁路通道应与城市主发展轴相契合，由于运输需求大，可进行通道多线布局，实现各线之间功能互补，适应通道内不同层次的需求。通过集中布局，最大限度提高土地利用价值，同时提高运输效率。

3.3.5 强化枢纽衔接功能

国内在城市轨道交通枢纽站的建设起步较晚，更多的是对国外理论的运用，且理论发展的速度赶不上建设的速度，还处于初级阶段。加上各管理部门间分散的管理，导致换乘效率不高，甚至出现交通拥挤现象。在换乘空间设计中，忽视枢纽站吸引更多换乘

人流等因素，对换乘空间容量评估偏小，导致早晚高峰时期严重拥堵情况。目前新建的枢纽站体现了交通换乘的一体化理念，如上海虹桥站，将航空、铁路、轻轨、地铁及公交等交通方式通过集中的换乘大厅进行换乘，提高了换乘效率。北京南站、杭州南站实现了铁路、地铁、公交等交通形式间便捷换乘，换乘空间的设计更加合理。

市域铁路引入城市中心城区，可采用外围单点换乘、深入中心城区或贯通中心城区与中心城区线网多点换乘等多种衔接方式。无论哪种形式，在高峰时段市域铁路主要运送由郊区到城市中心的客流，对其集散功能要求较高，注重客流的可达性。因此需要落实市域铁路枢纽的无缝衔接，对衔接站点及线路进行精细化规划设计，增加规划阶段换乘衔接的研究深度，对换乘衔接布局方案进行深入比选，注重预留接口，为合理、高效的换乘衔接创造有利条件。换乘枢纽尽量采用立体布置形式，将多条轨道交通线路整合在一个多层的大型建筑内，不同的线路之间通过换乘大厅以及层与层之间的换乘楼梯实现便捷换乘，极大程度缩短乘客的换乘距离。同时，紧邻铁路车站布设公交站、出租车接送站、小汽车停车场、非机动车停车场，打造多网融合、多种交通方式便捷换乘的一体化综合交通枢纽。

3.3.6 合理规划市域铁路站点，做好站点综合规划与开发

市域铁路大部分位于郊区，但并没有因为车站位于郊区而一味地增大站间距，而是根据线路沿线城市发展需求合理设置车站，不宜硬性规定站间距。例如东京都市圈部分市域铁路郊区线路的平均站间距一般大于市区，但有的站间距比郊区还小，如表 3.2 所示。同时小站间距并不意味着小乘距，东京都市圈部分市域铁路平均站间距不超过 3 km，但平均乘距却有 15 km。

表 3.2　东京市域铁路站间距

线路名称	市区			郊区		
	平均站距/km	最大站距/km	最小站距/km	平均站距/km	最大站距/km	最小站距/km
田园都市线	1.6	1.9	1.3	2.3	1.5	0.6
京王线	1.1	3.6	0.6	1.3	2.4	0.6
京急线	0.9	1.4	0.5	1.3	2.6	0.7
京成线	1.6	3	1.9	1.8	2.6	0.6
小田原线	0.9	1.4	0.7	2.2	4.7	0.6
平均值	1.22	2.26	1.78	1.78	2.76	0.62

市域铁路线路及站点一般多位于城市核心区之外，周边用地条件更好，开发潜力更大。应充分结合 TOD 理念，做好站点用地规划与综合开发，市域铁路综合开发的关键在于建立“站城融合”的发展模式和利益共享机制。一方面是建立市域铁路与城市融合发展的互动机制。要建立市域铁路与城市群、都市圈以及城市在规划、建设、运营等不同阶段的互动机制，实现市域铁路车站与城镇空间的融合。另一方面是完善市域铁路与城市融合发展的合作模式和机制。结合港铁、日本私铁、重庆沙坪坝枢纽上盖开发等经验，完善轨道企业与城市政府合作模式，鼓励市、区联合开发，构建综合开发成本分担及利益共享机制，推动土地开发收益反哺轨道建设和运营，站城融合发展是实现市域铁路效益与城市开发的双赢。

3.3.7 充分挖掘既有铁路潜能

利用国家铁路实现市域客运功能在国外大都市比较常见，发展较为成熟。利用既有铁路开行市域列车具有前期投资较少、建设周期短，实现资源合理配置、盘活既有资产存量，引导沿线土地利用开发等优点。一方面，在铁路供给侧改革背景下，可以充分挖掘、合理利用城市内既有的铁路通道资源，服务市域客运需求，符合国家政策方向。另一方面，随着城市铁路枢纽客货布局的不断完善，客内货外，货运功能逐步外移为城市内部既有铁路的功能提升与综合利用创造了有利条件。利用国有铁路富余运能开行市域铁路，统筹客货运输、盘活存量空间，只需要对铁路进行适当的改造，购买新的列车就可开通运行，铁路的富余能力得到了充分的利用，实现了地方和铁路部门之间的双赢。

3.3.8 创新机制体制，保障健康发展

市域铁路的公共交通服务属性决定其单纯依靠运营收益难以支撑建设和运营成本。市域铁路建设资金筹措渠道狭窄，各类金融企业、保险机构、民营企业等社会资本与城市政府合作，建立市域铁路多元化投融资体系方面的尝试刚刚起步。如何制定切实可行的建设期资本金筹措方案、建设期债务资金筹措方案以及运营期的还本付息、运营补亏、重置更新等资金保障方案，确保市域铁路的持续健康发展任重道远。《关于推动都市圈市域（郊）铁路加快发展的意见》（国办函〔2020〕116 号）明确提出要拓展资金筹措渠道，创新市域铁路市场化投融资方式，全面放开市场准入，培育多元投资主体；并强调要加大地方政府投入力度，支持地方政府专项债用于收益较好的项目建设，研究以线路经过辖区土地出让收益支持市域铁路建设等。

良好的机制体制是促进市域铁路可持续健康发展的重要保障。一是加强路地双方的联系合作。推到市域铁路发展规划好新线路，也要利用好既有铁路。在路地合作良好的基础上继续深化合作，用好国铁线路、站场、车辆维修、运营服务等资源，联通票务系统，合力推动既有铁路提供公交化运营服务，以及国铁与市域铁路的互联互通。二是深化与相邻地区的一体化合作，打破行政壁垒，探索建立跨行政区域的政策、规划、建设、运管多维度协同机制。三是完善推进机制。健全多层次协调机制和常态化的工作调度机制，在投融资、运营考核和补贴、站场周边综合开发等方面加强研究，完善机制体制，保障市域铁路健康可持续发展。

第 4 章　市域铁路设施与设备

市域铁路是伴随我国新型城镇化发展而产生的新型客运轨道交通方式，为城市中心城与周边新城或组团城市各城镇之间提供快速、高密度、大容量、“公交化”公共交通服务的轨道交通系统，其服务功能和相关要求介于城市轨道交通与城际铁路之间，服务特性更接近于城市轨道交通。

市域交通系统客流潮汐特征明显，全天客流量较地铁系统小，高峰小时客流量大。采用高密度、小编组、“公交化”的运输组织模式可缩短行车间隔，缩短旅客在途时间，提高服务水平，满足运量需求。市域铁路一般线路较长，且承担的通勤客流比重较大，若采用仅开行站站停列车的运行组织模式，因列车频繁停站延长了旅客的乘车时间，将减少部分客流的吸引力，市域铁路组织开行大站快车，提供差异化和高品质服务，满足沿线组团客流特征和通勤直达客流的出行需求。因此，市域铁路线路设施与系统设备须与市域铁路功能相匹配。

4.1　线路设施

4.1.1　限　界

限界是保障市域铁路安全运行、限制市域车辆断面尺寸、限制沿线设备安装尺寸及确定建筑结构有效净空尺寸的图形及坐标参数。为了保证市域铁路轨行区的行车安全和土建投资的经济合理，需对在线路上运行的车辆轮廓尺寸进行限制，同时要求接近线路的各种设备和建筑物必须与车辆保持一定的安全距离，故市域铁路定义了各种类型限界。

我国干线铁路和城际铁路采用二级限界标准（车辆限界、建筑限界），城市轨道交通采用三级限界标准（车辆限界、设备限界、建筑限界），而市域铁路是介于城市轨道交通和城际铁路之间的公交化运营的新型运输组织系统，在当前“四网融合、资源共享”的发展理念指引下，市域铁路线网规划还不同程度地预留了与城市轨道交通和城际铁路互联互通的条件，故各地在具体实施时均结合项目特点及车辆选型等自主选择标准或自行制定地方标准。

1. 车辆限界

车辆限界是指计算车辆（不论是空车或重车）在平直的轨道上按规定速度运行，计及了规定的车辆和轨道的公差值、磨耗量、弹性变形量，以及车辆的振动等正常状态下运行的各种限定因素而产生的车辆各部位横向和竖向动态偏移后形成的动态包络线，并以标准坐标系表示的界线。车辆限界应根据市域铁路线网特定的车辆类型和车辆参数计算确定。

市域铁路车辆上部限界基本参照客运专线铁路机车车辆上部限界的轮廓尺寸，根据市域铁路宽体车（市域 C 型车、市域 D 型车）和窄体车（市域 A 型车、市域 B 型车）的最大半宽和落弓高度制定。车辆上部限界的最大高度通常取 4700 mm（宽体车）和 4500 mm（窄体车），最大半宽通常取 1675 mm（宽体车）和 1525 mm（窄体车）。车辆下部限界主要包括车体的弹簧承载部分、转向架弹簧承载部分、非弹簧承载部分以及闸瓦、喷油管等的最低轮廓位置。

2. 设备限界

设备限界是指基准坐标系中在车辆限界外加未计及因素和安全距离（包括一系或二系悬挂故障状态）的界线。设备限界外安装的任何设备（有效站台长度内及接触网设备带电部分除外），包括安装误差值和柔性变形量在内，均不得向内侵入的界线。设备限界主要考虑车辆在悬挂故障条件下运行的限界要求，如一系弹簧断裂、二系弹簧“过充”或“失气”等。车体不同部位的安全裕量要求不尽相同，参照地铁限界标准，如车体上肩部横向间距 100 mm，车体下部横向间距 50 mm，顶部和底部间距 50 mm，转向架部分为 15 ~ 30 mm 等。

3. 建筑限界

建筑限界是指位于设备限界外考虑了沿线设备安装后的最小有效界线，任何沿线永久性固定建筑物（含施工误差值、测量误差值及结构永久变形量）均不得侵入建筑限界。市域铁路建筑限界应在市域铁路设备限界基础上，根据线路条件、土建结构、轨道类型、曲线超高、供电制式、设备及管线布置及疏散方式等综合确定。

对于城际动车组下线运行的市域铁路，应兼顾城际动车组的建筑限界要求。根据我国《铁路技术管理规程》规定，普速铁路和高速铁路建筑限界的最大半宽为 2440 mm，城际铁路建筑限界的最大半宽为 2200 mm，故对于城际铁路跨线运行的市域铁路，区间建筑限界的最大半宽应采用 2200 mm。当隧道内利用通信、信号电缆槽作为应急疏散通道时，通道高度宜与轨面齐平，宽度通常不小于 1000 mm，轨道中心线至疏散通道一侧隧道结构边墙的水平距离应不小于 2800 mm。

对于 AC 25 kV 接触网供电的市域铁路而言，接触网导线至轨顶面安装高度一般为 5300 mm，接触网结构高度为 700 ~ 1400 mm，故隧道地段建筑限界的最小高度通常按导线高度加上接触网结构高度采用 6700 mm。

车站有效站台建筑限界应根据站台形式、编组方式和过站速度等综合确定。运行宽体车的市域铁路项目，侧线站台、无越行或过站速度不大于 80 km/h 的正线站台，线路中心线至站台边缘的水平距离采用 1750 mm，至站台门最外突出部分的水平距离采用 1780 mm，站台面距轨顶面高度为 1250 mm。当正线列车越行速度大于 80 km/h 时，线路中心线至站台边缘及站台门的水平距离应经计算确定。当城际动车组跨线运行停站或越行时，还应考虑列车编组和停站位置等对站台门的设置要求。

曲线地段矩形隧道建筑限界应在直线地段矩形隧道建筑限界基础上进行加宽，全线矩形隧道轨面以上建筑限界宜统一采用曲线地段最大高度。圆形隧道及马蹄形隧道建筑限界应按全线或工程单元区间的平面曲线最小半径、最大轨道超高及空气动力学影响确定，因曲线超高造成的内、外侧不均匀偏移量则通过采用将隧道中心线向线路中心线内侧偏移的方法解决。

4. 轨旁设备及管线布置

市域铁路轨旁设备主要包括区间疏散平台、消防水管、信号机、射流风机和广告灯箱等，管线包括强电电缆和通信、信号等弱电电缆。当采用左线行车时，区间疏散平台、强电电缆及设备通常布置在行车方向右侧，弱电电缆及设备、消防水管和信号机通常布置在行车方向左侧；当采用右线行车时，区间疏散平台、强电电缆及设备通常布置在行车方向左侧，弱电电缆及设备、消防水管和信号机通常布置在行车方向右侧。当强、弱电缆及设备必须同侧布置时，其间距应满足强、弱电干扰距离规定。

4.1.2 线　路

1. 综合选线

市域铁路选线应符合国土空间规划、综合交通规划、轨道交通规划等要求，与主要客流出行方向相吻合，尽量绕避不良地质、危险源、敏感点，难以绕避时应采取相应的安全保障措施。线路敷设方式宜以地上为主，困难路段，经建设条件、环保要求、工程经济等多因素综合比选后可采用地下敷设方式。

市域铁路线路不宜追求全线设计速度的统一，应结合站点设置、运输组织方案及工程条件，综合确定不同地段的设计速度。由于车辆选型与设计速度的差异，线间距略有差异，但一般不小于 4.0 m。

2. 平纵设计

市域铁路线路平面、纵断面设计应结合路段设计速度、工程条件合理选用。平面曲线半径应由大到小合理选用，最大值不宜大于 12 000 m，最小平面曲线半径应与路段设计速度相匹配，最小值一般不宜小于 300 m。

线路纵断面宜采用较长的设计坡段且不应小于远期列车长度，区间正线最大坡度一般不宜大于 25‰，特殊困难地段不应大于 30‰，最小坡度结合敷设方式满足排水要求。当采用长大坡道时，应进行行车检算，满足线路能力、行车间隔、行车速度、牵引能力、制动能力及运营救援等设计要求。

线路平纵设计应综合考虑相关影响因素后合理选用，在满足行车安全要求的前提下尽可能保证线路的平顺性，满足旅客乘坐舒适度要求。既有线利用线路设计还应满足既有铁路标准。

4.1.3 路　基

1. 使用年限

市域路基工程是铁路轨下基础工程的重要组成部分，是保证列车高速、安全、舒适运行系统中的关键工程。市域铁路车流密度大，多位于城区。路基主体工程一旦破坏，维修难度高，对于运营的影响大，必须按照土工结构物设计，主体工程设计年限一般为 100 年。

2. 沉降控制标准

路基沉降对线路运行的平顺性、舒适性均存在较大的影响。市域铁路的沉降控制标准应根据其运行速度与轨道类型确定，一般标准如下：

（1）无砟轨道

无砟轨道路基工后沉降应符合扣件调整能力和线路竖曲线圆顺的要求，工后沉降不宜超过 15 mm。沉降比较均匀并且调整轨面高程后的竖曲线半径的要求时，允许工后沉降为 30 mm。路基与桥梁、隧道或横向结构物交界处的工后沉降差不应大于 5 mm，不均匀沉降形成的折角不应大于 1/1000。

（2）有砟轨道

表 4.1　有砟轨道路基工后沉降控制标准

设计速度/（km/h）	路基分类	一般地段工后沉降/mm	桥台台尾过渡段工后沉降/mm	沉降速率/（mm/年）
200	正线、与正线处于同一路基的配线	≤150	≤80	≤40
160 及以下	正线、与正线处于同一路基的配线	≤200	≤100	≤50
	与正线路基分开设置的配线及车场线	≤300	≤150	≤60

3. 路基面宽度

市域铁路路基面宽度要考虑路基稳定、养护维修、安全避让、线间距、轨道结构形式、曲线超高、电缆槽、接触网立柱基础、声屏障基础等因素的影响，保证路肩宽度不小于 0.8 m。一般路基面宽度如表 4.2、表 4.3 所示。

表 4.2　有砟轨道路基面宽度

设计速度/(km/h)	轨枕类型	道床厚度	单线					双线				
			a/m	b/m	c/m	路基面宽度/m		a/m	b/m	c/m	路基面宽度/m	
						路肩上不设电缆槽	路肩上设电缆槽				路肩上不设电缆槽	路肩上设电缆槽
200	Ⅲ	0.30	0.45	1.0	0.9	7.3	7.3	0.45	1.1	0.8	11.5	13.0
	Ⅲ	0.35	0.45	1.1	0.8	7.3	7.3	0.45	1.2	0.8	11.7	13.0
160 及以下	Ⅲ	0.30	0.4	1.0	0.95	7.3	7.3	0.4	1.1	0.85	11.3	12.8
	Ⅲ	0.45	0.4	1.3	0.8	7.6	7.6	0.4	1.4	0.8	11.8	12.8
	Ⅲ	0.5	0.4	1.4	0.8	7.8	7.8	0.4	1.5	0.8	12.0	12.8

注：（1）a 为砟肩宽度，b 为砟肩至砟脚水平距离，c 为路肩不设电缆槽时的路肩宽度。

（2）双线路基面宽度按设计速度 200 km/h 时线间距为 4.2 m，设计速度 160 km/h 及 120 km/h 时线间距为 4.0 m 确定。线间距变化时，路基面宽度应相应调整。

表 4.3　无砟轨道路基面宽度

设计速度/（km/h）	路基面宽度/m			
	单线		双线	
	路肩上不设电缆槽	路肩上设电缆槽	路肩上不设电缆槽	路肩上设电缆槽
200	6.1	6.1	10.3	11.8
160、140	6.1	6.1	10.1	11.6

注：双线路基面宽度按设计速度 200 km/h 时线间距为 4.2 m，设计速度 160 km/h 及 140 km/h 时线间距为 4.0 m 确定。线间距变化时，路基面宽度应相应调整。

4. 基床厚度

路基基床是路基上部受列车动力作用和水文气候变化影响较大的部位，其状态直接影响列车运行的平稳和速度的提高。市域铁路根据上部列车动应力的影响深度，一般有砟轨道正线基床厚度为 2 m，其中基床表层 0.5 m，基床底层 1.5 m；无砟轨道基床厚度为 1.8 m，其中基床表层 0.3 m，基床底层 1.5 m。

5. 过渡段

路基与桥梁、涵洞、隧道等结构物连接处的路基一直是铁路路基的一个薄弱环节，一方面由于路堤与钢筋混凝土结构物刚度差别较大而引起轨道刚度的突变，同时路基与结构物的沉降不一致，而导致轨面不平顺，因而引起列车与线路结构的相互作用增加，影响线路结构的稳定，影响列车高速、安全、舒适运行。所以市域铁路路基与桥梁、涵洞、隧道等其他线下结构物连接处可能导致轨道基础沉降变形及刚度差异时，均应设置过渡段。过渡段一般采用倒梯形或正梯形的方式，过渡段填料一般采用石质填料，设计速度较高或轨道形式为无砟轨道时，填料还应掺部分水泥。路基与桥梁过渡段示意图如图 4.1 所示。

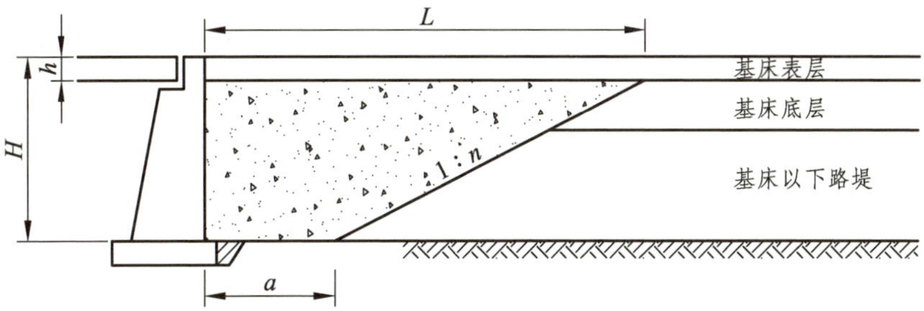

图 4.1　路基与桥梁过渡段示意图

4.1.4 轨　道

1. 市域铁路轨道结构型式

市域铁路行车密度大、维修作业时间短，是介于城市轨道交通和城际铁路之间的一种交通形式：从环境条件看，市域铁路具有城市轨道交通的特征，穿越城市核心区的市域铁路工程沿线环境敏感点多，减振降噪要求较高；市域铁路速度相对较高，轨道平顺度要求较高，又兼具城际铁路特点。综合城市轨道交通、高铁及城际铁路轨道工程设计、施工、运维经验，市域铁路正线一般采用无砟轨道，跨区间无缝线路。

2. 轨道部件

轨道设备选型需符合标准化、通用化原则，以利施工及维护，在具体部件的选用上，要充分考虑工程特点，力求技术先进、经济合理。

（1）钢轨。

一般采用 60 kg/m（60 N）、100 m 定尺长、U71MnG 无螺栓孔新轨，R≤1200 m 曲线地段则选用相同材质的热处理钢轨。

但对于某些市域铁路工程来说，如果线路穿越城市核心区，线路平纵断面设计复杂，交通拥挤，铺轨基地场地受限，其工程特征更接近城市轨道交通，存在长定尺钢轨市内运输、存储问题及工期紧张问题等，结合城市轨道交通工程经验，穿越城市核心区的市域铁路则采用 60 kg/m、U75V、25 m 定尺长钢轨。

（2）扣件及轨枕。

采用 WJ-8B 扣件，轨枕配套采用 SK-2 型双块式轨枕，轨枕间距一般取 625 mm。

WJ-8B 扣件是我国针对高速铁路研发的无砟轨道有挡肩扣件，与之配套双块式轨枕采用 SK-2 型双块式轨枕（图号“通线〔2011〕2351-I”），具有成熟的产品技术标准和运营经验。

（3）道床。

采用双块式整体道床。双块式轨枕由两块混凝土短轨枕及联结钢桁架组成，桁架采用冷拔钢筋焊接而成。短轨枕体积小、重量轻，搬运方便，轨枕与现浇道床间的新老混凝土接合面小，钢桁架可精确保持轨枕几何尺寸，并利于轨枕和道床之间的连接。双块式无砟轨道采用轨排架法施工，进度快、精度高，目前双块式无砟轨道在国内客专及城际轨道交通工程中已有大量应用实践，在速度较高的城市轨道交通中亦得到创新使用。

3. 轨道减振降噪

1）市域铁路轨道减振特点

市域铁路位于城市区域，沿线振动敏感点多，减振需求高。相对于地铁，市域铁路的轴重和速度有所提高，相应的轮轨振动量值加大、频率特性有所变化；同时随着速度的提高，市域铁路对轨道平顺性、动态变形的要求则更高，传统地铁工程中所用的分级减振措施技术参数和结构方案不能照搬照抄，需优化。协调速度、轴重提高要求轨道动态位移限值更严格与轨道减振要求轨道刚度降低的矛盾，是市域铁路轨道减振设计的重点和难点。

2）市域铁轨道减振形式

参照城市轨道交通、国铁干线轨道减振经验和近期市域铁路减振轨道研究、试铺及测试数据，市域铁路减振等级一般分为中等减振、高等减振和特殊减振三个级别，就减振元件所处轨道部位的不同，则可分为减振扣件、减振轨枕和减振道床三大类。市域铁路减振轨道主要有以下几种形式。

（1）减振扣件

减振扣件通过降低扣件的组合刚度，从而减小轮轨作用力，以减小轮轨振动。根据地铁应用和相关研究，减振扣件易产生钢轨异常磨耗，在较高速度和较小曲线半径地段应慎用扣件减振。

（2）减振轨枕

减振轨枕在轨枕底部设弹性垫层，构成质量、弹簧和阻尼系统。其形式主要有梯形轨枕、弹性短轨枕和弹性长轨枕。

梯形轨枕在国内地铁应用较多，适用于满足减振需求的所有地下/高架无砟/有砟轨道；用于不良地质条件及徐变较大的桥梁，有利于轨道空吊整治及调整。

弹性短轨枕主要用于在速度≤160 km/h 客货共线铁路和重载铁路隧道内，据现场测试分析,弹性支承块结构的振动衰减性能较为显著,隧底和隧道边墙的减振效果达到 10dB 左右，可避免或减轻基底病害发生。弹性短轨枕在城市轨道交通有一定应用。

弹性长轨枕主要应用于既有线提速工程，广州、上海、济南、北京、西安等铁路局提速工程中使用于覆土厚度不足地段，在新建高速铁路如京沪高铁搭胜关大桥、沪汉蓉铁路的桥梁地段等均有弹性长轨枕铺设。

（3）减振道床

减振道床在道床底部与轨下基础之间设隔振元件，构成质量、弹簧和阻尼系统，根据各种元件的布置方式，主要有点式布置钢弹簧浮置板和满铺减振垫的橡胶垫浮置板两大类。

① 钢弹簧浮置板。

隔振器采用点式布置，可单独检查更换；对不均匀沉降有一定调整量和适应性；应用范围限制较少；高架线应用需注意轨道结构高度及桥梁变形与承载能力等方面的协调。

② 橡胶减振垫浮置板。

应用于城市轨道交通、国铁客运专线。适用于满足减振需求的车站或轨道结构高度及桥梁变形与承载能力不受制约的地段；应避免用于软弱地质易产生不均匀沉降地段及地下水丰富地段。

4.1.5 桥　梁

新建市域铁路桥梁上部结构宜采用预应力混凝土结构，与其他建桥材料相比，预应力混凝土结构具有一系列适合市域铁路要求的特性，如刚度大、噪音低，由温度变化引起的结构位移对线路结构的影响小，运营期间养护工作量少等，而且造价也较为经济。所以桥梁上部结构宜优先采用预应力混凝土结构。常用跨度简支梁可选用箱梁、T 梁、π 梁、板梁、U 形梁、组合梁等结构形式。桥梁施工宜采用预制架设、预制拼装等施工工艺。

下部结构宜采用钢筋混凝土或混凝土结构。桥墩类型宜结合桥梁所处的地域、地形、水文、立交条件及景观要求等成段统一，适应景观协调要求，同时减少墩台施工模板的类型。

涵洞可采用框架涵、圆涵或其他适宜的结构形式。

市域铁路列车设计竖向静荷载采用 ZS 荷载，如图 4.2 所示。

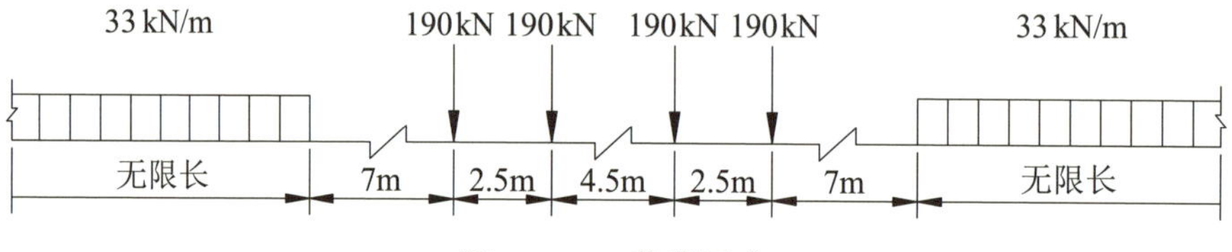

图 4.2　ZS 荷载图式

ZS 荷载可涵盖我国 CRH 系列动车组和城际轨道交通列车（包括：市域 A、市域 D、CRH6F、城轨 A、城轨 D、CRH1、CRH2、CRH3 和 CRH5 等车型。计算表明，在 1 ~ 200 m 跨度范围内，ZS 荷载图式的荷载储备均在 10%以上，且不同跨度储备较为均匀。ZS 荷载能包络小跨度桥涵结构的荷载效应，因此不再设置特种荷载。市域铁路 ZS 荷载相当于城际铁路 ZC 荷载的 67%。

《铁路桥涵设计规范》（TB 10002—2017）中客货共线铁路动力系数是通过大量实测数据拟合得到的，具有实际的物理意义，同时适用于旅客列车设计速度不超过 160 km/h 的情况。因此，市域铁路列车动力系数采用《铁路桥涵设计规范》（TB 10002—2017）中客货共线铁路规定的动力系数。

在列车竖向静荷载作用下，梁体的竖向挠度不应大于表 4.4 规定的限值。

表 4.4　梁体的竖向挠度限值

设计速度＼跨度	$L \leqslant 40$ m	40 m$< L \leqslant 80$ m	$L > 80$ m
140 ~ 160 km/h	$L/1600$	$L/1350$	$L/1100$
100 ~ 120 km/h	$L/1350$	$L/1100$	$L/1100$

注：（1）表中限值适用于 3 跨及以上的双线简支梁；对于 3 跨及以上一联的连续梁，梁体竖向挠度限值应按表中数值的 1.1 倍取用；对于 2 跨一联的连续梁、2 跨及以下的双线简支梁，梁体竖向挠度限值应按表中数值的 1.4 倍取用。

（2）对于单线简支或连续梁，梁体竖向挠度限值应按相应双线桥限值的 0.6 倍取用。

（3）表中的 L 为简支梁或连续梁检算跨的跨度。

在列车竖向静荷载作用下，桥梁梁端竖向转角限值应符合表 4.5 的规定。梁端竖向转角如图 4.3 所示。当梁端转角限值不满足表中限值要求时，应对梁端轨道结构和扣件的扣压力进行强度检算。

表 4.5　梁端转角限值

桥上轨道类型	位　置	限值/rad	适用条件
有砟轨道	桥台与桥梁之间	$\theta \leqslant 3.0‰$	—
	相邻两孔梁之间	$\theta_1 + \theta_2 \leqslant 6.0‰$	—
无砟轨道	桥台与桥梁之间	$\theta \leqslant 2.1‰$	梁端悬出长度≤0.30 m
		$\theta \leqslant 1.5‰$	0.3 m<梁端悬出长度≤0.55 m
		$\theta \leqslant 1.0‰$	0.55 m<梁端悬出长度≤0.75 m
无砟轨道	相邻两孔梁之间	$\theta_1 + \theta_2 \leqslant 4.2‰$	梁端悬出长度≤0.30 m
		$\theta_1 + \theta_2 \leqslant 3.0‰$	0.3 m<梁端悬出长度≤0.55 m
		$\theta_1 + \theta_2 \leqslant 2.0‰$	0.55 m<梁端悬出长度≤0.75 m

注：相邻两孔梁的转角之和（$\theta_1 + \theta_2$）除应满足本条规定的限值外，每孔梁的转角尚应满足本条中“桥台与桥梁间转角限值”规定。

图 4.3　梁端转角示意图

位于无缝线路固定区的混凝土简支梁桥，墩台顶部纵向水平线刚度应满足表 4.6 规定的限值要求。单线简支梁墩顶最小水平线刚度限值按双线简支梁墩顶最小水平线刚度限值的 0.6 倍取值。表中年温差是指桥址处极端最高气温与极端最低气温之差。

表 4.6　双线简支梁墩台顶纵向水平线刚度限值

跨度/m	最小水平线刚度/（kN/cm）	
	年温差≤65 °C	年温差>65 °C
12	60	85
16	85	120
20	100	135
24	180	210
32	190	250
40	240	300
48	320	460

市域铁路依据桥址温差规定了桥梁墩顶水平线刚度限值，当温差≤65 °C 时，常用简支梁刚度限值相当于城际铁路的 72%，能降低桥梁建设成本，优化桥梁景观效果。

市域铁路桥梁救援疏散通道应根据工程需要并结合地面道路条件设置，救援疏散通道设计应符合下列规定：

（1）桥长超过 3 km 时，每隔 3 km（单侧 6 km）左右，在线路两侧交错设置一处可上下桥的救援疏散通道。

（2）桥梁救援疏散通道应满足抗震设防的要求。

（3）桥上应设置疏散导向标志，救援疏散通道侧对应的桥上栏杆或声屏障位置应预留出口。

（4）市域铁路桥墩可能受到汽车或船舶撞击时，宜设置防护设施。当通过机动车辆且桥下净空低于 5 m 的桥梁应设置限高设施。

4.1.6 隧　道

市域铁路其服务功能介于城市轨道交通与城际铁路之间，技术要求与功能相适应，隧道的结构形式、施工方法等应根据具体国土空间规划、工程条件，经技术经济性比选，优选适宜的隧道结构与施工方法。

隧道工程沿线情况千差万别，结构功能要求也各不相同，隧道结构结构形式和施工方法的选择，需因地制宜，通过综合比较，选择经济效益、社会效益和环境效益较好的方案。

隧道断面轮廓根据供电制式、车辆选型等方面兼顾对应速度标准下的空气动力学效应，选择合理的隧道净空断面。解决空气动力学效应方面各国技术路线差异较大，例如：日本市域铁路通过改进车辆密封性能，尽量减小隧道断面面积满足空气动力学效应；法国和德国则是通过扩大净空断面面积，来满足空气动力学效应，我国当前参考国铁技术标准也是通过扩大净空断面面积来解决空气动力学效应问题。国内主要城市市域线盾构内径见表 4.7 所示。

表 4.7　国内主要城市市域线盾构内径

城市	线路名称	速度/（km/h）	内径/m	接触网	备注
北京	新机场线	160	7.9	刚性悬挂系统	
上海	机场联络线	160	8.1	柔性悬挂系统	国铁下线
广州	18 号线	160	7.7	刚性悬挂系统	
成都	18 号线	140	7.5	柔性悬挂系统	

隧道的结构根据周边环境采用拱形、圆形、矩形和 U 形等隧道断面形式，施工方法一般采用矿山法、盾构法、明挖法。我国地域广阔，许多城市城区浅层地质条件与城市周边地质条件差异较大，市域铁路满足都市圈需求，隧道施工方法较地铁更加多样。

我国轨道交通基础建设发展迅速，隧道施工工法各有利弊：盾构法施工安全性高、工程质量好、容易管理控制、建设速度快，但受建设环境、工程条件及配套设施制约，建设费用相对较高；明挖法需要开阔的场地、施工方法简单、建设速度快，但对环境影响大，随着埋深增大工程投资急速提高。矿山法隧道施工简单、工法灵活、对周边基础设施配套要求低，在埋深大、围岩较好时建设费用相对较低，但受环境影响大，对地质条件差的城市隧道辅助工法费用高。城市地铁隧道位于城市组团核心区域时，为减少对周边环境影响，除特殊条件限制外大量地采用盾构法、明挖法施工；国铁隧道绝大多数位于城市间，隧道穿山越岭埋深大周边配套基础设施条件较差，一般线路沿线地质条件较好，隧道施工大量采用矿山法施工。市域铁路为解决都市圈公交化直达问题，线路需进入都市圈内各城市核心区域，线路兼具有市区交通的地铁特性和城间中长距离交通的铁路特性，隧道工程根据线路功能和规划需求统筹考虑施工方法。国内主要城市市域线隧道工法见表 4.8 所示。

表 4.8　国内主要城市市域线隧道工法

城市	线路名称	工法
北京	新机场线	盾构、明挖
上海	机场联络线	盾构、明挖
广州	18 号线	盾构、矿山、明挖
成都	18 号线	盾构、矿山、明挖

市域铁路隧道防灾疏散救援遵循“以人为本、安全疏散、自救为主、方便救援”的原则。位于市郊或远离城市的独立隧道内发生火灾时，考虑控制列车驶出洞外或停靠邻近车站进行救援；位于市区范围的隧道发生火灾时，建议考虑停靠邻近车站兼顾就地疏散的救援原则。

4.2　车站及客运服务设施

4.2.1　车站设施

车站总体布置应根据线路特征、运营要求、地上和地下周边环境及车站与区间采用的施工方法等条件确定。站台可选用岛式、侧式或岛侧混合式等形式。车站竖向布置应根据线路敷设方式、周边环境及城市景观等因素，可选取地下、地面、高架等形式。地下车站埋设宜浅，高架车站层数宜少，有条件的地下或高架车站宜将站厅及设备、管理用房设于地面。

车站一般由站厅层与站台层组成，站厅层由公共区、设备管理用房区组成。公共区布置在车站中部，设备管理用房区布置在车站两端。公共区划分为付费区和非付费区，付费区与非付费区的分隔宜采用不低于 1.1 m 的可透视栏栅，并应设置向疏散方向开启的平开栏栅门。同时，栏栅部分区域设有进出站检票机，并在靠近进站检票机处设有售票机与自动加值机及人工售票口。付费区内布置有无障碍电梯及楼扶梯，每组楼扶梯设上、下行自动扶梯各一台和 1.8 m 楼梯一座。车站主要设备区内布置车控室、站长室等管理用房，同时，配有消防泵房、环控机房、通信、信号等设备用房。每个有人的设备区都布置有地面直达设备区的消防专用通道和连通站台层的工作人员专用楼梯。

站台层中部为公共区，均为付费区。乘客通过楼扶梯和垂直电梯到达地下一层站厅出站。楼扶梯对称、均匀布置于岛式站台内。站台两端为设备区，北端布置了公共卫生间、0.4 kV 开关柜室、35 V 开关柜室、站台门设备、照明配电室、气瓶间、控制室、废水泵房等设备用房；南端布置了照明配电室、工务用房、废水泵房、蓄电池室、气瓶间、备品间等少量设备用房。

4.2.2 导向标识

1. 总体思路

由于市域铁路车站敷设方式、功能布局、规模体量、运营模式（公交化）与地铁车站基本相似。市域铁路车站静态标识以城市轨道交通标识标准为主，动态标识以铁路车站标识标准为主。在导向标识一体化设计方面，通过优化换乘站客流组织，采用三位一体式导向标识或电子显示屏导向标识，分级分类整合设置信息内容等措施，提高导向标识一体化作用。

2. 优化改进方案

换乘枢纽站导向标识设置的优化措施主要有以下几个方面：

（1）换乘站客流组织的优化措施

采用单向换乘的方式，此举可以缓解客流过于集中，避免形成客流对冲的情况。根据现场实际情况，适当延长换乘站之间的路程，采用回型铁马来控制地铁换乘站内的客流速度，降低安全隐患。

（2）采用三位一体式导向标识或电子显示屏导向标识

在对换乘车站悬挂类导向进行设置时，通常都是根据现场客流组织来设定。但是由于现场客流情况与预测时的结果有差异，所以运营部门还需要对客流组织方案进行优化，不断完善导向标识。换乘站的客流通常较大，为将服务标识更为醒目，设置引导标识时可在同一空间处使用悬挂式、墙贴式、地贴式三位一体的空间效果，对客流进行引导和疏散。且在客运组织分流处等关键节点设置电子显示屏引导客流。电子显示屏的内容设置可多元化，且色彩绚丽。信息内容可采用静止、滚动、翻页、动画等多种效果，易于乘客识别。

（3）将导向标识的信息内容进行分级分类的整合设置

将换乘的引导归为第一级别信息，此级别信息使用黑底黄字版面设置。出站信息归为第二级别信息，此级别信息使用蓝底白字版面设置。各类设施设备的指引信息归为第三级别信息，此级别信息使用灰底白字版面设置。且在设置三个级别的引导信息时，可根据现场客流情况，对各级别信息的字体大小做出优化设置。

（4）使用线路标识色将换乘站进行区分

不同的地铁线路都有不同的标识色，这样的设置是为了让乘客能够更加容易辨别路线，可以在换乘站采用颜色来区分，便于乘客的记忆与识别。

（5）重复设置重要信息

相对重要的换乘信息在长通道以及换乘路径上可重复设置，使得乘客在拥挤或复杂的环境中依然能够准确、精准地找到换乘线路，缩短查询时间。这样也便于加深乘客的记忆，消除对前进方向的疑惑。

4.2.3 票务系统

由于客流的连续性和客票系统管理的差异性，市域铁路票务系统必须处理市域铁路内部出行、市域铁路和城市轨道交通间的换乘出行、市域铁路和国铁干线/城际铁路的连续出行的几类出行问题，同时，市域铁路作为独立主体，也需制定内部票价体系和与外部的清算方式。

1. 清分系统

合理的清分方法会促进运营管理的高效、有序进行。票务清分系统能够及时高效地收集和处理换乘票务的有关数据，比较准确地计算出进站客流、出站客流和换乘客流，生成客流统计报表，不但可以实现收益和车票的一一对账，合理分配收益，而且还能够提供有关车票流向的相关信息，为制定最优列车开行方案和相应的运营管理措施提供比较准确的基础数据，直接关系到市域铁路交通系统的运行效率和服务质量。

对于规模较大的市域铁路网络的票务数据量和运营数据量会十分庞大，自建清分系统更容易满足市域铁路的网络化运营和市域内乘客快速换乘的需求。同时自建清分系统可对换乘票务收入进行合理划分以保障各运营商的利益。

2. 采用合适票制

目前国内外轨道交通运营普遍采用的票制主要有固定票制、多级票制和复合票制。

（1）固定票制主要是指单一票制，即对出行者的收费不论乘车的距离长短，全网发售单一票价车票的票制。

（2）多级票制主要包括计程票制、分区票制和计时票制。

计程票制：是按照乘客乘坐距离的长短计算票价的票制。世界各国的轨道交通系统大部分是采用计程票制。计程票制可分为里程计程和分段计程。里程计程的费率以每公里为单位；分段计程在把线网分成合理区段（包括区间和区段）的基础上，费率一般采用递远递减的原则，甚至可能存在最高票价的限制。

分区票制：是将轨道交通线网分成若干个区域计算票价的票制，如在同一区域当中出行，只需支付在该区域的费用，而一旦越区则需另外支付费用。

计时票制：是按照乘客在轨道交通系统中停留的时间计费的票制，也可用来在不同的时间段（例如高峰时段和非高峰时段）实行不同的收费价格，一般不单独使用。

（3）复合票制是指对乘客按照多种计费模式累加来计算票价的票制，主要有计程计时票制和计次计时票制。计程计时票制和计次计时票制是对计程票和单一票价车票的乘客在轨道交通付费区内的停留时间加以限制，一旦超过规定的停留时间，乘客必须多付费或重新购票；或者在计程收费的基础上，对乘客在高峰时段与非高峰时段乘车制定价格差异。

（4）票制选择。

在网络规模较小的情况下，乘客出行距离相差比较小，在这种情况下选择单一票制是非常有利的，反之则需要考虑采用计程票制。在多运营主体的情况下，单一票制显然无法满足不同运营主体的需求。

如果线路和线网出行需求差异较小，可考虑采用单一票制，不但可以减少乘客在换乘、购票等方面的延误，并可在一定程度上减少轨道交通运营企业在收费系统上的投资，降低运营成本。但是如果出行需求差异较大，为了保护短乘距乘客的利益，则考虑设置计程票制。

票制方案的制定需要配合运输组织。单一票价制能够适用于复杂运输组织，但是无法从财政方面体现运输组织对于企业运营效率的改善。其他票制方案需要根据复杂运输组织特点，配套相应的清分模型和车站流线组织，才能保证企业利益不受损失。

公交一体化是城市公共交通系统发展的必然趋势。公交一体化可以更有效地满足城市居民出行的要求，实现地区资源整合和共享，促进城市交通的健康发展。因此在制定市域铁路票制时，必须要考虑到未来城市公交一体化发展的需要，不仅要从自身线路的特点考虑，也要综合考虑与其他公共交通方式协调服务情况下的乘客需求。

3. 实行便捷的车票

由于市域铁路的规划线路较长、规划车站数量较多、站点附近人口稠密、出行需求较大并且拟实行独立管理，从保证管理效率，实时掌握市域铁路客流、收入状况的要求出发，市域铁路应当自主制作并发售市域铁路的单程车票。

市域铁路采用完全独立的专有车票种类，能够较好地满足市域铁路管理公司内部的票务资费逐日清算和收入定期结算的要求，做到财务独立，同时还可以针对本地公交化、互联互通、两地通勤、旅游等客流用票特点提供不同的车票适配方案。然而，不利之处体现为依然会存在与其他轨道交通换乘时需要出站后再换乘的模式，会严重影响乘客的快捷体验，并且不能减少售检票系统的设备布置数量。基于以上原因，市域铁路一方面需要“自建系统”以保证财务能够独立，另一方面需要“车票兼容”来降低设备需求、提高换乘性能。市域车票主要解决下列乘客使用需求：

（1）市域内部公交化客流

市域铁路公交化出行的运营模式带来了车票种类方便便捷的使用需求，在制定票种时，单程车票的选用对于票务管理等一系列问题会起到决定性的作用。目前国铁干线/城际铁路和城市轨道交通工具中单程车票在出票速度、设备造价、循环使用、周转回收等方便各有利弊，市域应根据自身实际情况，结合后续发展趋势，制定单程车票的选择。

市域铁路作为城市公共交通的重要组成部分，其大部分的乘客是与城市轨道交通衔接换乘的本地客流，本地乘客因长期以来的使用习惯，对市域铁路支持公共交通卡具有强烈的预期，市域铁路票务系统应支持公共交通卡在市域范围内使用。

在互联网技术快速发展的当代，市域铁路也需通过手持客户端 App 实现乘客出行、通知公告、商业发展的综合发展，从乘客使用的便利性和长三角一体化发展的前景下，市域铁路可通过与成熟的轨道交通 App 共用平台的模式满足上述需求。同时，市域票务系统也应支持电子车票在市域范围内使用。

（2）市域铁路和城市轨道交通之间快速衔接换乘的客流

采用非接触式 IC 卡单程车票、公共交通卡和 App 电子车票等票种，为满足市域与轨道交通之间的乘客快速便捷换乘，同时兼顾自身票务系统的独立管理，应有选择性地进行票卡通用。针对市域铁路与城市轨道交通之间的换乘，应更加关注和大力发展公共交通卡和电子车票的通用。

（3）动车组跨界行驶带来的国铁流通客流

由于有动车组跨界行驶的需求存在，市域铁路与国铁之间存在流通客流，持国铁系统车票的乘客随着跨界列车也将进入与出发站不同票务制式的市域铁路车站。

如果市域铁路车站内部具备严格界分国铁动车与市域铁路动车乘客活动区域的设施，保证两者的相互独立性，则该市域车站不存在两种票务冲突问题，应更加关注客流流线组织、乘客引导和统筹安检的相关问题。

如果国铁跨界列车在市域站台采用同站台、无区别停车或与市域联通付费区的情况，这些跨界列车上的乘客可能会流向市域铁路的所有车站，进而导致市域铁路各车站产生了处理国铁车票的需求。在这种情况下，需尽量减少国铁停靠的车站数量，同时在票务规则上暂只允许此类乘客在本站进行出站处理，跨站乘坐市域列车需按市域票务规则执行高里程票价规则，后续可在铁路电子客票实行的基础上，进一步研究其联乘购票的可实施性方式。同时为防止持市域车票的乘客误乘互通列车前往国铁车站，可以在市域互通车站站台设置提醒信息和广播信息，车门处对乘客进行人工排验等。列车车厢则宜同样协商并在显示相关的信息在国铁车站依然只属于常规国铁列车。在采用此类互联互通的运营模式下，除了对国铁车票进行特殊规定处理，同时应关注市域铁路与轨道交通的换乘处理方式，防止国铁乘客持国铁车票进入轨道交通线网，从而给轨道交通票务管理带来问题。

4. 优化换乘体验

（1）市域铁路内部换乘

市域铁路线网内部票价体系一致，且建设清分系统进行票务管理、线路票款清算、对外统一结算，具有很好的内部付费区换乘条件。在实行付费区换乘的情况下，需结合市域铁路的特性，设置合适的清分规则，保障各运营主体之间的票款收入权益。

市域铁路网络化的形成，线路之间相互交叉衔接，使得路网的连通度大大提高，为乘客在两站之间出行提供了更多的路径选择。这就要求在确定清分规则的时候充分考虑乘客出行路径选择多样性的特点，采用切实有效、接近实际的清分方法，以确保票款收入在做出经济贡献的各运营主体之间进行合理分配。

市域铁路网络化的运营模式下，可能有如北京轨道交通 1 号线和八通线以及上海轨道交通 3 号线和 4 号线的部分区域共线运营情况，也可能会有如城际铁路网一体化开行运营的情况，此类清分模型均有成熟的方案，市域铁路应结合自身的运营及规划方案，建立市域专用的清分模型，为市域铁路内部付费区换乘提供基础。

（2）市域铁路与轨道交通换乘

市域铁路与轨道交通均建设独立票务系统，独立清分结算，可能采用不同的票价体系，各自范围内通行的票种类型也不完全相同。一般情况下，票务系统执行封闭式管理模式，外部换乘采用非付费区换乘，即在自身体系内完成完整的购票—进站—出站流程，然后进入另一套票务系统的交通网络中。目前国铁模式的城际铁路、市郊/市域铁路与各城市轨道交通换乘均采用此类方式，但市域铁路作为城市公共交通的重要组成部分，票务系统与国铁也有一定的差异，在与轨道交通的换乘方式的确定问题上，需进行综合分析。

若采用直接打通付费区通道的方式，由于两线网衔接紧密，多点换乘，乘客跨线乘坐的路径内无法确定准确的换乘位置，也可能出现利用市域的高速运能实现轨道交通线网内的出发和到达站点的乘坐方式，付费区换乘导致双方缺少清算分界界面，无法准确分割票款收入。

若采用非付费区换乘的方式，由于双方均采用公交化运营模式，且大部分客流持有通用的公共交通卡，客流的快速换乘疏解的需求无法满足，乘客需进行出站再进站的过程，大大影响的换乘效率，降低了乘客的换乘体验。但非付费区换乘具有保障双方线网的票务系统独立稳定，票款收益结算分明的优势。

在换乘方式的处理上，应借鉴国外先进一体化方案——采用不同票务系统的主体间换乘宜统一票卡种类，设置付费区换乘设施，满足清分结算需求。根据市域铁路的实际情况，其与国铁互联互通、单程车票自助发售的特性，在统一票卡种类上，应选取合适的通用票卡，满足其通过换乘设施实现付费区换乘的需求。

4.3 系统设备

4.3.1 车辆设备

1. 市域铁路车辆选型原则

市域铁路车辆选型应遵循以下原则：

（1）满足线网功能定位、线路条件、线路敷设方式、列车开行方案以及速度目标值的要求。

（2）满足线网规划年度高峰小时的运量要求，提高乘坐舒适度，增强运营竞争力。

（3）满足互联互通条件下的车辆供电制式、限界等条件。

（4）应考虑技术成熟、安全可靠、外形美观、使用方便、便于维修，并具有相应的经济性和先进性。

（5）车辆制造在引进关键技术的同时应符合国家关于车辆国产化率不小于 70%的要求政策。

（6）在满足工程建设需要的前提下合理确定车辆型式，以降低车辆造价及工程造价。

（7）座位布置和站立密度应适应市域铁路线路和出行时间较长的特点，提升乘坐舒适度。

（8）具备良好的起制动性能，可以快速起停、公交化运营，与市域铁路网的站间分布相适应，并能够在困难大坡度满足制动距离及列车追踪间隔的要求。

（9）车门数量能够满足高峰时段乘客在规定的停站时间内上下车的需要。

2. 市域铁路车辆分类

国内已经投入运营或正在建设的市域铁路有温州 S1 线（交流制）、重庆江跳线（双流制）、上海金山铁路（利用既有铁路开行、交流制）、北京 S2 线（交流制）、上海机场联络线（交流制）、嘉闵线（交流制）、金华至义乌至东阳市域铁路（直流制）等，各种制式的市域铁路车辆并存，形式多样，多在现有成熟的技术平台上进行研制。

根据《市域（郊）铁路设计规范》（TB10624—2020），市域铁路车辆可以分为市域 A、B、C、D 型四类，其主要技术参数如表 4.9 所示。车辆类型应根据线路设计速度、客流量、运输组织、供电制式等因素综合比较选定，宜优先选用市域 A 型或市域 D 型车。与既有城市轨道交通、市域铁路、城际铁路、干线铁路资源共享时，也可选用市域 B 型或市域 C 型车。

表 4.9　车辆主要技术规格

名称		市域 A 型		市域 B 型		市域 C 型	市域 D 型
供电制式		AC 25 kV	DC 1500 V	AC 25 kV	DC 1500 V	AC 25 kV	
车体基本长度/mm	无司机室车辆	22000		19000		24500 或 25000	22000
	单司机室车辆	22000+Δ		19000+Δ		24500 或 25000+Δ	22000+Δ
车体基本宽度/mm		3000		2800		3300	
车辆落弓高度/mm		≤4450	≤3850	≤4450	≤3850	≤4640	≤4640

续表

名称	市域 A 型		市域 B 型		市域 C 型	市域 D 型
供电制式	AC 25 kV	DC 1500 V	AC 25 kV	DC 1500 V	AC 25 kV	
车内净高/mm	≥2100					
地板面高/mm	1130		1100		1280	
固定轴距/mm	2500		2300		2500	
车辆定距/mm	15700		12600		17500 或 17800	15700
每侧车门数/对	3～4					
车门宽度/mm	≥1300				≥1100	≥1300
车轮直径/mm	860		840		860 或 920	860
轴重/t	≤17		≤15		≤17	
最高运行速度/（km/h）	120-160	100-140	120～160	100-140	120～160	

注：1. Δ：司机室加长量。

2. 对于鼓形 A 型车、B 型车，其最大宽度分别不宜大于 3100 mm、2900 mm。

3. 对于区段不同供电制式的跨线运行线路，可采用 AC 25 kV/DC 1500 V 双流制供电制式车辆。

3. 市域铁路车辆特点

市域铁路既具有国铁（高铁、城际铁路）速度快、有越行、运输组织较复杂的特点，又具有城市轨道交通运量大、开行密度大、公交化的特点，因此市域铁路车辆在其结构、性能、系统配置要求等方面与高铁动车组、城际动车组、地铁车辆存在不同，其主要特征为：

（1）适用性：具有大载客量、快起快停、快速乘降的技术特点。

（2）运营速度：线路和站间距较市内轨道交通线路长，平均运行速度较市内轨道交通高。

（3）服务功能：全程运行时间比干线高铁短，全程旅行时间在 1 小时左右，舒适度、服务质量要求相对减少，但要比市内轨道交通线路需求高。

（4）经济性：避免过度设计，性价比高，具有良好的市场竞争力。

（5）可靠性：相关系统及部件成熟可靠，运用维护成本低。

以 CRH6F 型市域动车组为例，其主要技术特点和参数与高铁动车组、地铁车辆的差异性如表 4.10 所示。

表 4.10 市域动车组与高铁、地铁车辆差异对比

序号	主要参数	市域动车组	与高铁、地铁差异简述
1	气候条件	环境温度：−25°C～+43°C 相对湿度：≤97%	高铁适应气候范围大，地铁线路气候范围相对小
2	线路条件	建筑限界：GB146.2-83 标准轨距铁路建筑限界 车辆限界：GB146.1 和客运专线限界 轨距：1435 mm 站台高度：1250 mm，长度：210 m； 车站站台边缘距轨道中心距离：1750 mm 线间距：4.2 m 曲线半径：1100 m（困难 1000 m）—时速 160 竖曲线 R：15 000 m（困难 10 000 m） 最大坡道：30‰ 弓网高度：5150～5500 mm	线路条件与高铁、地铁线路存在不同
3	车辆编组	4 动 4 拖 8 辆编组；2 动 2 拖 4 辆编组（可重联）	干线动车组一般 8 编组，地铁一般 6 编组。
4	车辆基本尺寸	车辆长度：头车 25450 mm，中间车 24500 mm 车辆最大宽度：3300 mm 车体高度：3860 mm 两转向架中心距：17500 mm 轴距：2500 mm	主要尺寸与 CRH2A 型动车组相同；车体宽度由 3380 mm 减为 3300 mm
5	供电制式	供电电压：AC 25 kV、50 Hz，接触网受电弓受流	地铁为直流供电制式
6	列车速度	最高运用速度 160 km/h，试验速度 176 km/h	设计速度较高铁低，比地铁高
7	车辆加减速性能	0～40 km/h 起动加速度：≥0.8 m/s^2 0～160 km/h 平均加速度≥0.38 m/s^2 最大常用制动减速度：≥1.0 m/s^2 紧急制动减速度：≥1.2 m/s^2 紧急制动距离：850 m	具有较大的加速度和减速度。CRH2A 动车组在定员、平直道上的启动加速度为 0.406 m/s^2，160 km/h 以下速度区域减速度约 0.778 m/s^2。 A 型地铁：从 0 加速到 40 km/h：≥0.83 m/s^2 从 0 加速到 80 km/h：≥0.5 m/s^2； 常用制动 1.2 m/s^2±10%； 紧急制动 1.3 m/s^2+15%

续表

序号	主要参数	市域动车组	与高铁、地铁差异简述
8	车辆定员	8 编组： 坐席：AW1（AW1）510 额定：AW2（坐席+4 人/平方米）1470 超员：AW3（坐席+6 人/平方米）1950 4 编组： 坐席：AW1（AW1）244 额定：AW2（坐席+4 人/平方米）663 超员：AW3（坐席+6 人/平方米）875	8 编组的 CRH2A 型动车组定员 626 人
9	车辆轴重	轴重（AW3）≤17t	大载客量、轻量化。 CRH2A 型动车组轴重≤15 t
10	车体结构	车体采用轻量化设计，承载结构采用通长大型中空铝合金挤压型材组焊的薄壁筒型整体承载结构；车下设备采用特殊螺栓及防松螺母的吊挂方式安装	与 CRH2A 动车组相同。地铁一般采用不锈钢车体。
11	转向架	采用 H 型焊接构架、无摇枕设置抗侧滚装置、铝合金齿轮箱、架悬牵引电机、空气制动夹钳、停放制动、撒砂装置、轴箱轴承及齿轮箱轴承设置实时温度监控等；轮对采用实心车轴。	与 CRH2A 动车组转向架结构基本相同，车轴形式不同（CRH2A 为空心车轴）；地铁转向架无撒砂装置等。
12	车门	中间车客室侧门 3 对/侧/辆，头车客室侧门 2 对/侧/辆； 开度：1300 mm	满足快速乘降。CRH2A 型动车组设 2 个侧门/侧/辆。
13	车内服务设施	CRH6F 型动车组可根据运用要求对车内服务设施进行配置（既有运用 CRH6F 型动车组车内设施及配置主要包括客室座椅、行李架、内部门、卫生间、灯具、配电盘等）	与 CRH2A 型动车组相比客室座椅数量、卫生间数量减少，无餐车、机械师室等配置；地铁无卫生间、餐车等配置

4. 典型市域铁路车辆简介

1）市域 C 型车——以 CRH6 型动车组为例

CRH6 型动车组是专为满足市域客流需求而研制的新型动车组，按照运营速度分为时速 200 km 和 160 km 两大类型，可根据运输距离、站点和乘客群的不同采用“大站停”或“站站停”的模式运营。该动车组具有运能大、起停速度快、乘降方便快速等特点，中间车厢为 2 对或 3 对门，可加快乘客乘降速度，主要技术参数如表 4.11 所示。目前，我国多条市域线选用了 CRH6 型动车组，如珠三角都市圈、成都市域铁路、上海金山线、海口—美兰市域铁路等。

图 4.4　CRH 动车组

表 4.11　CRH6 系列动车组主要技术参数表

项目		CRH6A	CRH6F
运营速度/（km/h）		200	160
编组		8 辆编组，4M4T	8 辆编组，4M4T
车体长度/m		头车：25.45	头车：25.45
		中间车：24.5	中间：24.5
车钩中心线间距/m		头车：25.7	头车：25.7
		中间车：25	中间：25
编组长度/m		201.4	201.4
车体宽度/mm		3 300	3 300
车顶距轨面高度/mm		3 860	3 860
车体地板面距轨面高度/mm		1 260	1 260
车厢每侧车门数量/对		2	3

续表

项目	CRH6A	CRH6F
车门宽度/mm	1 100	1 300
起动加速度（0~40 km/h）/（m/s^2）	0.65	0.80
平均加速度（0~V_{max} km/h）/（m/s^2）	0.30	0.38
常用最大制动平均减速度/（m/s^2）	≥0.9	≥1.0
紧急制动加速度/（m/s^2）	≥1.12 制动距离小于 1400 m	≥1.2 制动距离小于 850 m
定员/人	额定定员（座席）：557	座席：512 座席+4 站立/m^2：约 1502
	超员：1488	超员（座席+6 站立/m^2）：约 2000
轴重/t	≤17	≤17
转向架中心距/mm	17500	17500
轴距/mm	2500	2500
轮径（新轮）/mm	860	860
车体结构	铝合金	铝合金
供电方式	AC 25 kV	AC 25 kV

该车型优点主要有：

（1）在我国铁路系统已经成功运营多年，技术成熟可靠。

（2）与干线铁路互联互通，既能在市域快轨上运营，又能在客运专线上运营，车辆大修可与铁路系统资源共享。

（3）具备快起快停、快上快下、快速通过能力，整体性能先进、可靠。

（4）我国车辆厂商有多年生产经验，车辆生产周期短。

缺点主要有：

（1）受限界、供电制式、信号制式等系统制式的影响，与既有城市轨道交通的互联互通性差，难以全面实现与城市轨道交通网络系统的资源共享。

（2）采用 25 kV 接触网供电，接触网安装结构高度达 1000 mm，隧道断面大，工程造价高。

（3）车辆造价较高。

2）市域 D 型车

市域 D 型车基于高铁动车组平台研制，具备快速起停、大载客量的特点，首次应用于温州市域 S1 线，后续也应用于北京新机场线、台州市域铁路、广州 18/22 号线等。

图 4.5　市域 D 型动车组

温州市域 D 型车主要技术参数如表 4.12 所示。

表 4.12　温州市域 D 型动车组主要技术参数表

项目	温州市域 D
运营速度/（km/h）	140
编组	近期 4 编组（2M2T）， 远期 6 编组（3M3T），
车体长度/m	头车：24.39
	中间车：22.8
车体宽度/mm	3300
车顶距轨面高度/mm	3880
车体地板面距轨面高度/mm	1130
车厢每侧车门数量/对	4
起动加速度（0～40 km/h）/（m/s^2）	0.8
平均加速度（0～V_{max} km/h）/（m/s^2）	0.40
常用最大制动平均减速度/（m/s^2）	≥1.0

续表

项目	温州市域 D
紧急制动加速度/（m/s^2）	≥1.2
定员/人	额定定员（座席）：192
	超员：1322（坐席+8 站客/m^2）
轴重/t	≤17
转向架中心距/mm	17500
轴距/mm	2500
轮径（新轮）/mm	860
车体结构	铝合金
供电方式	AC 25 kV

5. 新型市域铁路车辆

（1）时速 140 km 8A 编组市域车辆

2019 年 6 月 13 日上午，成都地铁 18 号线列车在中车成都机车车辆有限公司正式对外亮相。该系列车型首创时速 140 km 8A 编组车，线路总配车数达 26 列。这是国内首创时速 140 km 的市域 A 型车，也是目前成都地铁最快的车辆。

图 4.6　时速 140 km 8A 编组市域车辆

该车辆不仅具备载客量大、起停快、乘降便、速度高、噪音低等地铁车辆与城际动车的优点，还具备机场线特色，适合市域快线“快速、大运量、公交化、乘坐舒适”的运营需求，其开通后能够极大限度地满足地铁沿线市民出行需求。

成都地铁 18 号线车辆首次采用“基于路谱的新型车辆压力波控制技术”，可实时调整客室内压力波动，提高乘客乘车舒适度；首次采用“司机室电动座椅”，使司机驾驶体验更加人性化；首次具备“140 公里高速救援功能的市域车”，可有效提高救援效率。

（2）中低速磁悬浮列车

与传统铁路相比，磁悬浮铁路由于消除了轮轨之间的接触，时速可达 500 km 以上。同时，磁悬浮铁路无废气排出和污染，有利于环境保护；其采用的导轨结构，不会发生脱轨和颠覆事故，从而省去大量的保养工作和维修支出。近年来，世界上许多国家竞相发展磁悬浮技术，成为轨道交通领域的重要分支。

时速 400 km 的高速磁浮交通主要是解决一些长距离的、区间的运输方式，而中低速磁浮交通是时速 120 km 以下，主要是解决市域内，包括城市和周边卫星城市中等距离之间的交通问题，是未来城市交通发展的重要方向之一。它虽属于轨道交通，但具备与传统轮轨轨道交通不同的特点和优势。

我国首条中低速磁悬浮铁路全长 18.55 km，连接长沙火车南站和长沙黄花机场，于 2016 年 5 月投入运营，采用中低速磁浮列车，常导电磁铁悬浮、直线感应电机牵引，设计最高速度为 100 km/h。

长沙磁浮快线使用中车株洲电力机车研究所有限公司自主研发生产的中低速磁浮列车“追风者”号。全线共有 5 列磁浮列车投入试运营，每列车长约 48 m，宽 2.8 m，高 3.7 m，由 3 节编组而成（含半节车厢预留给值机行李托运），综合了高铁与地铁列车的车厢布局，座位既有横排设置也有竖排设置，共设置座椅 86 个，每列车最大载客量为 363 人。

图 4.7　中低速磁悬浮列车

（3）160 km/h“绿巨人”

“绿巨人”指的是时速 160 km 动力集中复兴号动车组——CR200J 型复兴号列车，完全由我国自主研发。“绿巨人”外观延续了普速列车的国槐绿底色，体现了新款复兴号列车对老机车的继承。“绿巨人”学名叫作时速 160 km 动力集中复兴号动车组。与传统机车牵引客车相比，该车型司机操作更加方便快捷，旅客乘坐更加安全舒适，运输组织更加高效，可充分利用既有检修资源，减少基础投入和设备维护成本。该车参照动力分散动车组进行优化设计，采用流线型外形，适用于所有普速电气化铁路，其动力集中在列车头部或列车首尾端。座椅椅背可调节，间距也增大了很多，并配有电源和 USB 插口。“绿巨人”有短编组和长编组两种型号，其中短编组为 9 节车厢，定员 720 人，长编组为 11 节到 20 节车厢不等，最高定员 1102 人。官方色号：国槐绿；设计寿命：30 年或 900 万千米；编组方式：短编组（1 动+7 拖+1 控），长编组（1 动+18 拖+1 动）灵活编组（1 动+9 ~ 18 拖+1 动）。

随着 2019 年全国铁路新列车运行图的实施，被昵称为“绿巨人”的新型时速 160 km 动力集中动车组——CR200J 型复兴号列车亮相京沪普速线。上线运营后，一些普速线路将进入动车时代。这批“绿巨人”列车上线运营后，将主要替换京沪普速线去往杭州、上海、上海虹桥、南京的列车。

图 4.8　160 km/h“绿巨人”

（4）氢能轨道列车

将氢能应用于轨道交通，对于企业节能降耗、降本增效，对于新技术开发利用、创新发展，对于绿色生活方式深化拓展、深入人心，都有极其重大而深远的意义。氢气燃烧的生成物只有水，是公认的清洁能源。氢，储备丰富、可再生且绿色环保，被视为能源转型中不可或缺的重要元素。近年来全球范围内氢能产业化发展迅速，技术储备充足，包括我国在内的全球主要经济体都已经将氢能源发展提升到了国家战略高度。中国从2017 年 10 月开始在河北唐山地区运行由中国中车集团研发的氢动力燃料电池轨道列车。

图 4.9　氢能轨道列车

（5）混合动力动车组

混合动力机车是指在车上安装可充电储能装置，使用动力源（通常是柴油引擎）的过剩能量或者再生制动回收的电力替储能装置充电。在车辆启动或者加速时由储能装置提供牵引装置额外的能量，减轻主要动力源的负担，因此可以达到省油效益。

储能装置可使用化学电池或者飞轮电池，动力源可以是柴油引擎、天然气引擎或者氢气引擎（燃料电池），传动装置通常是牵引马达、液压变速箱或者齿轮变速箱。

CJ5 型混合动力动车组是中车长春轨道客车股份有限公司研发的一款可选择接触网供电、蓄电池供电和内燃机三种动力的动力分散式混合动力动车组。至 2017 年 10 月，已有蓄电池-接触网供电（EEMU）和接触网供电-内燃机（DEMU）两种动力制式各一列列车下线并进入上线试验阶段。

图 4.10　CJ5-0505 在北京环形铁道

4.3.2　牵引供电

牵引供电系统是市域线工程非常重要的系统之一，应具有功能完善、经济适用、安全、可靠、运行灵活、便于管理和维护的特点。

1. 牵引供电制式选择

（1）线网衔接关系是决定供电制式选择的关键因素。若其与国铁干线通过运输组织衔接，列车直通和跨线运行，则采用交流供电。若其与城市轨道交通通过运输组织衔接，共线运营或开行大交路，则采用直流供电，否则需在适当的换乘站通过旅客换乘衔接。

（2）在轨道交通线网中，通过运输组织衔接的线路应采用同一种供电制式，以便实现资源共享、统一调度和运营维护管理。

（3）速度目标值是决定供电制式选择的重要因素。市域铁路设计速度一般分为 100 km/h、120 km/h、140 km/h、160 km/h 四个等级。牵引供电制式应结合项目特点经经济技术比选后选用交流或直流等供电制式。当设计速度 140 km/h 及以上时，宜采用交流牵引供电制式。速度目标值 120 km/h，宜采用交流供电；若地下区段较长，站间距短，也可采用直流供电。速度目标值 100 km/h，宜采用直流供电。

2. 交流牵引供电系统组成

市域铁路交流牵引供电系统由 110 kV 牵引变电所外部电源、牵引变电设施和牵引网组成，牵引变电设施包括牵引变电所、分区所、开闭所，牵引网包括接触网、钢轨和回流线等。

（1）牵引变电所

牵引变电所是交流工频单相牵引供变电系统的重要环节，它完成变压、变相和向牵引网供电等功能，并实现三相交流一次供电系统与单相电力牵引系统的接口与系统变换。

（2）牵引网

牵引网实行单相供电，由馈电线、接触网、轨道电路及回流线等组成。

馈电线：馈电线是连接牵引变电所母线和接触网的架空铜或铜合金绞线。馈电线除直接送电给接触网外还要送电给附近车站、开闭所等，所以馈电线的数目较多，距离也可能较长。

接触网：接触网是牵引网的主体，由于接触网分布广，结构复杂，运行条件较差，所以不仅日常维修工作量大，短路故障也较多，故与牵引供电的可靠性关系极大。

回流线：回流线是接触网同杆并列架设的、将轨道中的牵引负荷电流回输到牵引变电所的架空输电线。

轨道：在非电牵引的情况下，轨道作为列车的导轨和行车信号之用。在电牵引的情况下，轨道还起导通牵引回归电流的作用，是电路的组成部分。因此，电气化铁路的钢轨应具有通畅的导电性能。

（3）分区所

牵引供电系统中在相邻两变电所供电的相邻两供电分区处常用分相绝缘器断开。对于复线电气化铁路而言，若在断开处设置开关设备和相应的配电装置，则组成分区所。分区所的结构形式有多种，它与铁路运量、牵引网供电方式、采用设备的类型等因素有关。

（4）开闭所

开闭所实际上是起配电作用的开关站，是在牵引网有分支引出时，为不影响电力牵引安全，保证可靠供电而设置带保护断路器等设施的控制场所。

通常情况下，在离牵引变电所较远的铁路枢纽地区，由于站线多，接触网复杂，客货运交会、编组和机车装备作业繁忙，致使发生故障概率增多。为保证枢纽供电可靠性，缩小事故范围，一般将接触网横向分组及分区供电，由开闭所的多路馈线向接触网各分组和分区供电。

3. 直流牵引供电系统组成

市域铁路直流牵引供电系统由主变电所、中压供电网络、牵引变电所、降压变电所、防雷与接地系统、牵引网系统、电力监控系统、杂散电流腐蚀防护系统和供电车间等组成。

（1）主变电所

主变电所接受电力系统提供的 110 kV 高压交流电，经主变压器降压至 35 kV 中压交流电，并通过地铁集中供电系统网络将电能分配到每一个车站和场段内的牵引变电所和降压变电所。

（2）中压供电网络

压供电网络由 35 kV 电缆及其附件组成，通过中压电缆，纵向把上级主变电所和下级牵引变电所、降压变电所连接起来，横向把全线的各个牵引变电所、降压变电所连接起来，具有向各变电所输送电能的功能。

（3）牵引变电所

牵引变电所主要是对主变电所引来的 35 kV 交流电进行降压整流，使之变成 1500 V 的直流电，再将 1500 V 的直流电通过沿线架设的接触网不间断地供给运行中的电动列车，以保证电动列车的安全、可靠、快速运行，准时地输送旅客。

（4）降压变电所

降压变电所主要是将 35 kV 交流电降压成 380/220 V 的低压电，向车站和区间隧道的各种动力、照明和各系统设备供电，保证各种车站设备的正常运行，给乘客提供一个安全舒适的乘车环境。

（5）牵引网系统

主要是安全可靠地向列车提供电能，并满足对地绝缘的要求。刚性接触网系统由电分段及电连接、汇流排、接触线、锚段及锚段关节、中心锚结、隔离开关及分段绝缘器、接地保护系统、防雷系统等部分构成。柔性接触网系统由电分段及电连接、承力索、接触线、吊弦、锚段及锚段关节、中心锚结、隔离开关及分段绝缘器、接地保护系统、防雷系统等部分构成。

（6）电力监控系统

电力监控系统由控制中心电力调度端、变电所综合自动化系统及通信通道三部分构成。电力监控系统通过数据通道，实施对供电系统及设备运行状况的实时监控，及时掌握和处理供电系统的各种事故、警报事件、准确实施调度指挥、事故抢修和故障处理，为电力调度提供自动化管理手段，保证供电系统的安全可靠运行。

（7）杂散电流防护

杂散电流腐蚀防护系统主要是减少因直流牵引供电引起的杂散电流数量并防止其对外扩散，尽量避免杂散电流对地铁本身及其附近结构钢筋、金属管线的电化学腐蚀，并对杂散电流进行监测。此外，设置统一的、高低压兼容、强弱电合一的接地系统，为设备及人身安全提供防护。

（8）供电车间

供电车间承担全线牵引供电设施和动力照明设施的运行管理、日常维护检修、事故抢修、材料供应等各项工作，以保证地铁牵引供电设施安全、可靠和不间断地向地铁供电。

4. 交流和直流两种供电制式技术特点

（1）交流供电技术特点

我国规定单相工频交流制供电采用 25 kV 的电压，这也是大多数国家干线铁路电气化优先采用的电压等级，更容易满足干线铁路车辆功率大、速度高的要求。采用 25 kV 电压的供电臂一般可以达到 15 ~ 25 km（对于类似于港九铁路那样极其繁忙的大运量线路约为 10～15 km），相对于低电压的直流制供电减少了大量的牵引变电所，设备数量、工程投资和运营费用相应大幅减少。由于交流牵引变电所直接由地方高压电网供电，对于地面和高架线路的车站变电所可以不采用集中供电方式，不设环网电缆，进一步节省工程投资。

以往单相工频交流制受电的直流传动车辆给电网造成一定的谐波干扰，往往需要在牵引变电所内采取补偿措施。目前这种情况正在改变，新型的交流传动车辆对电网造成的谐波干扰很小，起动、制动和调速等性能与城市轨道交通车辆相近，到 2020 年左右，这种新型车辆应该已经全面替代我国干线铁路目前的主流车型。

单相工频交流制供电不需要对进入地下的杂散电流采取防护措施，但单相工频交流制供电对与其线路平行敷设的通信、信号和电力线路产生一定程度的感应干扰（光纤通信除外），对邻近的易燃易爆物品存放或输送设施安全、精密电子检测设备的正常工作也可能产生一定影响，这些干扰和影响在超过容许限度情况下需要采取相应防护措施。

（2）直流供电技术特点

直流供电可以将比较完善的整流装置设置在牵引变电所内，在简化车上设备、减轻车辆轴重的同时，也有利于提高供电质量、避免单相交流制供电给电网带来的较大负序电流和谐波干扰。

受地下建筑净空、非专用线路运行安全、电机电压和车辆轴重等相关因素制约，城市轨道交通直流输电采用的电压值低，导致供电臂很短，大约每隔 2～4 km 就要设置一个牵引变电所，工程投资较大。

直流制供电的线路阻抗比交流制小一些，在同等电压条件下的电能损耗较小；车辆所能适应的直流供电电压的允许波动范围也比交流供电要大 15%，同等标称电压条件下直流制供电臂更长，所以直流制在低电压供电条件下比交流制更具优势。

直流制供电的入地杂散电流会对沿线地下管线和建筑物内的钢筋产生腐蚀，目前我国的城市轨道交通为减少杂散电流腐蚀采取的防护措施费用一般约占牵引供电工程投资的 3.5%左右。

（3）两种制式的技术特点比较

单相工频 25 kV 交流制一般适用于运量大、负荷重、速度高、运输距离长的市域电气化铁路；直流牵引供电制式主要适用于列车功率不大、供电半径较小、列车密度高且启动频繁的城市轨道交通，两种供电制式在技术上各有特点。

① 主变电所、牵引变电所、降压变电所设置比较

交流制式一般每隔约 50 km 设置 1 座 220（110）kV/27.5 kV 牵引变电所和 1 座 35 kV 或 10 kV 配电所，在每座车站设置综合变电所和信号变电所；直流制式一般根据中压环网电压等级的不同而采用的间距不同，如采用 35 kV 中压环网，一般可每隔 15 ~ 25 km 设置 1 座 110 kV/35 kV 主变电所，每隔 2 ~ 4 km 设置 1 座 DC 1500 V 牵引变电所，在每座车站设置 1 座降压变电所。

交流制式变电所设置数量少，不需要设置中压环网电缆，变电所主接线结构简单，但电力供电系统和牵引供电系统分开，需独立设置电力贯通、自闭线路，电力变配电所与牵引变电所无法合建共用高压电源。

直流制式变电所设置数量多，需要设置中压环网电缆，但电力供电系统和牵引供电系统可以采用混合网络，车站降压变电所与牵引变电所可以共用房屋及高压电源。

② 供电能力、供电安全可靠性比较

交流制式正常时采用单边供电，牵引变电所故障时通过分区所越区单边供电；牵引变电所采用两路电源，一主一备；设两台变压器，固定备用方式。

直流制式正常时采用双边供电，牵引变电所故障时通过闭合越区开关进行大双边供电；牵引变电所采用两路电源，互为备用；设两套整流机组，并联运行方式。

两种制式均属成熟的供电制式，分别在国铁和地铁中有大量应用，均能满足铁路或轨道交通系统内正常和故障状态下的各种用电负荷供电需求，两种供电能力及可靠性相当。

③ 牵引网形式比较

交流制式牵引网电压较高，接触网截面要求小，一般采用单承单导形式，结构简单，投资少，但净空要求及绝缘要求更高；直流制式牵引网电压低，接触网截面要求大，一般采用双承双导形式，结构复杂，投资大，但净空要求及绝缘要求较低。

④ 速度适应性比较

交流制式采用简单链型悬挂，能满足最高 350 km/h 速度的要求；直流制式采用简单链型悬挂、刚性悬挂或三轨，目前国内能满足最高 120 km/h 速度的要求。

⑤ 供电安全距离及净空要求比较

较低的供电电压所需要的电气绝缘水平比较容易得到满足，对地下工程所占比重较大并以服务城市中心区客运为主的轨道交通线路来说，采用直流 3000 V 以下的各级电压供电，对土建工程净空要求基本相同（盾构隧道完全相同，矩形断面隧道稍有差异）。对于地面和高架线路，较低的绝缘水平更容易遭受雷害。对于大运量或高速度的轨道交通系统，低电压供电造成负荷电流过大，容易造成某些故障难以判别，可能引起较大级别的事故。

对于大运量或高速度的轨道交通系统，高电压供电往往具有技术和经济的优势；但交流 25 kV 电压对地下建筑的净空要求较高，在地铁中使用会导致土建工程造价过高，仅当地下线路所占比重不超过线路全长的 20%时，工频交流 25 kV 电压供电才可能具有经济上的优势。

⑥ 电磁干扰以及防护比较

由于采用车辆走行轨为回流轨比较方便，目前这种回流方式比较普遍。走行轨对地绝缘水平难以提高，直流制供电的入地杂散电流会对沿线地下管线和建筑物内的钢筋产生腐蚀。目前采取的措施主要是对各种设备、电流通径路进行绝缘安装，并设置收集网和监测系统。

单相工频交流制供电不需要对进入地下的杂散电流采取防护措施，但单相工频交流制供电对与其线路平行敷设的通信、信号和电力线路产生一定程度的感应干扰（光纤通信除外），对邻近的易燃易爆物品存放或输送设施安全、精密电子检测设备的正常工作也可能产生一定影响，这些干扰和影响在超过容许限度情况下需要采取相应防护措施。目前通常通过在牵引网增加架空回流线，以及通信、电子等设施采用屏蔽、防干扰措施来解决。

两种制式对于电磁干扰和防护均有成熟的应对措施，均可满足铁路或轨道交通设备的安全要求。因此两者在电磁干扰和防护方面相当。

⑦ 能耗比较

以上海市轨道交通采用直流 A 型车组，上海市域铁路拟采用交流 CRH6 动车组为例，交、直流供电制式下不同速度目标值能耗对比见表 4.13。

表 4.13 交、直流供电制式能耗对比表

供电制式	直流			交流	
车型	A 型			CRH6	
时速/（km/h）	120	100	80	160	120
公里能耗/（kW・h/km）	25.6	21.7	19.3	18.6	16.5
线路损耗	5.5%			3.5%	
定员/人	1860	1860	1860	1998	1998
每百人公里牵引能耗/（kW・h/km・百人）	1.45	1.23	1.10	0.96	0.86

根据经验估算，在运营速度 120 km/h 条件下，交流供电制式每百人公里牵引能耗约为 0.86 kWh，直流供电制式每百人公里牵引能耗约为 1.45 kWh。兼之交流供电电压等级高，电流相对较小，供电线路的损耗较小，因此交流供电制式下每百人公里总能耗比直流供电制式小一半多。

⑧ 运营费用比较

交流制式变电设施相对较少，定员少，系统总能耗低，运营费用相对较低；直流制式变电设施多，定员多，系统总能耗稍高，运营费用稍高。

⑨ 运营维护管理模式比较

采用国铁交流制式，需独立设置另一套运营维护管理机构或外委。独立设置一套运营维护管理机构的优点是双方的干扰少，标准容易统一；缺点是要受制于铁路养修作业时间，完全执行铁路养修作业制度，接受铁路部门的安全监督。故障处理、应急抢险等作业时间受到一定的限制。外委运营维护模式的维护管理费用较高。

采用地铁直流制式，需自行养修。

⑩ 行车交路以及线网互联互通比较

采用交流制式，则可以与其他相衔接的国铁线路跨线直通运行；采用与相衔接的上海市轨道交通相同的供电制式（直流、相同电压等级及相同受电方式）时可相互跨线直通运行。

⑪ 经济比较

交流供电由于供电电压等级高、牵引供变电设施少、接触网结构简单，技术经济指标明显优于直流供电。经研究比较，交流供电系统本体工程及相关工程（含专业房屋、用地等）投资，相比直流供电，工程投资约可减少 900 ~ 1100 万元/正线千米，该值视技术标准、地下区段长度不同有所浮动。

⑫ 综合比较表

两种供电制式的技术比较见表 4.14 所示。

表 4.14　交、直流供电制式的主要技术特征表

项　目	单相工频 25 kV 交流制	直流 1500 V 供电制
供电形式	单边供电	双边供电
变电所供电距离	电压等级高，一般供电距离为 25 km	电压等级低，一般供电距离为 3 km

续表

项　目	单相工频 25 kV 交流制	直流 1500 V 供电制
牵引变电设施	牵引变电所接线结构简单	牵引变电所接线结构复杂，供电工程投资较大
牵引网结构	在相同功率前提下，其电流比直流供电要小，牵引网截面积小，结构简单	复杂，牵引电流大，牵引网为满足载流量要求，截面积大
接触网所能适应的车辆速度	可适应较高的列车速度，国内目前设计最高运营速度可达 350 km/h	采用架空接触网，目前国内直流供电车辆最高速度可达 120 km/h
供电安全性	牵引网电压等级高，所要求的安全防护距离较大	牵引网电压等级低，所要求的安全防护距离较小
车辆成本	高速动车组费用较高	直流制车辆电气传动系统简单，车辆制造成本较低
再生制动能量吸收	牵引网分段，其中一动车组再生制动产生的能量只能被该区段的其他动车组利用，利用概率小	牵引网是一个整体，其中一动车组再生制动产生的能量被全线其他动车组利用的概率大，可进行节能坡设置
对隧道净空的影响	电压等级高，对净空要求稍大	电压等级低，对净空要求小，采用相同的车辆,在盾构施工条件下，开挖直径小
对电力系统的影响	产生三相不平衡和少量谐波，对系统电能质量会有一定影响	产生少量谐波，对电力系统电能质量影响较小
防护处理	需进行电磁防护，全线可通过增加架空回流线进行防护，处理相对简单	需杂散电流防护，全线需设监测系统，进行全面防护，防护复杂
每百人公里牵引能耗（kW·h/km·百人）	1.45（时速 120 km）	0.86（时速 120 km）
运营费用	变电设施少，定员少；电压等级高，电能损耗也少	主变电所多，需定员多；牵引变电所数量大，电能损耗大；电压等级低，电能损耗也大
运营维护	需独立设置另一套运营维护管理机构或外委，维护管理费用高	与南京市既有供电设施维护管理机构协调统一

续表

项　目	单相工频 25 kV 交流制	直流 1500 V 供电制
对行车交路的影响	可与既有的市域铁路（金山支线、沪通铁路）、相衔接的国铁（京沪线、沪宁线、沪杭线）贯通运营	可与相衔接的上海轨道交通线网（2 号线、10 号线等）贯通运营
应用情况	温州市域铁路 S1、S2、金山支线	广佛城际、广州地铁、深圳地铁等

4.3.3　通信系统

通信系统由专用通信系统、公安通信系统及民用通信引入系统组成。专用通信系统包括传输系统、电话交换系统、有线调度通信系统、移动通信系统、综合视频监控系统、时钟同步及时间同步系统、电源及接地系统和通信线路等子系统，满足正常运营方式和灾害运营方式的通信需求，为运营管理提供信息，为防灾、救援和事故处理的指挥提供保证；公安通信系统满足公安部门在市域铁路范围内的通信需求，在突发事件发生时，为公安、消防部门在市域铁路内的应急调度指挥提供保证；民用通信引入系统满足市域铁路公众通信服务，将公共移动通信系统覆盖至市域铁路地下空间。

1. 传输系统

传输系统综合承载市域铁路运营、管理及维护的各类信息，包括语音、数据、视频图像等。为通信子系统以及信号、信息、综合监控、电力监控等其他弱电系统的信息交互提供统一的综合传输服务。

传输系统制式应基于光纤数字通信系统，目前各类轨道交通制式可采用同步数字系列（SDH）、分组传送网（PTN）、光传送网（OTN）或切片分组网（SPN）等技术体制。

传输系统宜分层组网，网络结构设计宜利用在线路两侧的光缆组网，系统容量应根据承载业务的需求确定，并应留有余量，网络拓扑宜优先采用环形结构。

传输系统为市域各业务子系统提供可靠、灵活的通道，以保证迅速、准确地传送市域线运营和管理所需的各种信息。系统网络设置应具备完善的自愈特性，具有备份保护及故障切换功能。

传输系统承载市域铁路调度中心、车站、场段之间需传送的各种信息，为各系统提供种类丰富的接口。设备采用模块化设计，使用灵活，易于扩展，具有较大的带宽扩展余量和吞吐、处理能力，具备对突发事件的承受能力。同时，系统应具有自诊断功能，可进行故障管理、性能监视、系统管理、配置管理，并具有综合网管维护、统一管理的网络管理功能。

2. 电话交换系统

电话交换系统为市域铁路运营、管理、维修等工作人员提供日常工作联系的固定电话业务，系统以其成熟的软件和硬件技术，实现完善的综合业务交换网络功能，可直接提供音频电话、数字电话、数据终端、传真、可视图文、视频会议等通信业务。

电话交换系统宜采用软交换技术，由电话交换设备、自动电话及其附属设备组成。系统交换设备宜设置在负荷集中、便于管理的地点。

电话交换系统能完成市域线内部用户间的呼叫及其与市内公用网用户间的出入呼叫，同时预留其他用户与市域线用户间的出入呼叫连接。系统能按需开放/限制用户作国内、国际长途直拨呼出，对有权用户作长话计费，并实现自动计费。同时系统支持多媒体应用功能，具有识别用户数据、用户传真等非话业务的功能，以确保非话业务不被其他业务中断。

除电话业务外，能提供“119”（火警）、“110”（公安报警）、“120”（救护）等特种业务的呼叫自动转接到市话网的“119”“110”“120”，并可跟踪电话。

3. 有线调度通信系统

有线调度通信系统是为调度中心调度员、车站、车辆基地的值班员组织指挥行车、运营管理及确保行车安全而设置的专用电话系统，提供各类调度电话、车站（场）电话、站间行车电话以及其他专用电话业务。根据调度通信需求，系统设置行车调度电话、电力调度电话、环控（防灾）调度电话、维修调度电话等调度电话系统。

有线调度通信系统可采用数字调度通信方案和基于软交换调度通信方案，系统包括中心调度交换机、车站（场）调度交换机，调度台、值班台、电话分机等固定终端，录音设备及网络管理等设备。

调度中心至站段间网络宜采用环型或星型结构，设置迂回保护中继链路，并按调度管界组网。调度中心调度交换机宜按同城异地容灾备份设计，在条件具备时宜具有主、备用系统自动切换的功能，同时，系统可与移动通信系统的核心网互联。

有线调度通信系统容量配置应考虑多条市域铁路线路的接入需求，具备扩容和扩网功能，有较强的呼叫处理能力，在任何情况下不发生阻塞现象。

4. 移动通信系统

移动通信系统提供市域铁路调度中心调度员、车辆基地调度员、车站值班员等固定用户与列车司机、防灾、维修等移动用户之间的通信手段。同时根据运输管理和列控系统的需求，提供相应的车地信息传送业务。

移动通信系统制式应符合国家有关技术标准，宜采用 GSM-R、LTE、5G 等无线通信技术制式以满足互通运营的需求。工作频率应符合国家无线电管理部门的政策管理和频率规划，采用的工作频段及频点应由无线电管理部门批准。

市域铁路线网移动通信系统应统一规划、分期实施，宜实现网络互联互通及网络资源共享。与国家铁路、城市轨道交通跨线运行时，应满足跨线业务互联互通的需求。

移动通信系统包括核心网、无线网和终端设备等。核心网宜统一规划，共享无线交换资源，应统一频率配置原则及编号原则等，并，当跨线运行线路采用不同的无线交换网络时，应实现核心网交换的互联互通。

目前多层轨道交通下移动通信技术体制如图 4.11 所示。

图 4.11　多层轨道交通下移动通信技术体制示意图

目前，不同轨道交通层次的无线通信系统技术制式均不统一，国铁、城际主要采用

GSM-R 技术制式，LTE-R 标准已形成但暂未使用，目前铁路行业正在积极推进形成 5G-R 技术标准；城市轨道交通多选用 TETRA 和 LTE-M 技术体制，而 TETRA 技术也正逐步被 LTE 技术替代；市域铁路正在起步阶段，移动通信系统的技术体制确定和市域标准形成正在研究推进中。基于以上情况，如何构建统一的无线通信体系，需要从线网规划上展开研究，车地之间的通信关系不仅到车辆与地面之间的调度指挥、信息互传、状态监控，还关系到整个运营维护管理、防灾通信等，因此，关于多层次轨道交通融合前提下的无线通信系统如何构建统一的至关重要。

5. 综合视频监控系统

综合视频监控系统根据运输调度、旅客服务、维护管理等业务部门视频监控需求，为中心调度员、各车站（场）值班员、列车司机等提供有关列车运行、防灾、救灾及乘客疏导视觉信息。

综合视频监控系统由调度中心视频监控系统、车站监视系统、车辆基地视频监控系统及车载视频监控系统组成。其中车载视频监控系统一般由车辆专业设置，调度中心通过无线接口方式实现对列车视频监视信息的监控和调用。

综合视频监控系统中心级和车站级的监视及控制是相互独立，同时中心级的各调度员的操作控制也是相互独立，系统采用二级控制方式，调度中心为一级控制，车站值班员及列车司机为二级控制，平时以车站值班员及列车司机控制为主，在紧急情况下转换为调度中心调度员控制。

综合视频监控系统应采用数字高清网络视频监控技术，图像分辨率不低于 1080P，采用标准通用的数字编码格式。系统宜由中心节点、站段节点、视频采集点、视频网络和监控终端等部分组成。中心节点设置视频分发/转发服务器、存储设备及网管系统设备；车站节点宜设置视频分发/转发服务器、存储设备。

综合视频监控系统根据运输调度、旅客服务、维护管理等业务部门视频监控需求，具有视频图像的实时监视、存储、回放、云镜控制、视频分发/转发、系统间的互联和联动、多级管理等功能。

视频采集点宜设置在下列处所：

（1）车站站厅、乘客集散厅、上/下行站台、自动扶梯、换乘通道、安检等公共区域；

（2）车站变电设备用房、票务室及售票区域；

（3）设备机房、车站咽喉区、公跨铁地点、隧道洞口、场段等需要监控的区域。

6. 时钟同步及时间同步系统

时钟同步系统为传输、电话、移动通信等系统提供频率同步信号。时间同步系统为市域铁路通信系统、信息系统以及其他相关专业的业务系统提供统一的标准时间信号。

时钟同步系统由基准时钟、大楼综合定时供给设备（BITS）及时钟同步信息传输链路构成。系统采用主从同步的方式，采用传输系统链路逐级传送。

时间同步系统按二级组网，由中心母钟（一级母钟）、车站（场）母钟（二级母钟）、时间显示单元（子钟）组成，采用主从同步方式。

7. 电源及接地系统

电源及接地系统是保证通信系统正常工作的必要条件，应安全、可靠地向各子系统设备不间断供电。

通信设备应按一级负荷供电。对要求交流供电的通信设备，宜采用交流不间断电源（UPS）方式集中供电，对要求直流供电的通信设备，宜采用高频开关电源集中方式供电。系统可按通信专业独立的电源设备设置，也可纳入与其他弱电系统共享的综合电源系统，系统应具有集中监控管理功能，应保证对通信设备不间断、无瞬变地供电。

8. 公安通信系统

公安通信系统由公安视频监视系统、公安/消防无线通信引入系统、公安数据网络、公安电源系统等组成，宜与专用通信系统共享设置。

公安视频监视系统应满足公安部门对车站范围监视的需要，可在相关的公安分局、派出所及车站警务室进行监视。公安视频监视系统宜与综合视频监控系统合设。

公安/消防无线通信引入系统应覆盖市域铁路范围内地下车站及隧道空间，应实现与城市公安/消防无线通信系统的兼容及互联互通。

公安数据网络应能满足相关公安分局、派出所及车站警务室间的数据传输需求，并可接入城市公安数据网络。

9. 民用通信引入系统

民用通信引入系统由民用传输系统、移动通信引入系统、民用电源系统等组成。根据目前轨道交通行业的实施现状，民用通信引入系统多为电信运营商统一投资建设，建设模式需结合各地方的政策和企业管理方式确定。

传输系统为移动通信引入、集中监测告警系统提供传输通道。移动通信引入系统为多种民用无线信号提供合路及分配网络，宜采用集中引入方式。民用电源系统满足民用通信引入系统设备的供电需求。

4.3.4 信号系统

信号系统主要由列车运行调度指挥、列车运行控制、闭塞、联锁、列车自动运行、信号集中监测、信号电源等构成。

目前国内轨道交通信号系统主要有国铁的中国列车运行控制系统（CTCS）和城市轨道交通的列车自动控制（ATC）系统。独立运行的市域铁路信号系统可采用 CTCS 制式或 ATC 制式；与干线铁路、城际铁路跨线运行的市域铁路信号系统应采用 CTCS 制式或采用兼容 CTCS 制式的新型列控系统。

1. 列车运行调度指挥

列车运行调度指挥系统泛指 CTCS 制式下的调度集中（CTC）、列车调度指挥（TDCS）系统和 ATC 制式下的列车自动监控（ATS）系统。

列车运行调度指挥系统中心级设备应具有管辖多条运营线路的能力，并应统筹设置。列车运行调度指挥系统应为列控系统地面设备提供时间信息。

2. 列车运行控制系统

1）国内列控系统概况

目前国内市域铁路列车运行控制系统主要有国铁的 CTCS 和地铁 CBTC 系统。

（1）CTCS

① CTCS 应用情况

CTCS 列控系统标准是国家铁路局在借鉴欧洲 ETCS 规范的基础上，为中国铁路客运专线列控系统统一规划的技术体系。目前在客运专线和高速铁路中应用最多的有 CTCS-2 和 CTCS-3 级列车控制系统。

CTCS-2 级列控系统基于应答器和轨道电路进行信息传输，司机根据车载信号行车。CTCS-2 级列控系统采用 ZPW-2000 系列无绝缘轨道电路检查列车占用，并向列车传送列车运行前方的空闲闭塞分区数或进路信息；通过点式应答器向车载设备传送临时限速、列车定位、线路参数等信息。列车在 CTCS-2 级线路上运行，地面可不设通过信号机，以 ATP 车载信号作为凭证，列控车载设备根据轨道电路和应答器传送的信息生成目标-距离速度控制曲线监控列车运行，属于准移动闭塞制式。

CTCS-2 级列控系统应用时速 250 km 及以下的运行线路，追踪间隔为 3 min。目前已有大规模的开通运营经验，系统较为成熟稳定，可和国铁跨线运营及互联互通。因此，CTCS-2 级列控系统较好地满足了市域线互联互通、跨线运行的需求，但存在以下局限性：

a. 属准移动闭塞制式，3 min 的最小行车追踪间隔很难进一步缩小。

b. 列控车载设备由于车头车尾缺乏通信线，暂未实现自动换端功能，车载设备的换端操作时间较长，对市域线高密度、公交化、通勤化的服务特性较难满足。

c. 不能满足 ATO 自动驾驶、精确停车、自动开关门、联动站台门、自动折返等相关功能的需求。

珠三角城际项目中使用的“CTCS2+ATO”系统，是在 ATP 兼容 CTCS-2 级列控系统基础上，考虑到城际铁路的高密度、停站精度要求高的特点，增加了 ATO 站间自动运行，车站精确停车，列车运行自动调整，车门/站台门防护及联动控制等功能，在 CTCS-2 架构基础上增加了通信控制服务器（CCS）和 GSM-R 通信功能。

针对既有 CTCS2+ATO 列控系统无法实现自动折返功能，以及车载未配备列车运行控制记录（LKJ）装置，在车载 ATP 无法正常运行时，无备用系统的情况，上海市域机场联络线工程已开展相关研究，并将把 CTCS2+ATO 实现自动折返、加装 LKJ 装置的研究成果实时应用于机场联络线。CTCS2+ATO 城际铁路列控系统总体构成示意图如图 4.12 所示。

② CTCS 技术发展趋势

目前 CTCS 技术发展趋势主要朝着以下几方面发展：一是闭塞制式往移动闭塞方向发展；二是联锁列控一体化；三是高速铁路实现 ATO 功能。

a. 青藏铁路新型列控系统

青藏铁路新型列控系统实现了联锁列控一体化及移动闭塞，其主要由车载设备和地面设备构成。车载设备由 ATP 设备和列尾设备构成，地面设备由轨旁设备和中心设备组成。青藏铁路新型列控系统结构示意图如图 4.13 所示。

b. 高速铁路 ATO 系统

京沈、京张高铁采用高速铁路 ATO 系统，该系统在 CTCS-2/CTCS-3 级列控系统的基础上，车载设置 ATO 单元实现自动驾驶控制，地面设置专用精确定位应答器实现精确定位，地面设备通过 GPRS 通信实现站台门控制、站间数据发送和列车运行调整计划的处理。高速铁路 ATO 系统与 CTCS2+ATO 列控系统不同的是，高速铁路 ATO 系统采用临时限速服务器实现了 CTCS2+ ATO 列控系统中通信控制服务器的相关功能，系统结构示意如图 4.14 所示。

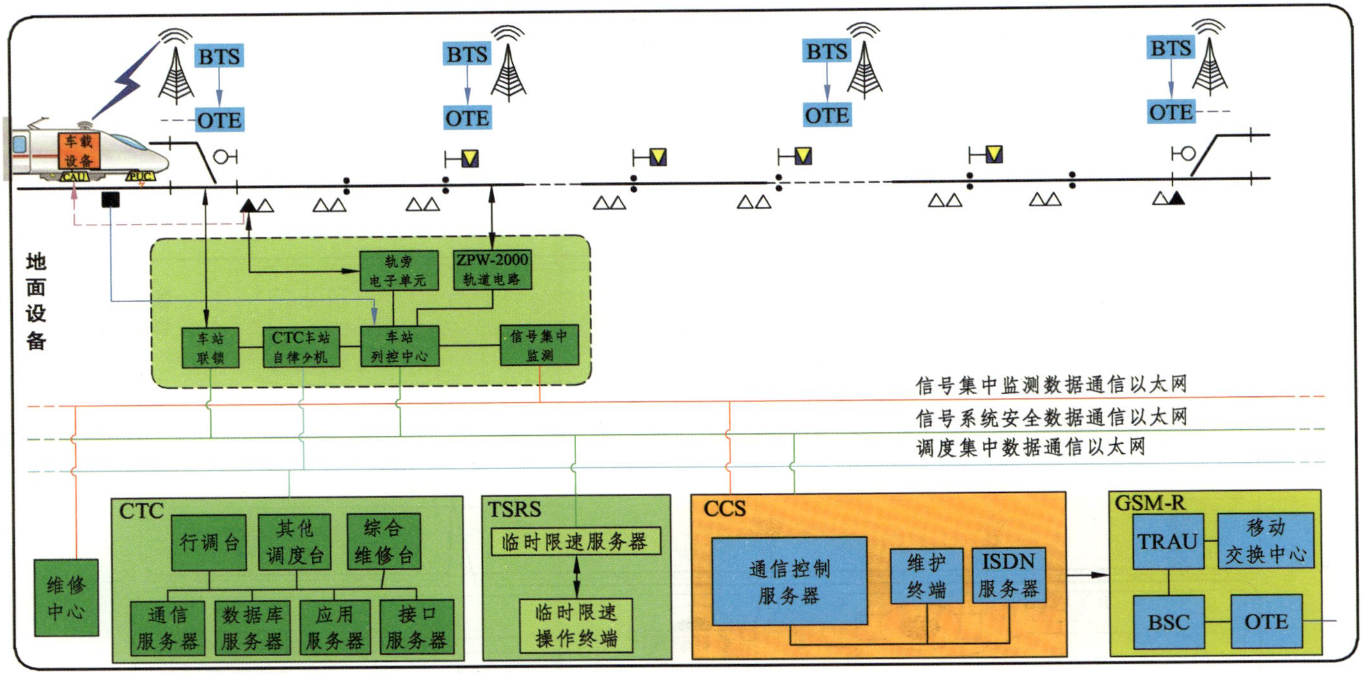

图 4.12　CTCS2+ATO 城际铁路列控系统总体构成示意图

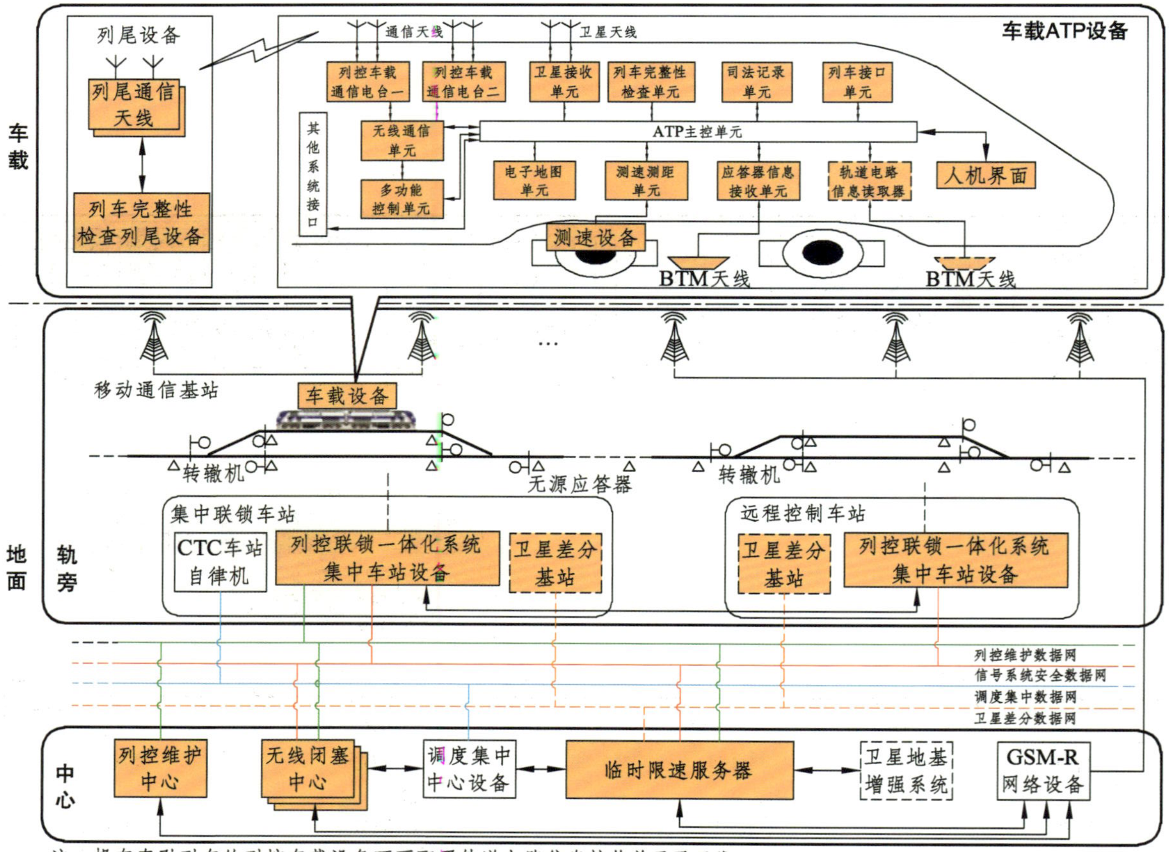

注：机车牵引列车的列控车载设备可不配置轨道电路信息接收单元及天线

图例：表示新型列控系统设备　　表示新型列控系统外部设备

表示可选或预留配置　　表示可选的系统外部设备

图 4.13　青藏铁路新型列控系统结构示意图

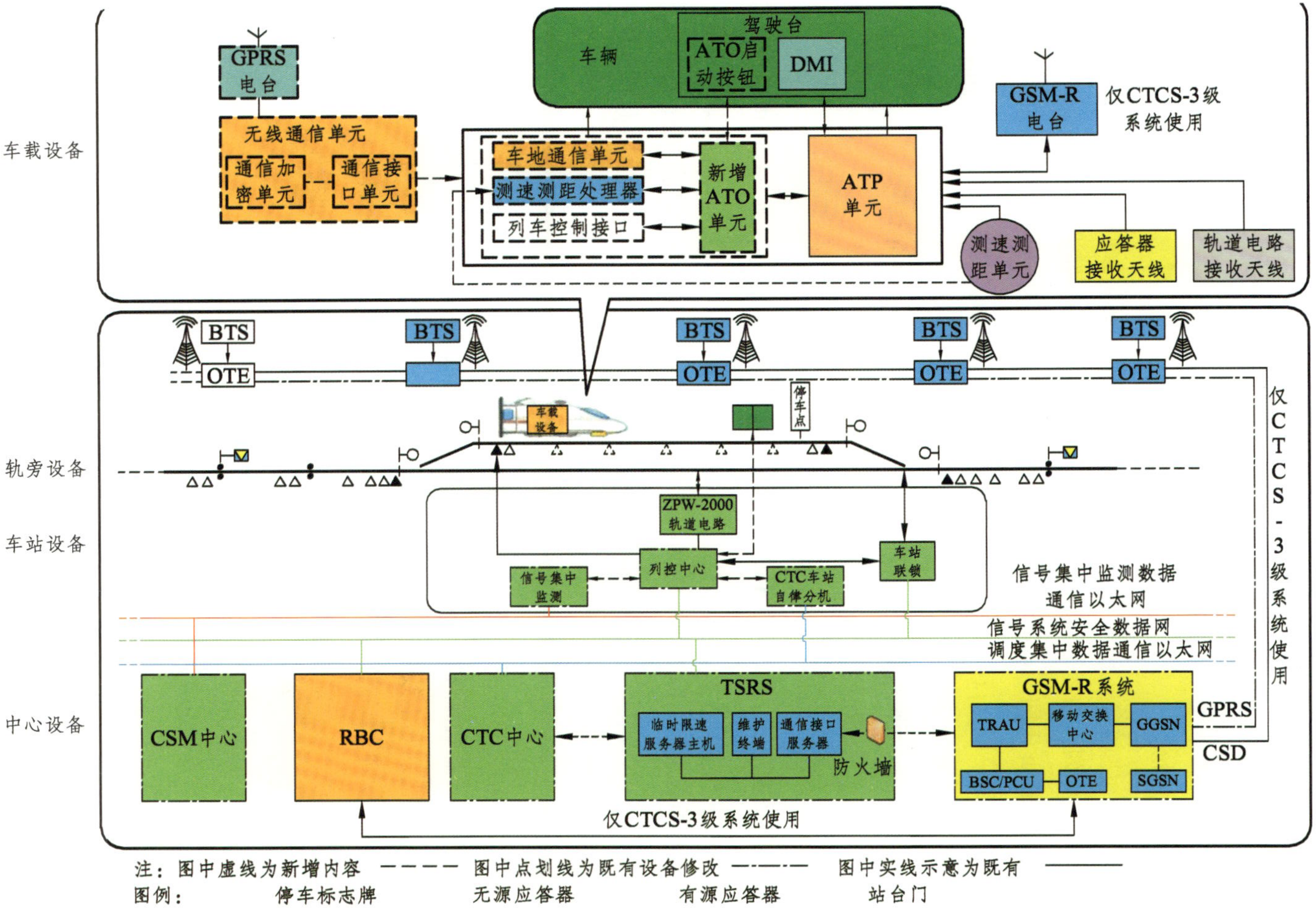

图 4.14　高速铁路 ATO 系统结构示意图

（2）ATC

ATC 系统主要包括点式 ATC、CBTC、TACS 等几种主要的系统制式，其中目前应用最为广泛的是 CBTC 系统。

① CBTC 应用情况

CBTC 信号系统是各厂商基于无线通信的发展起来的，从传统固定闭塞演化至移动闭塞产品，不断缩小列车的运行间隔、提高线路资源的利用率。但设计伊始并未遵循统一的强制性标准，因此不同厂商的设备间也没法做到互联互通跨线运营。随着国内自主化 CBTC 产品的广泛应用，自 2014 年底，在中国城市轨道交通协会的推动下，开始了国内互联互通 CBTC 系统一系列技术规范的制定，使得不同厂商的 CBTC 产品实现互联互通跨线运行成为可能。互联互通 CBTC 系统的总体构成示意图如图 4.15 所示。

② CBTC 技术发展趋势

CBTC 技术发展趋势主要朝着更高的运能及互联互通方向发展。

a. 更高的运能。基于车-车通信的列车自主运行系统（TACS），新一代城市轨道交通列车控制系统方案，发改委 2019 年将其列入鼓励类产品目录。该系统对土建长度要求更低并能进一步提高运能、降低运维成本。国内首个项目深圳 20 号线拟于 2021 年以无人驾驶模式（GoA4 级）开通，另外成都也已于 2020 年 1 月份完成该系统应用于市域 D 型列车的双车无人驾驶模式测试。

b. 互联互通。主要包括不同厂商间的 CBTC 互联互通，和 CBTC 与 CTCS 的互联互通。重庆轨道集团于 2013 年与交控科技股份有限公司、北京交通大学、重庆轨道院等共同进行了信号系统互联互通的可行性研究，2020 年 9 月 18 日，重庆轨道交通环线和 4 号线互联互通直快列车上线载客试运营，直快列车可以通过联络线从一条线路直接运行到另一条线路，实现了不同厂商间 CBTC 的互联互通；目前深圳市域铁路拟采用互联互通 CBTC 列控系统，并制定相关互联互通标准规范和产品开发，拟通过增加 CTCS2+ATO 车载设备实现与既有珠三角城际互联互通，处于研究阶段。

（3）CTCS 与 ATC 制式的功能对照分析

CTCS 与 ATC 系统功能对照可从以下几个方面进行分析：

① 从技术成熟度来看，ATC 与 CTCS 各系统均有成熟的应用业绩。

② 从速度适应性来看，采用 Wi-Fi 制式 CBTC，不能适应 120 km/h 以上的速度要求，采用 LTE-M 制式 CBTC，实践证明能够适应 160 km/h 速度要求，同时对于 200 km/h 也有试验验证成果；CTCS 系列能满足最高 350 km/h 的各种速度要求。

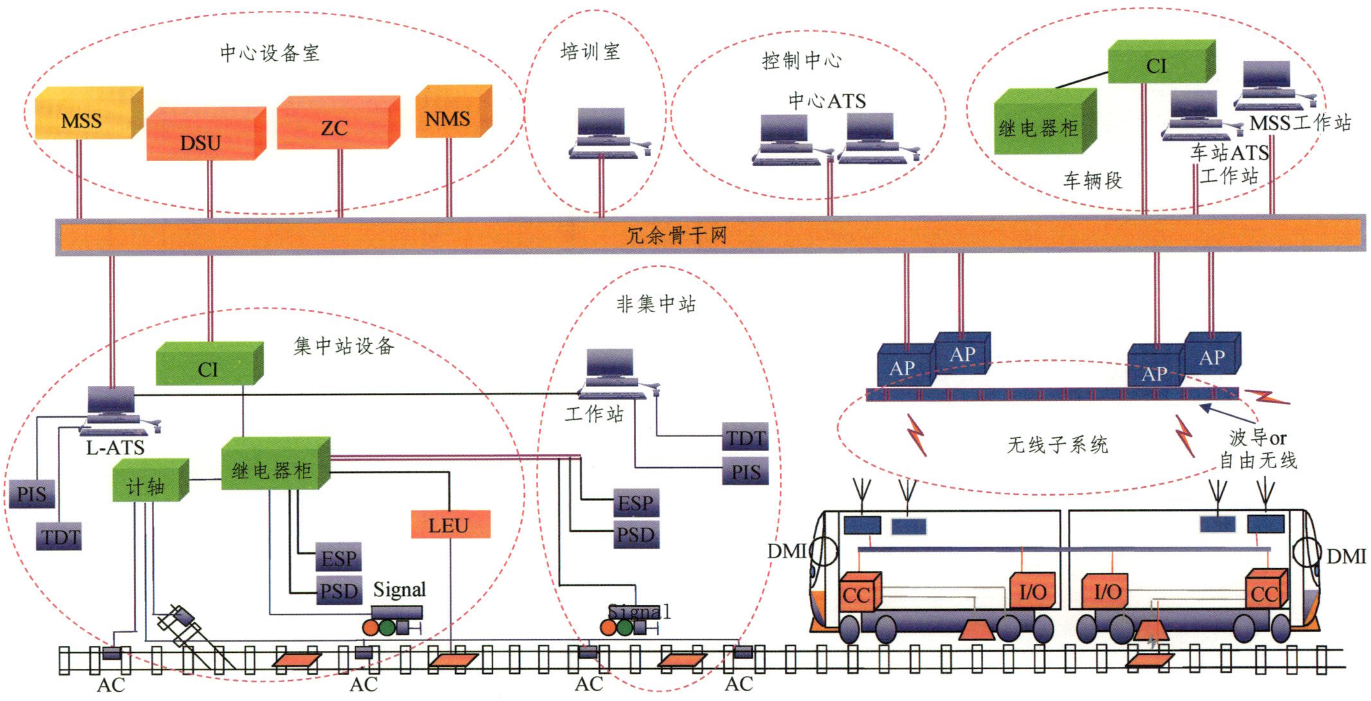

图 4.15　典型 CBTC 系统总体构成示意图

③ 从行车最小行车间隔来看，城轨 ATC 系统大部分采用 CBTC 系统，属于移动闭塞制式，能够完全实现 2 min 的正线区间最小追踪间隔，同时折返能力、出入段能力基本能与正线追踪能力相匹配；国铁 CTCS 系统中的 CTCS-2/CTCS-3 仍属于准移动闭塞制式，基本能够实现 4 ~ 5 min 的正线区间最小追踪间隔，由于采用多股道、多站台接发车和互联互通网络化运营模式，因此不存在自动折返能力的问题。但市域铁路在初期运营阶段，由于线网尚未成形，某些线路仍采用单线独立运营模式，公交化运营特征明显，因此自动折返能力必须与正线最小追踪间隔相匹配。

④ 从互联互通性来看，城轨 ATC 的几种制式由于缺乏统一的标准，在互联互通性方面存在明显不足，虽然重庆在互联互通方面进行了尝试，但其发展模式仍不具备全面推广借鉴。CTCS 系列建立在统一、标准的体系下，具备较好的系统兼容性，易于实现市域铁路网内，或与国铁交通线网的互联互通。

⑤ 从工程的经济性来看，城轨 ATC 的几种制式稍高于国铁 CTCS 制式。

⑥ 从市场的竞争性来看，城轨 ATC 的厂商虽然较多，对于单线独立运营的线路竞争性较为明显，但由于缺少统一的技术标准，对于延伸线和更新改造项目存在单一来源采购问题；而国铁 CTCS 的厂商虽然较少，但由于采用了国铁集团统一制定的标准规范，产品的同质化较好，基本实现了产品的互通互换，延伸线和更新改造项目不存在单一来源采购问题。

⑦ 从线路数据的有效性来看，城轨 ATC 的几种制式均为车载存储方式，国铁 CTCS 系列中 CTCS-0 是通过车载 LKJ 存储线路数据，其余均为地面提供，能保证线路数据的有效性。

⑧ 从目前的维护实践来看，城轨 ATC 的维护主要由城市轨道交通运营公司承担，国铁 CTCS 的维护主要由国铁集团承担。在维护水平方面，国铁集团要稍强于城市轨道交通的运营公司。

目前市域铁路对于列控系统制式选型主要以 CTCS2+ATO 和 CBTC 列车控制系统，其具体功能比较如表 4.15 所示：

表 4.15　CTCS2+ATO 与 CBTC 制式的功能比较

对照内容	CTCS2+ATO	CBTC
最高速度	250 km/h	200 km/h
最小间隔	准移动闭塞，3 ~ 4 min	移动闭塞，2 min 左右

续表

对照内容		CTCS2+ATO	CBTC
网络化		网内互通+网际全互通	网内互通
经济性		到发线 400 m，土建投资较大，特别是地下车站较多时	到发线 210～240 m，土建投资较其他制式节省
公交化		间隔较大，自动化等级低（最高 GoA2 级）	间隔小，自动化等级高（最高 GoA4 级），支持在线联挂解编以应对潮汐客流
标准化		成熟系统，有铁总规范，标准化程度较高。但对制约运能的相关功能需要进行适应性修改	成熟系统，有中城协互联互通规范，但颗粒度较粗，要根据市域需求细化并建立认证机制
应用情况	运营项目	珠三角城际	北京大兴机场线、成都 17/18 号线、上海 16 号线
	适配车辆	CRH6 车	CRH6 车，市域车
	自动等级	2 级（ATO）	2～4 级（ATO、DTO、UTO）
	其他	暂不具备全自动折返	具备全自动折返、在线联挂解编

从以上分析可以看出：CTCS2+ATO 列控系统在互联互通运行方面具有优势，而 CBTC 列控系统在公交化运营方面具有优势。

2）市域铁路列控系统制式选择

（1）市域铁路列控系统运营功能需求

我国幅员辽阔，各地社会、经济发展不平衡，各地市域铁路功能需求必然存在差异，又存在建设主体的不同会导致市域铁路资源共享要求不同，线网衔接的互联互通要求不同，因此要概括出统一的市域铁路功能需求是不科学的，也是不经济的。

下面是从市域铁路的基本需求或潜在需求的角度提出的，各个具体项目的功能需求，需要具体取舍。

同列控系统密切相关的功能需求包括：最高运行速度、行车密度、旅客舒适度、自动化等级、通勤化水平、旅客列车开行原则与开行方案等目标要求。具体项目须根据本项目的定位、线网规划、行车速度、行车密度等因素综合考虑。归纳影响列控系统选择的功能需求，主要有以下几点。

① 互联互通、资源共享的需求

无论是国铁还是市域铁路理想的状态都应能够互联互通、资源共享。这样能极大地提高运输组织的灵活性，大量节约土地资源、人力资源、设备资源等，建设、运营经济效益最佳。

② 速度目标值及运行时分的需求

由于各地围绕大城市的郊区城镇建设、经济与社会发展的差异，城镇的分布差异，人口聚集密度的差异，包括市域的范围差异，其不同的市域铁路会选择不同速度目标值，即使围绕同一个中心城市其各方向的线路速度目标值也应存在差异。

从我国城市群空间尺度看，市域线路长度一般应在 50 ~ 100 km 以内，也存在超过 100 km 的情况。所以运行时分一般要求从起点到终点 1 小时左右，最好不超过 2 小时，其速度目标值一般应选择 120 ~ 200 km/h。

③ 列车开行方式的需求

通常情况下市域铁路车站间距为 3 ~ 15 km，从已建成的线路和目前正在建设的线路来看，既有站站停单一运行模式的线路，也有大站停、站站停、直达等 3 种共存方式的线路。一般站站停列车最高运行速度可为 140 km/h，越行快车速度最高可达 160 km/h。

④ 行车密度的需求

行车密度取决于高峰时客流的聚集度，不同区域、不同线路的市域铁路也有很大的差异，最大的可达 30 min，最小的宜在 2 ~ 3 min，跨度很大。因此行车密度的需求，要针对具体的项目，既要考虑初、近期，也要考虑远期的需求，而不能笼统考虑。

⑤ ATO 功能的需求

ATO 主要功能包括：列车自动驾驶、列车运行自动调整及节能运行、车站停车及跳停管理、站台精确定位停车、列车车门与站台门管理、自动折返等。

ATO 功能的需求一般应认为是列控系统的高级需求，因为经济发达地区市域铁路整体建设标准较高，自动化程度也要求较高，同时也取决于行车密度、追踪间隔、车门与站台门控制、精确停车等其他需求的综合因素。

（2）市域铁路列控制式选择影响因素

具有代表性的市域铁路信号列控制式的选择主要受以下两个方面的影响。

① 建设主体不同对列控制式的影响

国铁主导的市域铁路一般会考虑同国铁有良好的衔接（包括互联互通等）、资源共享。地方主导的市域铁路一般会考虑同城市地铁有良好的衔接（包括方便换乘等）。如金山支线由上海局建设、运营管理，又是利用既有铁路改造而成，同国铁互联互通，资源共享，投资效益优势明显。宁波、杭州市也采用类似的方式，利用既有萧甬线开行市域动车组。成灌线由原铁道部建设，成都局运营管理，同国铁互联互通，资源共享，采用 CTCS-2 列控系统。温州市域为地方主导建设、运营管理，其项目总体上考虑同城市地铁整体规划衔接，其列控制式以城轨列控制式为基本特征。

② 功能需求不同对列控制式的影响

目前全国规划和建设中的市域铁路，结合都市圈轨道交通的特征，对市域铁路分别提出了不同的功能需求。上海市域铁路的规划和建设提出了既要满足公交化运营，又要满足与国铁/城际铁路互联互通跨线运行的需求；粤港澳大湾区拟规划和建设的地铁快线，其本质就是市域铁路，实现地铁快线内部互联互通外，拟与珠三角城际铁路实现地铁快线实现只出不进的单向互联互通运营的需求。

而市域铁路不同的运营功能需求，结合既有列控系统制式现状，则会有不同的选择。

（3）市域铁路信号列控系统的选择

前文综合比较了目前主用几种信号制式列控系统的差异性，下文从适应性的角度分析。

① 国铁信号系统普遍采用的列控系统是 CTCS-0、CTCS-2、CTCS-3。其中 CTCS-0 主要应用于速度不大于 160 km/h 线路；CTCS-2 级主要应用于 160 ~ 250 km/h 的客专线、200 km/h 客货共线铁路；CTCS-3 级主要应用于速度大于 250 km/h 的高速线路。

CTCS 系列具有完整的技术体系，能实现列车的互联互通，资源共享；市场开放程度高，相对城轨经济合理；但 CTCS 系列没有能满足 3 min 以下行车间隔的实例，亦不支持自动折返功能。

② 采用 Wi-Fi 制式 CBTC，不能适应 120 km/h 以上的速度要求，采用 LTE-M 制式 CBTC，实践证明能够适应 160 km/h 速度要求，同时对于 200 km/h 也有试验验证成功。城轨信号制式目前尚无通用的、完整的技术体系，以各系统提供商的技术体系为主，因此目前难以做到 CBTC 系统下完全的互联互通，要做到市域铁路网内或与国铁的互联互通很困难。

③ CTCS2+ATO 列控系统是以应用较为成熟的 CTCS-2 级列控系统为基础，增加部分 ATO 功能，能适应行车速度最高 250 km/h 线路。该系统既具备 CTCS-2 列控系统的优点，又能实现 ATO 的功能。通过 TSRS 实现了车载 ATP 与 CTC、TCC、站台门之间的信息传输，实现了车门与站台门之间的联动。CTCS2+ATO 系统能够实现网内的互联互通，网内资源共享。如果具体项目有同国铁互联互通的需求时，也能够方便地实现。具有良好的性价比，市场开放，系统开放，建设方可以方便地单独选用系统的各类设备。

市域铁路信号制式的选择其核心是列控系统的选择，应综合考虑业主背景，互联互通、资源共享的要求，以及速度适应性、行车密度、自动化、通勤化、智能化等需求因素综合选择。

总而言之，市域铁路作为衔接干线铁路、城际铁路和城市轨道交通的一个重要的轨道交通层级，具有承上启下的作用。既具有公交化运营的特征，又具有互联互通网络化运营需求。而目前缺乏与市域铁路功能需求完全匹配列车控制系统制式，因此有必要研发一套适合于市域铁路的新型列车控制系统，以实现“四网融合”的目标。

3. 闭塞

为防止同向列车追尾或对向列车冲撞，正常情况下，在线路上运行的列车通过行车闭塞来实现区间内安全行车，实现行车闭塞的设备称为闭塞设备。轨道交通采用的主要是自动闭塞设备，自动闭塞设备又可分为固定闭塞设备和移动闭塞设备两类。在采用固定闭塞设备时，区间线路划分为若干个固定的闭塞分区，闭塞分区内设有轨道电路。运行列车的区间相当于若干个固定的闭塞分区或轨道电路区段。根据信号显示制式的不同，固定同塞设备还可分为三显示带防护区闭塞设备和四显示自动塞设备等类型。在采用移动闭塞设备时，区间线路不划分固定的闭塞分区，即不设置固定的制动点。追踪运行列车的间隔为后行列车制动距离加上安全防护距离。列车间隔是动态的，看前行列车的运行而移动。车地间双向信息传输通过交叉感应环线或无线通信技术实现连续、双向信息传输和列车运行控制，并在确保安全前提下提高通过能力，越来越多的新建轨道交通线路考虑采用移动闭塞设备。从移动闭塞设备的发展来看，前期发展的移动闭塞设备大部分是采用交叉感应环线技术，近年来研发的移动闭塞大部分是采用基于无线通信的技术。

当列车运行控制采用 CTCS 制式时，新建双线铁路正方向运行应采用自动闭塞，反方向运行宜采用自动站间闭塞，利用既有铁路开行市域列车的线路可维持既有闭塞方式；采用 ATC 制式时，CBTC 列控系统应采用移动闭塞方式，点式 ATP 列控系统宜采用准移动闭塞方式。

4. 联锁

为保证行车安全，在进路、道岔和信号机之间存在某些互相制约的关系，这种互相制约关系通常叫“联锁”。联锁系统是行车指挥控制自动化系统的一个重要组成部分，是行车调度指挥系统的信息源和执行层。用于实现车站信号机、道岔、轨道电路等设备进行实时控制，确保车站内行车安全，必须满足故障导向安全原则。

有道岔的车站及车辆基地应设置联锁系统，无岔车站的联锁逻辑关系宜由相邻车站的联锁系统控制，工区内道岔宜根据需要纳入联锁集中控制。

采用 CTCS 制式的联锁系统的功能和性能应符合《铁路车站计算机联锁技术条件》TB/T 3027 的有关规定，其主要功能：按正确的联锁关系、运行计划及列车位置自动设定、建立、锁闭、解锁列车进路；对列/调车进路、敌对进路及侵限区段进行防护；同时与 CTC 系统、列控系统、监测系统的信息交换；并具备站台门、紧急关闭按钮、防灾等相关采集接口。采用 ATC 制式的联锁系统的功能和性能除应符合《铁路车站计算机联锁技术条件》TB/T 3027 的有关规定外，还应具备与站台门联动控制、保护区段的建立与防护、自动和人工设置自动进路及自动折返进路等功能。

由于早期控制技术、电子技术、通信技术的限制，联锁系统与轨旁设备的接口主要采用传统安全型重力继电器的接口方式。随着技术的发展，国外车站计算机联锁系统已开始逐步取消了继电器的接口控制方式，采用电子执行电路直接与轨旁设备接口。较传统的基于继电器接口的计算机联锁系统，全电子联锁系统有着占地空间小、配线简单、更高可维护性和安全性，将成为今后的技术发展方向。计算机联锁系统执行电路目前有全电子联锁和继电联锁两种方式，计算机联锁系统结构示意图对照如图 4.16 所示。

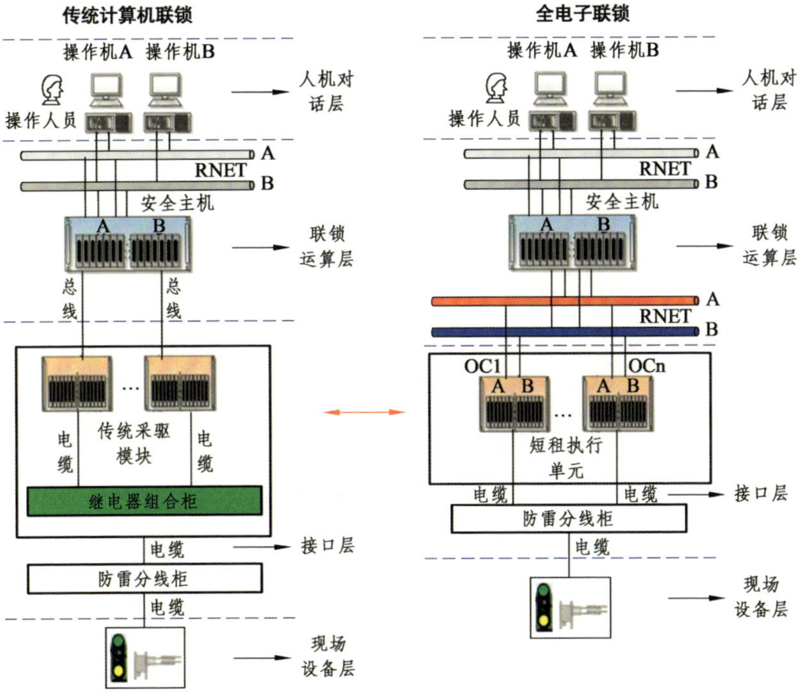

图 4.16　全电子联锁和继电联锁系统结构对照图

具体功能和工程应用对照如图 4.17 所示。

继电联锁		全电子联锁
采用大量继电器	执行机构	电子执行模块
无	智能性	有，BIT技术实现全面智能检测
无，需要额外安装监测设备	监测功能	具备日常监测需要的模拟量信息
结构复杂，采用人工判断方式，难度大	故障定位	故障可定位至板卡级甚至器件级，可直接替换板卡
继电器需定期到送往检修所检修	可维护性	免维护设计
无冗余设计，故障会影响使用，可用性低	可用性	板级冗余设计，任何一个模块故障不影响系统运行
需重新设计，难度较大	可扩展性	仅需增加电子执行模块便可，简易
采用的组合柜多，设备室面积需求大	安装要求	无需组合柜，设备面积需求小
涉及到设备较多，安装调试耗时，周期长	施工情况	涉及设备少，安装调试方便，周期短

图 4.17　全电子联锁和继电联锁系统功能及应用对照图

通过以上对照分析，采用全电子联锁执行电路具有以下优点：

（1）节省信号设备房屋。用全电子驱动单元取代继电器，可减少信号设备用房面积，对于市域铁路地下车站而言具有很强的实用价值。

（2）提高设备可维护性，降低劳动强度。由于采用电子模块化设备，并提供电子模块的自检、自诊断和远程诊断功能，降低了维护人员的维护难度，并有利于实现减员增效的目标。

（3）缩短施工工期，信号过渡简化。采用工厂化施工模式，现场组装，大幅度的缩短了设计和施工的周期，为施工图招标创造条件。同时亦简化了信号施工过渡，降低施工安全风险。

（4）节能减排、降低能耗。采用全电子驱动单元取代继电器，减少电能和铜耗材的消耗，符合节能环保要求。

（5）由于继电器生产垄断和铜价上涨等因素，价格逐年上涨，较全电子驱动单元已不具备价格优势。

由于全电子执行电路属于新技术、新产品，国铁集团暂未纳入 CRCC 认证目录，但已上道应用的全电子执行电路均有 SIL4 级安全认证。同时全电子执行电路将重力节点型继电器改为无触点式控制模块，理论上存在对雷电和大电流冲击抵抗力降低的风险。但通过近 20 年的应用实践证明，在抗雷电和大电流冲击方面与重力继电器并未有明显变化。同时嘉闵线正线区段全部采用地下敷设方式，在抗击雷电干扰方面具有明显的优势，同时可以节约地下车站的设备用房面积。因此市域铁路推荐采用全电子执行电路的计算机联锁系统。

5. 列车自动运行

（1）自动运行等级

全自动驾驶技术是城市轨道交通未来发展的技术方向，可有效提高系统的运行效率、可靠性和可用性，减小人为失误对系统运行造成影响。以我国大运量的城市轨道交通中应用全自动驾驶技术较早的上海轨道交通 10 号线为例，自 2014 年 8 月启用全自动驾驶模式后，列车运行可靠度一直保持在全网平均水平的 2 倍以上。

按照国际公共交通协会（UITP）的定义，以轨道交通线路自动化程度定义了 5 个等级，从低至高为 GoA0 ~ GoA4。GoA0 级为无 ATP 防护下的人工驾驶模式外，其余各级的自动化等级的功能差异和主要功能如图 4.18、图 4.19 所示。

GoA3 和 GoA4 都属于无人驾驶系统，简单来讲，前者的列车两端配有驾驶室，后者不同于系统在正常运营时使用无人驾驶模式，列车不需要任何驾驶操作就可以全自动运营，包括自动启动、车门自动开关、自动停站、远程休眠/唤醒、列车电喇叭远程控制、列车救援远程控制、逃生门远程控制等功能。该模式需要车载值守人员，且应在车头位置监督列车运行前方是否有障碍物，如线路地下越江段是否有大面积渗水、线路地下折返线与正线隔离墙是否坍塌、台风季节线路高架段是否有不明物体坠落、列车运行过程中是否脱轨等。值得注意的是，全自动驾驶运营模式往往配置自动化车辆段或停车场。

（2）市域铁路列车自动运行功能需求

市域铁路 ATO 系统应具备站间自动运行、车站自动停车、车门自动开门以及车门和站台门联动控制功能，宜具备自动折返、列车运行自动调整、运行节能控制等功能。

市域铁路 ATO 系统宜满足 GOA2 级及以上的要求。

市域铁路 ATO 系统应在列车运行控制系统的安全保护下，采用目标距离速度控制模式控制列车自动运行。

市域铁路 ATO 系统定点停车精度宜为±0.3 m，不应超过±0.5 m。

自动化等级	驾驶模式	列车运行控制	停站	关门	启动列车	故障应对
GoA1	ATPM	人工	人工	人工	人工	司机
GoA2	ATO	自动	自动	人工/自动	人工	司机
GoA3	DTO	自动	自动	自动	自动	列车值乘人员
GoA4	UTO	自动	自动	自动	自动	自动

图 4.18　各个自动化等级下主要功能差异

列车运行基本功能		GoA0	GoA1	GoA2	GoA3	GoA4
确保列车运行安全	确保进路安全	X	√	√	√	√
	确保列车运行间隔安全	X	√	√	√	√
	确保列车速度安全	X	√	√	√	√
列车驾驶	控制加速和制动	X	X	√	√	√
轨道的监督	避免与障碍物碰撞	X	X	X	√	√
	避免与人碰撞	X	X	X	√	√
乘降作业的监督	控制车门	X	X	X	X/√	√
	避免列车和列车间隙对人造成伤害 避免列车和站台间隙对人造成伤害	X	X	X	X/√	√
	确保列车启动运行的安全	X	X	X	X/√	√
列车的运营	列车投入或退出运营	X	X	X	X	√
	监督列车状态	X	X	X	X	√
确保紧急情况的检测和管理	执行列车诊断，检测火灾/烟雾，检测脱轨，处理紧急状况	X	X	X	X	√/OCC

GoA (Grade of automation) 自动化等级 X 表示由线路工作人员负责；√ 表示由系统实现。

系统负责正常运行

系统负责应急处理

图 4.19　各个自动化等级下实现的基本功能

6. 信号集中监测

市域铁路应设置信号集中监测（CSM）系统。信号集中监测系统具备监测信号设备状态、发现信号设备隐患、分析诊断信号设备故障、实现信号子系统接口信息安全监督、辅助和指导现场维修及故障处理，提高电务系统设备运用质量和维护水平，通过全面汇集地面信号设备、车载信号设备等相关设备的运行状态和监测数据，实现信号设备健康状态及维护信息的集中存储、安全监督、智能诊断、综合分析功能。

信号集中监测系统监测范围包括联锁、闭塞、行车调度指挥、列车运行控制、列车自动运行、电源等信号设备和子系统。其他子系统或新增自诊断设备通过信息接口方式纳入信号集中监测系统。

信号集中监测系统应与具备自监测功能的信号设备接口，获取监测信息。信号集中监测系统应直接采集不具备自监测功能的信号设备及其接口部分的模拟量和开关量信息。信号集中监测系统在线采集信息时严禁影响被监测对象的正常工作。

市域铁路信号集中监测系统宜采用“二层二级”结构，“二层”调度中心级、车站级，“二层”为调度中心层监测子系统、车站层监测子系统。监测终端设备应根据需要设置在相关维护管理部门。信号集中监测系统中心级设备应具有管辖多条运营线路的能力并应统筹设置。

7. 数据传输网络

市域铁路数据传输网络宜包括有线通信网络和无线通信网络。数据传输网络应具备网络管理、维护功能。

8. 信号电源设备

市域铁路运营控制中心、车站、线路所、中继站、车辆基地等信号设备房屋处所应设置信号电源设备。信号电源设备的容量应根据信号设备用电量计算确定。

信号电源设备输出的电源类型应根据信号设备的用电类型确定；输出的供电回路应根据信号设备的用途和站场、线路的区域划分合理设计。

4.3.5 信息系统

1. 客票系统

客票系统是由计算机集中控制的自动售票、自动检票及进行票务管理、财务结算、客流量统计分析的票务自动化管理系统。

市域客票系统根据功能分为四层：第一层为调度中心客票中央系统，第二层为由车站计算机系统组成的车站层，第三层为由车站终端设备组成的设备层，第四层为车票层。

客票中央系统作为整个客票系统的顶层，主要负责对市域线运营方、公共交通卡系统、城市轨道交通、银行、市域 App 系统、第三方支付平台和国铁客票系统等之间的清分结算，对不同运营实体（或线路）进行管理，制定业务规程和票务规则，制作发行票卡，全面协调市域线路的日常运营，是市域交通网络化运营条件下客票系统的管理中心。

市域铁路客票系统建设应符合国铁、城际铁路、市域铁路以及城市轨道交通的一体化规划发展需要，实现客流的快速疏解，提高乘客出行体验。市域铁路实现内部不同线路间的清分管理，同时与国铁、城际铁路、市域铁路、市民卡、交通卡、城市轨道交通、银联、第三方互联网支付平台等外部主体实现清算管理。

市域票务管理采用线网票务中心、车站两级管理模式。线网票务中心负责全网的票务管理、各线路间的清分及外部系统之间的清算工作。车站负责各车站的票务管理。

2. 旅客服务信息系统

旅客服务信息系统以信息的自动采集为基础，为旅客提供全方位信息服务为目标，实现客运车站信息自动广播、乘客信息显示、时钟等功能，运用多样化的服务手段为旅客提供优质的服务，实现旅客服务的信息化。旅客服务信息系统的设置旨在体现以人为本的理念，在旅客出行前、进站、候车、乘车、换乘、出站等各环节上提供全方位的信息服务。

（1）旅服集成管理平台

旅服集成管理平台是旅客服务信息系统的核心，所有的业务处理和管理功能都在集成管理平台上完成和执行，通过统一的平台将车站跟旅客服务相关的设备深度集成在一起。

旅服集成管理平台集成广播、时钟、乘客信息显示等子系统，按运营需要制作业务模版，根据列车到发、公告等相关业务信息，自动生成广播计划和乘客信息显示计划，实现综合业务操作。

（2）广播系统

广播系统主要用于地铁运营时对乘客进行公告信息广播，向车站办公区工作人员、车辆基地库内发布作业通知，发生灾害时兼做应急广播，从而保证地铁运营的服务管理质量，为运营管理及维护人员提供更灵活、快捷的管理手段。

广播系统满足各级管理人员对所划分的广播区进行广播，主要用于运营时工作人员发布作业命令和通知、通告列车信息以及安全、向导等服务信息，并兼做防灾及运营维护广播，由车站车控室和调度中心两级控制，平时以车站广播为主，调度中心可以插入。在紧急情况下，如事故抢险，组织指挥、疏导乘客安全撤离时，以中心广播为主。

（3）时钟系统

时钟系统是为调度中心调度员、车站值班员或与行车相关的各部门工作人员及乘客提供统一标准时间信息的设备，同时它还可为旅服系统设备提供统一的时间信号。时钟系统的设置保证市域线运行计时的准确统一，对提高运营效率起到了非常重要的作用。

（4）乘客信息系统

乘客信息系统是依托多媒体网络技术，以计算机系统为核心，以车站和车辆显示终端为媒介向乘客提供信息服务的系统。正常情况下，乘客信息系统可以提供列车到站时间、天气预报、政府公告、媒体新闻、广告、宣传及市域线服务等信息；在火灾、阻塞及突发事件等情况下，可提供动态的引导信息。

乘客信息系统是市域实现以人为本、提高服务质量、加快各种信息（如：乘客行车、安防反恐、运营紧急救灾、公益广告、天气预报、新闻、交通信息等）公告传递的重要设施，是提高市域线运营管理水平，扩大对旅客服务范围的有效工具。

3. 动车组管理信息系统

动车组管理信息系统涵盖调度中心、车辆基地的业务需求，是市域线网信息化的重要组成部分，是支撑市域线路运营的必要技术手段。动车组管理信息系统是实现动车组运用、检修信息化管理，及时掌握动车组检修运用状态，提高动车组专业化管理水平的重要技术平台。

系统主要保障动车组安全高效运用和动车组维修网优质高效运转，通过检修数据的积累和分析，指导企业逐步规范业务流程，持续改进检修工艺、优化修程修制、控制维修成本，完善和优化动车组运用检修生产力布局，为动车组在市域线的开行提供系统化、信息化的技术支撑。

系统实现市域铁路管内车辆基地的动车组运用、检修业务管理及车辆调配和调用管理，统筹管理动车组履历、调度、质量、检修、技术等方面，并提供必要的业务指导。并在此基础上建立动车组数据共享平台，深度挖掘汇聚的数据，为优化生产和管理提供决策依据。

4. 办公信息系统

办公信息系统是一个以人为主导，利用计算机硬件、软件、网络通信设备以及其他办公设备，进行信息的收集、传输、加工、储存、更新和维护，以企业战略竞优、提高效率为目的，支持企业高层决策、中层控制、基层运作的集成化的人机系统。

办公信息系统最主要的功能就是通过构筑的内部通信平台，整合整个企业的信息资源，强化信息资源共享，实现企业业务流程智能化，经营和管理信息化，为企业管理提供实时、准确的决策支持，提高企业的工作效率和反应能力。

5. 综合维修管理信息系统

市域线路固定设备的修程、修制工作必须适应列车高速度、高密度、安全平稳运行的需求，保持固定设备始终处于良好状态。因此，需针对市域线路固定设备维修作业方式和组织模式，设置综合维修管理信息系统。

综合维修管理信息系统采用闭环管理理念，将各类检测维修设备统一管理，并利用计算机网络对维修计划、人力资源、维修资源进行信息化管理。

6. 安防系统

为防范市域铁路因环境相对封闭、人员密集情况等情况下可能发生事故，造成重大人员伤亡和财产损失、产生不良的社会影响，需设置安防系统进行统一的安全防范。系统同时保障生产场所内的人身财产安全、防盗、防破坏监控管理，是提高市域铁路公共安全的有力保障。

通过设置安防集成平台，采用开放的协议、标准实现对内部系统的调用、联动和维护管理功能。系统以数字 IP 协议为总体网络架构，采用标准协议实现各下属系统的连接，标准协议的对接保证了各个系统之间的兼容性。同时各下属子系统在硬件架构上保持独立，在安防集成平台失效时依然可以通过后备方式进行操作运行。

车站安检系统实现车站对旅客携带物品的安全检查，包括使用多能量 X 射线检查技术对行包内的危险品进行检查；智能识别旅客随身物品；分辨有机物、无机物和混合物；对放入 X 光机通道口和检查完毕后取行李的行为进行监控；将数据、告警信号和方位、设备状态等信息传输至安防集成平台等功能。

4.3.6 综合监控系统

综合监控系统（Integrated Supervisory and Control System，ISCS）是对市域铁路机电设备进行监控的分层分布式计算机集成系统。通过集成和互联多个机电系统形成统一的监控层硬件平台和软件平台，实现对主要机电设备的集中监控和管理功能，并具备对列车运行情况和客流统计数据的关联监视功能，最终实现相关各系统之间的信息共享、协调互动和智能运维功能。通过综合监控系统统一的用户界面，运营管理人员能够更加方便、更加有效地监控管理全线路的运作情况，以满足行车指挥、防灾安全和乘客服务等运营管理需要。ISCS 可集成或互联 ATS、FAS、SCADA、BAS、CCTV、PIS、AFC、站台门、广播、时钟、防淹门等系统。

市域铁路综合监控系统在传统轨道交通综合监控系统的基础上，结合市域铁路的特征，进一步提升智能化、乘客信息化、数据可视化等各方面的要求，涵盖了运营和设备监控及维护管理等服务功能。市域铁路综合监控系统智能运维功能如下：

1. 面向运营服务功能

综合监控系统利用视频监视系统的人脸识别、区域密度检测等智能分析技术，客票系统提供的乘客客流流向、行为模式统计结果、客流 OD 数据、分向分时段客流等信息，以及移动运营商提供的区域移动用户定位数据进行综合分析，研究和挖掘市域线乘客出行特征和规律，全面分析市域线线网乘客的出行路径、出行距离、出行时间、换乘特征、出入站方式等出行特点，为市域线的客流分析提供支撑，帮助实现各车站乃至线路、线网的行车组织优化、客运服务优化、客运组织优化、票务组织优化、设施优化等。科学指导各站及线网运营管理和安全管控。

（1）车站客流感知

利用视频监视系统在车站出入口及周边、站厅、站台、电扶梯的实时视频图像，结合视频分析技术等，对实时客流流量、方向、流速、异常行为进行分析，实时预测未来 10、15、30 min 的客流流量和走向，通过车站综合监控系统平台实时调看和报警，为车站运营管理提供策略支持。并且具备客流智能引导功能，与 PIS 系统、广播系统联动，在出入口 LED 显示屏显示各出入口的拥挤情况，并通过站内广播实时播放最优的进出站方案。同时将客流信息推送到站内工作人员的手持管理终端以作为工作人员客流放行的依据，达到智慧客流引导的目的。

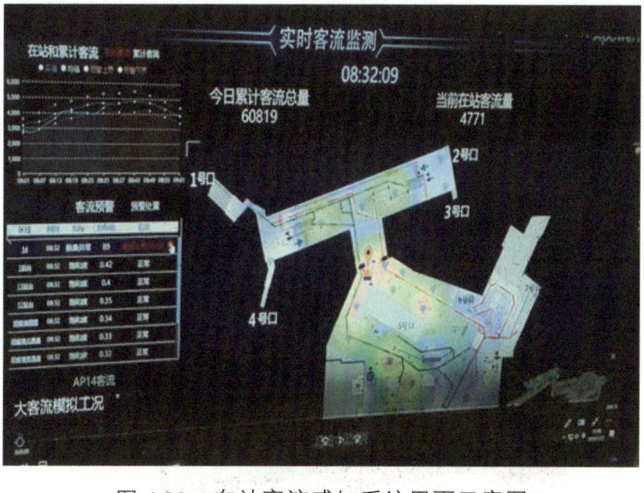

图 4.20　车站客流感知系统界面示意图

（2）车载客流感知

利用综合监控系统与信号和通信（车地无线）的接口，实时采集列车每节车厢载重量、列车位置等信息，并将相关数据通过车地无线通信技术传输，最后通过 IP 组播技术，在车站站台的 PIS 屏上实现拥挤度图形动态显示功能。同时在车站综合监控系统平台上同步显示列车车厢拥挤程度实时信息，为车站组织运营联动提供数据支持。通过 PIS 屏上简单直观的显示方式，把每一趟即将到站列车各车厢的拥挤情况，实时地反馈给候车乘客，指引乘客准确选择相对宽松的车厢，舒适出行。该系统可及时引导客流，避免过多地集中在一节车厢，从而也进一步保障了市域线客流安全。

各车厢的拥挤度共分为三种情况：

绿色：当显示屏上的车厢显示 1 ~ 3 个绿色卡通人物，代表这节车厢有座或载客较少。

黄色：如果显示有 4 个黄色小人，则代表这节车厢乘客较多。

红色：如果显示 5 个红色小人时，就说明这节车厢严重拥挤。

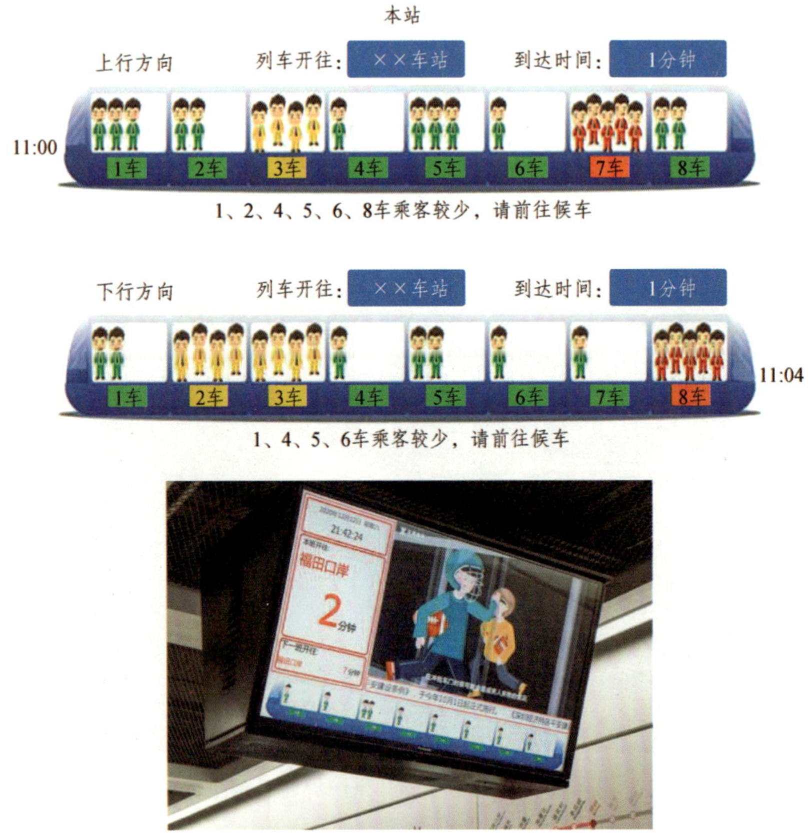

图 4.21　车载客流感知系统界面示意图

（3）车站综合信息可视化

利用综合监控系统平台与通信、信息、BAS 等系统的接口，在车站控制室大屏显示系统上显示能源管理、设备健康度、热力图、车站 3D 展示、视频监控、报警栏、客流态势等信息及监控界面。

主要功能包括：

① 智能服务：自助服务一览、服务设施状态、智能环境调节、卫生间状态、服务操作区、客流分析、信息查询等；

② 智能运维：设备故障排名、故障环比统计、车站各系统设备概况、专家系统、实时报警、预测报警、PHM 系统等；

③ 智能运营：运营信息、当前班次、下一班次、当前运营模式、站务管理、乘务管理、巡视工作、物资借用、当日工作记录等；

④ 能耗管理：用电概览、今日用电统计、实时用电趋势、分项能耗占比、能耗概览、环控能源分析等；

⑤ 系统管理：系统管理、用户管理、部门管理、岗位管理、角色管理、权限管理、摄像头管理、数据源管理、运行管理、巡视管理、报警管理、预案管理、联动管理等。

图 4.22　车站综合信息可视化界面示意图

2. 面向设备监控及维护管理功能

（1）车站智能运维场景分析

智能运维车站的综合监控系统应具备日常工况、紧急事件工况以及维修等各类工况下的多种运行场景工作模式，如正常工况下的全自动车站唤醒、车站休眠、高峰/大客流等场景，非正常工况下的车站/区间火灾工况、自然灾害工况等场景。

（2）一键开闭站

车站自动化最基本的功能是远程控制，要实现车站智能化，远控还需能对设备进行群组检测及联动控制。根据时间设定，当定时达到开站或闭站时间，在“一键开闭站”模式下，车站按照运行流程开启或关闭，自动打开或关闭照明、分体空调系统、通风系统、空调水系统、卷帘门和扶梯、视频监视、客票系统等相关设备。开站和关站是在特定的时间段内完成的，仅在此时间内，一键开闭站功能处于激活状态，其他时间内无权操作。

（3）能耗智能管理

综合监控系统能耗智能管理功能实现是利用强电开关柜和环控柜等重要供电回路及配电箱自身设置的多功能电能表，及水系统管路上设置的多功能水表上传的监测数据，实现对系统电能计量数据、电力参数（三相电压、电流、有功功率、无功功率、功率因数、频率等）、用水量、用气量的统计、分析。实现对全线车站、场段分时段、分系统、分区域，以指标化、图形化形式显示能源数据和信息，分析判定出不正常的能源消耗，并据此制定各系统联动模式，实现节能措施。

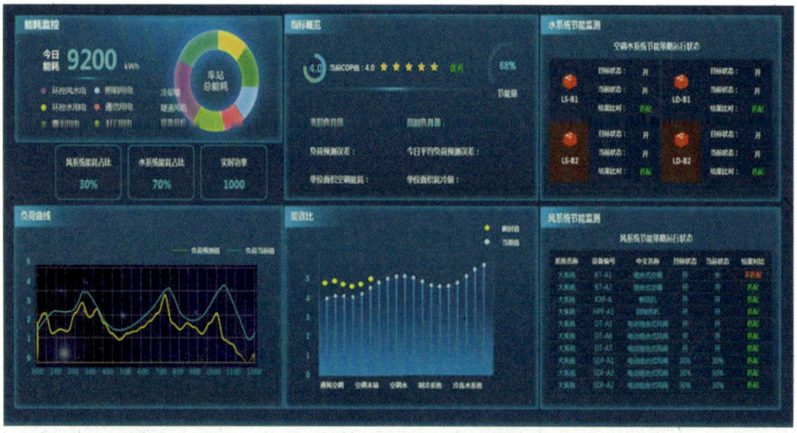

图 4.23　能耗智能管理系统界面示意图

（4）设备故障预测和健康管理平台（PHM）

综合监控系统的设备故障预测和健康管理功能是利用综合监控系统与信号、通信、信息、电力、环控、给排水等系统专业接口，获取各系统底层运作数据，未来可结合大数据平台、物联网及 BIM，采用数据嗅探和仿真分析技术，建立设备维护数学模型，实现设备维护数据的可视化，使得综合监控系统具备跨专业的故障智能诊断功能，具备基于电气特性的设备隐患预警分析功能，在设备电气特性出现异常波动、突变、趋势变化时及时预警；并且具备设备运行质量评价和健康度分析功能，辅助实现状态修和预防修；同时具备运维联动分析功能，与综合监控集成和互联系统进行智能联动，为动态智能调度提供维护建议和支持。

综合监控系统在车站对与运营关联较大的设备如扶梯、风机、水泵及站台门处部署智能控制器或传感器，并利用智能控制器数据采集及边缘计算的功能，对被监测设备主要部件进行智能分析，最终将诊断结论上报至综合监控系统设备故障预测和健康管理平台，智能分析结果可在车站综合信息可视化系统进行展示。并且，设备故障预测和健康管理功能可结合视频监视系统的智能分析技术，对车站主要设备集中区域，如售票机、闸机、弱电综合机房等进行远程巡检，初步分析设备状态，监测异常环境（如温湿度超标、冒烟起火、渗漏水等）。以上功能的实现可为市域铁路有序运营、日常设备巡检提供智能分析依据，以此达到减人增效的目标。

图 4.24　设备故障预测和健康管理系统界面示意图

4.4　互联互通

4.4.1　轨道交通互联互通的内涵

轨道交通互联互通的内涵是实现多模式、多制式、多功能轨道交通网络协同发展，建设互联互通、融合运营的装备体系。轨道交通互联互通可以实现节约资源、降低成本，优化资源使用效率和提高服务质量，其互联互通的内涵包括两个层次，即物理层面的互联互通和服务层面的互联互通。

1. 物理层面的互联互通

物理结构上的互联互通指通过调整既有的轨道交通线路设备或规划建设的线路设施设备，实现不同线路的轨道、车辆、供电、信号、通信、站台门等相互兼容，实行融合的技术标准和组织运营方式，实现不同线路之间的互联或不同轨道交通形式之间的互联，以达到无缝衔接换乘的目的，提高轨道交通网络的运行效率。物理层面的互联的主要特点是车辆可以在不同线路，甚至不同类型的轨道交通系统之间的连通运行，可以根据乘客的出行需求和服务需求开行多种类型的运输组织方案，可以有效发挥网络的整体综合效率，提升乘客的出行体验，减少换乘次数，提高直达率。现有物理层面的互联互通主要体现在干线铁路网络、城际铁路、城市轨道交通的互联互通。

2. 服务层面的互联互通

受交通工具类型、轨道形式、设施设备性质等方面的制约和历史建设过程中已经独立形成的线路或网络，在无法做到物理层面的互联互通时，可以通过提供便捷、高效和人性化的服务，实现不同交通网络，不同线路之间的高效协同与衔接服务，这种方式称为服务层面的互联互通。现有服务层面在大型交通枢纽中不同交通方式的集中换乘（如上海虹桥枢纽），或是不同线路的高效衔接（如同站台换乘）等。

互联互通并非只是单纯的技术手段，更是一种先进的发展理念。除了轨道交通内部网络的互联互通外，轨道交通与其他交通网的联通，轨道交通与城市圈的连通，甚至是轨道交通与周边居民生活的联通都可以算在互联互通的范围内，其强调的是一种绿色平衡、以人为本的发展理念。在城市轨道交通决策、设计、运营的各阶段以互联互通、以人为本的理念，建设绿色、科技、人文的城市轨道交通网络化运营体系，推进城市轨道交通的可持续发展。

4.4.2 互联互通的需求分析

1. 互联互通是实现三网融合的关键环节

国家铁路网已经在中长距离出行以及城市之间出行上起到了举足轻重的作用。城市轨道交通网络同样在中心城区出行中起到了决定性的比重。但是两大系统相对独立，仅通过三个主客站换乘沟通，交流节点少，衔接程度不够。而市域铁路网络通过互联互通起到了三网融合中的承上启下作用。市域铁路和国铁之间主要通过和国铁主客站并站分场、市域铁路新建和国铁线路的联络线等来实现互相联通。市域铁路和轨道交通通过多点车站换乘来联通。市域铁路将轨道交通和国铁网络有机融合在一起。

2. 互联互通有利于新城协同发展

市域铁路网将新城、重点新市镇进行串联，构成了新的市郊间的客流走廊和发展轴带，并且通过内部联络线使得市域铁路内部可以互联互通，大幅减少转线换乘时间，提升交通出行效率。不但有效促进了新城协同发展，同时还将通过和国铁联络线将新城、新市镇与周边城市群进行有效衔接，使得其在接受大城市中心城区的辐射带动同时，还可与毗邻市镇取长补短，打开新的发展空间。因此，市域铁路通过互联互通系统形成高效便捷的一次乘达的路网体系，是支撑大城市城市布局发展、促进郊区新城对内对外协同发展的需要。

3. 互联互通是都市圈轨道交通一体化发展的需要

伴随市域铁路快速发展的还有都市圈城际铁路，而且与市域铁路在功能定位、服务目标、服务水平、速度目标值、行车组织、运营管理、投资主体等方面更存在同质性。同时目前超大城市与大城市群之间除了干线铁路连接外，并无其他轨道交通进行有效衔接，因此市域铁路与都市圈城际铁路实现互联互通一体化融合发展是非常有必要和有意义的，能够有效带动超大城市与大城市群之间的有效沟通，实现同城化效应。

4. 互联互通可减少换乘次数、提升直达性

网络化运营线路可根据客流变化，对线网中不同节点之间采取灵活的开行方案，有利于提升乘客的直达性。通过组织带车次号按时刻表运行的列车和不带车次号不按时刻表运行的列车，乘客可根据出行需要，合理安排出行时间，选择一趟直达的列车出行，可有效减少换乘次数的同时可缩短旅行时间，满足个性化出行需求。

5. 互联互通可有效缓解中心城区换乘节点的拥堵

目前城市地铁线路往市郊区域大多采用放射状布线方式，线路换乘节点大部分聚集在城市中心城区，在早晚高峰期由于“向心”客流过大造成中心城区换乘节点过于拥堵，给运营带来巨大的压力。而在这些“向心”客流当中有一部分乘客是从市郊区域 1→市中心→市郊区域 2 的折线客流，经过市中心的目的是为找到轨道交通的换乘节点，这对乘

客来说既增加了旅行距离，又增加了旅行时间，还给换乘节点带来了换乘客流压力。通过市域铁路对城镇组团之间的连接，可有效缓解折线客流对中心城区换乘节点造成的拥堵，缩短乘客出行距离和时间。

6. 互联互通可有效提高线路利用率

轨道交通采用互联互通网络化运营方式，当线网成形后多条线路可共享一个线路通道实现跨线运营，因此对于市郊区域由于两点之间客流不足造成行车能力不够的问题，可通过不同的分支线路，将两点客流汇聚成多点客流，提升市域干线通道线路行车能力，实现线路通道资源共享和提升线路利用率。

7. 互联互通有利于设备设施资源共享

互联互通网络化运营的模式，对于车辆基地、维修基地、机车车辆、维护检修、牵引供电设施、系统设备设施等方面的资源共享非常有利。线网之间可灵活调配相关的设备设施，可有效提升运营维护管理水平，消除线路之间的管理壁垒、加强维护管理人员间的正常流动。

4.4.3 轨道交通互联互通运营模式

相对单一制式的系统结构，在多模式网络结构下，更加注重网络的互联互通通道资源复合利用和网络设施资源共享。采取灵活多样、适合城市特点的网络运营模式，是发挥多模式网络结构优势、提升网络整体运行效率、集约通道资源和网络设施资源的重要保障。结合国内外城市的轨道交通发展经验，轨道交通互联互通可归为四种主要运营模式。

1. 共线共轨运营模式

所谓共线共轨运营模式，是指一条线路上存在快、慢线不同的运营组织方式，快线列车可以直达运行或者只在部分中间车站停留，慢线列车一般为站站停，快车在部分车站或区间通过设置的越行线的方式对慢车实行越行通过。在共线共轨运营模式下，正线一般为 2 股道，越行线通常结合车站设置，越行站一般为双岛 4 线，以分别满足上下行越行需要。如遇条件限制，也可在一条正线一侧设置越行线，另一方向通过渡线灵活组织列车越行。对于城市轨道交通，如果采用地面或高架敷设方式，设置越行设施成本相对较低；如果为地下敷设方式，设置越行设施成本会大幅度提高。

运营案例如日本东京筑波快线，是一条连接东京千代田区秋叶原和茨城筑波市的近郊通勤线路，全线共设 20 个车站，开行快速、通勤快速、区间快速、普通等 4 种列车，不同速度等级列车共线运营，通过在一些车站设置 4 线越行站实现快车越行。筑波快线通过在一条线路上开行不同等级列车，在不大幅增加工程成本的条件下，能较好地满足旅客的不同出行需求，对于覆盖范围和服务时间都有较高要求的市域轨道交通具有较好的适应性，但由于开行多种等级列车，列车运营组织较为复杂。

共线共轨运营组织方式，一方面可保证大多数乘客缩短出行时间的需求，另一方面可保证全线有较高的服务水平。但是，为了快车越行，在越行站需增加 2 条轨道线路及扩大车站规模，从而增加了投资，且运营组织比较复杂。从我国各大城市轨道交通运营实践来看，共线共轨运营模式适合在运量较小、运能较为富余的市域线上使用，如机场快线等。

2. 分线运营模式

所谓分线运营模式，是指同一通道内不同速度等级的列车在各自的线路上行驶。快车、慢车各行其道，两者之间的运营通过换乘设施结合起来。此运营模式下的快慢线分线设置，既可以在同一平面内，也可以上下布置。分线运营模式下，正线通常为 4 股道或更多股道。由于快、慢车分线运行，彼此不受干扰。换乘站可以布置为平面双岛 4 线站，或根据线路情况，设置为上下同站换乘等形式。分线运营对通道空间要求较高，除非在城市规划中预留宽通道条件，否则在城市内。

如巴黎都市圈轨道交通网络分为 RER、M、T 三种类型线路。其中，RER 线为巴黎全区快速铁路网，覆盖了巴黎都市圈内的主要城镇，是一种长距离、大站距的快速轨道交通线路；M 线为中心城区的地铁线路，发车频率高、站间距短、运量大；T 线为有轨电车线路，主要分布在中心城区外围地区，以切向联络线为主，RER 线进入巴黎中心区，在部分区段与 m 线共通道分线运行，并通过一些换乘站实现 RER 线与 m 线之间的运营衔接。

分线运行模式下，快慢车分别独立成体系，运营组织相互影响较小，具有很大的灵活性，同时运能不受限制，但需要提前规划，若一条线建成，后期增加平行的线路，施工难度大，工程投资大，同时由于施工安全间距问题，往往存在夹心地等造成土地资源的浪费。

3. 跨线运营模式

跨线运营模式下，不同速度等级的列车一般为不同的轨道交通制式，但是有条件接入到另一制式线路上运行，从而实现不同线路之间的互联互通。跨线运行模式以东京轨道交通最为典型，除小田原线与千代田线外，东京都市圈山手线外私铁与内部地铁线大部分均能实现跨线运营。跨线运营模式下，快线与慢线必须在车辆限界、系统供电、通信信号等技术标准上实现统一或兼容。东京市郊铁与地铁之间的直通运营多采用跨线运营模式，以地铁千代田线与私铁小田急小田原线为例，两条线路在代代木上原站接轨，千代田线列车可直接驶入小田原主线，开往多摩、小田原等方向。为满足线路间的互通运营，代代木上原站接轨站被改造成双岛四线布置形式，中间两根轨道供千代田线使用，两侧轨道供小田原线使用。

跨线运营模式有利于发挥不同制式的技术优势，例如市域铁路与城市轨道交通之间互联互通，既能在郊区段发挥市域铁路大站距、高速运行的特点，减少车辆配置量，并实现市郊客流直达中心城区，又能有效缓解换乘站的客流压力而且通过灵活组织列车开行交路，可进一步提高运营组织的灵活性。但是，发展跨线运营也有一定的限制要素，要从线路、车站、车辆、供电、通信、信号等方面统一技术标准外，还要在运营管理上进行有效协调。

4. 接线运营模式

接线运营是国内较为常见的运营模式，郊区和市区两条不同制式（或编组）的轨道交通线路通过换乘连接，实现乘客市、郊间乘行不同速度级别或者不同运能级别的列车。在城市轨道交通线网规划过程中，为了提高中心城区的线路客流效益，部分长大线路在郊区采取断点运营的方式，针对市区和郊区不同的需求特征，采用不同的线路技术标准或者不同的车辆编组。例如，现上海铁路金山支线和轨道交通 3 号线为不同的车辆制式，两条线路在上海南站（都为终点站）与轨道交通 1 号线和 15 号线等形成多线换乘。

金山支线主要服务金山、松江等市客流进入市区的需求，而 3 号线为城市轨道环线的组成部分，两条线路由于系统制式不兼容，不能实现线路间的跨线运行，只能通过换乘形成客流的对接。

接线运营模式下，仅需在两条线路之间做好换乘衔接。这实质上是一种虚拟直通运营模式，线路之间运营互不影响，但是，这种模式在两线连接处增加了换乘，给乘客出行带来了不便，且随着郊区人口的增加，接线换乘枢纽的客流压力将越来越大。

4.4.4　市域铁路互联互通运营模式选择

1. 规划层次

以上海市域铁路互联互通方案为例加以说明。上海市轨道交通线网规划秉承上一轮网络规划“功能分级、枢纽锚固、网络编织、资源共享”规划理念，进一步提升、优化，形成“一张网、多模式、广覆盖、高集约”的规划理念。提出构建“一主、两轴、四翼；多廊、多核、多圈”的市域总体空间规划结构。市域铁路属于全市“一网多模式”轨道交通网络中的市域（郊）网络，可以通过快速交通走廊改变城市蔓延发展模式，支撑全市多核空间布局的形式和自贸区新片区等重点地区的发展，通过与国铁互联互通，并在国铁系统与城市轨道交通（地铁）系统之间形成衔接网络，可以填补市域交通空白，完善城市交通系统功能层次。

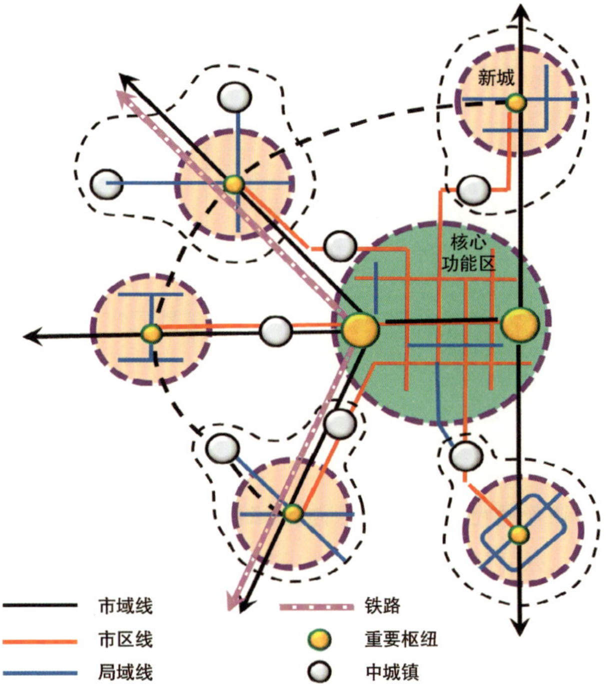

图 4.25　轨道交通网络结构图

“一张网、多模式”是指构建适合全球城市发展的包含城际铁路、市域铁路、城市轨道、中运量轨道的整体运营网络。通过枢纽节点换乘和运营衔接，促进多种轨道交通系统的融合。

“广覆盖、高集约”是按照国家新型城镇化、长三角一体化和上海未来城市发展要求，提供与长三角节点城市、新城和新市镇发展相适应的互联互通的轨道交通服务。同时从集约节约土地资源的角度，强调枢纽与城市空间体系的紧密结合，通道资源复合利用和网络设施资源共享。

2. 功能层次

根据上海大都市区乃至长三角区域的“多圈多核”城镇空间格局，在“一张网、多模式”的轨道交通运营网络下，形成城际线、市区线、局域线三个功能层次，同时利用国家铁路通道或富余运能，服务市域内部中长距离交通出行，发挥铁路服务城市公共交通的功能。

表 4.16　轨道交通网络功能结构表

系统模式		功能定位	设计速度/（km/h）	平均站距/km	设计运能/（万人/h）
城际线	城际铁路/市域铁路/轨道快线	服务于主城区与新城及近沪城镇、新城之间的快速、中长距离联系，并兼顾主要新市镇	100～250	3.0～20.0	≥1.0
市区线	地铁	服务高客流、大客流走廊，满足大运量、高频率和高可靠性的公交需求	80	1.0～2.0	2.5～7.0
	轻轨	服务中客流走廊，与地铁共同构成城市轨道网络	60～80	0.6～1.2	1.0～3.0
局域线	现代有轨电车等	作为大容量快速轨道交通的补充和接驳，或服务局部地区普通客流、中客流走廊，提升地区公交服务水平	50～70	0.5～0.8	0.5～1.5

上海市域铁路互联互通可分为市域铁路内部互联互通和与外部轨道交通线路的互联互通。市域铁路内部互联互通的目的是提高市域铁路线路的利用率，通过灵活多变的运输组织模式提升线网功能的灵活性，同时还可实现动车组、动车基地、车辆维修、牵引供电等方面的资源共享。同时，在受工程实际条件约束的地方，旅客便捷换乘也是互联互通需采纳的一种互联互通方式。对外互联互通的目的是加强上海市域网络与干线铁路网和都市圈城际铁路网的联系，使城市内部交通融入外部轨道交通网，提高外部客流进城、内部客流出城入网的便捷性、直达性，提升城市对外交通运输效率和服务水平。

市域铁路网络化互联互通运行包括市域铁路线网内部的互联互通和与其他轨道交通间的线网之间的网际互联互通。其中市域铁路线网内部互联互通功能基本达成共识，必须实现线网内双向互联互通直通运营；对于市域列车的网际互联互通，存在三种具体方式：一是市域列车进入外部线网运行，但不支持外部线网列车进入的只出不进方式；二是支持外部线网列车进入，但市域列车不进入外部线网运行的只进不出方式；三是既支持外部线网列车进入，市域列车也进入外部线网运行的既进又出方式。

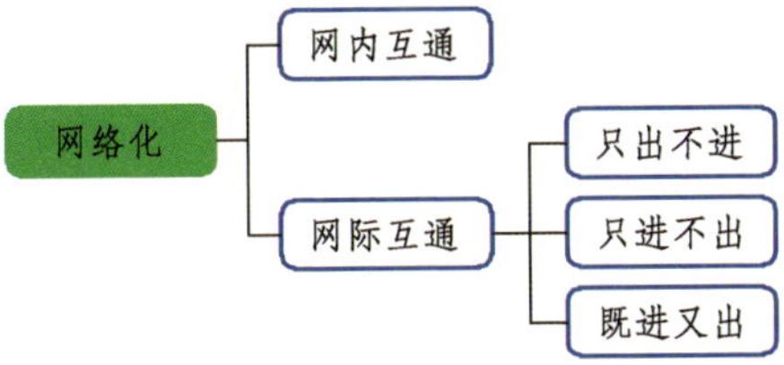

图 4.26　网络化互联互通运行方式

网际互通具体方式选择原则：首先要从不同层次轨道交通的运输需求、线路速度、车辆类型、功能特征、系统制式、行车组织等方面综合考虑；然后要结合不同的管理机构、标准体系等方面综合分析，最终确定网络化互联互通运行的具体方式。

4.4.4　轨道交通“四网融合”发展展望

1.“四网融合”国家政策

2019 年 2 月，国家发改委出台的《关于培育发展现代化都市圈的指导意见》提出，打造轨道上的都市圈，统筹考虑都市圈轨道交通网络布局，在有条件的地区编制都市圈轨道交通规划，推动干线铁路、城际铁路、市域铁路、城市轨道交通“四网融合”。

具体说来，“四网融合”有如下几个层次：

探索都市圈中心城市轨道交通适当向周边城市（镇）延伸。统筹布局都市圈城际铁路线路和站点，完善城际铁路网络规划，有序推进城际铁路建设，充分利用普速铁路和高速铁路等提供城际列车服务。

大力发展都市圈市域铁路，通过既有铁路补强、局部线路改扩建、站房站台改造等方式，优先利用既有资源开行市域（郊）列车；有序新建市域铁路，将市域铁路运营纳入城市公共交通系统。

探索都市圈轨道交通运营管理“一张网”，推动中心城市、周边城市（镇）、新城新区等轨道交通有效衔接，加快实现便捷换乘，更好适应通勤需求。

具体到不同地区，“四网融合”有不同的发展。以北京为例，北京市域铁路副中心线、怀柔-密云线开通运营后，北京市发改委相关负责人曾表示，市域铁路将成为北京市交通系统的重要组成部分，与铁路干线、城际铁路、地铁共同构成轨道交通“四网融合”。

2.“四网融合”技术发展趋势

1）充分利用线路资源、“内轨外铁”衔接实现便捷换乘在干线铁路、城际铁路迅猛发展扩张，城市轨道交通建设火热的情况下，作为两种交通方式的连接，市域铁路发展缓慢。公共交通发展情况不一致，管理相互独立，技术没有实现互联互通和统一调度，势必影响乘客便捷出行。将市域铁路作为三铁（干线铁路、城际铁路、城市轨道交通）融合的纽带和通道来完善城市综合交通运输体系，促进铁路与城市的共赢和高质量发展。

2）互联互通需要进一步探索和突破

互联互通是实现四网有效融合的关键点，在全球范围内，互联互通仍是世界难题。中国将在重庆互联互通建设经验基础之上，对市域铁路再去做更多的探索和更多标准化的工作，将会加速未来市域铁路的高效发展。

3）四网融合技术突破，实现兼容共享的智慧交通

如何将现有的铁路干线与新建的系统实现一种平衡，这是未来发展过程中需要考虑的问题。市域铁路通用式列车控制系统，结合多交通制式的综合调度指挥中心能有效实现干线铁路、城际铁路、市域铁路和城市轨道交通的互联互通，统一调度公共交通资源。

4）综合调度系统

通过“四网融合”型列车控制系统和综合调度指挥系统的研究，可以实现：

（1）从单一调度指挥向联合联动转变

构建基于大数据的四网融合智能调度指挥中心。对四网运营调度重点关注的异常情况信息进行一体化展示，支撑结合行车、设备信息的路网客流/客运状态全貌监视业务。

（2）从关注行车向关注客流转变

利用大数据分析算法实时进行客流数据分析预测，评估客流对运营的影响，滚动预测客流变化的趋势，编制与之相匹配的整体运行图，实现客流及时输送、运能精准配置、成本合理控制。

（3）从被动发现向主动预警转变

遇有突发事件，智能分析事件类型和等级，自动启动应急预案和触发处理机制，建成与四网融合相适应的智能应急调度指挥体系。为常态路网监测、联动预警，应急状态下协同处置等提供精准的信息支持和系统保障。

结合市域铁路的特点，提出的能够实现四网融合的技术突破，为四网互联互通规划和管理提供技术基础的解决方案，支持城市的网络化发展。

第 5 章　利用既有铁路开行市域列车

5.1　既有铁路参与市域铁路的意义与对策

5.1.1　既有铁路开行市域列车的意义

随着城市周边郊区人口的不断增长、基础设施的加快建设以及职能的不断完善，超大、特大、大城市周边渐渐形成了一定规模的卫星城镇，有的已发展成为城市副中心，以中心城区为核心的现代多中心城市，正在逐渐替代原来的单中心城市。随之而来的是城市中心与周边城镇（含卫星城、新城、组团等），甚至是大城市与周边经济发达的区域城市群之间的出行需求逐步增多，逐渐形成一定规模的市域客流。这些客流有着明显的潮汐特征，出行目的主要以通勤、通商、通学居多，迫切需要长运距、快速度、节能环保的绿色公共交通，以满足这种高强度、高时效、高频次、多样化的交通需求。

20 世纪 60 至 80 年代，市域客运量占铁路全部客运量的 20%以上，为各大城市市域经济的发展发挥了重要作用。80 年代以后，随着铁路货运量、客运量的急剧增长和道路交通的快速发展，市域铁路客运由于服务水平较低、经济效益较差而逐渐萎缩，大部分市域列车停运。

到 21 世纪初，随着客运专线和高速铁路的建设，以及铁路货运组织方式的转变，长期以来铁路运输的瓶颈制约基本消除，铁路运能基本适应了经济社会发展需求。随着城市的发展、铁路生产力布局的调整，许多大城市（如北京、上海、广州、武汉、成都等）内部被城市包围的大量既有铁路（包括支线、联络线、专用线等），其功能和作用逐渐发生了变化，客货行车量逐渐减少，线路通过能力利用不足，为重新开行市域列车创造了一定的条件。通过对既有铁路进行适应性改造，由城市政府通过购买服务的方式，开行一定数量的市域列车，如上海金山线、北京 S2 线等，既实现了城市和铁路部门的“双赢”，也为发展市域铁路起到了很好的借鉴作用。

5.1.2 既有铁路参与城市轨道交通的优势

1. 利用既有铁路开行市域列车的优势

（1）投资较少，建设周期短。利用既有铁路线路简单改造的工程投资较少，工期大幅度缩短，平均造价一般不到常规轻轨线路的 1/5。以上海金山线为例，项目投资约为新建地铁项目的 1/6，轻轨项目的 1/3。若需要电气化复线，则工程投资较高，此外如采用共轨系统则双系统轻轨车辆特殊车辆购置、维护费用也较高。

（2）满足城市出行需求，改善城市交通状况。利用既有铁路本身具有铁路运输的特点，与城际铁路、市域铁路等交通方式无缝衔接，换乘便利，是城市周边地区到市区通勤出行的理想方式。

（3）资源合理配置、盘活既有资产存量，引导沿线土地利用开发以及城市空间布局调整。将有富余运能的既有铁路改造成城市公共轨道交通线不仅能盘活铁路闲置资产，同时能够发挥轨道交通 TOD 引导开发的作用。

2. 利用既有铁路开行市域列车具备条件

（1）已经具备发展市域铁路的条件

我国铁路曾发展过市域铁路。20 世纪 60 至 80 年代，市域客运量占铁路全部客运量的 20%以上，为各大城市市域经济的发展发挥了重要作用。80 年代以后，随着铁路货运量、长途客运量的急剧增长和道路交通的快速发展，市域铁路客运由于服务水平较低、经济效益较差而逐渐萎缩，大部分市域列车停运。到 21 世纪初，随着客运专线和高速铁路的建设，以及铁路货运组织方式的转变，部分铁路的能力得以释放，为重新开行市域列车创造了条件。

（2）当前城市的发展需要市域铁路

20 世纪 90 年代以来，随着我国社会经济的快速发展和人民生活水平的迅速提高，私家车作为通勤出行工具得以迅速普及，城市居民的出行机动化比例逐步提高。与此同时，大城市交通拥堵日益严重，居民出行效率大幅降低，严重影响城市发展和人民生活质量的提高，交通拥堵成为城市发展面临的重大课题。实行公交优先、修建城市轨道交通、疏解中心城职能成为解决主城区交通问题、实现城市可持续发展的重要手段。而疏解中心城职能，必须以促进市域发展、实现市域与中心城之间的便捷、高效、经济的交通联系才能实现。市域铁路作为一种集约高效、安全可靠、经济便捷的交通方式，对支持和促进市域发展、疏解中心城职能具有重要的引导和支撑作用。

（3）市域铁路需要与城市轨道交通统筹

市域铁路虽与城市轨道交通都是为通勤客流服务，但其服务范围、技术特征并不完全相同。为实现市域铁路与城市轨道交通的合理分工和便捷换乘，两者必须从功能定位、车站设置、设施建设、运输组织等方面做好统筹，形成层次分明、功能明确、相互补充的一体化网络，实现乘客方便安全换乘，才能保证市域铁路具有足够的客流，充分发挥其作用。

（4）市域铁路需要增强城市亲和力

一直以来，我国市域铁路的通勤列车大部分采用传统的绿皮列车，车上设有厕所且采用直排方式，污水直接排放在路基上，并与货物列车混行。这种运输模式导致市域列车发车间隔大，沿线卫生环境差、噪声大，成为城市的阴暗面，沿线城市建设远远滞后于其他地区。在服务方面，旅客进站乘车要经历购票、检票环节，手续繁杂、耗费时间长，不满足通勤客流的快速出行需求。因此，发展市域铁路应探索改善铁路对沿线负面影响、提高市域铁路服务水平的方法，使市域铁路与城市和乡镇紧密结合，满足通勤客流的需求。

（5）市域铁路需要与城市发展相适应

我国市域列车主要在国家铁路网上运行，由于历史原因，国家铁路网主要服务于大宗货物和长途旅客运输，铁路选线和运营组织较少考虑城市以及市域客运交通。因此，利用既有铁路发展市域铁路客运服务，需要对既有线路、车辆和相关设备等进行必要的改造和调整，使其符合城市发展的需要；新建市域铁路，应符合城市总体规划以及城镇体系规划要求。应使利用既有铁路开行市域列车和新建市域铁路共同构成符合城市发展需要的市域铁路网络，使其成为城市外围组团、城镇或其他功能区生长、开发的节点和依托。

（6）市域铁路需要充分盘活既有铁路资源

随着高速铁路建设、产业结构调整和城市空间发展，我国大部分铁路枢纽进入了大规模更新改造期。随着枢纽的改扩建，原来修建的一些铁路线功能将逐渐弱化甚至退出运营，而这些线路恰恰处于城市的黄金地段，闲置非常可惜。因此市域铁路的建设应抓住机遇，深入研究利用既有铁路通道、站场资源的可行性，充分发挥既有火车站的区位优势，建立覆盖城市的市域铁路客运网络，引导城市职能疏解，助力城市可持续发展。

5.1.3 既有铁路参与市域铁路发展现状

在市域铁路建设中，应该加强铁路和地方政府间的信息沟通和战略合作，充分考虑铁路客流由普速铁路向高铁过渡、货运量下降之后运力冗余、部分铁路支线及企业自备线闲置等情况，结合铁路资产资源潜力，先以利用既有线路或适度改造、新建联络线贯通，开行市域列车的方案为发展市域铁路的上策。这种模式操作简便，主要是铁路企业负责运营维护，地方政府给予一定政府补贴。从地方政府方面看，可以减少政府在市区进行铁路再建中的征地拆迁压力，有利于规避巨额资金投资风险以及弥补新建地铁、轻轨等轨道交通运营管理经验不足的问题，尤其是不用担负安全管理和运营的主体责任，就能坐收可观的社会效益，在政府主要官员的任期内见效。从铁路企业方面看，可以充分发掘铁路自身线路、设备、人员等资产资源优势及铁路运营丰富经验，实现与既有中长距离客源市场连通，丰富和发展支线网络运输，实现区域内运输效率最大化，并能获得必要的政府补贴。以此加快市域铁路运输组织研究，简约设计旅客流径、研制新车型、推进沿线商业开发等，不断适应市场需求，丰富完善铁路企业运营管理水平。从社会方面看，可以节约大量的投资和减少对城市环境的不良影响，并且开通线路建设和筹备时间短，市民可早日得到实惠。如线路策划失误，还可根据客流情况，灵活调整，或者暂停服务，而不致产生较大投入浪费。国铁集团已与地方政府就这种模式，展开密切合作，开通市域铁路线路 22 条，获得政府补贴 15.4 亿元。如在京津冀协同发展战略实施中，北京铁路集团公司开行北京至延庆市域列车；与天津市对接，利用既有津蓟铁路开行天津到蓟州区市域列车，盘活了铁路资源、解决了公路拥堵问题，天津市按政府购买服务的方式给予补贴。此外，还利用富余的车站和线路能力，增开北京南至廊坊、北京南至沧州西市域动车组临时列车，取得政府补贴。

目前，全国铁路范围内，还有多个铁路集团公司正在与地方政府商谈中，11 条市域铁路线路有望加快促成，投入运营。当然，如在既有铁路线路开行市域列车缺乏必要条件，无法满足城市化发展的需要，必须选择再谋划新线建设时，交通管理部门和地方政府应该尽可能充分考虑普铁、高铁、轻轨、地铁等轨道交通系统运力覆盖范围，统筹利用既有站场、运维基地等，与其他运输方式密切衔接，与相邻城市对接，构建城市区域和城市群之间“大交通”模式，实现集约化发展。

5.1.4 既有铁路参与市域铁路发展面临的困境与挑战

近年来，我国铁路在参与市域（郊）铁路发展上开始探索实践，全路利用既有运输资产开行了近 40 条线路的市域列车，盘活了资产，提高了运量，取得初步成效。同时也反映出一些问题，特别是在市域铁路的规划、建设、运营、盈利模式、补贴等方面的合作机制还有待进一步完善。例如，北京市域铁路 S2 线（西直门—延庆）是我国 21 世纪以来第 1 条为市域交通服务为目的的市域铁路，对发展市域铁路进行了有益探索，取得良好效果，但从国铁的角度分析，市域运输本身不属于其服务职能，铁路城市枢纽能力的短缺和开行市域列车与长途列车在时间上冲突，同时会给铁路运输组织和安全管理带来影响；从地方政府角度分析，国有铁路企业承担着一定社会分工，不应完全追求利益，运营管理模式在一定程度上存在责权利不统一，北京 S2 线采取委托运营管理模式，作为合资铁路的北京市域铁路投资公司，将 S2 线的运输组织管理、运输固定设备管理、运输移动设备管理、运输安全管理委托给北京铁路集团公司。由于相关运输管理责任主体不能完全掌控 S2 线对列车的开行方式、运输服务水平、运价调整等，另一方面，作为受托管理单位缺乏有效的约束和激励机制，运输焦点则更多集中在安全管理上，增收节支的积极性相对不高。

同时对既有线改造的出资主体和资产界面而言，从国有铁路角度分析，既有线改造后主要为城市交通服务，应由地方政府出资；从地方政府角度分析，投资改造既有线后形成的资产仍附加在铁路集团公司原有资产上。因此，除了在谁出资和出资后的资产归属问题上难以达成一致外，在对市域铁路运营成本的分摊、认定、清算，补贴机制和合作契约的制定方面也尚有完善和提升的空间。

我国铁路客货分线以后，部分城市既有线的运能有一定富余。同时随着铁路网中长期规划中一大批高速铁路和城际铁路项目落地，铁路枢纽总图调整，枢纽部分线路能力得以释放。结合城市规划建设、铁路现代物流转型发展需要等，深化城市内部相关铁路运输能力利用研究，通过既有铁路补强、局部线路改扩建等方式，可以盘活存量资产，缓解交通拥堵，以 TOD 模式引导沿线开发。利用既有铁路参与城市轨道交通，尤其是承担中心城区与外围组团、远郊城区之间的出行或市域铁路功能是合理可行的，是实现社会效益和经济效益最大化的体现，但在研究利用既有铁路参与城市轨道交通方案时，在借鉴国内外成功经验的同时，还要结合我国国情的特殊性，重点解决好以下问题：

1. 与城市空间布局和用地功能组织相协调，保证通道的客流吸引能力

结合城市总体规划调整，对沿线土地开发现状和规划进行评估和定位，保证既有铁路改造路段所在通道是城市交通客流的主要走廊。改造既有铁路所在通道应具有足够大且稳定的客流需求支撑，才能充分发挥其解决城市居民通勤需求为主的作用。

2. 与既有铁路的基本工程条件相匹配，保证改造工程的经济可行性

既有铁路改造成适宜承担较高频率、大运量、较高速度的客运轨道交通，其固定和移动设施设备要求自动化程度较高。且对于某些仍然在使用的国铁，线路需具有足够的运输能力富余，才能开行城市轨道列车，因此需对既有铁路技术标准和升级条件进行详细辨析，力争改造工程经济可行。

3. 与综合交通体系相衔接，保证改造线路功能定位的实现

在既有铁路改造项目的前期工作中，应明确既有铁路线路在城市轨道交通整个线网和体系中的功能定位，并结合城市轨道交通线网规划，做好与城市其他公共交通方式的分工与衔接。在利用和改造既有铁路过程中也应当充分考虑集散道路和公交接驳，实现各种交通方式的有机衔接。

4. 与多权属的建设运营模式相适应，保证城市通勤交通的服务水平

既有铁路的设施设备及沿线土地所有权一般归属铁路部门（国铁或专用线企业）。而城市轨道交通作为城市公共服务，应当由当地政府部门主导投资和运营。因此，对铁路资产的利用和运营管理在主要各相关方间存在多种模式。在既有铁路改造承担城市轨道交通功能的过程中应当选择合适的投资主体和投资方式，从而建立适合各地具体情况的运营管理体制，行车组织和运营服务模式要遵照城市轨道交通客流需求特点，力求票价合理和运营补贴机制完善。

5.2 既有铁路参与市域铁路发展存在的问题

近十年来，国家铁路蓬勃发展，尤其是高速铁路从无到有，无论是在建规模还是运营里程早已跃居世界首位。城市轨道交通在北（京）上（海）广（州）深（圳）和各省会城市的建设也日新月异，上海地铁运营线路总长 705 km，稳居世界第一，北京地铁总长 678 km 紧随其后。相比之下，市域铁路在夹缝中生存，规划滞后、建设缓慢、体量不足、地位尴尬，难以适应城镇化地区人口的高度聚集、经济关联紧密、资源环境约束对

交通的要求。亟须尽快弥补轨道交通系统的短板，完善多层次城市综合交通系统，促进各种交通方式的协调发展。

结合目前我国轨道交通发展现状，对于既有铁路参与市域铁路的发展主要存在以下几个方面的问题：

1. 体制机制障碍，资产权属划分不易

既有铁路及周边土地属于铁路部门所有，对线路基础设施的利用以及改扩建所需资金需地方政府和铁路部门协商确定，改建完成后线路及土地所有权需重新界定。目前还没有非常成熟有效的运作机制，投资来源不一。

2. 既有铁路的功能定位与城市轨道交通差异较大

既有铁路的车站分布、列车类型、行车组织、与其他交通方式的衔接等还不能适应城市轨道交通的需要，改造投资大。城市轨道交通出行要求车站站间距较短。一般城区站间距约 1 km，市域站间距约 2 ~ 3 km。而铁路站间距现在一般是 5 km 以上。同时铁路的售检票程序烦琐，进出站距离长，自动化程度低，而且铁路枢纽内大部分车站的公共交通配套设施不完善。

3. 既有铁路的线网规划与城市客流存在脱节现象

未纳入城市总体规划，沿线土地开发强度不够，没有足够稳定的客流，国铁参与城市轨道交通需要区域内的客流需求达到一定的标准。我国城市铁路沿线如果没有高密度的土地开发，没有稳定可靠的客流支撑，就失去了城市轨道交通大能力干道的意义，且项目很难获利，也就不具备投资性。在城市总体规划调整时，要将铁路作为城市交通系统的有机组成部分，预留铁路走廊，规划复线乃至多线铁路用地。

4. 缺少专门的运营管理部门

既有铁路与城市轨道交通分属于铁路部门和城市管理，服务对象的不同而形成了不同运营管理方式，投资、票价和运用管理政策等也有很大差异。铁路对于本应具有公交性质的市域列车采取和铁路长途旅客列车相同的管理理念，不能满足城市客流出行便利性的要求。

5. 缺乏城市政府和铁路部门的有力支持

城市轨道交通具有公益性质，票价一般不会高，城市轨道交通一般都由政府补贴，若要铁路参与轨道交通，也需考虑运营期的补偿。在市区的扩能改造、加密车站等工程建设需要当地政府支持才能顺利实施，在车站引入其他交通方式以及沿线土地开发则需要铁路部门的参与，对铁路运能的影响也需要双方协商。

6. 既有铁路开行市域列车的条件不明确

既有铁路是否具备开行市域列车的条件并不太明确，其评价体系尚未建立健全的情况下，市域铁路的作用将难以实现。因此，在发展和建设市域铁路，特别是在启动既有铁路改造工程前，应充分验证其在经济实力（财政补贴）、客流需求（人口规模、沿线需求等）、基础设施（如线路运能大小）、衔接换乘等方面，是否具备并达到必要的“门槛”条件。若条件不具备、时机不成熟或操之过急，都将面临客流不足、列车开行受限等造成连年亏损的尴尬局面。

7. 利用既有铁路提供市域铁路运营服务的难度大、服务水平差异较大

利用国铁开行市域列车，从运营服务来看效果并不理想，主要有以下原因：国铁线路同时兼顾货运，早晚高峰能提供开行市域列车的行车密度较低。国铁线路的线站位设置，通常与城市的主要功能区结合度不够高，远离城市居住区，服务效果差。此类线路终点站接驳国铁火车站，在中心城区设站少，与城市轨道交通换乘不便。

8. 缺乏清晰的投资模式和规则

利用既有铁路改建的市域铁路，城市政府和国家铁路之间尚未探索建立一套系统完善的改建资金投入、路权开放、资源共享、运营补贴和利益分配机制，没有形成一套双方认可、系统清晰的规则来界定双方权责，导致运营阶段出现一些困难，现阶段难以实现铁路和地方双赢的局面。

5.3 铁路既有线开行市域列车创新模式与实践

5.3.1 列车设施设备条件分析

1. 线路设备条件

（1）线路条件

我国轨道交通采用统一的轨距标准，因此不需要大规模的改建线路。但在传统干线铁路的修建中，为了减少拆迁工程量，往往绕开居民聚集区，线路经过地区人烟稀少，

线路走向较为偏僻，而且在城市发展过程中，由于干线铁路采用地面敷设的方式，对城市地块分割比较明显，因此往往在铁路线路周边发展普遍较为缓慢，因此造成客流量相对较少，与居民密集居住区距离较远。为保证开行市域列车的客流来源，可改造部分线路的走向，连接周边已经形成的具有一定规模的卫星城，或将线路引入城市规划发展的卫星城镇区域，提高线路的客流量和吸引力。

另外，对于单线铁路，为满足快速客运需求，需要进行双线改造；对于部分非电气化线路，宜进行电气化改造，开行电力牵引的市域列车，从而达到节约能源、降低成本的目的。既有线路往往行车闭塞区间较大，线路通过能力容易受限，在改造过程中应增加闭塞区间分布密度或采用移动闭塞。

（2）通信信号条件

既有线路一般采用电话通信、电报通信和无线电通信等通信设备，信号设备主要包括列控、联锁和行车指挥。利用既有铁路开行高密度的市域列车，由于改造后站间距较小，列车起停车频繁，加减速度较大，因此必须对通信与信号系统进行改造，以提高通过能力、保证行车安全。

市域铁路信号系统的改造需要与线路改造配合进行，在既有线改造的基础上，信号系统改造可维持 CTCS-0 或升级改造为 CTCS-2 级，当条件具备时，还可增加列车自动运行（ATO）功能，进一步完善和提升市域铁路的功能。

在客运服务方面，市域铁路要达到快速集散客流的目的，就需要建立专门的导向标识、售票、检票体系。为保证市域列车运输的服务水平，应保证运行信息的及时传达，方便乘客安排出行时间，实现随到随走的出行目标。

2. 车站设备条件

（1）车站设置

既有铁路主要解决城市的对外交通，为中长距离旅客服务，一般主要在大城市设置车站，在大城市周边地区停站较少，车站间距通常为 10 ~ 20 km；而市域铁路是为大城市中心城区与卫星城镇、卫星城镇之间的客流交换服务，需要较多车站以方便旅客，加大市域铁路的客流吸引能力。因此需要在既有线上根据居民聚居点分布增设车站，提高市域铁路的可达性和便捷性。新建车站需要合理设置到发线和越行线路，保证列车的灵活调度运行。与传统铁路相比，新建的车站规模较小，不用设置候车大厅，仅在室外站台区设计部分等待空间即可。

另外，既有线路上有部分既有的线路所和中间站可以进行利用，对于有客流需求的中间站可以合理利用、改造站台等已有车站设施办理市域列车客运业务。

（2）车站改造

对比于既有铁路，市域铁路需要更便捷的进出站流线，减少乘客等待或者接驳时间。因此对于利用既有车站办理市域铁路运输业务，需要设置专门的进站线路、售票、检票系统。传统铁路进站需要进过安检、取票、实名认证和验票进站几个环节，在市域铁路中可以简化程序，参照地铁进站模式，即购票、安检、进站乘车，可以大大节省乘客不必要的等待时间、提高效率。

为了提高乘客上下车的便捷性，市域铁路车站宜采用高站台，使站台与车厢地面在同一平面；同时需注重乘客在车站内走行流线顺畅，并便于与其他交通方式的换乘。

3. 车辆设备条件

（1）车载信号设备

市域列车运行速度一般设定为 160 km/h，对应的车载设备宜采用 CTCS-2 列车运行控制系统，该系统采取的闭塞方式为准移动闭塞方式，能有效保证行车安全和行车速度，且满足与国铁线路的互联互通运行。

对于采用单线独立运营的线路，也可采用城市轨道交通 ATC 系统，其具备列车自动运行 ATO 功能，点到点折返单线独立运行方式具有行车间隔小、运营服务水平高等公交化特征。

（2）列车车辆条件

市域铁路客流以通勤客流为主，具有明显的早晚高峰潮汐客流特征，这就要求列车编组更加灵活，上下车门更多，因此宜采用动力分散的牵引方式。同时，由于站间距较小，列车需要有良好的制动性能，保证列车在区间的运行速度。

此外，由于市域铁路整体乘坐距离与城市轨道交通较为接近，乘客的目标是能够通过市域铁路快速到达目的地，故乘客对舒适度的要求不会太高，因此可以适当减少车厢内座位数量，增加站立空间，以适应高峰时期客流量大的特点。通常情况下，保证高峰小时内 50%的有座率即可。乘客的快速集散，要求市域列车车辆采用宽车门设计。

目前，我国自主设计研制的 CRH6 型动车组有针对性地服务于市域列车的运营。该型号动车组满足载客量大、快速乘降、快速启停的运营要求，设计时速在 140 ~ 200 km，具体分为 CRH6A、CRH6F、CRH6S 三种车型，性能见表 5.1。

表 5.1　CRH6 系列三种车型性能

型号	CRH6A	CRH6F	CRH6S
定员/人	557	1502	765
最大载客量/人	1488	1998	1322
运营速度/（km/h）	200	160	140
最高速度/（km/h）	250	200	160
洗手间配置	有洗手间	有洗手间	无洗手间
电动机功率/kW	345	322	275
牵引功率/kW	5520	5152	2200
减速度/（km/h）	3.24	3.6	3.6

由表 5.1 中可以看出，三种车型采用不同的配置，能有效满足不同停站方案的运营需求。CRH6A 型车运行时速较高，可适用于大站快车的运营；而 CRH6F、CRH6S 型车运行速度较低，可侧重于站站停模式的运营。三种车都有较大的载客量，并且可以根据运输需求进行灵活地重连，比较适合我国市域铁路的运营需要。

5.3.2　既有铁路开行市域列车运能条件分析

1. 既有铁路通过能力

既有线单线区段往往能力较为紧张，且干线铁路中单线数量较少，因此不做分析，在本节仅对既有铁路双线区段进行通过能力分析。在通常情况下，既有铁路线上运行的是不同种类、不同速度的列车，有速度较高的旅客列车、快速货运列车，也有普通货物列车和摘挂列车等，因此采用的是非平行运行图。

非平行运行图通过能力，是指在旅客列车数量及其铺画位置既定的条件下，该区段一昼夜内所能通过的货物列车和旅客列车对数（或列数）。计算非平行运行图通过能力，需要先确定平图的运行能力，然后根据开行的快速列车对货物列车的影响，扣除由于受到这些影响而不能开行以及因开行摘挂列车而减少开行的货物列车对数，即可求得非平行运行图的通过能力。

1）线路通过能力分析方法与参数

（1）既有线一昼夜通过能力计算

利用分析法，根据旅客列车和摘挂列车的扣除系数，近似地计算非平行运行图通过能力。计算公式为：

$$n_{非货}=n-\varepsilon_{客}n_{客}-(\varepsilon_{快货}-1)n_{快货}-(\varepsilon_{摘挂}-1)n_{摘挂}$$

$$n_{非}=n_{非货}+n_{客}$$

式中 n、$n_{非}$——分别为平图、非平图的通过能力，对/d；

$n_{非货}$——非平图上包括快运货物列车、摘挂列车在内的货物列车通过能力，对/d；

$n_{客}$——运行图上旅客列车的铺画对数或列数，对/d；

$n_{快货}$——运行图上快运货物列车的铺画对数或列数，对/d；

$n_{摘挂}$——运行图上摘挂列车的铺画对数或列数，对/d；

$\varepsilon_{客}$、$\varepsilon_{快货}$、$\varepsilon_{摘挂}$——分别为旅客列车、快运货物列车、摘挂列车的扣除系数。

（2）既有线高峰时段通过能力计算

既有线高峰时段主要开行旅客列车，速度差异不大，故可采用平行运行图，区段内可以视为追踪连发。引入连发追踪间隔时间 $I_{追}$、$I_{发}$、$I_{到}$、$I_{通}$ 等，按照动车组时分标准取值。

在平行运行图上，两列同方向的列车所需满足的最大追踪间隔时间，为运行图周期 $T_{周}$，因此有：

$$T_{周}=\max\{I_{追},I_{发},I_{到},I_{通}\}$$

计算高峰小时通过能力，可先确定运行图周期和高峰时段时长，然后计算高峰时段时长内可以铺画多少个运行图周期。

$$N_{高峰}=\frac{T_{高峰}}{I}$$

在判断既有线路富余通过能力时，不仅要考虑一昼夜通过能力，也需要考虑早高峰时段的通过能力。

2）车站通过能力分析方法与参数

车站通过能力计算主要依据《铁路工程设计技术手册·站场及枢纽》和《高速铁路设计规范》（TB10621—2014）等相关规范。

车站通过能力包括咽喉道岔通过能力和到发线通过能力。车站咽喉通过能力应按照道岔组分别计算，车站到发线通过能力应按车场或线群分别计算。

3）车站折返

市域铁路的终点站往往是列车的折返站，由于目前国铁列车并不具备自动折返功能，亦不配置站后折返的相关配线。由于国铁车站的股道数较多，均采用车站不同股道立折的操作方式，具有列车折返作业时间长，且不具备固定站台上下客特点，公交化运行水平相对受限。考虑到利用既有铁路开行市域列车的行车对数相对较少，采用既有国铁列车的折返作业方式亦基本能够满足其运营需要。

2. 市域列车占用线路通过能力

市域列车在区间内需要进行更多的停站上下客作业，因此会产生额外的起停附加时分 $t_{起}$ 、 $t_{停}$ 和停站时分 $t_{停站}$ 。

市域列车在区段内运行，停站次数较多，运行速度与既有线列车速度会存在差别，约为 120 ~ 160 km/h。当市域列车与既有线列车无越行铺画时，可以计算市域列车扣除系数 $\varepsilon_{市域}$ ，如图 5.1 所示。

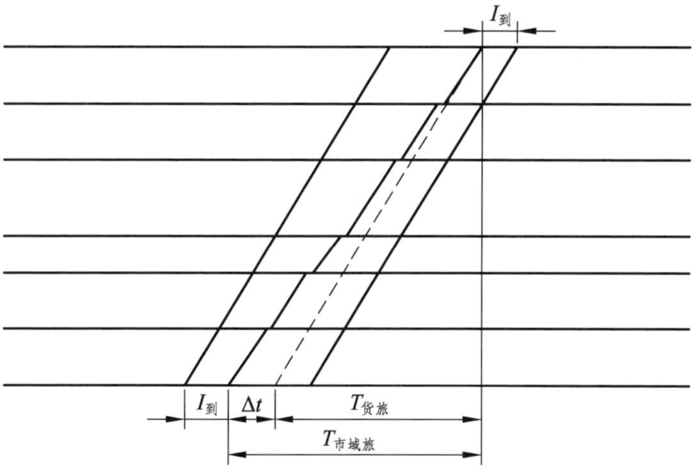

图 5.1　市域列车能力占用示意图

于是，市域列车无越行铺画时的扣除系数为：

$$\varepsilon_{市域}=\frac{(T_{市域旅}-T_{货旅}+I_{到}+I_{发})}{I}-1$$

式中　$T_{市域旅}$——市域列车在全区段的运行时分，min；

$T_{货旅}$——货物列车在全区段的运行时分，min。

近似地，可以有 $I_{到}=I_{发}=I$ ，并令 $\Delta t=T_{市域旅}-T_{货旅}$ ，则有

$$\varepsilon_{市域}=\frac{\Delta t}{I}+1$$

而根据图 5.1 中关系可以得到Δt与市域列车的总停站时间$\sum t_{停站}$和总起停附加时分$\sum t_{起停}$有关。每增加一个停站就需要增加一次停站时间$t_{停站}$和一次起停附加时间$t_{起停}$。当市域列车与既有线列车运行速度不一致时，还需要考虑两者运行时间的差。

5.3.3 既有铁路开行市域列车运输条件分析

1. 市域列车行车间隔密度要求

列车发车时间间隔应保证高峰和非高峰时段的密度要求。利用既有铁路开行市域列车由于需要满足既有铁路上原有列车的运行，市域列车的运行往往很难做到等间隔发车，只能尽可能调整发车间隔，使得平均间隔和最大间隔时间在合理的范围内。

例如，东京市域线路高峰时段能达到 5 min 的开行间隔，平峰时段一般为 10 min，且有明确的发车时间。考虑到既有线路路权使用问题，在既有线上开行的市域列车可以适当放宽间隔的限制，宜安排在高峰时段 30 min 内，非高峰时段 1 小时左右较为合适。同样应设定明确的发车时间，以便乘客提前规划行程，减少不必要的等待候车时间。

2. 市域列车多交路运营组织方案

市域铁路线路较长、站间距较大、列车运行速度快、沿线断面客流量不均衡、客流断面明显，因此采用单一交路的行车组织方式，一方面难以有效地利用运输能力和列车车底，另一方面也很难保证各区段的合理列车开行间隔。多交路的行车组织方式，是根据线路在不同区段的不同客流特征，合理选取客流断点，确定一个或若干个较短的交路，进而在全线上开行多种交路形式的列车。

一般而言，对于延伸进入城市中心区的市域铁路，在城市中心区与城市边缘区之间客流量较大，宜设置多交路，与城市发展相适应。大小交路模式如图 5.2 所示。

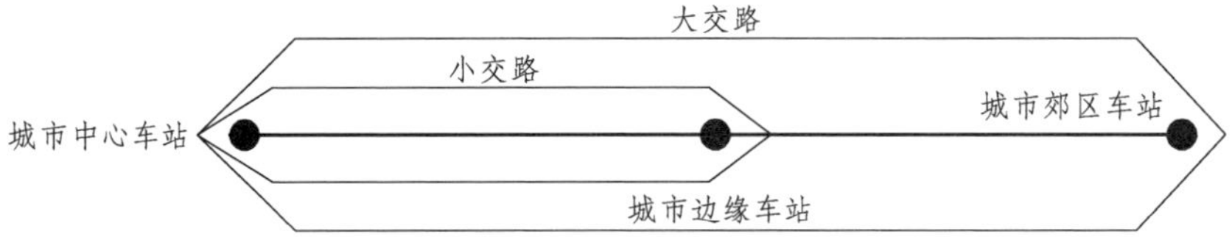

图 5.2 大小交路示意图

3. 市域列车快慢车运行方案

客流的空间分布特征是开行快慢车适应性的基本依据。市域列车运行线路较长，存在长距离的出行需求，因此有必要引入研究快慢车开行方案。开行快慢车原则是对于旅客乘降量较大的车站一般设为快车经停站，同时经停快车和慢车；旅客乘降量较小的车站一般设为快车越行站，只经停慢车。

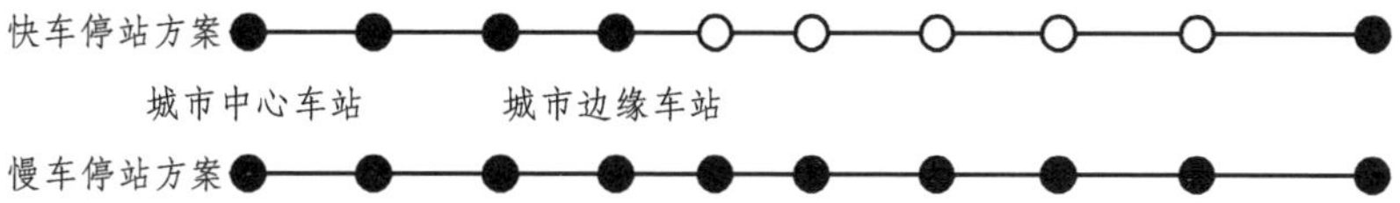

图 5.3 快慢车方案示意图

利用既有线路开行市域列车采用快慢车运行方案的线路，必须具备越行条件，越行包括站间越行和车站越行两种方式。站间越行要求具备三线或四线区段，快车在该区段以较高速度完成对慢车的越行；车站越行需要车站配备越行线路。具体实施方案选择需要考虑建设和运营成本、收益等因素。

市域列车开行快慢车，能够显著提高列车的旅行速度，缩短旅行时间，为长距离旅客提供更高水平的服务，但也会带来一定的负面影响，如被越行车站的客运服务水平将会下降，平均候车时间正常。在列车密度较高的情况下，快慢车越行降低了线路的通过能力，影响了列车运行图的均衡性。因此，运用快慢车运营方案需要在满足一定的通过能力的条件下，确定合理的快慢车发车间隔组合、越行位置等参数。

普速铁路存在客货共线的情况，并且动车组列车扣除系数较高，因而在普速铁路上开行速度快、停站少、安全要求高、运输组织灵活的动车组列车，会直接影响线路的通过能力。

4. 其他条件

线路基本防护需要设立相关防护标准的栅栏，实现线路区段全封闭，加强既有平交道口的改造和管理，尽可能减少平面交叉。既有线路基本都是土路基的有砟轨道，其路基强度和稳固程度不高，受周边突发性事件的影响和破坏较大，轨道路基存在安全问题。

动车组列车在线路运行时频繁地越行同方向的货物列车和其他普速旅客列车，增强了动车组运行的风险。货物列车装载的货物，对于行驶速度较快的动车组列车存在安全威胁，可能造成脱轨等事故。目前，适合中低速线路运营的 CRH6 型动车组已经研制成功并投入使用，除加强动力集中动车组研发外，可以继续开发多种新型动车组列车，如载客量更大的双层动车组列车、混合动力动车组列车、可变编组动车组列车等。

目前运营的动车组列车都是电力牵引，内燃线路基础条件需要进行改造。开行动车组列车需要对现有的车站站房、站台等设施进行升级改造。跨线运营的动车组列车需要同时加装无线列调通信系统和铁路综合数字通信系统（GSM-R），在不同制式线路相交的车站停靠，并进行无线制式切换，则会存在通信兼容问题。在普速铁路上开行动车组列车需要增加列车配属，如配备动车检修整备设施，会带来动车组列车运用不合理等问题。需要优化动车组列车运行线和货物列车运行线。

5.4 上海金山铁路

金山市域铁路（以下简称“金山铁路”）是我国首例改建既有铁路线开行市域铁路列车的“公交化”铁路运营线路，自 2012 年 9 月开通运营以来，金山铁路在运营模式和管理方法上不断探索、优化、创新，极大地改善了沿线居民的出行条件，成为上海进出金山的首选交通方式，加快了上海城乡一体化进程，也为我国市域铁路的发展提供了范本。

5.4.1 金山铁路概况

金山市域铁路由原金山铁路支线改建而成。原金山铁路支线建于 20 世纪 70 年代，是上海石化的配套建设工程，主要用于上海石化货运业务，线路为Ⅱ级单线，技术标准较低。2009 年 2 月，原铁道部和上海市决定双方共同出资对既有金山铁路支线进行改建，工程于 2009 年 12 月 9 日动工，2012 年 9 月 28 日开通运营。改建后的金山铁路支线正式定名为金山市域铁路（以下简称金山铁路），为国家Ⅰ级双线电化铁路，最高时速 160 km。线路起点为上海南站，终到金山卫站，全长 56.4 km，途径上海市徐汇、闵行、松江、金山四个区，沿线设上海南、莘庄（暂未办客）、春申、新桥、车墩、叶榭、亭林、金山园区和金山卫共 9 站，平均站间距 7.05 km，最大站间距 12 km，除上海南站外，站台按满足 8 辆编组列车设置，长度 230 m。除上海南站划分出专用候车区和股道办理金山铁路作业外，其余车站均设独立站房，其中金山站站房规模为 5000 m^2，其余车站站房规模均为 2000 m^2。开行上海南站—金山的市域列车，主要工程包括上海南站—新桥站间增建三、四线，原金山支线新桥—金山卫增建二线，新建黄浦江双线大桥，线路全封闭、电气化。但由于条件限制，上海南站—莘庄间的增建线路没有同步实施，而是在莘庄站简易接入。

金山市域铁路采用动车组开行直达、“站站停”和“大站停”三类列车，可将市区与郊区的旅行时间缩短至 32 ~ 60 min，并在工作日和双休日采用两套运行图以满足不同客流的需求。金山市域铁路一经开通受到了市民的广泛欢迎。试运营的前 10 天，运送旅客达 20 万人，针对市民强烈的乘车需求，在初期 15 对列车基础上，开通运营当年的国庆期间又增开了 15 对临客。后来又根据客流特点调整了列车运行图，实施日常和双休日两套方案，工作日开行 36 对，双休日调整列车开行方案。

金山市域铁路方便了市区与郊区的沟通，受到了市民的普遍欢迎。但由于市域铁路的运营组织在我国仍处在发展的初期，很多方面都还不太成熟，需要对其运营组织不断地优化研究，形成高效的行车组织计划、便捷的公交接驳、合理的财政补贴，从而进一步提高市域乘客出行的便捷性、缩短旅行时间。因此，深入开展金山市域铁路“公交化”运营组织优化研究，包括客流调查、客流预测、市域铁路通过能力分析、列车开行方案编制与优化、行车计划优化、财政补贴、市域铁路客运服务优化等，不仅能够吸引更多的客流，为沿线乘客带来更多方便，还能为我国其他市域铁路的发展起到示范的作用，如图 5.4 所示。

图 5.4　金山城市市域快速铁路站点图

5.4.2 客流特征

金山铁路客流主要以通勤、通学为主，中转换乘和旅游客流也占有一定的比重。全日客流主要集中于早、晚时段，客流相对集中，客流峰值大是本线客流的重要特点。目前直达和非直达市域列车全程运行时间分别为 30 min、60 min，乘客对出行时段的选择结果如图 5.5 所示，可见早高峰在 6:30 ~ 9:00（7:00 ~ 8:00 至最高点），晚高峰在 17:30 ~ 20:00（18:30 ~ 19:00 至最高点）。选择其他时段出行人数为 486 人，占 16.88%。可见，金山铁路客流不均衡性明显。

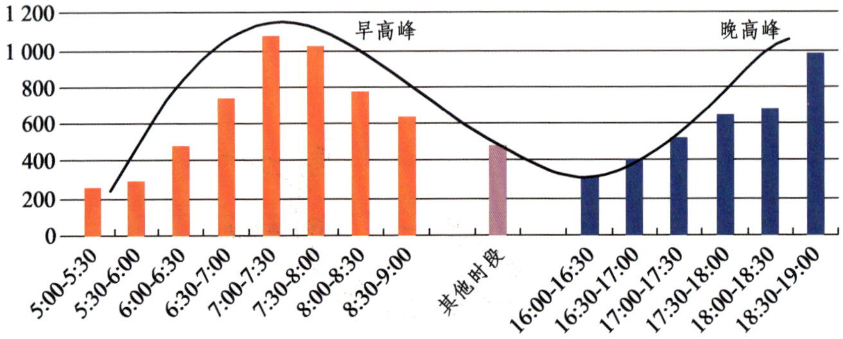

图 5.5 金山市域铁路客流出行时段分布

注：资料来源为上海铁路局课题组 2017—2018 年科研项目《金山市域铁路客流调查与预测报告》。

1. 客流稳步增长

自开通运营以来，金山铁路"公交化"运行模式深受沿线群众欢迎，客流量稳步增长，客流主要以通勤、通学为主，也有部分中转换乘和旅游客流。金山铁路客流日常是以通勤为主并形成潮汐式高峰；周末以购物、旅游、休闲为主。2012 年 10 月—2017 年 6 月累计发送旅客 3788 万人次，日均客流由开通初期的 1.3 万人次增长到 2017 年 5 月的 3.0 万人次，2015 年 5 月 1 日更是创下了日客流 41 091 人次的纪录。经过 5 年的运营，金山铁路已成为金山区通往上海市区的主要通道，并成功引导了沿线居民的出行习惯，成为其日常重要的出行方式。可以预见，随着周边配套措施的完善以及人口、经济的发展，金山铁路客流需求量将进一步持续稳定的增长。

2. 客流分布不均衡

（1）直达客流比重大

对 2013—2016 年各站客流总量进行分析，两端站的旅客发送量占全线的 81.44%，其中上海南站占 46.19%，金山卫站占 35.25%。直达客流伴随早晚客流高峰明显，早高峰发生在工作日 6:30—9:00，7:00—8:00 达到最高值，主要需求为金山卫站→上海南站方向客流；晚高峰发生在工作日 17:00—19:30，18:00—19:00 达到最高值，主要需求为上海南站→金山卫站方向客流。

（2）节假日客流波动较大

据统计，周末、节假日金山铁路客流量较平日增长 30%。周末与旅游季节客流占比高，非工作日比工作日日均多 1163 人；2014 年“5·1”小长假日均 32 455 人，比一般双休日高出 51%。一般双休日比工作日高 3.6%，其中，5 月 1 日创下了日最高客流 3.7 万人的记录。

（3）时空波动特性较大

日波动：客流主要集中在早晚高峰，早高峰列车出现拥挤状况。而中午及下午时段，即 10:00—17:00 期间上座率很低。

周波动：虽然双休日客流也主要集中在早晚高峰时段，但与工作日相比，双休日的早晚高峰时段比较长。工作日早高峰在 06:00—09:00，晚高峰从 17:00 开始。而双休日早高峰在 06:00—10:00，晚高峰从 16:00 已经开始。另外，双休日期间中午及下午的客流量也较工作日多。

方向波动：客流的方向波动与时间波动相伴随。早高峰时段客流主要从金山卫→上海南方向；晚高峰时段客流则相反。区域波动：客流量在上海南站及金山卫站最大，其次为新桥、车墩、亭林站。

5.4.3 运营组织与管理创新

1. 金山铁路支线的建设模式

1975 年为支持金山石化的建设和发展，上海铁路集团公司建成并开通了市区至金山的铁路市域客车。后因公路交通迅速发展，而金山铁路支线改造未能及时跟上，客车开行密度低、速度慢，设备陈旧，不能满足人们快速出行的需要，于 2003 年停开。2004 年 2 月 29 日，原铁道部和上海市联合签署了《关于加快上海铁路建设工作的会议纪要》，其中明确“为配合城市建设规划，逐步形成方便快捷的交通体系，通过改建利用既有金山支线、南何支线和规划建设的浦东铁路，开行上海南站至金山、七宝至金山、宝山及枢纽环线的市域客车，方便旅客出行”。2006 年，原铁道部和上海市人民政府在《关于“十一五”上海铁路建设有关问题会议纪要》中进一步明确“加快推进金山支线改造，开行市域列车”。金山铁路改建工程于 2009 年 12 月 9 日开工，按照政府主导、多元化投资、市场化运作模式，金山铁路支线改建工程由部、市共同组织建设。按照公司法要求和国铁控股的原则，上海铁路集团公司以既有金山铁路支线资产重置成本（既有铁路设施需更新改造满足开行市域客车速度目标值 160 km/h 的要求）入股，与上海市出资单位共同组建项目公司——上海金山铁路有限责任公司。改建后线路满足近期开行客车 36 对、远期 52 对和高峰时段的运输能力。

2. 建立市域铁路委托运输管理模式

（1）明确委托运输组织管理内容

金山铁路运输组织管理包括客运组织、货运组织、行车组织、调度指挥、列车开行方案、运输计划、车流径路管理等。运输设备设施管理包括站场设施、轨道、桥梁、路基、通信信号、牵引供电、电力、给水、房建、信息系统以及相关安全设施设备的使用、维修、管理等工作。运输移动设备管理包括机车、车辆、动车组、通信信号车载设备、自轮运转设备等的采购、租用、维护、修理、运用管理等。铁路用地管理包括铁路用地的守护、巡视等日常管理；铁路用地界桩补设和日常维修；制止、纠正违法违规用地行为，及时处置危及运输安全的用地活动等。

（2）建立运营管理责任制

金山铁路资产管理由上海金山铁路有限责任公司负责，运输管理委托上海铁路集团公司及其管内的相关铁路单位负责。其中，调度指挥纳入上海铁路集团公司调度所统一管理，车站运输组织及客运管理由铁路南翔站负责，动车组维护管理由上海动车客车段负责，列车乘务担当由上海客运段负责，线桥隧涵、通信信号、牵引供电等固定设备维修管理对口交由上海工务段、上海电务段、上海通信段和杭州供电段负责。房屋建筑养护维修由上海房建段承担。

（3）健全运营安全管理体系

在安全管理体系中，上海金山铁路有限责任公司作为委托方，是联系受托集团公司及其他受托单位的纽带，主要承担加强相互协作，协调处理工程遗留问题，掌握设备运行维护状态和资产的完整等提供安全必要条件的责任。公司与受托方每年以合同方式确定委托管理中安全管理的具体内容，共享安全信息，共保安全投入，共建安全文化。各相关单位根据委托协议约定，建立与金山铁路委托运输管理相关的规章制度和管理办法，明确落实责任部门和责任人，确保金山铁路安全高效运营，做好铁路设备设施安全保障，加强列车运营安全管理、铁路线路安全保护区管理，沿线安全防护及综合治理管理等。

（4）规范财务资产管理

上海金山铁路有限责任公司摸清公司资产现状，加强资产动态监管，完善资产监管制度，建立健全固定资产管理台账，提高资产监管水平。公司相关部门将涉及金山铁路受托业务支出纳入本单位运输总支出核算，并按划小核算单位经济核算办法，分线核算金山铁路受托业务成本、费用。加强资产运营管理，对产权属于金山铁路公司的各类资产，建立健全相应的资产管理和内控规章制度，明确管理使用责任、报废更新程序，单独建立各种设备、工器具、家具备品、备用材料等明细台账，确保账实相符。

3. 实施全面预算管理

上海金山铁路有限责任公司在实行委托运输管理模式下，实施全面预算管理，实现增收、节支、创效，科学合理安排受托单位盈亏空间、现金流和成本支出。公司根据预算年度经营目标和集团公司提出的受托业务预算建议，在确保年度利润总额和还贷计划目标的前提下，进行预算编制，并向公司董事会提交年度预算方案。加强年度预算过程控制，年度预算经审批下达后，受托单位和公司按预算执行。期间建立预算管理报告制度，包括执行情况分析、调整建议等。督促相关受托单位加大客货运市场调研和营销力度，通过全面预算管理，有效控制车辆成本、能耗、用工、设备维修等各项成本支出，加强大中修、更新改造、专项整治等战略性支出管理，实施追踪、纠偏、补强或救急等措施，加强过程控制，全盘对接集团公司业务处室技术标准和发展方向，综合平衡，合理安排，努力控制支出。同时，加强预算执行结果评价，确保受托单位完成预算目标。

4. 创建快速市域铁路动车“公交化”运输组织

（1）设计高品质动车“公交化”运输开行方案

金山铁路运输按照方便快捷、便民利民、“公交化”运营的总体要求，使用时速 160 km CRH2A 型城际动车组列车，采取“一站直达”和“站站停”两种模式运行，图定每天开行动车组 36 对。其中，上海南至金山卫间开行“一站直达”列车 10 对，全程运行时间 32 min；“站站停”列车 26 对，全程运行时间 1 小时。试运营初期，每日安排开行 15 对旅客列车，“站站停”列车 11 对。试运营一段时间后，根据金山铁路运行情况，适时增开动车组列车，并安排开行货物列车。同时，为满足金山铁路旅客双休日、节假日出行需要和早晚职工上下班等需要，上海金山铁路有限责任公司加强旅客群和出行时段分析、统计和细分，不断改进优化列车运行图，例如制定开行了双休日（周六、周日）金山铁路列车方案，逢周六、周日上海南站至金山卫间站开行城际列车 36 对最大图定列车。

（2）研发铁路和城市公交卡兼容的信息化系统

金山铁路上海南站至金山卫站全线按铁路客票系统和上海公交一卡通系统分别建设。铁路客票系统接入集团公司既有客票系统，公交一卡通系统接入上海市“城市公共交通卡清算系统”。金山铁路各站使用铁路磁介质车票。各站设铁路自动售票机，在各站服务中心设人工售票设备。金山铁路各站进出站闸机改为能同时识读铁路磁介质车票和上海公共交通卡的二合一闸机，实现自动检票功能。采用剪式闸机，预留电子客票过闸功能安装条件。

（3）实施动车组列车“公交化”站务管理

金山铁路沿线各客运车站进出通道统一设置自动检票闸机，自动检票闸机适用铁路磁质车票和上海市公共交通卡。车站服务中心提供人工售票服务，办理金山线动车组列车售票发售、改签、退票和交通卡售、退和充值业务。金山线沿线各站（除上海南站外）旅客服务系统实行集中管理模式，由金山卫站配置旅服系统集成管理平台、客票系统结账、票卷等管理程序，对其他车站的旅服系统、客票系统结账、票卷等管理程序实行集中管理。于旅客方便乘车，列车编组车厢顺号按上海南站出发小号在前、大号在后；金山卫站出发大号在前、小号后的顺序编排。未购买车票或超区段乘车的旅客，可在到站办理补票手续。列车按第组车底每天分时段给水三次的原则执行，分别为出库始发前给水一次、途中折返站给水一次、终到入库前给水一次。

（4）实行“地铁式”乘降服务

金山铁路同时作为市域铁路和城市轨道交通线路，在车站和列车乘降组织上突破了铁路传统的“提前候车、核对车次、检票上车、对号入座”模式。沿线车站（其中在上海南站专门设立金山铁路候车和进出通道，与普通铁路旅客隔离）以让旅客“快进快出”为目标，规范设置了指示牌、电子显示屏等导向标识，采用自动检票闸机进出站，方便旅客自主乘降；列车上实行全程不对号，不限定具体车次与座席，旅客随到随走。上海铁路集团公司建立了与上海申通地铁公司的合作机制，组织开展员工培训，学习借鉴地铁车站和列车乘降管理经验和做法，确保了金山铁路站车乘降组织的安全、有序、快捷和服务优质。

5. 创建快速市域铁路动车运营管理服务模式

（1）建立动车组列车乘务人员服务规范

列车客运乘务由一名列车长、一名餐售保洁人员组成，实行列车长负责制，各司其职，共同做好旅客服务工作。列车长负责巡视车厢、解答问讯、组织乘降和检查协助保持车内卫生。餐售保洁人员负责列车餐售和车厢、厕所等部位保洁工作。列车不办理补票，如旅客需补票，引导旅客到站办理。列车广播采用自动广播方式。始发时，广播欢迎词、列车运行和爱车宣传等；运行途中只广播列车运行信息。站车固定在餐车位置办理业务交接。列车停站上下车完毕后，列车长用对讲机通知司机或随车机械师关闭车门。按规定标准配备或补齐列车垃圾袋、清洁纸、卷纸、香片、洗手液等备品。

（2）制定动车组列车客服人员作业质量标准

准备作业：按时出乘，着装统一，制服平整干净，佩戴职务标志规范，精神饱满；命令指示清楚明了、记录正确；商品、备品定位摆放，卫生验收和上部设施联合认真全面，有记录，有确认。

始发作业：上岗及时，立岗姿势端正，面带微笑；交接清楚，掌握重点，信息畅通；关门信息确认准确、用语规范，不提前开门。

开车后作业：定时巡视，商品供应正常，车厢垃圾回收及时，定点投放，车内环境保持整洁；解答旅客问询耐心细致；设备故障通告及时、全力修复；应急处置反应迅速，指挥得当。

终到（折返）退乘作业：折返保洁验收认真细致、鉴定客观公正；终到作业规范，设施检查全面，记录、交接完整详细。

（3）制定列车运营应急管理预案和程序

列车设备发生故障时，列车乘务员应及时通知车辆乘务员处理。车门发生故障时，应立即采取案值防护措施。车门紧急解锁使用后必须复位并通知车辆乘务员。列车晚点 15 min 时，列车要及时与司机联系，了解晚点原因和列车运行情况，并按照晚点处置有关规定向旅客说明情况，做好安全宣传并向旅客道歉。列车运行途中遇有旅客意外伤害须交车站处理时，按现行规定办理，有关车站应及时做好交接和救护准备等工作，列车长不下车参与处理。使用交通卡乘车旅客发生意外伤害时，站车应在客运记录中注明旅客使用交通卡乘车。

（4）实行作业人员岗位准入管理制度

金山铁路站车客运人员按照规定岗位职责进行岗位培训，经考试合格取得上岗资格，持证上岗并定期进行脱产培训。保洁人员上岗前经过铁路安全知识、应急演练和设备操作培训。车站客运人员具备售票、服务等业务技能，做到一职多能、兼岗轮岗。车站站台客运作业人员由助理值班员兼任，负责旅客乘降和日常接发列车作业。餐售、保洁人员保持队伍稳定，遇有乘务人员变动及时通知相关客运段。

6. 上海市政府以购买服务方式扶持金山铁路的“公交化”运营

为让广大乘客分享“公交化”运行成果，减少金山铁路动车“公交化”运营和票价优惠政策对公司项目和成本产生影响，确保金山铁路可持续运行，上海市政府通过政府购买服务的方式向金山铁路有限责任公司提供扶持政策支持。

（1）确定政府购买服务运营目标

金山铁路运营初期，达到国铁集团、上海市明确的运营服务指标，并通过市建交委组织的考核，上海市政府通过购买“公交化”运营服务方式提供支持。协议有效期内，运营服务未达到协议规定标准的，相应扣减购买服务费。

（2）确认政府购买服务支付方式

政府购买服务的资金采用分期支付方式。

（3）实行优惠票价

为了更好地体现金山铁路“公交化”又优于公交的特征，吸引客流上线，协同沿线地区同城化发展，线路票价在铁路计价规则的基础上，运行初期按从国铁动车票价基准价率 0.308 元/人 km 下浮至 0.18 元/人 km 执行，运营票价最低 3 元、最高 10 元，低于国铁动车相同里程 6 至 17 元的成本价票价。

7. 运营管理成效

（1）客流稳步上升

2013 年运送旅客 619.57 万人，日均客流 1.7 万人，上座率 40%，票务收入 4883 万元。日均客流从年初 1.3 人上升到年末的 1.7 万人，2014 年 4 月日均客流已达 2 万人。2019 年 1—6 月 351 万人次，日均 1.94 万人次，同比增长 28%。从客流行征看，一是直达客流较多，市域交通特征明显，终到站的旅客发送量占全线的 84%，金山区乘客占比达 77%；二是周五晚客流高峰和周一早高峰现象明显。自 2012 年 9 月 28 日开通至 2014 年 6 月 30 日，金山铁路累计发送旅客 1099.86 万人，日均发送旅客约 1.8 万人（2019 年 6 月份日均客流量：20 733 人），最高日发送达到 3.7 万人，取得了良好的社会效益和经济效益。

（2）社会反响良好

2013 年，上海铁路集团公司开展客流调查，优化列车运行图和时刻表，在开行列车 36 对/日基础上，增开大站车，适应不同区域的出行需求。同时，上海铁路集团公司与申通公司在乘务服务、应急处置等方面合作，适应“公交化”运营的新要求。金山铁路开通以来，社会各界对金山铁路的总体评价较高，中央电视台、人民网、新华网、东方卫视、解放日报等多家中央和省市媒体均给予了报道。“公交化”的运营方式深受沿线人民群众尤其是上班族的欢迎。浙江、河南、天津、重庆以及福州、深圳等兄弟省市也来沪专门调研。作为铁路与地方政府合作的铁路“公交化”运营，国家发改委和国铁集团等给予高度重视。我国城市轨道交通协会也将金山铁路代表的市域快轨系统作为未来城市轨道发展的主要制式之一。

（3）促进了上海新城区建设和城镇化发展。

金山铁路具有良好的社会效益，并对市域铁路的“公交化”运营起到了示范作用。特别是对上海金山区、闵行区、松江区的促进作用十分明显，带来人口就业、城市综合开发、交通网络优化、产业结构调整等变化，市域铁路对促进上海新城区建设和城镇化发展具有作用。上海市正在研究其他既有铁路的改造利用。

5.4.4 金山铁路运营初期存在的主要问题

金山铁路沿线各区都在不断发挥“交通导向型”作用，包括沿线土地开发、完善相关公共交通驳接措施等，为金山铁路客流的持续增长创造了良好条件。随着公众对金山铁路“公交化”运输的认可，对服务质量提出了更高的要求。一方面，沿线各站，尤其中间站旅客，要求更高的列车服务频率和较短的列车间隔时间；另一方面，规律性强、容易记忆的周期性列车时刻表也是高质量“公交化”运输服务的重要体现。

1. 金山铁路工作日高峰时段运力不足

随着上海市区房价的急剧增加，市区生活成本的不断提高，金山沿线因其房价便宜、交通便利的特点，吸引大批外来居民在周边定居置业。自 2012 年 9 月 28 日开通至 2018 年 6 月 30 日，金山铁路累计发送旅客 4883 万人，日均发送旅客由开通初期的 1.3 万人，增加到目前的 3 万人，取得了良好的社会效益和经济效益。

2. 初期运行图无法满足沿线旅客出行需求

通过分析旅客出行特征，对比分析金山铁路初期开行列车密度以及旅客期望值，运营初期图定每天开行的 36 对动车组，已经无法满足金山铁路沿线旅客通勤出行需求。另外，开行初期采取的“一站直达”和“站站停”（60 min）两种模式，也已经不适应现有旅客出行规律，尤其是工作日运行图，出现了部分列车大量超员但部分列车上座率较低的现象。

3. 列车超员安全隐患问题突出

金山铁路采用既有 CRH2A 型动车组车底进行运营，运营线路为上海南站至金山卫站，最高运营速度为 160 km/h。由于金山铁路票务系统采用了城市公共交通卡和铁路客票兼容的票务系统，旅客既可以购买铁路客票，又可以使用交通卡刷卡进站，导致车站对上车旅客控制难度较大，CRH2A 型动车组局部车厢超员严重，极易造成部分动车组车厢空气弹簧压力超限，出现车辆运行安全隐患。

4. 车站候车容纳能力不足

金山铁路是我国铁路上海局集团公司管内首条“市域铁路”营业线，它特有的地铁“公交化”的旅客乘降组织方式完全颠覆了传统铁路车站的客运作业组织模式。上海南及金山卫站作为该线的起（终）点车站，随着近年来客流量的不断攀升，其候车大厅现有的客运设施设备布局设置已不能适应目前车站工作日“潮汐式”高峰客流组织的要求。金山卫站工作日早高峰短时间集结的大量乘车旅客，造成金山卫南候车大厅待乘区、电梯（楼梯）口、检票口、人工通道拥堵严重，南北区对流旅客走行困难，调整候车厅布局，优化车站客流组织已迫在眉睫。

5. 客运设备设施亟须补强

金山铁路服务中心提供人工售票服务，办理金山线动车组列车车票发售、改签、退票和交通卡售、退、充值业务，加上公交一卡通问题处理等工作，在客流高峰时段服务中心售票压力较大，自助售票设备亟须扩增。

另外，由于金山铁路旅客集中到达的特性，上海南及金山卫站旅客出站通道能力严重不足，进出站闸机数量严重不足，高峰时段旅客出站拥堵现象较为突出，极易发生拥挤踩踏、旅客意外伤害等客运安全隐患问题和旅客投诉事件。

6. 地方公交疏解换乘不便

通过大量统计分析，上海市徐汇、闵行、松江、金山四个区在金山铁路沿途各个车站公共交通汽车的班次设置仍不科学，没有结合金山铁路既有运行图到发时刻，造成了旅客换乘时间较长，出行不方便。同时，地方公交作为疏解金山铁路的交通方式，远远没有起到缓解金山铁路运营压力的作用。

7. 列车开行方案适应性不够

1）列车服务频率有待提高

（1）高峰时段直达列车开行密度无法满足客流需求。上行方向工作日高峰期仅开行 3 趟直达列车，由于高峰期直达客流比重较大，且“站站停”列车比直达列车旅行时间增加近一倍，致使高峰时段直达列车超员严重。

（2）中间站列车服务频率总体不够高，尤其高峰时段服务频率偏低。据统计，快速便捷是居民选择金山铁路出行的主要原因之一（占调查人数 79.5%），列车服务频率直接关系到对客流的吸引力，较低的列车服务频率会造成中间站客流不足，并形成恶性循环。

2）列车服务间隔有待优化

（1）非高峰时段中间站列车间隔时间过大，严重影响客流吸引。上行方向工作日中间站列车平均间隔为 52.5 min，最大间隔达 116.0 min。据调查，绝大部分居民对金山铁路运营抱有很大期望，但对其服务质量存在担心，其中选择担心“发车间隔大”的占比 40.64%。由此可见，列车间隔时间较大是目前金山铁路中间站客运量较少（仅占全线客运量 18.56%）、能力虚靡的主要原因之一。

（2）列车间隔时间均匀程度有待优化。金山铁路上行方向工作日列车对各站的服务间隔从 5.0 min ~ 116.0 min 不等，且分布无规律可言，严重影响“公交化”运输服务质量。列车服务间隔的不均匀很大程度上是由于上海南站—莘庄站间与沪杭线共线造成的，上海南站到莘庄站间三、四线的建设，将为解决这一问题创造良好的条件。

3）列车开行密度不能满足客流波动需要

（1）市域客流呈现明显的时空特性，因此列车开行方案优化需要根据不同时段的客流波动调整。比如，客流早晚高峰较密集，而其他时段较稀疏，则在早高峰时段密集发车，在非高峰时段发车密度可降低；高峰客流的方向性明显，早高峰时段前往上海南方向的客流较多，晚高峰时段前往金山卫方向的客流较多，在高峰密集发车情况下，增加早高峰前往上海南、晚高峰前往金山卫的列车；虽然中间站的总客流比较可观，但是前往上海南或金山卫的客流量比单个中间站客流量多很多，因此直达列车还需占很大比例；每个中间站的客流量并不均衡，在客流量大的车站需要增加停站，在客流量少的车站则可减少停站。

（2）运能利用不均衡。从目前客流及上座率看，由于客流不均衡，存在高峰拥挤、平时虚靡的现象。市域铁路的功能定位是通勤，列车运行速度较快，在客流高峰期可以做到密集发车，减少旅客候车时间，基本上做到随到随走。但非高峰时段发车间隔在

30 min 以上，不能满足需求。从衔接方式看，大部分乘客通过公交或地铁等方式到达车站乘坐某次列车，考虑到各种不可靠因素，乘客选择提前到站等候时间在 10 ~ 30 min，再加上运行时间和前后换乘时间，乘客在途时间较长。

（3）设备利用方面。在车站设备方面，铁路与地铁最大的区别之一在于铁路站台不设站台门，设候车厅作为客流缓冲地带；车底方面，动车组的定员并非按照单位面积承载人数设计，无法承受大比例超员。由于金山铁路绝大部分乘客直接刷公交卡乘车，无法根据列车剩余能力控制进入站台的人数，大客流下会导致旅客滞留站台，产生极大的安全隐患。此外，高峰时期车站客流量可能会超过站内设备实施服务能力，造成拥堵、甚至踩踏等现象，同时也加大了车站治安隐患。

（4）列车开行方案的调整。金山铁路周末、节假日客流需求波动较大，且往往无法准确预测，灵活度较低的列车开行方案不仅调整起来费时费力，且不能及时应对客流需求变化，造成运能不足或虚靡。

4）尚未形成大量稳定的通勤客流

主要表现在虽然金山铁路周末与旅游季节客流占较高比重，沿线居民出行习惯尚未改变。由于金山铁路是利用原来货运支线改造的，原支线主要功能是解决石化货运，线路走向、站点设置等并没有考虑客运需求。同时由于线路在车墩、金山园区还连接其他线路，线路改造在走向和站点设置上未能有大的调整，新建客运站都在原站原址，有的车站离居民区较远，客流吸引能力较差。

5）限制区段能力使用紧张

由于金山铁路上海南站—莘庄站之间（6.4 km）是与长途列车较多的沪杭既有铁路共线运行，该区段线路能力利用趋于饱和，很大程度上限制了金山铁路的运能安排。在满足沪杭线各次客车的运行正点的前提下，尚无条件按需安排运输能力，市域列车只能“见缝插针”。因此，列车开行的均衡性受到影响。目前，上海南站到莘庄站间的三、四线建设已提上议程，莘庄交通枢纽配套项目也已开工建设，届时金山铁路将有充分的能力调整列车开行频率、间隔以及停站方案。

8. 配置标准偏高造成运营成本居高不下

从运营成本看，由于铁路运输的公益性，加上金山市域铁路“公交化”开行密度和高标准的 CRH 动车组配置，现有车型和需求不匹配，造成金山市域铁路运行成本高、经济效益低。为满足“公交化”运营要求而开行高密度、高标准动车组，金山铁路运营成本一直居高不下，即使在每年获取政府购买服务款的情况下仍然亏损。

5.4.5 金山铁路运营优化方案

金山铁路列车开行方案通过提高列车服务频率、优化列车服务间隔、提高列车开行方案灵活度等几方面进行改进，同时为了降低运营成本，应尽可能提高动车组运用效率，减少动车组使用数量。

1. 优化原则

（1）降低时间成本。金山市域铁路客流主要由工作日通勤和通学客流、双休日旅游购物客流构成，不同乘客对时间、空间有不同的需求。列车开行方案优化要尽可能地满足不同客流的需求，使不同乘客乘坐金山市域铁路的时间成本最小，需合理制定：① 开行时间及发车间隔；② 上下行开行方案；③ 工作日与双休日开行方案。

（2）提高上座率。金山市域铁路客流在高峰与非高峰时段客流量差异显著，因此高峰时段能达到很好的上座率，但在非高峰时段空座率很高。为了节约资源，同时又保证非高峰时段乘客的出行，可通过在非高峰时段减少编组辆数来提高上座率。

（3）吸引潜在客流。金山市域铁路金山卫站以及上海南站的客流量较大，虽然沿线中间站总客流量较大，但是各站的客流不均衡，因此沿线客流是未来的潜在客流。在保证客流需求的前提下，可根据沿线车站居民的出行特征，开行相应的停站列车以吸引这些潜在客流。

（4）均衡发车间隔。列车发车间隔均衡能够给乘客出行带来方便，虽然不能做到整个运营时段发车间隔同等均衡。但是可以使高峰期间发车间隔有个均衡度，非高峰期间有另一个均衡度。同时，要保证在不同时段有不同种类的列车开行。

2. 运营组织优化方案

运营组织方案是组织运营的依据及基础，优化的首要目标就是满足客流需求。结合金山市域铁路客流特征及存在的问题，当前主要通过列车开行对数和开行密度优化来达到不断满足客流需求的目的。

1）动态编制列车开行方案

（1）针对金山线客流特征，铺画了日常和双休日运行图。日常运行图逢周一至周五实行，共有列车 36 对。日常运行图主要解决通勤客流的需要，运能投放集中在 7:00—10:00、16:00—20:00 早晚高峰两个时段，其中安排有两列车底分别空送至金山卫和车墩站，开行往上海方向的始发列车，以解决早高峰通勤的客流需求。日常运行图在10:00—16:00时间段运能投放较为平缓。双休日运行图周六、周日实行，共有列车36对，因双休日客流规律不同，运行图具有不同的特点：① 运能启动时间较晚，8:00左右列车方才大面积开行；② 周末图中直达列车数较日常图高，列车整体停站数少；③ 全日运能投放较为均衡，没有明显的高峰时段。

（2）严格车站接发列车间隔时间。对交叉进路特别多的车站要重点掌握好列车交叉接发的间隔时间，如上海南站36对的金山线动车，而且均须接入11、12道，接车时横切东部咽喉，只有在列车运行图编制时合理安排好接车与发车交叉间隔时间，才能保证列车正点运行，同时也降低接发车安全风险。

（3）合理调整列车开行密度。按客流调查资料可知：目前金山铁路工作日、双休日每日分别开行18对、24对就可满足客流需求。而目前不改变开行对数，仍采用36对的原因是：日后金山市域铁路的客流量还会增加，为日后客流量的增大做准备。市域铁路客流量在时空分布上存在很大的差异性，列车平均上座率不可能很高，非高峰时段运能利用率较低。因此，开行对数应在计算得到的数据上适量增加。目前开行对数下，最小发车间隔为6 min，最大发车间隔为72 min中，除了高峰时段比较密集外，其余发车间隔在30 min左右。如果按计算得到的对数开行，发车间隔将会大大增加，既不方便乘客出行，也会因此流失已有的客流。“公交化”运营应在列车间隔时间安排上有一定的超前性，以满足乘客随到随走的需要。

2）加强车站应对大客流和突发客流的能力

（1）采取限流措施来解决这一问题。限制旅客进入站台的时机和数量；限制旅客进入车站及候车厅的数量和流速。车站限流方式一般有控制源头、区域分割、改变流速、改变流线等，多站同时发生大客流情况下可实行车站协同限流。车站需根据不同状况制定有原则、有策略、有目的的限流方案，根据客流变化与设施最大负荷能力的匹配关系，确定实施限流启动结束时间、实施人员、控制位置、控制顺序、控制方式等。

（2）进一步提升车站自助式服务水平。目前，金山铁路已实现了一定程度上的自助式服务，沿线各站进出站口安装有公交卡和铁路客票兼容的自动检票系统，候车厅设自动售票机。近、远期可以考虑进一步完善客运服务信息系统、车站自助查询系统、客运信息化自助服务系统等，同时结合车站周边公共交通、道路、旅游购物等信息设置综合查询服务。远期条件允许的情况下可以考虑站台设置站台门，实现乘车过程全程自助服务。

（3）优化车站流线组织。快速方便、准时可靠是乘客选择市域列车的主要原因。因此，在完善列车开行方案的同时，需优化车站作业组织，使车站设施设备（自动售票机、安检设备、进出闸机、服务中心等）的配置方便乘客进出；导向标识的设计能快速引导乘客；客流流线设计顺畅方便等。由此，流畅的作业组织才能提高换乘的效率。

（4）完善与其他交通方式的接驳和换乘。接驳与换乘是市域铁路需要考虑的十分重要的两个因素，良好的接驳、换乘方式既可以扩大市域铁路服务范围，又能从整体上缩短旅客出行时间。因此，金山铁路应加强与车站周边其他交通方式的接驳，如增设车站公交短驳线路，完善非机动车停车场，增设 P+R 停车场等配套设施；同时加强站内换乘组织，如设计顺畅、短捷、交叉较少的换乘流线，组织专人对换乘旅客进行引导与服务，建立针对换乘的引导标识系统和语音播报系统等。通过客流调查发现，乘客不选择乘坐金山市域列车的原因之一是换乘不便，换乘乘客中，一部分人的换乘接驳时间在 10 ~ 15 min，30%的乘客换乘时间在 30 min 左右，这就大大增加了全程出行时间。目前上海南站具备较完善的换乘条件，其他车站只有公交车的接驳，特别是客流量也较大的金山卫、新桥、车墩、亭林等站，因此要协调优化公交车路线及其时刻表，使其方便快捷且与金山市域铁路的时刻表相吻合，这样就可以缩短乘客的在途时间，也可以吸引更多的潜在客流。

（5）制定具有引导性的票价政策。市域铁路作为新型交通工具，客流需要一个诱增、引导、培养的过程。票价是吸引客流的基础。市域铁路作为连接郊区与中心城区市域客运的骨干方式，有着高速度、高密度、安全、准时、舒适等明显优势。但是，如果票价较高，便吸引不到足够的客流，上述优势则将失去意义。通过调查可知，市域客流对列车票价的敏感度高，特别是在运营初期尤为突出，其合理程度将直接影响乘客出行方式的选择。由于金山铁路乘客对票价波动非常敏感，可以尝试通过制定具有引导性的票价政策影响客流需求分布。如适当提高高峰时段票价，降低非高峰时段票价等措施调节客流需求与运输能力之间的供需平衡。

（6）做好日常、周末运行图精编工作。为进一步优化金山铁路日常及周末运力配置，上海铁路局集团公司客运处与金山区建交委联合组织南翔站、上海站和上海客运段，在上海南站、金山卫站、金山铁路列车上以及金山区公交站车、旅游集散地、部分企事业单位、学校、医院开展了金山铁路客流问卷调查，调查内容涉及旅客成分、出行目的、购票方式、出行时间及周出行次数等内容。调查期间共发放问卷 9889 份，回收有效问卷 9081 份，回收率 91.9%。通过客流分析调查，了解和摸索旅客的需求和出行规律，科学客观地做好高峰期的客流预测，为列车开行提供了科学的客流依据。上海铁路局集团公司精心编制了金山铁路日常（周一至周五）、周末（周六、周日）运行图，日常、周末均开行列车36对，时刻、停站根据客流特点不同有所侧重。日常开行直达列车18对、“站站停”列车18对，周末开行直达列车20对、“大站停”（停靠新桥、亭林）列车2对、“站站停”列车14对。结合早晚高峰客流集中在7时30分左右的实际，集团公司在早高峰时段7时36分增开C3640次（金山卫站—上海南）列车，在沿线车站早高峰时段7时48分增开C3642次（车墩站—上海南）列车，大大缓解了工作日早高峰金山沿线通勤旅客的出行压力。

（7）面对客流大、设备新的严峻形势，针对金山铁路“公交化”运行模式的特点，又采取了一系列应对措施，适时调整了候车区布局，采用先检后候的方式，大大舒缓了进站客流的拥堵现象。根据运行图的特点，对不同时段采取不同的候车方案，特别是重点时段，安排沿线各站管理人员、休班人员、青年志愿者和机关帮班力量到现场进行宣传引流，优化客运乘降组织流程。从2017年11月21日起，上海局集团公司对金山铁路票额进行限制，并在候车大厅发布进行铁路车票限购的公告。通过组织分流，加强客运综控室与客运岗位间、行车与客运岗位间的配合联控，综合协调客运组织工作。金山铁路沿途各站将C3604、C3606、C3608等早高峰（“站站停”）关键车次的沿途站停检时间由原来的2 min（亭林站、叶榭站、车墩站、新桥站、春申站）和5 min（金山卫站、金山园区站）均延长到10 min，减少高峰时段闸机验票进站人数，切实缓解了客流高峰期的压力。

（8）做好车辆超员应急处置及选型采购工作。为防止金山铁路CRH2A动车组超员影响动车组运行安全，集团公司印发了《金山铁路运行CRH2A型动车组超员相关应急处置规定》。明确金山铁路CRH2A动车组随车机械师通过MON屏查看各车厢空气弹簧压力显示值，规定8辆编组CRH2A型动车组，超员车厢不超过3辆时，由列车长组织疏散相应车厢旅客至其他车厢，超员车厢超过3辆时，由列车长和车站工作人员共同组织相关车厢旅客疏散下车，并由列车调度员通知前发各办客站控制旅客上车人数。同时，金山公司自筹资金向中车青岛四方机车车辆股份有限公司采购了时速200 km CRH6A型动车组2列，最大载客量可达1471人（坐席477人，站席994人），车底用于上座率比较高的交路上，充分发挥最大载客优势，确保车辆运行安全。

（9）做好候车容纳能力改扩建。为解决金山卫站旅客待乘区域过小的问题，集团公司对金山卫站南候车厅现有客运设施设备重新进行布局调整，以便达到扩大旅客待乘区，优化客流组织条线，消灭客运安全隐患，减少旅客投诉的目的。同时，调整客服中心位置，扩容待乘区。提高旅客进站效率，减少客流组织压力。重新布局安检区域及流线，优化安检通道，提高安检查危效率和旅客过包率，如图 5.6 所示。

金山卫站改造前

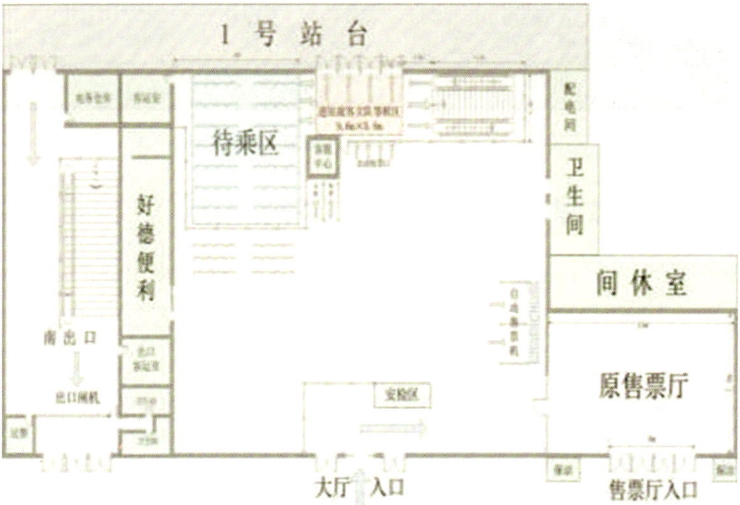

金山卫站改造后

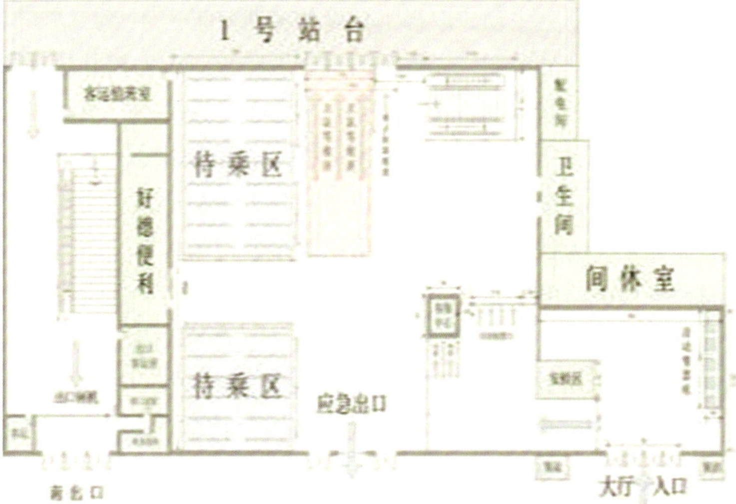

图 5.6　做好客运设备设施补强工作

5.4.6　金山铁路改建对我国市域铁路建设的启示

金山铁路的建成和开通运营，在沿线城区构建了一条方便快捷的运输通道，大大改善了沿线居民的出行条件，有效加强了金山、松江等沿线各区与中心城区的联系，在完善全市交通网络、方便市民出行、推动地方经济发展和进一步促进城乡一体化等方面发挥出重要的作用。同时也为我国市域铁路建设提供了许多有益的启示：

（1）市域铁路建设离不开铁路与地方政府的密切协作。

金山铁路以路地合资方式进行改造，是原铁道部和上海市精诚合作的成果。具体体现在交通换乘、枢纽建设的统一规划和协调上，以及在建设、运营、调度指挥等工作的密切合作中。特别是在运营票价及财政补贴上，上海市充分吸收了我国相关市域铁路运营的教训及经验，提前谋划，主动，取得了良好的实践效果。

（2）有利于盘活铁路存量资产，充分利用现有铁路资源，发挥其效益。

通过对既有铁路支线改造来建设市域铁路，投资少、见效快、收益大。同时，该线路公益性强，环境污染低，行驶速度快，安全环保，方便换乘，社会效益显著。尤其是增加公交卡功能后，按“公交化”模式运营更是深受市民欢迎。

（3）市域铁路建设将为铁路的改革发展带来更多的市场机遇。

随着国家铁路发展战略的实施，“四纵四横”等一大批长大干线即将建成并投入运营。铁路行业在今后的发展中，不仅要着眼于长大干线，还应密切围绕国家和社会发展的实际，结合地方经济发展，树立为城市客运服务的全新交通理念，参与、共同开发市域铁路这一巨大、潜在的客运市场，在改善广大人民群众出行条件方面展示作为。尤其在大城市和特大城市的市域铁路建设和运营管理方面，可以充分发挥出国铁的专业技术、运输管理、调度指挥以及人才队伍等优势，在服务经济社会发展的同时实现自身更好更快的发展。

5.5 宁波—余姚利用铁路既有线开行市域列车

宁波至余姚市域列车是国家发改委批复的《浙江省都市圈城际铁路近期建设规划》11 条城际铁路中首条开通试运营的城际铁路，也是我国首条利用既有国铁改造开行市域列车的项目。随着我国高铁线路四通八达，原先承担主要客运职能的既有线铁路，比如萧甬铁路，仅在运行为数不多的长途普速列车和货车，所以就产生了富余的运能。利用既有铁路开行市域列车既能满足旅客出行需求，提供多种出行方式，更是充分利用既有铁路富余运能。

5.5.1 宁波—余姚现有交通状况

近年来，宁波都市圈经济一直保持较高增长势头，2005 年至 2015 年，都市圈实现 GDP 年均递增 12.6%。2015 年宁波市实现 GDP 8004 亿元，以浙江省 9.6%的国土面积承载了浙江省 14.1%的人口，取得了占浙江省经济总量 18.7%的发展成就。从人均经济发展水平来看，2015 年区域人均 GDP 达到 102 374 元，是浙江省平均水平的 1.3 倍，是全国平均水平的 2.1 倍，成为浙江省乃至全国重要经济增长极。在此基础上，宁波—余姚间通勤客流需求增长迅速。宁波是我国沿海重要的计划单列市，也是浙江省第二大城市，经济基础好，港口资源丰富，人口密度较高，发展空间广阔。近几年来，随着铁路的飞速发展，尤其是杭甬高铁的开通运营，使宁波与周边城市的联系更加紧密，同城效应不断显现。如何利用高铁开通后萧甬铁路的富余能力，让人民群众出行更为便捷，使宁波与周边城市的“同城效应”得到进一步显现，成为宁波市政府的一件大事、要事。目前，宁波与余姚间有高速、私家车、大巴、普速列车及公交车等多种出行方式。各种通勤方式间的便利程度、时间及消费比较如下：

（1）高铁：宁波站目前开通至余姚北站高铁，全程最快 19 min，G 字头二等座 22.5 元，D 字头 17 元，但因为余姚北站距离余姚城区较远，因此到余姚市区还得花费一段时间。

（2）私家车：宁波市区到余姚可走杭甬高速，全程大约 80 km，开车时间在 40 至 50 min，算上高速通行费、油费一趟花费大约在 80 元。

（3）大巴：宁波至余姚大巴可在汽车南站乘坐，全程大约需要 1 小时，票价为 22 元。

（4）普客：目前宁波站每天开行至余姚站的普速列车硬座 11 元，全程最快 39 min。

（5）公交：宁波至余姚已经实现了的地面公交换乘方式，乘客要先从宁波市区乘坐公交到余姚天下玉苑，再换乘余姚公交 515 路到余姚城区，这种方式花费最低，全程需要花费约 5 元钱，但全程预计会在 2 小时以上。

5.5.2 利用既有萧甬铁路开行市域列车可行性

萧甬铁路为双线电气化铁路，起自杭州南站，途经绍兴、上虞、余姚至宁波。线路长度 145.35 km。线路在宁波枢纽与甬台温铁路、白沙支线、北仑支线、镇海支线相接。其资产属于萧甬公司，运营管理委托上海铁路集团公司负责。目前承担的旅客列车为宁波始发终到的杭州方向普速旅客列车共 18 对，另外还承担了货物列车 33 对，线路能力相对富余。再根据远期运量预测，2030、2040 年，萧甬铁路余姚-庄桥段分别承担客车 8 对、8 对，货运量 2820 万吨、1784 万吨，近远期该线能力利用率分别为 32%、26%，能力富余。另外，庄桥至宁波段增建三四线工程即将设施，2030 年、2040 年分别承担客车 148 对、170 对，研究年度线路能力将有一定富余。

在利用既有铁路参与城市轨道交通模式中，城市轨道交通与国铁共用线路基础设施，并改造成市域铁路制式后与城市其他轨道交通在车站换乘衔接，具有投资少，建设周期短，合理配置各种资源的优势。既有萧甬铁路主要承担杭甬通道普速客车及货物运输，研究年度余姚至庄桥段能力富余，可以利用其开行市域列车。

随着萧甬铁路货运量的下降，2016 年萧甬线部分区段开始进行城际化改造，经上海集团公司授权用于城际通勤。目前宁波—余姚段，绍兴—上虞段已经开通运营。其中，宁波—余姚段于 2016 年 8 月开通，每天开行 8 对列车（分 8 辆编组、4 辆编组），早晚高峰各 4 对，日均客流量 3000 人。绍兴—上虞段于 2018 年 6 月开通，每天 8 对列车（均为 4 辆编组），早晚高峰各 4 对，由于上虞站的公交配套不足等诸多原因，日均客流量 300 人。目前，绍兴—杭州南、上虞—余姚段的正在开展工可研，一旦萧甬线实现全线城际化改造，有望大幅提高客流量。宁波—余姚市域列车路线如图 5.7 所示。

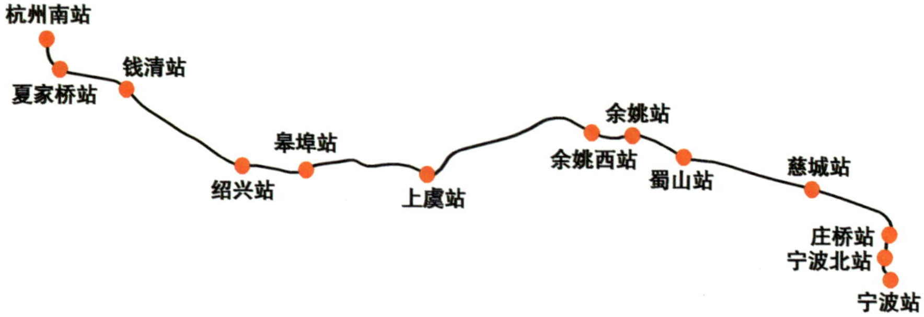

图 5.7 宁波—余姚市域列车路线

目前我国构建城市交通网的方式主要有新建铁路、铺设轻轨和建设地铁。与这三种方式相比较，利用既有铁路开行市域列车，具有工程量小、投资省、工期短的突出优势。如宁波至余姚城际铁路（市域列车）项目，仅用一年多的时间就具备了开通试运营条件，相比新建线路，其建设费用和工期均大幅压缩。利用既有萧甬线开行宁波站至余姚站市域列车项目采用项目制管理，由上海铁路集团公司牵头负责协调工程项目前期、运用车型选择、适应性改造建设、运营模式和经营模式确定、运营规则制定、双方框架协议和服务协议的签订等相关事宜。由上海铁路集团公司负责对既有宁波站、余姚站进行适应性改造，并由萧甬公司负责适应性改造工程代建余姚维保基地，宁波市负责落实改造费用和站外配套设施及交通换乘衔接事项。宁波至余姚城际铁路线路全长 48.7 km，途经丈亭、三七市、慈城、庄桥等地。萧甬铁路城际化改造后，信号系统基本不做调整，主要是对自动售检票（AFC）系统进行调整。城际化改造后，与国铁系统的身份证实名票制有所不同，乘客可以凭借市民卡或办理通勤卡乘车。

5.5.3 管理与服务模式

1. 运营模式

宁波至余姚开行市域列车，是利用既有铁路以政府购买服务，构建城市交通新模式的一次有益探索。宁波市以政府购买服务方式，支付运营和场地租赁等相关费用。上海铁路集团公司负责行车组织和客运服务，并明确上铁国旅负责宁波至余姚市域列车的经营，主要负责动车组冠名、旅游、广告、商业开发、物业管理、客运乘务、开办筹备等相关工作，进行相关业务开发。

仅用一年多的时间，利用“既有萧甬铁路，以政府购买服务的方式”，宁波至余姚的市域列车开行成果，这是全国首创，没有参考，也无先例。新建需要 157.7 亿元，但实际宁波至余姚市域列车仅花了 5.7 亿元，一个“零头”都不到，以地方政府购买铁路服务方式，实现了市域列车的开行。2016 年 1 月，宁波市政府与上海铁路集团公司签订了《既有萧甬铁路开行宁波至余姚城际客车框架协议》，决定利用既有萧甬铁路，采取由政府购买服务的方式，在宁波至余姚间开行城际铁路（市域列车）。当年 9 月，根据路地签订的合作协议，沿海浙江公司（萧甬公司）对宁波、余姚站开行城际动车组列车开始代建改造，并新建了可以满足城际动车组一级维修的余姚动车维保基地等设施。经路地双方共同努力，该区段于 2017 年 6 月前具备了开通和试运营条件。利用既有铁路以政府购买服务方式开行市域列车，在全国尚不多见，其意义不仅是对构建城市交通新模式进行了一次有益探索，更重要的是与其他模式相比，具有非常明显的比价优势，对全国其他城市发展市域、城际轨道交通具有指导借鉴意义。宁波站市域列车开行如图 5.8 所示。

图 5.8　宁波站市域列车图

2. 车型选择

在既有萧甬铁路上开行市域列车，宜选用铁路制式车型，同时考虑市域列车的行车组织、旅客乘坐舒适感，以及高峰时段超员控制模式的需要，宜采用轴重较大的车底等因素，参照珠三角城际 CRH6F 动车组（160 km 速度目标值）车型运用情况，选用 CRH6F 动车组。宁波至余姚市域列车选用的是拥有完全知识产权的我国首次投入运营的新型 CRH6F 城际动车组。该动车组具有快起快停、快乘快降、车内宽敞等特点，最高时速为 160 km，特别适合城际铁路“快速、大运量、密集停站”等“公交化”运营需求。CRH6F 城际动车组基于先进的高速动车组技术平台打造，并融合了城轨车辆技术，具有两者的优点，采用 8 节编组，设有 510 个座位，车内乘坐空间宽敞，定员载客 1470 人，最大载客原则上不超过 1900 人，是目前我国载客量最大的动车组。在能耗方面，人均百公里能耗比地铁还低 20%左右。运行速度、运营成本比较适合市域短途“公交化”运营方式。该款列车还优化了旅客设施，为乘客提供舒适的乘车体验。车厢的空调系统能使车内温度保持在 26 °C 的恒温状态。每节车厢均设有液晶显示屏、遮阳帘，而且每排座位下都设有电源插座，极具人性化。

3. 车辆维修

CRH6F 型动车组维修工作委托上海铁路集团公司，由上海动车段代管，按配属动车组管理，并承担相应的安全、质量责任。CRH6F 型动车组日常一、二级检修在余姚维保基地实施，受设备设施条件限制无法在维保基地实施的作业内容，由上海动车段将动车组空送至具备条件的动车所组织实施。

4. 列车开行方案

宁波至余姚之间市域列车采取“一站直达”、两端对开的模式，每日开行 8 对 16 个班次，首班于 6:01 从余姚出发，末班于 20:05 由宁波驶出，全程运行时间约 35 min，利用早晚出行高峰期间运行，6:00—10:00 和 17:00—20:00 间各 4 对；同时，为便于市域铁路组织客运，在对应时段内宁波站固定 1 道、余姚站 5 道专用于办理市域列车作业，即市域铁路动车组列车固定停靠宁波站 1 号站台，旅客可便捷换乘地铁 1 号线，换乘时间约 5 min，该模式现已成为宁波和余姚之间最经济快捷的交通方式。在列车调度指挥过程中，动车组按照既有线 LKJ 控车方式运行，列车调度员根据既有线 TDCS 列车调度系统中列车运行计划实行统一指挥，车站负责本站的接发列车安全。日常列车运行途中发生故障时，由地方政府采取公交接驳方式的应急处置措施，相应启动应急预案。同时，上海局集团有限公司逐步考虑备用 25G 的客车方案。

5. 服务模式

根据“公交化”运营的要求，对市域列车办客车站采用宁波地铁现行的自动售、检票系统，设置独立的候车场所、进出站通道，在进出站检票闸机处设服务中心，中心有卡服处理及交通卡业务办理功能。建立宁波至余姚市域列车旅服系统平台，其中，宁波站接入既有铁路平台，余姚站简易操作台设在服务中心内。借鉴铁路和地铁特点，建立市域铁路标识体系，并实行高铁的安检标准和要求，不执行实名制购票与乘车规定。CRH6F 动车组不设随车保洁，动车组保洁工作由地面保洁人员负责，只配一名客运乘务人员，负责车厢巡视、解答问讯和组织乘降工作，不办理补票业务，旅客需补票的，客运乘务人员按规定编制客运记录，交由到站负责办理。市域列车到站停妥后，由动车组司机操作开启车门。车站确认乘客乘降完毕后，使用对讲机通知列车客运乘务人员客运作业完毕，客运乘务人员使用对讲机通知动车组司机关闭车门。

6. 旅客乘降

宁波至余姚市域列车的旅客乘降组织，对乘客而言犹如乘坐地铁，非常便捷。

进站组织：宁波乘客可乘坐 2 号地铁或公交直达宁波站北广场售票大厅东侧；余姚乘客可乘坐公交直达余姚站候车大厅东侧。

购票组织：为方便乘客购票，宁波至余姚市域列车采用地铁购票模式，乘客可持公务卡、甬城通、市民卡、余姚公交卡刷卡进站，也可用现金在自助售票机（TVM）处购票。

候车组织：进站闸机在开车前 15 min 开始检票，开车前 3 min 停止检票，停止检票后未能进站的乘客，可乘坐下一班车（末班车除外）。

出站组织：若乘客持单程票，将单程票插入投票口；若乘客持纪念票、公务卡、甬城通、市民卡、余姚公交卡等，将票卡在闸机的刷卡区上验证即可。

为了方便旅客购票乘车，宁波至余姚市域铁路采用地铁模式，旅客可刷卡进出车站。客运票价按地方公交票价，票款归地方所有。开通试运营初期，车票票价在浙江省物价局批复基准票价 12 元的基础上，综合客流等其他因素后，执行单程 10 元的票价。

乘坐宁波至余姚市域列车，宁波市根据不同对象将实施不同的优惠政策：对市内外离休干部、残疾军人、因公致残人民警察、重度残疾人员、浙江省省内获国家无偿奉献奖的献血者，可凭本人有效证件到相关部门办理免费乘车卡（即爱心乘车卡）；现役军人及烈士遗属等，凭本人有效证件在人工服务台登记后免费乘车。市内外 70 周岁及以上老年人乘车时，可享受 5 折优惠。全日制大、中、小学校学生持一卡通（甬城卡/市民卡/校园卡）、余姚公交学生卡等乘车时，可享受 5 折优惠。

5.5.4 运营管理模式创新

宁波至余姚市域列车车站运输组织管理就是以宁波至余姚市域列车开行入手，策划市域列车“公交化”客运组织方案，设计“公交化”走行流线布局，创建特色化运输组织模式，实施检票口流量智能监控，建立数据管理平台，精准客流分析，建立市域列车动车组故障应急预案，确保了旅客运输安全、平稳、有序，提高了运输组织安全性、可控性。

1. 重构运输组织流线

高铁动车组现有客运组织为实名制购票后凭有效身份证件确保票证人一致后方可进站乘车，旅客仅能乘坐票面车次并对号入座。创新“公交化”运营组织：宁波至余姚市域列车采用“公交化”运输组织，旅客无须出示有效证件即可购买车票，购票成功后当日有效，旅客可根据自身需求选择任意乘坐一趟市域列车，无须对号入座。

2. 重构售票组织模式

市域列车采用发售市域列车单程卡、纪念卡，同时可使用宁波市市民卡管理有限公司发售的市民卡、甬城通卡（含普通卡、免费乘车爱心卡、学生卡）、老年免费乘车卡以及余姚市市民卡管理有限公司发售的余姚市民卡，采用地铁模式刷闸机进出车站，在市域列车候车室内的服务中心出售市域列车单程卡、纪念卡，其他各卡种需在地方实名卡中心进行办理。

3. 具体走行流线布局

宁波站：

办客站台：列车进 1 道停靠 1 号基本站台。

进站流线：北广场进站口→安检→候车室→闸机→机站台。

出站流线：列车→车站台→台站台东面出站扶梯→闸机→城市通廊。

余姚站：

办客站台：列车进车站 5 道停靠市域站台。

进站流线：进站口→安检→候车室→闸机→进出站廊道→站台。

出站流线：列车→站台→进出站廊道→闸机→出站。

4. 检票进站组织

检票时间：宁波、余姚站（始发站）提前 15 min 检票进站，开车前 3 min 停止检票。

检票前，客运员（服务中心）检查确认候车区自动检票机运行状况及与广播、引导显示系统联动情况，确保设备系统运行良好，再根据广播、动态显示屏预告，组织旅客排队，提前向旅客做好自动检票闸机使用、检票车次、开车时间、停靠站台、安全乘车等内容的宣传。

检票时，客运员组织引导旅客有序通过闸机检票进站，对特殊重点旅客组织通过人工通道进站。除检票闸机故障外，持市民卡、甬城通卡、老年免费卡、市域单程卡等旅客必须经自动检票闸机检票进站。

检票后，客运员对候车区域进行巡视，加强检票进站信息宣传，做好后续旅客检票工作，防止发生漏乘。根据规定时间停止检票，锁闭人工检票通道。遇有晚到旅客，做好宣传解释工作。

5. 站台乘降组织

宁波站站台客运（值班）员，余姚站站台客运（值班）员、助理兼客运员在列车到达前 10 min 上岗，做好站台清理工作，按照三个面向作业标准立岗做好接车。组织旅客排队候车，列车停稳后，组织旅客引导旅客从出站通道出站，做好安全防护工作。在列车出发和到达时，站台客运人员应组织旅客退到安全白线内；组织旅客按站台引导标识排队上车，同时做好重点旅客上下车组织工作，与列车做好站车交接工作。

检票口按规定停止检票，停检后候车区不得再放旅客进入站台，如有旅客强行进站，要及时通知站台做好防护。

站台客运人员平时应加强通道口管理，防止闲杂人员、无票人员进入。检票口无作业时，人工通道必须加锁封闭，出站口禁止旅客反向进站。严格落实一车一清制度，加强站台两端的管理，防止旅客通过站台两端进入线路。同时落实危险品查堵措施，发现危险品按相关办法处理，对站台卫生情况进行监督，发现卫生不达标及时通知保洁人员进行清扫，确保站区整洁和旅客运输安全。市域列车进出站由 1 名客运（值班）员或助理兼客运员负责接送车，站台客运人员必须配备对讲机、口笛和手提喇叭，并统一在站车业务交接位置立岗接送车。

6. 出站组织

客运人员应在列车到达前 3 min 上岗，清理出口通道。做到通道畅通，无闲杂人员和障碍物，方便旅客通行。组织旅客有序通过闸机验票出站。做到出口不拥堵，出站秩序良好。对使用轮椅等重点旅客无法通过闸机出站的旅客，以及旅客集中到达时段等影响闸机通过速度时，可开启人工通道，验票验证后放行出站。余姚站出站口由服务台客运员兼。

按照宁波市政府与上海铁路集团公司《既有萧甬铁路开行宁波至余姚城际客车框架协议》确定的目标和原则，在路地双方领导的重视支持下，各相关部门密切配合，余姚至宁波市域列车于 2017 年 6 月 10 日进行试运行，其中的票务组织按地铁化运作，票面无车次信息，旅客也可使用市民卡刷卡进站。为使动车组不超员、安全运作，在检票口进行流量监控非常必要（超过设定数量后进行停检）。在出现非正常情况下的大客流现象时，检票口流量智能监控系统可及时报警停检，确保客车运输安全，同时也便于进行客流量实时监控分析，为客流市场营销提供依据，其监控系统主要有：

（1）智能视频监控。利用计算机视觉技术对视频信号进行处理、分析和理解，在不需要人为干预的情况下，通过对序列图像自动分析对监控场景中的变化进行定位、识别和追踪，在客流量超过某个限定数据时发出警报，有效地协助客运人员处理应急情况，确保运输安全。

（2）系统网络拓扑。客流统计系统设计，前端视频传感器设备通过网线连接至智能视频计数终端，智能视频计数终端通过网线连接交换机，将数据传送给服务器，客户通过网络访问报表服务器查看报表系统，查询需要的客流数据。

（3）硬件方案。防水视频传感器：视频传感器（防水式）是客流系统的图像采集部件，具有外观小巧，美观的特点；智能视频计数终端：外观小巧、美观的智能视频计数终端（嵌入式）是客流系统的核心部件，CV4001S 可同时接 4 路视频传感器，具有性能稳定、可靠性高，易于升级、维护，耗电小等优点。

7. 有效实施客流控制

宁波至余姚市域列车单日最高客发近一万人，通过设置监控装置，自动计数，统计过闸客流量，实现对客流的控制，超过进站规定流量（可自行设定）时实现自动报警停检。

8. 精准客流分析

自动记录数据，根据时间段随时统计流量信息，其中统计流量方向有进站人数、出站人数、逗留人数等，提供选定时段客流量趋势变化、客流数量对比、人均停留时间及对比、人均停留时间趋势变化等图表。该系统采用 B/S 架构，直接在广域网上访问，通过一定的权限控制实现多用户访问的目的，交互性较强，同时只需通过 WEB 浏览器即可及时有效地访问。

5.5.5 运营效果及市域列车发展分析

市域列车运营一个月来，宁波、余姚两站累计发送旅客 10.4 万人，日均发送 3466 人，客发高峰日合计发送旅客 4468 人。从客流情况分析，宁波至余姚市域列车客流主要组成部分为上班族、学生及老年客流，且客流呈现总体缓步上升趋势。市域列车正式开通前三周新增旅客日均 2421 人，新增旅客发送量主要来源于以下几个方面：

市域列车日均吸收高速公路客流 128 人。经调查，市域列车正式开通运营第一周，宁波至余姚往返高速大巴从原有的 32 趟减少至 24 趟，发送旅客从 2016 年同期 3500 人减少至 2600 人，日均减少 128 人，该部分客流被市域列车所吸引。

市域列车日均吸收公交客流约 70 人。市域列车日均吸引国铁客流 995 人。市域列车开通前三周，国铁（高铁动车组及普速列车）日均增幅比例较开通前的增长 24.2%降低至 9.41%，降低 14.79 个百分点，日均降低 995 人，该部分客流均被市域列车所吸引。市域列车吸引部分自驾等其他出行方式旅客及国铁自然增量旅客。

既有铁路车站均在城市中心地带，利用既有铁路开行市域列车串起了宁波、余姚的核心城区。随着城市的不断发展，异地跨区域通勤客源不断上身，同城化生活模式下形成了明显的高峰时段客流，市域列车如同地铁系统般的运营模式，促使市民换乘尤为便利，成为市民出行的重要交通工具之一。宁波至余姚市域列车每日开行列车 8 对，2017 年宁波至余姚市域列车日均客发达 2400 余人，2018 年上半年，共计发送旅客 24.4 万人，单日客发最高近万人。

通过宁波至余姚市域列车“公交化”运输组织管理创建，确保了宁波至余姚市域列车运输组织安全、有序。建立检票口流量监控系统为载体，自动计数，统计过闸客流量，超过进站规定流量（可自行设定）时自动报警听见，实时监控流量从而达到确保列车不超员，列车运行安全的目的。考虑到市域列车将成为较大一部分人上下班高峰时段的出行工具，高峰时段不再仅限于周末及节假日，而将可能出现在每日，因此检票口流量监控的设立，令市域列车超员情况得到控制，尤其是在上下班高峰时段。实时可以变更的流量上限数量又为管理提供了保障，为旅客带去了更好的乘车体验。

宁波至余姚市域列车开创了既有萧甬铁路开行市域列车，以政府购买服务的方式，既节省了建设成本，又有效利用了既有铁路的富余运能，为增强宁波都市圈核心竞争力和发展后劲增添了砝码。宁波至余姚市域列车项目盘活了铁路存量资产，发挥既有萧甬铁路功能，探索铁路新的经济增长点，推动了提质增效工作。同时，探索了新型路地合作模式，促进城乡一体化建设，为绿色出行、便捷出行，支持社会经济发展进行了有益的创新和实践。市域铁路城市多中心或放射状的发展，具有广阔的发展空间。今后，还需要根据实际运营情况适时优化调整列车时刻表。根据《浙江省铁路网规划（2011—2030）》及《浙江省都市圈城际铁路近期建设规划》，研究年度内规划构建宁波都市圈 4 条放射状都市圈城际通道，促进宁波与周边城镇的快速融合，支撑经济圈的发展。宁波至余姚市域列车的开行为依托交通运输网络培育形成多级多类发展轴线，推动各市圈的同城化发展提供了参考。

5.6 绍兴风情旅游新干线

5.6.1 基本概述

萧甬线两侧集中了绍兴市多个风景区，包括越王峥、柯岩、鉴湖、镜湖湿地公园、绍兴古城、会稽山旅游度假区、吼山、曹娥江风景名胜区等多个景区，因此这条城际线取名为“绍兴风情旅游新干线”，并于 2018 年 4 月开始运营，模式比照宁波至余姚市域列车。绍兴风情旅游新干线是利用既有萧甬铁路的富余通行能力，开行绍兴市域城际列车。既有萧甬线绍兴境内目前设钱清、绍兴、皋埠和上虞 4 站，结合工程条件，为减少前期投入，初期仅办理钱清、绍兴、上虞 3 站市域客运业务。近、远期可增设皋埠、镜水路、东关及百官客运业务。“新干线”先行开工段为钱清、绍兴、上虞三站间市域列车，全长 64 km，时速 120 km，从钱清到上虞只要 45 min。绍兴和上虞站每日各开行 8 趟列车，采用交流制式的 CRH6 型动车组，每班次列车免费乘坐人数限额原则为 400 人，票价 8 元。

5.6.2　绍兴段市域列车开行的必要性分析

绍兴市地处长三角南翼，浙江省中北部、杭州湾南岸，萧甬铁路中部，东连宁波市，南临台州市和金华市，西接杭州市，北隔钱塘江与嘉兴市相望，是浙江省环杭州湾产业带的重要组成部分。绍兴市域城镇空间结构为“一个中心、二大组群、三条轴线”，“一个中心”指绍兴中心城市，包含“一城三片”，即主城片、上虞片、滨海片三片；“二大组群”指诸暨城镇组群和嵊新城镇组群；“三条轴线”指绍北城镇发展轴，绍西城镇发展轴和绍东城镇发展轴。利用既有萧甬铁路开行绍兴段市域列车的必要性体现在以下几个方面：

（1）实现绍兴城市发展战略，引导都市圈空间结构形成的需要。

充分利用既有萧甬铁路开行绍兴市域客运列车，为绍兴城区间提供快速、大容量、“公交化”的公共交通服务，将钱清、上虞地区纳入绍兴 30 min 市域经济圈，势必能大大加强钱清、上虞与绍兴主城区（越城、柯桥）间的快速联系，是实现绍兴城市发展战略和引导都市圈空间结构形成的需要。

（2）构建绍兴主城区与上虞片区快速轨道交通最经济合理的方案。

利用既有萧甬铁路富余能力开行市域列车，其投资仅相当于新建市域线路的 1/10，可以大大节约工程投资。同时，由于本线客流强度不大，利用既有铁路富余能力开行市域列车可以满足要求，且发挥了绍兴地区铁路沉没资产的作用，相对于新建市域线路，可节约日后大量的运营成本，是构建绍兴主城区与上虞片区快速轨道交通最经济合理的方案。

（3）引导绍兴快速融入杭州都市经济圈一体化发展的需要。

从区域角度看，绍兴地区地处长三角核心区域，为加强与杭州市区以及其他城市经济、金融、贸易、信息等方面的合作，应主动接受辐射，与长三角经济发展圈实现联动和功能互补。而在杭州主城区与绍兴地区各重要功能组团间开行市域列车，将有利于拉近绍兴各组团及重要城镇与杭州市区乃至长三角地区其他城市的关系，有利于绍兴借助区域经济力量加快城市化进程，有利于绍兴发挥其在杭州都市圈区域经济中的作用，支持区域经济的发展和城镇一体化的形成。

（4）铁路快速发展为利用既有铁路开行市域列车创造了条件。

随着铁路快速发展，铁路将由限制型运输向市场适应型转变。利用铁路开行市域列车不仅能盘活铁路闲置资产，还能为国有铁路带来新的利润源泉，为国有铁路发展拓展了新的空间。随着杭甬客专的建成通车，以及研究年度金甬铁路将分流原经既有萧甬线运输的部分货流，既有萧甬线能力得到极大释放，利用其富余运能开行市域列车成为可能。

（5）较杭甬客专更有利于吸引市域客流，提供更便利服务。

杭甬客专、既有萧甬铁路由于站点设置受限，仅能兼顾绍兴中心城区至上虞城区极少数大站客流。利用既有铁路增加沿线城镇站点开行市域列车，可较好地兼顾沿线城镇与主城区客流需求，并具有大运能、“公交化”（候车时间短、服务频率好）、票价低的优势，尤其是高峰时段可提供更优质的服务。

（6）有成功经验借鉴，可实施性强，能实现铁路和城市双赢。

绍兴市民卡已进入绍兴风情旅游新干线售票系统，旅客刷市民卡就可以乘车，无须排队买车票，直刷直进，非常便捷。绍兴风情旅游新干线于 2018 年 4 月底正式通车运营。通车后，绍兴至上虞仅需 21 min，单程票价仅 8 元。为方便旅客乘车，负责售票系统开发的中国铁路上海局集团有限公司申铁信息公司推出了单程票和储值票。单程票采用非接触式 IC 卡车票，供当个运营日使用，一次有效，进站验票，出站回收，经赋值后可循环使用。储值卡票采用绍兴交通一卡通或市民卡，可根据充值额度多次使用；进站验票，出站扣除票款。储值票可反复充值，连续使用。如遇市民卡电子钱包内余额不足时，旅客可在站点内的市民卡自助机上充值，再刷卡进站。绍兴城际站、上虞城际站候车大厅内均配备一台市民卡自助机方便市民充值。

根据市域票务系统与国铁票务系统相互独立的实际情况，公司开发了城际列车票务管理系统，满足旅客自助购票和进出站乘车，并实现了与绍兴市公交一卡通和市民卡系统互联互通。绍兴至上虞的市域列车还将增加扫码支付乘车方式，届时市民乘车将更加便捷。按照该项目提出利用既有萧甬铁路建设项目，维持既有建设标准，又要降低成本、节约资源的要求，公司充分利用既有旅客服务信息系统，对综合显示系统、视频监控系统、广播系统、时钟系统、安检系统等进行合理化改造，在绍兴、上虞站搭建车站级旅客服务信息系统集成平台，集成各功能子系统，实现对车站市域旅客服务信息系统的集中监视和控制，完成系统间的信息共享和功能联动。新设的旅客服务信息系统集成平台预留了既有国铁旅客服务信息系统的改造接入条件，为下一步扩充功能打好基础。

综上分析，利用既有铁路绍兴段开行市域列车，对优化客运体系结构、缓解城市交通压力、促进社会经济可持续发展具有重要意义。

5.6.3 市域列车的运输组织分析

1. 停站方式

由于绍兴段以服务绍兴市境内沿线各城镇通勤客流为主，对旅行时间敏感度相对较低，对经济、便利性相对较高；沿线除绍兴站客流量较大外、其余各站客流较均衡，以绍兴市中心的向心客流为主，其他站间交流量相对较小，从客流需求来看，开行大站快车需求不大；

采用“站站停”方式，从钱清至上虞站全程旅行时间约 40 min，时间在接受的范围，还能更好提高中间站服务水平，因此为适应本线客流特点，推荐采用“站站停”列车方式。

2. 车辆选型及编组

（1）车辆选型

综合速度目标值、线路条件、浙江省市域铁路规划、资源共享等因素，并结合我国铁路动车组列车运用现状，推荐采用交流制式的 CRH6 型动车组。

（2）车辆编组

本线路远期高峰小时最大断面客流量为 3318 人/h，初期高峰小时最大断面客流量为 563 人/h，仅为远期断面客流量的 1/5，客流量较小。建议运营初期采用定员 960 人的 4 辆编组，远期根据客流发展，可采用 4+4 重联编组运营。

（3）站席标准

由于市域列车以通勤客流为主，运行速度较高，平均运距较长，车辆定员应减少站席定员人数，以提高舒适度和安全性。参考我国的类似线路，并结合本线客流特点，车辆定员站席标准推荐采用 4 人/m^2。

3. 列车运行交路

从本线客流特征来看，本线路可选用小交路；但由于利用既有线开行市域列车、其运营管理已够复杂（客货共线、客车种类多、速差大），而市域客流不大、开行列数不多，为了更好提升区域内各站服务水平，建议初期采用以绍兴为支点的钱清至上虞间单一列车运行交路。

4. 列车全日行车计划

（1）运营时间

目前，绍兴市公交运营时间在 6:00—22:00，为方便乘客出行，并与公共汽车衔接配合，并避开萧甬线的上、下行综合施工维修天窗，建议运营时间为 6:00—11:00、14:00—22:00，全日运营 13 小时。

（2）全日行车计划

全日行车计划的确定取决于既有萧甬铁路可供能力，并综合考虑区段内分时段客运量、平均运距、列车定员、线路长度、列车满载率等因素，不同时段设计全日列车开行对数如表 5.2 所示。

表 5.2　市域列车全日行车计划表

时段	初期	近期		远期		时段	初期	近期		远期	
运行交路	钱清—上虞	钱清—上虞	绍兴—杭州	钱清—上虞	绍兴—杭州	运行交路	钱清—上虞	钱清—上虞	绍兴—杭州	钱清—上虞	绍兴—杭州
6:00—7:00	1	1		1		14:00—15:00		1		1	
7:00—8:00	1	2	1	2	1	15:00—16:00	1	1		1	
8:00—9:00	1	2		2	1	16:00—17:00		1		1	
9:00—10:00	1	1		2		17:00—18:00	1	2		2	1
10:00—11:00		1		1		18:00—19:00	1	2	1	2	1
11:00—12:00						19:00—20:00	1			1	
12:00—13:00						20:00—21:00		1			
13:00—14:00						21:00—22:00	1	1		1	

从表 5.2 可知，本线初期全日开行钱清—上虞列车 9 对；近期预留开行钱清—上虞列车 14 对，绍兴至杭州列车 2 对，共计 16 对；远期预留钱清—上虞列车 16 对，绍兴至杭州列车 4 对，共计 20 对。

（3）运营效果分析

旅行时间：各站停站时分按 1 min 计，钱清至上虞站间区间长 48 km，全程旅行时间（无列车越行，下同）约 39 min，旅行速度约 75 km/h；绍兴至杭州站间区间长 65 km，旅行时间约 60 min，旅行速度约 65 km/h。

服务水平：从市域列车全日开行方案看，初期高峰时段服务水平 60 min 的行车间隔，平峰、低谷时段的间隔稍大；近、远期高峰时段服务水平可达 30 min 的间隔，平峰、低谷时段基本可保证不超过 60 min 的间隔。

5. 运营管理模式及票务管理

由沿线地方政府与铁路共同出资成立市域铁路合资公司，负责本线建设、车辆购置及经营管理；线路固定设备设施投资由地方政府承担，资产暂纳入合资公司，逐步过渡置换给萧甬公司。合资公司向萧甬公司支付线路使用及相关费用，列车调度指挥委托上海铁路集团公司。该方案有利于项目融资及项目的快速推进，便于资源的优化配置，降低运营成本。

市域列车票务管理按照城市轨道交通方式、兼容国铁票务系统，并新建一套独立的线路票务中心及清算中心，办理城市通勤客运各站设车站计算机系统及自动售检票终端设备，发售本市域列车专用车票，同时实现绍兴市一卡通作为储值票。

利用萧甬铁路开行绍兴段市域列车具备必要性及可行性，且既有萧甬铁路绍兴段具有富余能力开行市域列车，可满足通道内市域客流的出行需求，促进绍兴市实现“杭绍都市区 1 小时通达”“绍北城镇密集区 30 min 通达”以及“市域 1 小时交通圈和 2 小时旅游圈”的目标。目前该项目先期开工工程“钱清、绍兴、上虞三站改造及相应配套工程”正在进行，有望成为我国利用既有铁路开行市域列车的新标志性项目。

6. 有关发展

绍兴风情旅游新干线利用既有萧甬铁路，目前设绍兴、上虞、钱清 3 个站，每日开行 4 趟城际列车。2019 年计划开工建设迪荡站、百官站；未来，这条城际铁路还将和杭州对接，从钱清站向西延伸至杭州站或者杭州南站。初步考虑在萧山设飞虹路城际站。绍兴还在考虑将浙赣铁路诸暨至杭州段，进行通勤化改造，开行城际列车。

（1）延伸至杭州城站。杭州和绍兴地铁有望实现一票制，绍兴风情旅游新干线延伸杭州事项目前正处于协商阶段。图为绍兴方面的有关浙赣铁路通勤化设想的示意图。

（2）与余姚—宁波市域列车互联互通。同城化后，客流之间交流增多。市域铁路追求社会效益，现有运行框架不动，余姚—宁波市域动车组客流量年增长达到了 27%，周日下午，余姚—宁波方向客流多，学生流、白领返程，现在 35 min，预计压缩旅行时分到 30 min 以内。节假日，旅游客流增多。

与宁波贯通运营后，绍兴风情旅游新干线将向东延伸至宁波，新增余姚站、宁波站两个站点，运营里程从当前的 48 km 增加到 128 km。“宁波站位于宁波市区，站内即可实现地铁、高铁换乘，十分便捷。”新干线负责人陈明明告诉记者，按照新干线 120 km 的时速，从绍兴站前往宁波站大约需要 75 ~ 80 min（普速列车绍兴至宁波大约 1.5 ~ 2 h，高铁绍兴北至宁波大约 32 ~ 53 min），且城际列车站点设置更便捷。

省发改委还专门就绍兴至宁波城际线贯通运营的票价制订工作进行了调研。当前，绍兴城际列车钱清至绍兴（20 km）票价为 6 元，绍兴至上虞（28 km）为 8 元，钱清至上虞（48 km）为 12 元。据介绍，绍兴至宁波城际列车贯通运营后，票价将采取“低于高铁票价，与普速列车基本持平，各自市域内已运营的列车票价不做调整”的原则定价，绍兴站至宁波站票价预计在 20 元左右。目前，绍兴至宁波的高铁票价是 39 元，普速列车为 16.5 元。“具体票价已报请市发改委审批，列车贯通运营后，两地还将对票务系统实施改造，未来可实现公交卡、市民卡、微信和支付宝等支付。”绍兴风情线如图 5.9 所示。

图 5.9　绍兴风情线

在做好“联甬”工作的同时，绍兴城际线还积极筹备二期工程建设，计划在越城、柯桥、上虞三区新建 9 个站点，目前这些站点的勘测作业已基本完成。其中，迪荡、百官两个新增站点的实施方案，将在下周组织评审，选址工作也将逐步展开，预计将在今年年内开工。据了解，迪荡站总占地面积约 50 亩，百官站 56 亩，两个站站房占地面积均为 726 m^2，建筑面积 1175 m^2（含泵房等）。

通过加密站点、贯通运营等方式，绍兴城际线将在三区融合、融杭联甬中发挥更为重要的作用。2019 年 7 月 10 日，萧甬线市域列车开行方案进一步优化，钱清至宁波段安排开行市域列车 15.5 对。具体方案为：余姚—宁波 S1101 ~ S1110 次 5 对，钱清—绍兴 S2101 ~ S2105 次 2.5 对，绍兴—上虞 S2201/2、S2203、S2205 次 2 对，钱清—上虞 S2301/2、S2303/4、S2306、S2308 次 3 对，宁波—绍兴 S3002 次 0.5 对，钱清—宁波 S3001、S3003/4、S3005/6 次 2.5 对。此次调图，在宁波、绍兴间开行 3 对贯通列车，将首次实现两地间市域列车跨市联通，更好满足区域通勤客流需要。

第 6 章　市域铁路运营管理

市域铁路运营管理是综合运用市域铁路技术装备、协调相关部门为完成运输任务而进行的生产和营销活动，包括与运输生产有关的全部业务，即市域铁路运输生产全过程的各个环节以及有关计划、组织、指挥工作。新时期的市域铁路运营管理扩展了一些更新的内容。

6.1　客流分析

6.1.1　客流组成

市域铁路是连接都市圈中心城市城区和周边城镇组团，为通勤客流提供快速度、大运量、公交化运输服务的轨道交通系统。市域铁路是解决城际交通与区际交通、城市交通之间衔接不畅，能力匹配不够的有效方式；是实现城市总体规划目标的重要支撑手段，能进一步使城市的空间布局趋于合理，实现各城镇相对独立的可持续发展。从客流上看，市域铁路主要服务于新城与主城区、新城之间以及沿线主要新市镇的通勤、商贸、旅游、娱乐等中长距离出行客流，同时也可能兼顾部分主城区内部出行客流。其中市域到市中心的客流占主体，且相对稳定。城市组团间的生活出行与社会活动出行客流是市域铁路扩展服务的对象，其份额具有较强的发展潜力。

市域铁路客流主要来自中心城区与市域区县、卫星城镇之间，以及市域卫星城镇与卫星城镇之间，市域铁路客流的出行目的主要分为以下几种：

（1）通勤通学

该部分客流以上班族及学生为主，客流量较大、出行时间集中、稳定性高，主要集中在工作日的早晚高峰时段，对出行时效性要求较高，出行舒适性要求次之，是全日客流量的主要组成部分。

（2）商务公务

该部分客流是由于商务公务出行产生的客流，其变化受当地商业及公务活动的影响较大。

（3）探亲、娱乐

该部分客流因日常活动而出行，其出行舒适性需求高于出行时效性需求，并且该部分客流通常具有早上前往参加活动，下午返回的特点。这种客流在一天中的持续时间较长，没有一定的早晚高峰，受季节和天气的变化影响较大。

（4）旅游

该部分客流主要集中在中心城区与具有旅游景区、休闲度假区的市域区县之间，并且该部分客流主要集中在节假日或周末，对出行舒适性需求高于出行时效性需求。

因此，市域铁路客流中直达需求的客流的比重较高，客流的运距较长，呈现两端大中间小的特征，并且与市域区县的人口有很大关系。此外，市域铁路客流出行的时间特征明显，通勤通学客流主要集中在工作日的早晚高峰时段，探亲、娱乐、旅游客流主要集中在节假日、周末等。

6.1.2 客流不均衡性和客流强度

1. 客流不均衡性

市域铁路服务客流除承担服务范围内的通勤、通学等规律性客流外，还承担线路服务范围内的公务、商务、旅游、探亲等客流，工作日、周末及节假日、季节造成的客流差异可能较大。

在工作日市域旅客的到达过程中，一日内各小时的分布极不均衡，市域客流早晚呈现潮汐式特征明显，日间市域客流在下午（15:00—19:00）产生，然后到日末前逐渐下降；（12:00—15:00）及夜间发送的旅客较少。

在节假前日傍晚时出发的市域旅客将大大增加，此时大多数旅客要去往市域地段休息。在节假日早上的数小时内会有很大的出发客流，而大部分市域旅客到达起点站是在傍晚。

工作日内市域客流还具有周期性，既表现在市域列车的行车量上，也表现在时间和空间的重复性上。

2. 客流强度

从客流强度来看，市域铁路有高强度、中强度、低强度之分。

（1）高客流强度

当日均客流强度超过 1 万人次 km 时可确定为高客流强度，部分兼顾城市内部客运功能和城际客运功能的市域铁路与地铁、轻轨等城市轨道交通的客流强度接近，甚至部分市域铁路的日均客流强度超过 2 万人次/km。

（2）中客流强度

当日均客流强度达到 0.5 ~ 1 万人次 km 时可确定为中客流强度，部分服务于重要城市发展区与核心区的市域铁路的客流强度相对较高，如东京筑波线就达 0.6 万人次 km。

（3）低客流强度

当日均客流强度低于 0.5 万人次 km 时可确定为低客流强度，对于只承担通勤客流，且终点站设在城市中心区外围的市域铁路的客流量较低，如伦敦大都市区的市域铁路的日均客流强度约 0.2 万人次/km。

3. 客流时空分布

1）客流时间分布

由于各区域的功能定位不同，其客流随时间变化呈现不同形态，为适应客流的变化，且保证企业的运营效益，相应的行车计划也要变化。

（1）单峰型

单峰型是当某类客流所占比例较大时，由于这类客流的出行特点造成在某个方向和某个时间段内客流数量较大的情况。当各类客流的比例均无法占到绝对比例时，客流在时间上的分布形态就会随着各类客流之间的比例变化而变化。

（2）双峰型

通勤和旅游客流作为主要客流叠加后就会呈现出双峰型形态，由于日常工作、生活规律的影响，双峰型客流容易导致日均上下行客流不均衡的情况。

（3）全峰型

全峰型客流一般发生在节假日期间，尤其在“五一”“十一”等黄金周期间。

（4）突峰型

突峰型是由于市域铁路沿线或终端举行某种大型活动或天气突变等因素而造成的在某段时间范围内客流突增的情况，这类客流对于采用国铁制式的市域铁路而言，车站在客流组织上有一定的困难，需要有相应的应急组织预案及措施。

（5）平峰型

平峰型一般发生在旅游淡季，且通勤通学客流所占比例很小的情况。这种情况下，由于客流出行时间分散，且无规律，全天均呈现列车上座率不高的状况。

2）客流空间分布特性

市域铁路客流的空间波动主要包括方向波动和区域波动。方向波动指通道上两个方向客流的分布差异，一般与时间波动相伴随。如早高峰由郊区至市区的客流需求相对较高，而晚高峰则相反。区域波动是指因客流趋势差异而导致的分布差异，主要指中心城区外围沿线不同开发程度及与中心城区的联系密切度不同而引起的客流需求分布差异。

市域铁路客流区域断面变化与都市圈空间结构及城市总体布局有很大系，并且受到线网制约，大致分为凸起型、凹陷型、均等型、渐变型和不规则型。

区段客流断面不均衡时应调整运力，保证线路各区段运力与运量的平衡。此外，对于各区断面客流严重不均衡的线路，在郊区段也可以采用交替跳站运行方案。一般采用在客流断大的区段间加开列车，即采用嵌套交路或者衔接交路的运营组织方案。

4. 客运需求分析

客运出行需求包括出行的安全性、快速性、便捷性、经济性、舒适性等，其中安全性是运输服务基础和前提，经济性与项目的回报及可持续运营相关。在运行图计划编制和提高水平方面，主要涉及快速性、便捷性、经济性三个方面。

（1）快速性

乘客出行一般要求在安全的前提下尽快到达目的地，也就是尽可能缩短在途的旅行时间。乘客的旅行时间包括车上时间和车下时间，车下时间又包括起始站和换乘站的等待时间和换乘走行时间。在既定的前提下，运输企业可以通过优化运营水平、调整列车运行计划来调整列车交路形式和到发时刻，从而减少乘客的旅行时间，提高乘客出行满意度。

（2）便捷性

提高乘客出行的便捷性主要就是减少乘客出行过程中的换乘次数和换乘时间。市域铁路通常会出现大小交路、主线支线、快慢车、跨线车等开行方式，应根据需要考虑主线和支线换乘协同、快慢车合理越行等列车运行图在换乘站的协同优化问题。应根据客流的流向需求合理开行跨线车，并应辅助以时刻表，减少乘客的换乘次数和换乘时间。

（3）舒适性

保证乘客在出行过程中的舒适度就是保证在车人数不超过列车能力，使得开行的列车在满足客流需求的同时，车厢内也不能过度拥挤，提高乘客出行的舒适度。市域铁路客流平均运距通常较城市轨道交通长，同时根据出行需求不同可能携带行李，车厢站立密度应较轨道交通低。

6.2 列车开行方案

市域铁路列车开行方案主要包括三个部分内容，分别为列车编组、交路计划、停站计划，需要通过分析客流需求和特征，对开行时段、列车对数、编组、交路、停站状态及时间等方面做出详细规定。

6.2.1 影响因素

1. 列车运行径路

市域铁路列车一般采取短距离的站间运输方式。国外市域铁路列车开行具有一定特点，例如德国的 S-Bahn 以及欧洲许多国家的市域列车采用的都是 U 形径路，即从市域到发、在市内或沿城市周边运行一周圈来集结客流。以这种径路运行的列车占用中心火车站的能力很小，但由于总体上站点较多，可以服务于更多的 OD 间客流，不但方便旅客、减少旅客换乘、降低总旅行时间，也保证了列车的总客流量。这种方式对于以某一城市为中心的小型辐射型网络的市域旅客列车开行非常适用。在采用列车的 U 形运行径路后，一系列问题可能需要在设计期即给予考虑，例如：

（1）列车车底及机车或动车组的存放，可采用在线路两端小站存放的方式，此时需要考虑小站的存放及检修条件设计；也可以采用大站集中存放的方式，早晚放空车出入库。

（2）当整条径路上的客流不均衡时，需要考虑长短交路套路的方式，即在客流密集区段采用一部分小交路，以加大该区段的列车服务频率，此时需要考虑小站的折返条件设计以及折返时对其通过能力的影响，减小短交路折返对长交路列车正常运行的影响。

但这种交路也有其缺点：在径路重合区段可能会受到能力限制。对此，德国、荷兰等国家时一些径路采用了“翼形列车”的方式，与列车编组变化相结合，以节约能力。

2. 列车开行频率与编组

由于高峰时段与平峰时段客流差距较大，需要以不同的运输能力来应对，德国、荷兰等国就多采用的方法是：列车开行频率不变而变化列车编组。在高峰时段采用长编组列车，平峰时采用短编组列车。德国的列车最小编组可以为 3 辆。这种方式的优点是：列车开行频率固定，列车可“公交化”开行，旅客无须查时刻表，记住固定的列车开行时刻即可，如每小时的第 10、20、30 分时都会有一次列车服务。当然也可以采用列车开行频率与编组同时变化，或者只调整频率的方式。但调整频率后，一方面不方便旅客记忆，另一方面，可能会由于列车服务间隔时间增加而流失一部分客流。德国、日本、荷兰等国家列车的编组设计较为灵活，并且在进行大小编组换编时，为了节省时间，在车站站台就可以进行列车的重联与分解，作业速度较快，几分钟内即可完成，有相应的信号系统设备支持。

3. 列车运行方式

根据目标旅客群体及客流波动特点，市域铁路运输需采用“公交化”的行车组织方式，高密度小编组，以方便旅客出行。同时，可以采用节拍式运行图，按照固定的时间间隔运行，设定不同时间段的行车方案。

另外，在国外市域铁路开行方式中，还普遍存在钟摆式运行。即当枢纽内具有衔接几个市域区段的直通式车站，或具有连接几个客运站（其中城市中每一车站各为衔接于枢纽的一条线路服务）的直径线时，市域列车从衔接于枢纽的一条线路开往另一条线路，并往复运行。在巴黎，当客流达到高峰时，旅客列车采用钟摆式运行，其列车间隔为 4 min；柏林的市域旅客列车最小间隔为 1.5 min。在大型枢纽内，有了连通各方向干线的直径线，不仅可以组织市域列车钟式运行，而且可以通过在市区范围内均衡分配客流并使列车走行公里相等的途径来改善对长途直通运输的服务。干线的连接方式有：

（1）一条直径线连接 2 个客运站；

（2）两条相交的直径线连接 5 个客运站；

（3）一条直径线和一条半径线连接 3 个客运站；

（4）环形线连接 4 个客运站。

选择哪种方式要根据一系列因素而定，其中主要的有：吸引客流的密度，城市所衔接的干线数，市区范围的大小及其居民人数，长途直通列车及市域列车的行车量。

6.2.2 编制原则

编制列车开行方案，需要在开行目的、开行方式上遵循一定的组织原则，主要包括主次原则、合理分工原则、均衡运输原则、通达原则、直达优先原则等。

（1）主次原则：以满足主要客流需要为核心，确定核心列车开行方案，有条件时尽量兼顾通勤、通学等需要。

（2）能量匹配：即运能与运量的基本匹配，包括列车开行数量与空间分布（含停站数量）两个方面，即按总体客流安排列车开行起讫点、对数，按车站客流大小匹配停站数量。客流是动态变化的，在时间分布上不均衡，固定的开行方案不可能匹配变化的客流。

具体方法：基本列车开行方案按平均客流量、波动规律相对固定，停站次数与发送量成正比，确保基本方案的匹配与稳定，同时对紧张去向、客流高峰期（周末、小长假等）进行选择性运能补充，在客流淡季（每年 3、4、11、12 月）适当减少，在满足旅客出行需要的同时提高开行方案的质量与效率。

（3）合理分工：在客流旺盛地区的客运通道已有了多条线路，为发挥各线功能效应，线路的合理分工十分必要。在枢纽地区，在城市规划、线路布局等因素作用下，设置了多个大型车站并进行站场的合理分工，有利于减少线路交叉、缓解城市拥堵、方便旅客出行。

（4）均衡运输：开行方案的均衡运输，是指开行方案在时空上的均匀分布，包括整体均衡、方向性均衡、相对均衡。整体均衡即基本运输框架的均衡性，避免列车运行间隔过大；方向性均衡即按列车去向有序开行，避免同时段过密或长时间无车；相对均衡即按照客流高峰、低谷适应性调整密度。

（5）直达优先：组织直达运输有利于压缩旅客在途时间、改善乘车体验，有利于加速车底周转、提高运输效率，在客流饱满地区，开行直达列车或者大站直达列车，方便旅客出行的同时，也会快速形成品牌效应。但直达列车因照顾不到沿途客流，实践中不宜多开。

6.2.3 编制流程

市域铁路列车开行方案是在掌握客流计划、遵循铁路客运市场规律的基础上，在一定的运输能力限制下，采用基于 OD 间客流量的编制办法，综合考虑各站点间的客流量，有效地组织不同编组列车的开行，将客流分配到不同种类的列车上，既要充分满足市场需求，又能合理利用运输能力，最大限度地满足广大旅客需求。列车开行方案的优化编制流程如图 6.1 所示。其编制步骤如下：

Step1，准备过程。客流增长和变化规律，选择适当的预测方法，对未来各 OD 点间客流进行合理的判断，实现按流开车。

Step2，方案编制。根据预测客流量，结合 OD 点间社会政治、经济情况确定列车起讫点，然后根据客流实际情况，进行客流调查，结合客流周期波动、列车编组及定员、列车种类、车站及区间能力等因素，以旅客乘车方便度最大化兼顾铁路运营效益等为目标，利用组合优化方法，求解列车开行数量、停站方案等开行方案内容，然后再根据实际情况对开行方案进行调整与优化，实现资源配置最优化与运输效益最大化的目标。

Step3，具体实施。根据列车开行方案编制列车运行图。

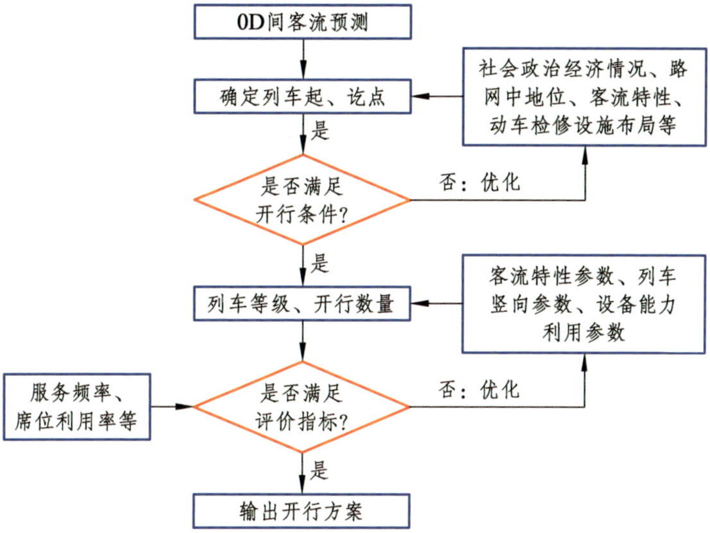

图 6.1　列车开行方案优化编制流程

6.2.4　列车交路

列车运行交路是指列车担当运输任务的固定周转区段。在列车开行方案中，交路计划规定了列车的运行区段、折返车站和按不同列车交路运行的列车对数。在市域线路较长且线路各区段客流量不均衡程度较大的情况下，采用适当的交路方案能够避免运能浪费，且在不降低服务水平的前提下提高车辆运用效率，是运输组织中常用的既能充分利用资源，又能降低运输成本的方法。

1. 列车交路种类

列车交路形式主要分为单一交路、大小交路衔接和大小交路嵌套三种模式。

（1）单一交路

单一交路又称为长交路，列车在线路起点和终点间贯通运行，为乘客提供无换乘服务，列车到达线路终点站后折返，如图 6.2 所示。单一交路模式列车行车组织较为简单，对首末站折返设备要求不高，适用于全程客流均匀、无明显客流断点的情况。从客运组织的角度来说，采用常规交路时列车终到站明确，乘客无须留意有关列车终到站的信息。

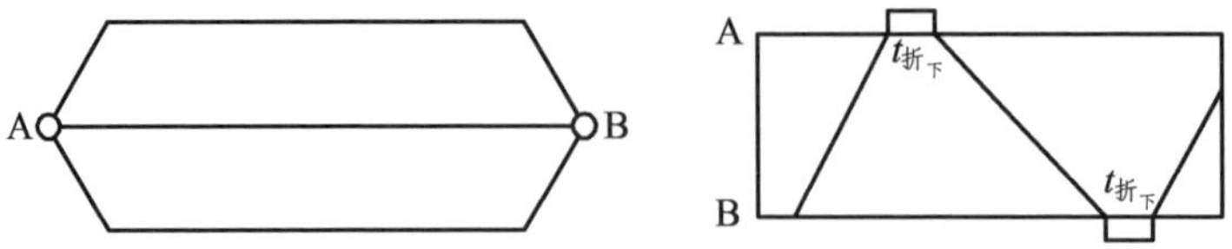

图 6.2　单一长交路示意图及运行周转图

（2）嵌套交路

嵌套交路是大小交路并存、列车在部分区段共线运行的情况。可根据客流需要，组织不同编组，大交路列车在线路终点站折返，小交路列车在指定的中间站折返，如图 6.3 所示。

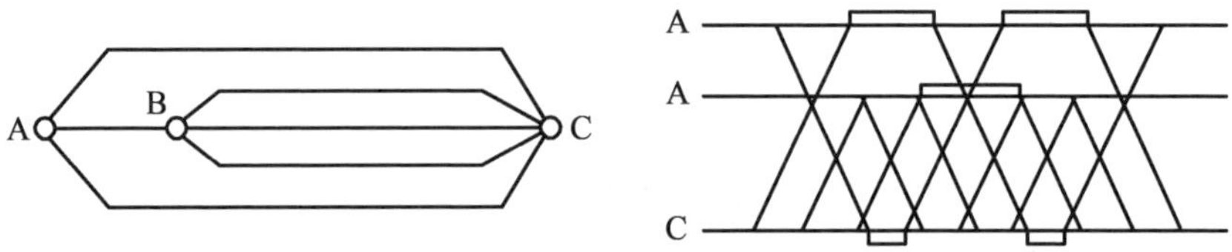

图 6.3　嵌套交路示意图及部分运行图

嵌套交路适用于全线或区段高峰小时客流量不均匀，且断面流量在途中某处有明显的落差的情形。开行高密度的小交路以满足中心城区客流的高强度需求，开行相对低密度的大交路满足郊区段及贯穿中心城区的客流需求。大小嵌套交路开行方案既能满足不同区段的客流需求，又能减少车辆运用、提高运营效益。但是，采用嵌套交路行车组织比较复杂，且长距离乘客需要在中间折返站换乘以及查看列车终到站信息，服务水平降低。

（3）衔接交路

衔接交路是指若干短交路的衔接组合，列车在线路的某一个区段内运行，在指定的中间站折返，为特定区段内的乘客提供无换乘的客运服务，如图 6.4 所示。

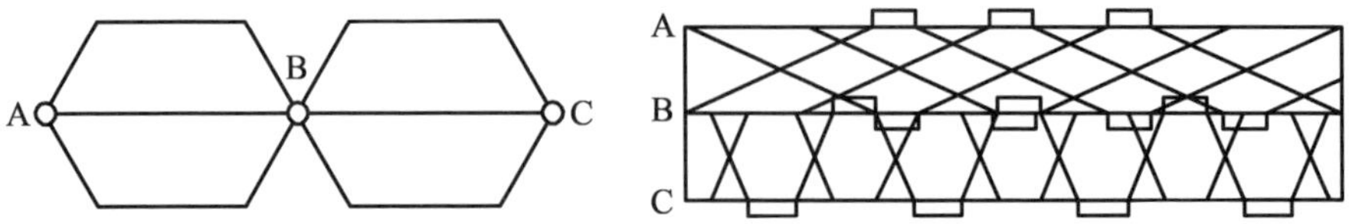

图 6.4　衔接交路示意图及运行图

衔接交路能够适应不同客流区段的运输需求，运输组织方便，运营成本低，但中间折返站必须具备双向折返的条件和方便换乘的条件。从乘客的角度来说，跨区段出行的乘客需要在中间折返站换乘，换乘次数和时间增加，致使乘客服务水平降低。

2. 交路方案的影响因素

在线路各区段客流量不均衡程度较大的情况下，采用不同的列车交路方案对运营的经济合理性，以及对乘客的服务水平将带来不同的影响。制定列车交路方案，除了满足客流断面的需要，还应考虑服务水平的需要、线路能力、列车满载率指标、运用车数等诸多因素。具体影响因素如下：

（1）客流的空间分布特征

客流的空间分布特征是列车交路方案选择的基本依据，即“按流开车”。当断面客流分布为均等型时可采用单一交路，当断面客流分布呈现阶梯型时可选用嵌套交路或衔接交路方案，当断面客流分布为凸字型时可选用嵌套交路方案。

采用衔接交路时，跨区段出行乘客需要在衔接车站换乘，增加了换乘时间；采用嵌套交路时，大交路列车发车间隔增大，部分远距离乘客候车时间增加。特殊交路对乘客服务水平的影响程度，关键在于跨区段出行乘客或远距离长交路出行乘客占总客流的比例。

（2）通过能力和折返能力

采用衔接交路方案，双方向列车在同一中间站折返，若中间站折返能力不足将造成列车开行间隔增大，通过能力损耗。采用嵌套交路方案，若大小交路列车开行的间隔不能满足一定的比例要求时，运行图上将会产生空费时间，从而影响线路的通过能力。

（3）车底使用数

采用衔接交路或大小嵌套交路时，分别按照不同客流区段的客流量安排运能，则各客流区段的列车满载率均较高。因此，采用特殊交路方案能减少车辆运用数和日车走行公里，降低了运输成本，提高了经济效益。但是，采用特殊交路方案需要在中间站铺设折返线、道岔和安装信号设备，投资费用和日常维护费用支出增加。

（4）运输组织的复杂性

当采用特殊交路方案时，中间折返站一般选择断面客流有明显落差的车站，但通常这些车站到达客流较大，乘客上下车作业容易导致列车晚点，增加运输组织的复杂程度。同时，由于列车分成不同的运行交路并在中间站折返，需要加强站台乘客乘车向导服务，其运输组织较单一交路更加复杂。

3. 列车交路选用原则

（1）要充分考虑客流分布规律。

（2）要以方便大多数人出行为目的，提高乘客出行的直达性。

（3）要考虑行车组织的操作性和灵活性，主要行车设备的功能。

（4）要考虑运营交路设置的延续性和匹配性。

（5）要考虑行车组织的可行性、安全可靠性。

（6）要考虑客运服务的优质性。

（7）要考虑客运组织的难易程度。

6.2.5 列车停站

目前，市域列车的停站方案总体上有两大类，即站站停方案和非站站停方案。非站站停方案又分为交错停、大站停、直达等多样化方案。

（1）站站停方案

列车在全线所有车站均停车。站站停方案下，列车的种类单一，不产生越行，运营组织简单，但整体旅行速度偏低，适合中短距离出行的乘客。在跨区段、长距离出行乘客比例较大时，其车辆运用与服务水平均未达到最优。

（2）非站站停方案

该类型的停站方案减少了列车的停站次数，提高了乘客的旅行速度，减少了旅行时间。同时也加速了车辆的周转，减少了车辆运用数，可降低运输成本。不足是不同的交路区段的乘客的换乘时间会有所增加，使得乘客滞留于换乘站台，造成站台拥挤现象；而短交路区段内的乘客的候车时间会增长。

6.2.6 快慢列车运输组织模式

1. 快慢车运输组织概念

快慢车运输组织是在开行站站停慢车的基础上，同时开行非站站停的大站车和直达车，是在长距离线路为提高长距离出行客旅行速度并兼顾短距离乘客直达性的一种运输组织方法。

显而易见，大站车和直达车停站减少，旅行速度提高，缩短了长距离乘客的出行时间；但被越行乘客候车时间增加，服务水平下降，且对线路的通过能力产生了负面影响。快慢车运输组织如图 6.5 所示。

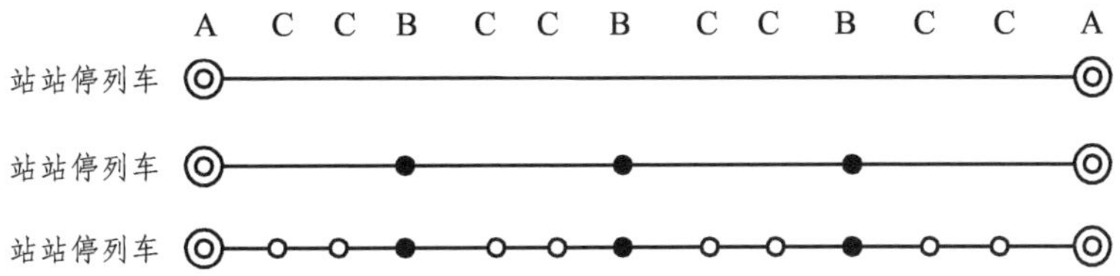

图 6.5 快慢车运输组织示意图

快慢车运输组织可以更好地解决客流在时间和空间上的分布不均衡性，其运营模式与站站停模式对比如表 6.1 所示。

表 6.1 站站停运营模式与快慢车运营模式对比

项目	站站停运营模式	快慢车运营模式
运营特征	小编组高密度，按发车间隔发车和候车，无须公布时刻表	大编组低密度，快车按规律等间隔发车，慢车规律性不强，需公布时刻表
线路特征	以服务市区或组团内乘客为主，以地下线路为主	线路较长，服务市域外围组团与中心城的联系，地上线路多
客流特征	线路客流大，负荷强度高，高峰小时断面客流大，各站客流量分布均匀，平均运距短	线路客流负荷强度低，非高峰小时断面客流相对较小，车站客流量集中在关键核心车站，平均运距长，长距离直通客流比例大
系统特征	高峰小时行车对数可达 30 对以上，列车旅行速度相同	相对于站站停模式，快车更快，慢车更慢，且高峰小时行车对数较少

2. 快慢车运输组织的优缺点

市域线路开行快车后，能提高列车旅行速度、缩短旅行时间，为长距离乘客提供了更高水平的服务。快慢车运输组织在一定程度上满足了客运市场不同客流的出行需求，丰富了客运产品。此外，快慢车运输组织能够加速直达列车的周转，有利于车底数的减少。

但随着列车间越行或待避现象的产生，除了增大越行站工程造价与工程难度外，还将引起一系列运输组织方面的负面影响，如线路通过能力下降（特别是列车密度较大时）、乘客平均候车时间延长、待避列车停站时间延长、被越行列车服务水平降低，以及引发部分乘客同线路换乘，增加了车站客运组织与列车调度指挥（尤其是晚点时）的复杂程度，等等。表 6.2 分别对三种停站方案的优缺点和使用情况进行分析。

表 6.2　快慢车运输组织下的不同列车优缺点比较

列车种类	优点	缺点	适用情况
直达列车	提高旅行速度、缩短旅行时间，为长距离乘客提供更高的服务水平	只为 A 类车站服务；短途乘客平均候车时间延长；对区段能力有一定限制	起讫点为客流需求大的城市中心或副中心间，且运输能力有保障
“大站停”列车	运行速度较快；充分满足高等级车站旅客服务频率；运输组织灵活	只为 A、B 类车站服务，延长 C 类车站乘客候车时间	适用于途经站点上下客流不均衡程度大的线路，主要为大城市和郊区组团之间客流服务
“站站停”列车	可服务于线路上所有车站；尤其是能够兼顾 C 类车站的客流输送	运行速度最慢	适用于各站点上下客流均较大的线路

3. 快慢车运输组织的适用性

在城市轨道交通中，根据线路在城市中的位置及其服务的客流，一般可分为地铁线和市域线。其中，地铁线主要服务于市区短途客流，市域线主要服务于长距离的通勤学客流。从轨道交通线路适应运输需求的特征来看，位于市区范围内的地铁线，各站的旅客乘降量大且分布较为均衡，通常采用单一站站停运输组织方式；而在市域线一类的长线路上，各区段断面客流分布常为阶梯形或凹凸字形，断面客流不均衡程度较大，单一的“站站停”难以满足乘客的出行需求。市域线的客流具有两类需求特性，一方面，从郊区到市中心的长距离通勤乘客希望提高旅行速度、减少出行时间；另一方面，沿线各站间乘客希望无换乘地直达目的地。因此，“站站停”列车难以满足不同乘客的出行需求，需优化停站方案。

快慢车运输组织是城市轨道交通中市域线常用的运输组织形式，是从运输组织适应客流特征的角度出发，根据线路的长、短途客流特点和通过能力利用状况，在开行站站停慢车的基础上，同时开行越站、直达快车的列车开行方案，从而使运输组织适应不同客流特征的一种运行组织技术。

从提高轨道交通线路的运输供给能力来看，一方面，为了充分发挥轨道交通的作用，要求设置足够数量的车站；另一方面，列车频繁地停站降低了旅行速度，也延长了旅客出行时间，其运行效率以及对线路的客流吸引力降低。因此，增设车站与缩短旅行时间是一对矛盾，这种矛盾随着线路增长而加剧。开行快慢车可以有效减小轨道交通线路不同区间客流特征及列车频繁停站对线路运输的影响。

轨道交通线路开行快车后，也会带来一定的负面影响，如由于列车越站运行，被越行车站的客运服务水平将有所下降，平均候车时间增加；在列车密度较高的情况下，快慢列车间将发生越行，降低了线路的通过能力。此外，过多的越行会导致工程难度与工程造价的增加；而过少的越行站必然会影响线路的通过能力及列车的始发均衡性。因此，需要研究在满足一定的通过能力条件下，快慢车的发车间隔组合问题，越行站数量以及越行地点选择等问题。

2016 年，上海地铁 16 号线组织了快慢车运营，单程运行时间较“站站停”慢车缩短 12 min；北京地铁 1 号线于 2014 年在早高峰时段开行了从苹果园至玉泉路的快车，6 号线于 2016 年在星高峰时段开行了在草房、常营站跨站通过的快车，快慢车的比例为 1∶3。北京地铁 6 号线、广州地铁 21 号线等多条线路在部分车站均预留了越行配线，为有越行模式的快慢车提供了线路条件。

4. 快慢列车运输组织模式

根据线路是否具有越行条件，快慢列车运输组织还可分为有越行模式和无越行模式，两者的线路条件、适用客流条件、运行组织方法不同。

1）有越行模式

根据市域线的线路条件和越行方式，越行分为区间越行和车站越行两类。区间越行通常发生在线路条件具备三线、四线的情形下，在日本和欧洲一些城市有所应用；而我国城市轨道交通市域线路通常为复线，且仅在部分车站预留越行配线，所以车站越行更符合我国实际运营情况。

当发车频率较高、快车跨站数量较多时，需采用越行模式开行快慢车。由于后车旅行速度较快，导致与前车的距离逐渐缩短，当不满足安全追踪距离时，后车不再具备与前车追踪运行的条件，而需要在车站越行前车。因此，在发车频率较高、通过能力较为紧张时，比起无越行条件，有越行条件提高了开行快慢车的可能性。当发车频率极高、通过能力紧张时，开行快慢车的条件还待探讨。

（1）区间越行

此类越行方式，一般要求越行区段为三线（双向共用越行线）或四线，快慢列车在线路的部分区段追踪运行，快车通过越行线越行慢车。RER-B 线北段的 Aulnay 至 Gare du

Nord 是四线区段，即是采用站间越行的方式，且快慢车在该区段停靠不同站台，从而实现快慢车之间的越行。

（2）车站越行

此类越行方式，要求越行车站配备侧线，便于运行组织和保障快车运行速度的角度考虑，一般采用正线越行。

一般而言，在城市轨道交通系统中，由于受工程难度和造价的影响，很难做到在每一个可能发生越行的车站设置越行线。因此，可以通过调整列车在始发站的间隔来改变列车的越行地点。这种方法可以既保证能力，又能保证列车在合适的车站越行。另外，列车在上下行区间需要设置的越行站不一定是同一车站，可以根据需要考虑在某些车站设置单方向的越行线。

2）无越行模式

市域线具有线路较长、站间距较大的特点，当线路不具备越行条件时，可调整运行图中列车运行间隔时间，加大前后车间隔确保不追车。但是这种情况下会更多的损失线路通过能力，不适用于客流量较大的线路或者是客流量增加较快的线路。

因此，无越行条件下，市域线可在客流平峰期发车间隔较大时开行快慢车，或在高峰期发车间隔较小时，增加快车的停站数量。

3）越行线的优缺点分析

若组织列车越行，需要在部分中间站设置越行线，利用越行线让前车短暂停靠，后车通过正线越站后，前车再继续行驶。该方式可更有效充分的利用线路通过能力，但是设置越行线对工程条件提出一定的要求，越行线主要优缺点如下：

（1）供晚点列车或临时交路列车调整使用，可以提高列车运行调整的灵活性；

（2）可供列车在短交路进行折返作业，消除与长交路的列车发车作业的相互影响；

（3）在列车故障或发生行车事故时可作为临时停车线使用，有助于在最短时间内开通正线、恢复行车；

（4）在夜间作为列车段外停车使用，有助于压缩车辆段建设规模，减少工程投资和运营费用。

（5）车站增设越行线会增加系统前期土建、轨道铺设和信号设施方面的费用外，还可能要求扩大车站空间、增加其他相应设施，因此增加系统建设费用。尤其部分市域铁路穿过中心城区时多采用地下车站，工程实施难度较大。

（6）采用越行方式需要对列车运行图进行精细化管理，保障行车安全。

5. 快慢车交路方案

快慢车的运行交路分别确定了不同等级列车各自的运行区段、折返车站以及开行对数。快慢车的运行交路应至少具备一个完整的慢车大交路，以及与慢车交路完全重叠或部分重叠的一个快车交路。

通过高峰小时断面客流可计算出各交路上开行的快慢车对数，见下式。

$$n=\frac{\max(Q_{上}，Q_{下})}{m*a_{定}}$$

式中 n——各运行交路上开行的快车或慢车数量，列；

$Q_{上}$，$Q_{下}$——上下行各区间断面客流量，人/h；

m——列车编组辆数，辆；

$a_{定}$——每辆车的列车定员，人/列。

6. 快慢列车通过能力分析

采用快慢车组合运营的运输组织方式，快车与慢车之间的间隔时间将随着慢车停站次数的增加而减小。在运行过程中，如果前后车的间隔时间小于最小间隔时间，快车便无法正常运行，可以采取增大快慢车发车间隔来实现，但这是以降低线路通过能力来换取的，难以适应客流量较大的线路。因此选用快车越行慢车的调整策略，可以充分利用线路通过能力。

（1）平行运行图能力

当市域铁路上只开行同一种类列车（均为直达列车或均为“站站停”列车）的情况下，区间内的运行线总是以同样的铺画方式周期性地一组一组反复排列着，如图 6.6 所示。

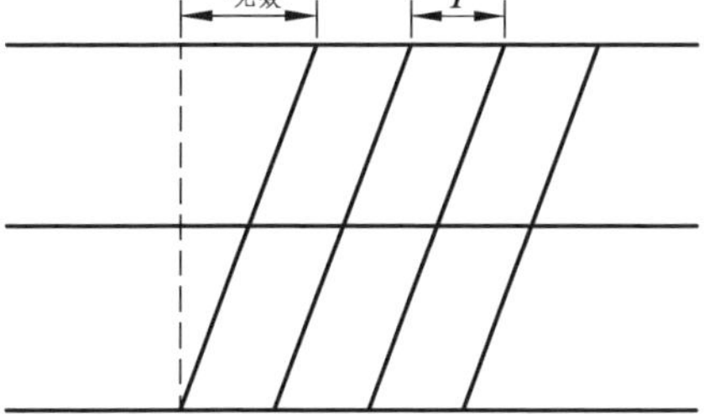

（a）直达列车开行示意图

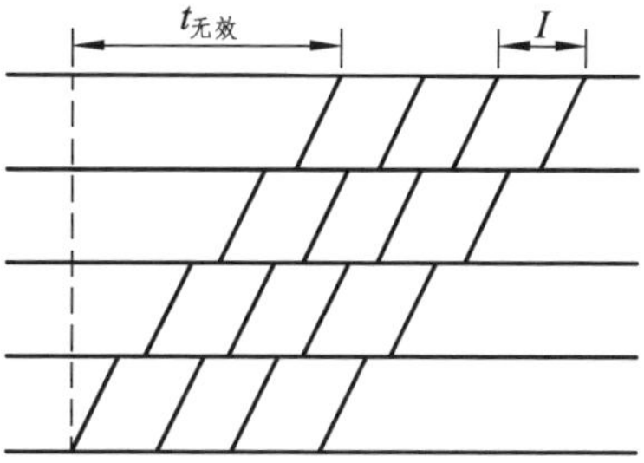

（b）“站站停”列车开行示意图

图 6.6　平行运行图

考虑采用双线追踪运行，则平图能力的计算为：

$$n_{平}=\frac{t_{营}-t_{无效}}{I}$$

式中　$n_{平}$——市域铁路平行运行图能力，列（对）数；

$t_{营}$——市域铁路一天的运营时间，min；

$t_{无效}$——列车运行图无效时间，包括三角区时段等，min；

I——追踪列车间隔时间，min。

需要指出的是，上述（a)、(b）两种情况下的追踪列车间隔时间不同，则平图能力的大小不等。

（2）非平行运行图能力

市域铁路一般采用直达列车、大站列车和站站停列车组合运营的开行方案，故实际运行中一般都为非平行运行图运行。受到停站列车停站时间和停站列车起停附加时分的影响，线路通过能力需要折减，可采用扣除系数法进行计算。

需要说明的是，哪种列车是标准列车，其扣除系数为 1.0。通常情况下，哪类列车为多数则为标准列车。

大站列车或“站站停”列车在 i 站的停站间隔时间 $T_{停}^{i}$ 为：

$$T_{停}^{i}=t_{停}^{i}+t_{停站}^{i}+t_{起}^{i}$$

式中　$t_{停站}^{i}$——列车在 i 站的停站时间，min；

$t_{停}^{i}$、$t_{起}^{i}$——列车在 i 站的起停附加时间，min。

Step1：判断是否存在越行，如图 6.7 所示。

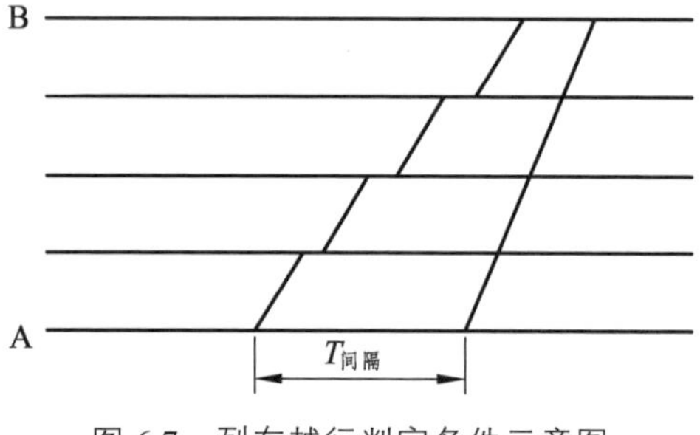

图 6.7　列车越行判定条件示意图

如上图所示，A、B 区段内共有 n 个车站，前行列车为“站站停”列车，后行列车为直达列车，前后列车在 A 站的发车间隔时间为 $T_{间隔}$，有

$$T_{前行}=\sum_{i=1}^{n-1}t_{运,i}+\sum_{j=2}^{n-1}t_{站,j}$$

$$T_{后行}=T_{前行}-\sum_{j=2}^{n-1}(\Delta t_{停,j}+t_{站,j}+\Delta t_{起,j})$$

式中　$t_{运,i}$——第 i 区间的运行时间，min；

$t_{站,j}$——第 j 站的列车停站时间，min；

$\Delta t_{停,j}$——第 j 站的停车附加时分，min；

$\Delta t_{起,j}$——第 j 站的起动附加时分，min。

后行列车是否存在越行，可以根据前后列车到达 B 站的间隔时间是否大于或等于追踪列车间隔时间 I 的条件来判定：

当 $T_{间隔}+T_{后行}\geqslant T_{前行}+I$ 时，后行列车在 A、B 区段内不越行；

当 $T_{间隔}+T_{后行}<T_{前行}+I$ 时，后行列车在 A、B 区段内越行前行列车。

Step2：无越行情况下，停站列车扣除系数，如图 6.8 所示。

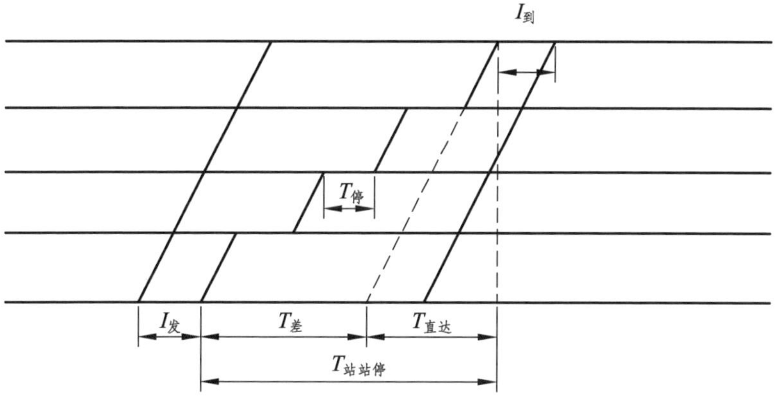

图 6.8　停站列车无越行扣除时间

无越行情况下，“站站停”列车扣除系数 $\varepsilon_{停站}$ 为：

$$\varepsilon_{停站}=\frac{T_{站}-T_{直}+I_{到}+I_{发}}{I}-1$$

式中　$T_{站}$——“站站停”列车全区段旅行时分，min；

$T_{直}$——直达列车全区段旅行时分，min；

$I_{到}$——按两列车到站停车条件计算的追踪列车间隔时间，min；

$I_{发}$——按两列车从车站出发条件计算的追踪列车间隔时间，min。

其中，$T_{差}=T_{站}-T_{直}=\sum_{i=2}^{k-1}T_{停}^{i}$，令 $I_{到}=I_{发}=I$，则无越行条件下“站站停”列车扣除系数 $\varepsilon_{停站}^{0}$ 为：

$$\varepsilon_{停站}^{0}=1+\frac{\sum_{i=2}^{k-1}T_{停}^{i}}{1}=1+\frac{\sum_{i=2}^{k-1}(t_{停}^{i}+t_{站}^{i}+t_{起}^{i})}{I}$$

Step3：存在越行情况下，计算停站列车扣除系数。

存在越行的情况下（如图 6.9 所示），待避列车停站时间 $t_{站}^{i}$ 应满足 $t_{站}^{i}\geqslant I_{到通}+I_{通发}$，即 $T_{停}\geqslant t_{停}+I_{到通}+I_{通发}+t_{起}$。

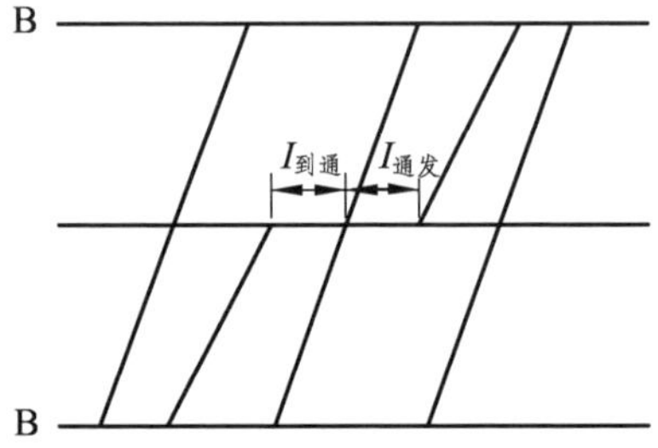

图 6.9　列车发生越行作业示意图

当停站列车被一列直达列车越行时，其扣除系数 $\varepsilon_{停站}^{1}$ 为：

$$\varepsilon_{停站}^{1}=\frac{(t_{停}+t_{站}^{i}+t_{起})}{I}$$

当停第 i 站列车被 n 列直达列车越行时，其扣除系数 $\varepsilon_{停站}^{n}$ 为：

$$\varepsilon_{停站}^{n}=1+\frac{(t_{停}+t_{站}^{i}+t_{起})}{I-n}$$

当“站站停”列车沿途共计被 n 列直达列车越行时，其扣除系数 $\varepsilon_{停站}^{n}$ 为：

$$\varepsilon_{停站}^{n}=1+\sum_{i=2}^{k-1}\frac{(t_{停}^{i}+t_{站}^{i}+t_{起}^{i})}{I-n}$$

Step4：计算非平图通过能力。

“站站停”“大站停”列车的开行对直达列车造成了影响，在计算非平图能力时，需要在原有平图能力的基础上进行扣除，非平图能力的计算为：

$$n_{非}=n_{直}+n_{站}+n_{大站}$$

$$n_{直} = n_{平} - \varepsilon_{站} n_{站} - \varepsilon_{大站} n_{大站}$$

式中　$n_{非}$——非平图能力；

$n_{直}$、$n_{站}$、$n_{大站}$——直达列车、“站站停”列车和“大站停”列车数；

$\varepsilon_{站}$、$\varepsilon_{大站}$——“站站停”和“大站停”列车扣除系数。

7. 影响分析

（1）市域铁路客流一般具有乘距较长的特点，为满足对出行时间的要求，采用开行非站站停快车的行车组织方式。因快慢车的速度差使得线路小时行车量降低，达不到较高水平。

（2）列车追踪运行的安全间隔距离与列车制动性能及制动初速度、安全防护距离、列控系统设备反应时间及误差相关。随着列车运行速度的提高，列车运行的间隔需要加大，也增加了列车进站停车的走行距离和时间，影响车站特别是折返站的通过能力。

（3）市域铁路一般线路较长，且承担乘距较长的客流比重也较大，若采用站站停运输组织模式，因列车频繁停站延长了旅客的乘车时间，将对该部分客流的吸引力越小。为减小列车停站对客吸引能力的影响，满足不同乘客的出行需求，市域铁路应考虑适当采用快慢列车运输组织方式，提供差异化和高品质服务。但开行快车时，因需越行要求车站增加到发线，降低了站站停列车的旅行速度，使列车发车间隔不均衡，形成的非平行运行图不能实现系统的最大能力。为此，市域铁路运输组织模式应根据客流特征，结合线路长度和车站的设置条件，通过对运营效率和费用等综合比较后确定是否开行快车。

（4）采用快慢列车运输组织方式时，线路行车总量及其快慢车比例、快车的停站方案等是影响越行到发线分布的主要因素，待避列车停车到发线的分布宜按站站停行车间隔不大于 10 min 的原则、结合车站工程条件设置。

（5）影响市域铁路旅客乘车时间的主要因素包括列车实际运行速度、列车停站次数及停时间，而实际运行速度与线路设计速度线路限制速度及其限速距离、车辆性能，车站分布及运输组织模式等有关。应按旅客乘车时间目标值的要求，结合列车开行方案，采用牵引计算，对车站站台范围内的列车运行速度，通过方案比选确定与线路设计速度相匹配的最高速度。

（6）对于列车不停站通过站台的最高速度，目前《市域（郊）铁路设计规范》规定：站台计算速度范围内，越站列车通过站台的实际运行速度不宜大于 80 km/h。目前，部分城市也在研究进一步提升过站台通过速度的可行性。

8. 国内外快慢列车开行方案分析

市域铁路是世界上许多特大城市交通体系的重要支柱。东京、巴黎、伦敦、纽约等城市的轨道交通客运量占公共交通客运量的比例达到 50%以上，其中东京城市轨道交通客运量更是占到城市客运总量的 50%以上，它满足了人们中长距离出行的要求，能够承担大运量客流，并成为中心区与郊区新城、新镇之间的快速联系通道。国外的市域铁路比我国早，且很多线路都是由铁路发展而来。市域铁路的运营已经积累了丰富的经验，尤其以东京的 JR 线、巴黎 RER 线、纽约快车线为代表。

东京快慢车组合运行的轨道交通网，确实为东京大量的长途乘客提供了方便节时的快速出行方式，也为市区短途乘客提供了便利，对保障东京地区经济、文化和城市生活正常运转起着极重要的作用。

东京都市圈大多数 JR 骨干线路采用快慢共轨运营模式，即通过甩站和越行方式组织多种列车服务，一般为双线，其中东海道线和横须贺线因线路位于繁华的京滨工业带客流巨大而采用四线。此类线路属于东京都市圈轨道运输干线，除埼京线与临海高速铁道临海线直通外基本不与非 JR 线路直通，主要提供中短途城际客流运输和沿线至区部的通勤客流运输服务。东京的快慢车运行组织技术水平非常高，几乎所有的市域快线均开行快慢车，以筑波快线为例，全线共开行 3 种列车，包括快车、区间车和普通车。其中特快车全程停 9 个站，越 11 站旅行时间 45 min：区间快车全程停 16 个车站，越 4 站，旅行时间 52 min：普通车开行全程，停 20 站，旅行时间 57 min，筑波快线的线路图。

（1）日本京成线

京成线西接东京都上野城市副中心，东至东京成田国际机场，线路全长 69.3 km，共有车站 42 座，平均站间距约 1.7 km。

京成线各站上下客流严重不均衡，除日暮里、高砂、八幡、船桥、津田沼、八千代台以及成田站上下客流量较大外，其余车站客流量较小，如图 6.10 所示。

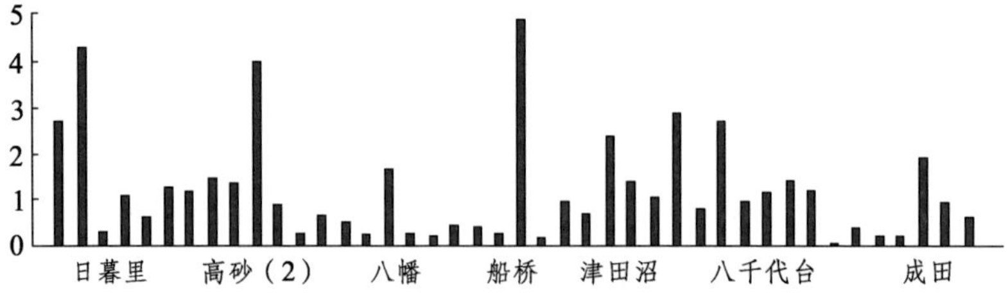

图 6.10 东京京成线各站日平均上下客流分布示意图

京成线采用快慢车组合运营的模式，列车开行种类包含直达车、早晚高峰特急车、通勤特急车、快速车以及普通“站站停”列车，其中最快和最慢列车运行时间相差达 41 min。直达列车由上野至成田机场中途只停留 2 站，全程运行时间仅 57 min；而普通车采用“站站停”模式，全程运行时间为 98 min；其他各类车，快速、通勤特急和早晚高峰特急列车总的区间运行时分分别为 86 min、80 min 和 62 min。这样的组合模式既满足了大站乘客缩短旅行时间的要求，又为沿线小站乘客提供了便捷的出行条件，增加了线路的客流吸引能力。

工作日早高峰（8:00—9:00）发车密度较高，达 19 对，其中特急列车 5 对，快速及普通列车 14 对。平峰时段发车密度较低，一般为 10 对/h 左右，其中特急列车 4 对，上午 11:00—12:00 特急车和普通车各为 5 对。工作日全日各种列车开行数量比例如图 6.11 所示。

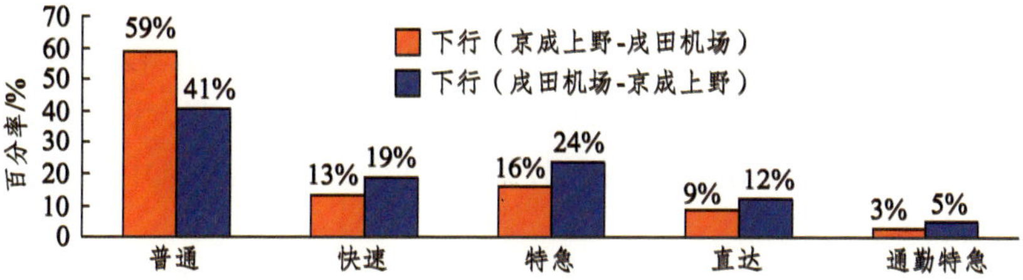

图 6.11　东京京成线工作日全日各种列车数量比例

为了满足快车在车站或区间对慢车的越行，需要在可能产生越行的车站或区间设置避让线或专用快车线。京成线共在 19 座车站设置了配线，占总车站数量的 45%，并每隔 2 ~ 4 个区间设置区间渡线。京成线设置越行线的车站大多位于慢车停靠站，这样可以满足更多的快车越行，同时慢车受到的影响也较少，有利于节省乘客的旅行时间。

（2）日本筑波线

以日本筑波科学城为代表，一般由于中心城区功能疏解形成，位于城市远郊，土地开发强度较低，用地功能混合程度较高。筑波科学城位于茨城县南部筑波市，距离距东京站约 60 km、成田空港约 40 km，占地约 284 平方公里。科学城呈南北狭长分布，主要由核心区筑波研究学园和周边开发区域（约 257 平方公里）两部分组成。现状人口约为 20 万人，其中，科研人员为 2.2 万人。目前，筑波科学城是日本最大的科技新城和研发中心，集聚了 300 多家国家级科研、教育机构和民间企业。核心区用地约 27 平方公里，一半规划为研究教育设施用地（54%），另一半规划为相关配套用地，其中居住用地占全部用地面积的 25%。筑波线起于秋叶原，经东京都、埼玉县、千叶县和茨城县至筑波，线路全长 58.3 km，共有车站 20 座，平均站间距 3.1 km。开行初期列车采用 6 辆编组，远期采用 8 辆编组。筑波快线快慢车有 3 种，分别是快速列车（快车）、区间快速列车（大站车）和普通列车（慢车）。快车与大站车基本采用定点发车，快车开行间隔 30 min/对，大站车高峰时段 12 min/对、平峰时段 30 min/对。快车与慢车相比，快车少停了 11 个车站，旅行时间节省 12 min；大站车与慢车相比，大站车少停 4 个车站，旅行时间节省了 5 min，列车运行模式如表 6.3 所示。

表 6.3　筑波线列车运行模式

序	列车种类	简称	运行时分/min
1	快速列车	快车	45
2	区间快速列车	大站车	53
3	普通列车	慢车	57

目前筑波线全日共开行 178 列，其中快车 33 列、大站车 47 列、慢车 98 列，全日开行比例约为 1∶1.5∶3。其中，早高峰开行 16 列，晚高峰开行 12 列，平峰时段开行 8 列。与平峰时段相比，慢车开行对数变化幅度较大，快车和大站车在一天中的开行比较平均，具体开行对数如表 6.4 所示。

表 6.4　日本筑波线开行对数表

时间	慢车/列	大站车/列	快车/列
5:00—6:00	3	0	0
6:00—7:00	5	2	1
7:00—8:00	8	4	2
8:00—9:00	10	4	2
9:00—10:00	8	2	2
10:00—11:00	4	2	2
11:00—12:00	4	2	2
12:00—13:00	4	2	2
13:00—14:00	4	2	2
14:00—15:00	4	2	2
15:00—16:00	4	2	2
16:00—17:00	4	2	2

续表

时间	慢车/列	大站车/列	快车/列
17:00—18:00	6	2	3
18:00—19:00	6	3	3
19:00—20:00	5	4	2
20:00—21:00	5	4	1
21:00—22:00	5	4	1
22:00—23:00	4	3	1
23:00—00:00	3	1	1
00:00—01:00	2	0	0
合计	98	47	33

筑波线全线 20 个车站中共有 6 座车站设有越行线，设配线的车站数量占全线的 30%，其中 3 个站为交叉渡线，2 个站为避让线，1 个站为列车出入库线。避让模式为大编组低密度模式，避让站与快车停靠站基本结合设置。越行线以双岛四线为主，辅以渡线连接上下行方向。其中，快速列车与区间快速列车不产生越行，如图 6.12 所示。

图 6.12　筑波快线线路示意图

以筑波科学城为代表的位于城市远郊的低开发强度的功能区，在对外交通方面，强调依托大容量的轨道交通，保持与中心城区的高效联系。筑波科学城通过轨道筑波快线（通勤轨道）与东京区部实现快速联系。筑波快线于 2005 年 8 月开通运营，线路长度 58.3 km，速度目标值是 130 km/h，日均客流量达到 28.3 万人次。科学城内设置筑波站、研究学园站、世博纪念公园站和原野站。根据统计，2010 年 4 个站点每日客流总计约 2.29 万人次。筑波站至东京区部秋叶原站最快列车仅 45 min。

低开发强度功能区同样注重与主要枢纽之间的快捷联系，以避免成为孤岛。筑波科学城通过轨道和高速公路，实现了与东京市中心和成田国际机场的快速联系，如图 6.13 所示。

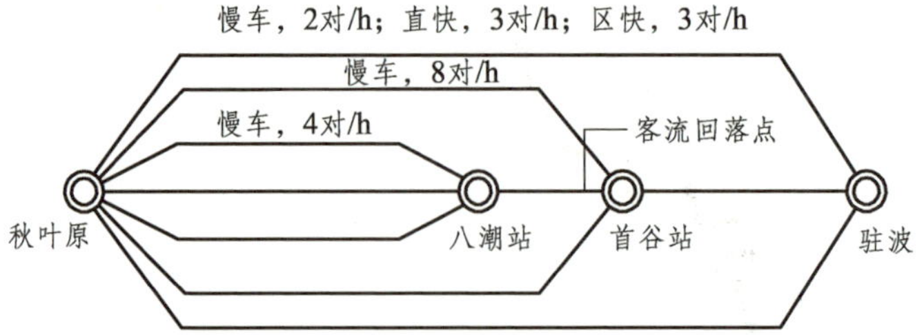

图 6.13　日本驻波线高峰小时运行交路图

快慢车大小交路的分界点宜设置在断面客流回落点之后，且优先选择先天具备折返功能的越行车站。日本驻波线在高峰时段内采用三重大小嵌套交路，其中，秋叶原—驻波的大交路上开行 2 对慢车、3 对特快和 3 对区快，秋叶原—八潮和秋叶原—守谷的两个小交路上分别开行了 4 对和 8 对慢车，如图 6.14 所示。

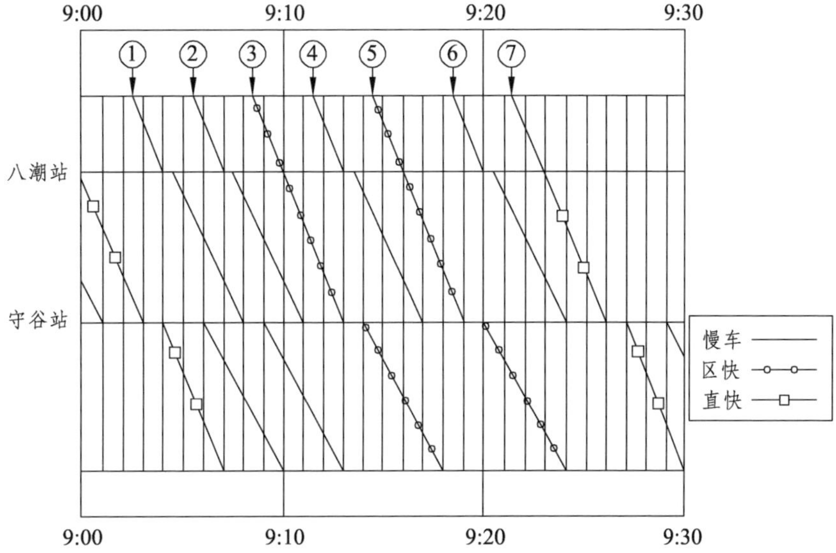

图 6.14　日本驻波线守谷站折返示意图

如上图所示，守谷站既是越行方案拟定的越行站，又是小交路的中间折返站。到达守谷站的慢车可能存在 3 种运行路径，可能像①号车一样，继续向前运行；也可能像②、④号车一样，在该站折返；还可能像⑥号车一样，在该站被越行之后继续向前运行。

（3）大阪多交路与快慢线组织

大阪轨道交通根据客流特征，采用多交路组织和跨线运营模式。JR 铁路和私营铁路一般有 2 种及以上的交路，运营班次有特急、快速、普通等多种类型。此外，在高峰时段还开行通勤特急。乘客可以根据自身的需求选择相应的列车出行。

例如阪急京都本线共有 4 个交路：梅田—河原町、天神桥筋六丁目—河原町、梅田—高槻和梅田—淡路，每种交路有不同的停站方式。其中梅田至河原町的交路中有特急、通勤特急、快速急行、快速、准急和普通 6 种不同停站方式。特急列车 12 节编组，停靠 9 站，运营速度最快，平均站间距最长，平均发车间隔 10 min。通勤特急列车仅在早晚高峰时段发车，停靠站点比快速急行少了淡路站，运营速度比快速急行列车稍快。快速列车比快速急行多停 3 站，发车间隔 25 min。普通列车均为 8 节编组，站站停列车，站间距最小，如表 6.5 所示。

表 6.5　阪急京都本线不同停站方式的主要运营指标

交路	停站方式	最高速度 /（km/h）	运营速度 /（km/h）	平均站距 /km	发车间隔 /min
梅田—河原町	特急	115	62.2	6.0	10
梅田—河原町	通勤特急	115	59.6	5.3	46
梅田—河原町	快速急行	115	58.4	4.8	29
梅田—河原町	快速	115	54	3.7	25
梅田—河原町	准急	115	41.5	2.3	15
梅田—河原町	普通	110	42.7	1.8	32
天神桥筋六丁目—河原町	准急	115	41.2	2.3	22
梅田—高槻（归）	普通	110	43.1	1.8	26
梅田—淡路	普通	110	39.6	1.7	19

多类轨道交通实现直通运营，提高整个轨交系统运输效率。大阪 JR 铁路和私营铁路之间，以及 JR 铁路、私营铁路和地铁之间能够互联互通、直通运营。不同轨道交通系统之间的直通运营提高了轨道交通网络的可达性和服务品质。乘客直通服务质量主要体现在减少乘客换乘次数及旅行时间、减轻接轨站换乘压力等几个方面。大阪 JR 铁路和私营铁路均深入到大阪市中心与地铁共线共站，以减少外围乘客至中心城区的换乘次数。

依据轨道交通客流需求，提供线路和站台设施条件。大阪轨道交通线路类型有单线、复线、双复线等多种类型，以支撑跨站运营组织。双复线是指 2 个方向各有 2 股轨道，不同运行速度线路在不同轨道上运营。较快的特急、快速列车使用一股轨道；较慢的普通列车使用另一股轨道。

地铁与郊区铁路直通需要考虑车辆、线路、供电及通信系统等工程技术的协调。直通区段采用了统一的轨距、统一的限界，接轨站需要统一标高，另外需要统一的供电方式和列车控制系统。例如 JR 铁路大和路线，全程同时具有双复线、复线和单线型式。其中天王寺站—新今宫站之间为双复线，可以同时组织跨站运营以及和大阪 JR 环状线的直通运营；木津站—天王寺站、新今宫站—JR 难波站之间为复线，区间有快慢线跨站运营，上下行车分离；加茂站—木津站之间为单线，上下行车共线。

6.3 列车运行图

6.3.1 列车运行图的定义

列车运行图是用以表示列车在市域铁路区间运行及在车站到发或通过时刻的技术文件，它规定各次列车占用高速铁路区间的先后顺序、列车在每个车站的到达和出发（或通过）时刻、列车在市域铁路区间的运行时分、列车在车站的停站时间，列车在折返站的折返时间，列车交路及出入段时刻等。列车运行图是市域铁路运输工作的综合计划和行车组织工作的基础。列车运行图是运输企业实现市域列车运行安全、正点和经济有效地组织运输工作的列车运行生产计划，市域铁路的运输生产活动通过市域铁路列车运行图把各部门联成一个统一的整体，各部门须严格按照运行图规定的程序进行工作。因此，市域铁路列车运行图是市域铁路运输生产的一个综合性计划。

此外，列车运行图又是运输企业向社会提供运输供应能力和承诺运输服务质量的一种有效形式。从这个意义上讲，向社会公布的市域铁路旅客列车时刻表，实际上就是运输企业服务供给产品的目录。因此，市域铁路列车运行图又是市域铁路运输组织生产和产品供应销售的综合计划。

从国外市域铁路来看，列车运行图可分为常规列车运行图和节假日列车运行图，开行定期列车和季节性列车，日常运营可增加临时列车。可根据客流规律铺画多种版本的列车运行图以更好地满足客流需求。

6.3.2 列车运行图的特点

（1）不同速度值的旅客列车混跑

市域列车由于客流特点及线路特点，可能采用快慢类车运输组织方案，造成不同列车形成旅行速度的差异，出现非平行运行图。

（2）旅行速度要求高

旅行速度是列车运行图的重要指标，市域铁路承担的客流平均运距较大，对旅行速度要求较高，故市域列车的快速性要求较高。在一定的技术条件下，列车旅行速度与停站频次和停站时间有关。为兼顾快车与慢车的速度矛盾，须通过合理排图尽可能减少快车越行慢车的次数，且尽可能做到越行站与客运办客停站相结合。

（3）综合施工维修天窗

目前，市域铁路建成运营后，均在夜间设置综合施工维修天窗，综合施工维修天窗开设的时间大多为 0:00—4:00 这一时间段，且综合施工维修天窗时间内禁止行车。

（4）鲜明的时段特性

市域列车运行线的安排必须满足旅客对出行时间的需求，尤其是担任了跨省城际运输任务、市内通勤的市域列车，将形成列车晨间密集发车及晚间密集到达的早晚高峰时间带。由于高峰时段大量列车的密集到发，而非高峰时段列车较少，造成运力资源利用极不均衡，在高峰时段全部投入运用，而非高峰时段大量闲置。因此，市域列车应对其高峰时段的综合运输能力及供电能力进行检算。

（5）列车运行线具有较高弹性。

为确保市域列车的高正点率，市域列车运行图必须要有足够的应变能力，即具有较高的弹性；当列车运行紊乱时，要能尽快地恢复列车运行秩序，使列车回归按图行车的状态。因此，市域列车运行线的铺画及列车运行线间均要预留一定的冗余时间，以减少局部个别列车的晚点对全网市域列车的影响。

6.3.3 列车运行图的要素

列车运行图要素包括：列车区间运行时分，起停车附加时分，中间站停留时间，折返站和动车段（所）停留时间，追踪间隔时间，列车开行时段，分时段行车密度，综合施工维修天窗时间等。

1. 区间运行时分及起停车附加时分

市域列车区间运行时分是指列车在两相邻车站之间的运行时间标准。它由运营部门采用牵引计算及试运转或采用动力试验车加以检验的方法确定。列车区间运行时分影响因素很多，其中主要有：动车组类型及列车编组、线路允许速度、线路平面及纵断面、桥隧（涵）限速情况、接触网分相位置等。

市域列车区间运行时分是按车站（线路所）中心线之间的距离进行计算的。列车不停车通过区间两端车站所需的运行时分，称为区间纯运行时分。市域列车由车站起动出发比不停车通过车站所增加的运行时分，称为起车附加时分。市域列车到站停车比不停车通过车站所增加的运行时分，称为停车附加时分。

2. 中间站停留时间标准

市域列车在中间站停站时间主要是指在中间站上办理必要作业所需要的时间。市域列车在中间站的停车作业过程具体包括：市域列车在到发线上规定位置停稳后司机开启车门；旅客上下车；司机关闭车门；车站开放发车信号，列车启动出发。

从以上停站流程可以看出，影响市域列车在中间站停站时间的因素主要有：开启车门时间；中间站旅客的乘降量；单位旅客平均上车时间；单位旅客平均下车时间；司机关门时间；发车确认时间。

3. 折返站和动车段（所）停留时间标准

市域列车在折返站的停留时间标准和在动车段（所）的维修时间标准是体现其动车运用效率和运输组织水平的重要参数，是列车运行图铺画的基本要素之一。

市域列车开行密度较大，为提高运营效率，往往需要连环套跑或往复立折运行。在市域列车终到站变更运行方向， 即进行折返作业，市域列车在折返站内办理必要技术作业所需的最短时间即为折返站停留时间标准。折返时间与折返的方式、具体作业内容、作业流程等相关，应根据实际情况确认折返时间标准。市域列车在折返站的作业内容大致包括以下内容：列车停稳至车门开启、旅客下车、配备厕所车体的吸污作业、保洁作业、司机换乘、旅客上车、发车确认、关门、列车出发。

市域列车库内检修作业时间是指市域列车从进入动车段（动车运用所）到出段（所），在动车段（动车运用所）内的最小停留时间。其时间标准与动车段（动车运用所）布局、检修作业内容、检修作业流程等相关。

4. 追踪列车间隔时间标准

在自动闭塞区段，一个站间区间内同方向可有两列及其以上列车，以闭塞分区间隔运行，称为列车追踪运行。追踪运行的列车之间最小间隔时间，称为追踪列车间隔时间。影响追踪列车间隔时分的因素主要包括列车运行速度、同方向列车间隔距离、列车控制系统、列车的起动性能和制动性能、线路的坡度及曲线、站场咽喉区的布置、车站信联闭设备以及供电分相设置等。

在市域铁路中，目前常用的追踪列车间隔时间有：发车追踪列车间隔时间、区间追踪列车间隔时间、到站追踪列车间隔时间、到通追踪列车间隔时间、通发追踪列车间隔时间。

5. 列车开行时段

列车运行图是行车组织工作的基础，除列车运行的安全、正点外，一张好的列车运行图还要能为旅客提供较为方便的乘车条件，包括满足不同旅客对出行时间的要求。市域铁路全日运营时间应根据客流出行特征确定，不宜小于 15 小时，根据具体城市出行特征进行相应调整。同方向同等级的列车在运行图上应尽可能均衡开行，大站快车应尽量间隔有规律，如每 30 min 或 1 小时开行一趟，便于旅客记忆。

6. 分时段行车密度

市域铁路上开行的列车受到旅客出行时段和市场需求的影响，列车运行线一般不是均匀分布，而往往一个时段密集开行，而另一个时段则相对稀疏，从而使得市域铁路列车运行线分布具有明显时段性特征。

根据旅客出行和市场需求，可以把一天 24 小时划分为不同的时段：

（1）高峰时段：由于不同等级的列车密集开行或不同速度的列车分布不均匀而产生的列车在某一时间段内密集到发或通过，这个时间段称为高峰时段。在一天之内可能会产生几个高峰时段，不同线路、不同区段或区间，其高峰时段将是不同的。高峰时段也是能力最为紧张时段，它是决定市域铁路线路能否满足运输市场需求的关键。

（2）平缓时段：在这个时段内，到发或通过的列车相对较稀疏，是能力缓和时段。

（3）空闲时段：指夜间最后一趟列车到达至次日首趟列车开行前的时段，在这个时段内，没有列车开行。

旅客出行不仅有对列车运行线数量的需求而且有对列车开行时间的需求，因此，要求运营单位不仅要向运输市场提供足够数量的线路通过能力，而且提供的能力应是优质的，符合运输市场需求的，并能组织起高质量的列车运行。

7. 综合施工维修天窗

综合施工维修主要指对线路、信号、供电等固定设备进行日常维护和检修。在列车运行图上预留的用于施工维修所需要的行车“空隙”，称为“天窗”。它是解决市域铁路列车运行与设备维修施工之间矛盾的技术保障措施。在高速度、高密度行车条件下，综合施工维修天窗开设形式和施工维修时间的确定，对铁路通过能力、行车组织方式有很大的影响。

综合施工维修所需的时间一般为 4 小时，一般开设在 0:00—4:00，且综合施工维修天窗内禁止行车，因此，综合施工维修天窗开设的时间越长，对线路通过能力的影响越大，而且使组织开行夕发朝至等长距离跨线列车的难度加大。

6.3.4 列车运行图的编制

列车运行图的计算机编制，需要重点解决线路扑结构的量义、多标尺的功能设定行车间隔的自动、运行线与车底周转的同步优化、列车冲突判断与疏解、行车间隔和车底数量的相互影响和制约优化、车站股道使用方案的优化、满足不同列车开行方案的运行方案图一次性生成、列车运行图与时刻表的生成和转换、与 ATS 系统的无缝对接等关键问题。

运行图计算机编制系统应包含基础数据管理、运行图编制与调整、结果输出三个主要模块，系统具备路网管理、车站平面图管理、基础时分管理、交路信息管理、底图结构管理、列车开行方案管理、运行图自动编制、运行图调整与检查、车站股道使用图编制、运行图指标计算、运行图输出、ATS 对接文件输出等功能结构。

运行图编制是一个需要人工技能与有经验者参与的计算机辅助过程，并非纯粹的结构化问题、因此计算机无法完全取代人。但随着新技术与新方法（如大数据、人工智能）在市轨道交通系统中不断投入应用，计算机编制的效率和质量也会得到大幅度提升，如基于网络层面的线路运行图的统筹编制，密度更高、交路更复杂的运行图编制效率的提升，运行图鲁棒性能的滚动优化方法和实施策略，节能运行图的编制、通过能力和运行图指评估与优化以及基于乘客的出行服务的网络衔接方案评估与优化等。

6.4 运营管理模式

6.4.1 运营管理模式分类

目前，铁路及轨道交通宏观运营管理模式大体可分为自主运营模式、委托运营模式两种，其中在自主运营的基础上，也可将部分业务进行委托运营。

1. 自主运营

自主运营是指地方项目公司独立自主行使资产经营权和运输管理权的一种模式。通常，选择自主运营的铁路及轨道交通，其融资、建设、运营、还贷等内容均纳入自主管理的内容当中。公司独立承担运输生产经营，负责管辖范围内一切运营管理业务。

2. 委托运营

委托运营是指项目投资主体在项目建成后，成立资产管理公司，将市域铁路的运输组织、调度指挥、设施设备维护维修等的业务全部或部分委托给具备资质的运输企业管理。项目公司与运输企业通过签订委托协议明确双方的责任、权利和义务，生产任务指标、盈亏计划等。资产所有权与经营权分离。我国目前大部分合资铁路采用委托运输管理的模式。

6.4.2 运营管理模式比较

1. 自主运营模式优缺点

1）优点

（1）具有独立的自主运营权。

自主运营具有完全的自主运营权，可实现根据客流量大小按需购置动车组车底，灵活调整列车开行方案，最优化管理日常运输组织工作。

（2）更有利于开源节流。

有了自主运营权，市域铁路公司可着力提高客票及多经收入，同时有效控制各项成本支出，由于不再存在委托运营管理模式下使用者与成本支出主体不一致的情况，可以更好地控制人员工资福利、用水用电、运营相关易耗品等的日常支出。

（3）有利于协调管理。

市域铁路投融资、建设、运营作为公司内部工作，便于协调和分工。

（4）外部效益由内部吸收。

在市域铁路的建设过程中，结合物业等综合开发，可将市域铁路沿线的土地升值效益，通过赋予市域铁路公司土地开发经营权利，而使外部效益内部化。

（5）有利于多经开发。

委托模式下，市域铁路公司的多经开发业务常常被运输企业以影响运输安全为由拒绝，自主运营模式下，不再受其限制，可大力发展多经开发业务。

2）需具备的条件及缺点

（1）需具备一定的网络规模。

如果区域网络规模小，自主运营仍需配备庞大的机构和人员，不够经济。

（2）市域铁路网与国铁线路共线需协调。

市域铁路引入既有国铁线路时，车站、共用候车室等旅客服务设施时，需要协商处理管理、费用、安全责任等问题，可能存在一定难度。国铁线引入市域铁路线路时，市域铁路需满足国铁相关运营安全管理要求，具备相应运营资质。

（3）需要完整的规章制度及技术管理支撑体系。

为确保安全有序地为旅客提供出行服务，需要一套完整的规章制度以及技术管理支撑体系。市域铁路网要实现自主运营，需要借鉴成熟运营企业的一整套规章制度以及运营管理制度，并根据市域铁路自身的特点加以调整优化，以保障市域铁路网能够安全、有序地运营。

（4）一整套系统的各专业技术人员。

为保证市域铁路网的正常运营，需要配备一整套系统的专业技术人员以及站车服务人员，专业技术人员主要包括工务、电务、通信、供电专业维修养护人员，动车组检修人员及司机、机械师，以及调度指挥人员等；站车服务人员主要包括旅客列车服务人员，车站旅客服务人员（售检票、安检及秩序维护），车站保洁及动车组保洁吸污人员等。

（5）独立的调度指挥系统。

自主运营模式下，市域铁路公司需要投资建设调度指挥中心并配备相关设备设施及人员等。

（6）动车组列车购置及检修设施。

市域铁路公司车辆有两个来源：自行购置和租赁。无论采用哪种形式，都需要配备整套的列车检修设备设施以及相关的专业技术人员。

（7）随着线网规模的不断扩大，所需承担职能会增多，势必造成机构的庞大以及企业管理成本的增加，对企业管理水平有极高的要求，不利于大规模的轨道交通线路投资、建设和运营。

（8）资源、权力过于垄断，不利于项目投资主体多元化以及市场化竞争格局的形成。

2. 委托运营模式优缺点

1）优点

（1）管理工作量少，安全压力小。

运输企业全权负责市域铁路绝大多数的日常运营管理工作，并承担相应的安全责任。可省去很多在调度管理、安全管理、交接等诸多环节。

（2）可充分利用运输企业的运营管理优势。

运输企业包括健全的运营管理制度、丰富的技术管理、完备的专业技术队伍、丰富的应急救援资源。可省去很多管理机构和环节，能保证项目建成后立即顺利投入运营。

（3）人员、机构精简。

大量与运营有关的专业技术人员和管理机构可利用运输企业的相关资源。

2）缺点

（1）责、权、利划分合理性难把握。

目前采用委托运营管理模式的一般为合资铁路，委托方多为路局集团公司，由于其具有国铁路网的话语权，因此委托方责、权、利划分不占优势。但是，如果采用委托当地运输企业的方式，则可尽量避免上述情况发生，可通过地方政府的指挥协调，通过谈判协商的方式，签订双方满意的委托协议。

（2）市域铁路公司无经营主动权。

委托运营管理模式下，委托方不具备专业技术与运营管理经验，参与日常运营管理的方式和程度十分有限，很难根据客流情况实时调整列车开行方案，只能向受托运输企业提出建议，但是否调整、如何调整仍由运输企业决定。这不利于市域铁路运营的增收节支，会在一定程度上影响经营效率和经济效益。但是，该种情况也可通过协议约定的方式尽量弥补，例如组建市域铁路公司的运营技术团队，约定固定调图时间时该团队也可参与调图，给予一定的建议，并通过考核指标约束运输企业。

（3）运输企业经营积极性不足。

对于运输企业而言，其取得的委托运输管理费用可能与其薪资绩效不产生直接挂钩，但是代管的工作量却增加很多，且安全责任大，对运输企业吸引力不强。该问题可通过网运分离的方式加以改善，

（4）双方强弱势明显，共赢目标难以实现。

根据铁路经验，由于行业垄断，无法通过市场竞争选择受托方，从委托运输管理协议的签订，到委托运输管理费用的清算，再到日常运营，路局集团公司始终处于强势地位，由于缺乏竞争和透明的清算审核制度，在付费清算过程中作为委托方议价能力较弱。但是，市域铁路可采取委托当地运输企业或自主运营的方式进行市域铁路运营管理，运输企业不具备铁路部门的强势地位，可与市域铁路公司在公开透明的前提下进行协议的商讨和签署。

（5）多经开发阻力大。

多经业务是市域铁路公司增收创收的重要措施，从实际运营情况来看，多经业务开发主要集中在动车组、车站站房内及周边。车站资产所有权虽归市域铁路公司所有，但运营管理权在运输企业，在车站站房内及周边的多经开发经常被运输企业以影响运输安全为由拒绝，市域铁路公司多经开发业务的阻力比较大。该问题也多出现在合资铁路委托运营的场景中，市域铁路可通过协议明确影响运输安全具体开发项目，并在出现争议

时征询相关政府主管部门意见。

（6）利益不一致。

建设、运营分属不同的两个法人，代表各自的经济利益，因此必须建立完善的协调结构；同时还需要有健全的法律、法规机制。

6.4.3 市域铁路运营管理模式选择

1. 市域铁路的功能

市域铁路的功能介于国铁与地铁之间，重点服务于新城与主城区、新城之间以及沿线主要新市镇的通勤、商贸、旅游、娱乐等中长距离出行客流，兼顾都市圈范围城镇间的出行需求，增强之间的交通联系。

2. 市域铁路的网络属性和特征

通常，市域铁路网通作为城市或都市圈大运量、快速安全的公共交通工具，是解决大城市交通难题的重要手段，与国铁线路的差异性明显。一个城市的市域铁路网应是其城市轨道交通网络系统中的重要组成部分，属地化规划、投资、建设和运营，采用公交化运行的运营组织模式。

一个城市的新建市域铁路网可自成体系，各线之间根据客流特性可互联互通，采用独立于铁路和地铁的调度系统、独立的票务和清算系统，可实行完全独立的运营。同时它又是开放式的，根据制式和需求与国铁、地铁在必要时实现互联互通，也可有机换乘衔接。

3. 市域铁路运营管理模式选择

具备市域功能的轨道交通形式目前在全国范围内主要分为三种类型，分别是市域铁路（交流）、城市轨道快线（直流）、利用既有铁路开行市域列车。其中城市轨道快线采用直流制式，具有市域线特点，技术体系与地铁接近，建设、养护维修差异不大，通常采用委托该区域具备成熟经验的地铁公司运营的模式。利用既有铁路开行市域列车，与铁路密切相关，开行方案和运营管理要求受铁路限制，基本采用委托该区域路局集团公司运营的模式。而交流制式的市域铁路，因其客流主要集中在城市，服务要求与城市轨道交通接近，甚至市区段可能兼顾部分地铁功能，但整体上技术体系与地铁差异性较大，开通线路很少，国内运营管理经验欠缺。

根据市域铁路功能定位、网络属性及特征，市域铁路自成体系，由地方政府自主管理能更好地提供公交化的运输服务。从客流产生与消失的特点看，市域铁路网的客流主体处于市域铁路内部，客流量具有相对集中且流量较高的特征；同时辐射都市圈地区，推动都市圈中心城与都市圈大区、相邻都市圈联动发展，构建地区高质量交通模式。市域铁路网的投资主体以地方政府为主，利益主体明确，按照财务关系管理原则，其经营主体宜为市政府投资设立的国有有限公司，可以代表市政府经营市投资修建的市域铁路。

因此，在经验欠缺的前提下，考虑到市域铁路城市公共交通特性，建议在网络规模较小时，从资源集约、降低风险的角度出发，优先考虑采用委托本地经验丰富的运营企业；若线网具备一定规模，从更好地掌握自主权角度出发，可优先考虑自主运营方式。

6.4.4　市域铁路网盈利模式及实现方式

1. 盈利模式的理论可行性分析

市域铁路基础设施由区间线路与站场组成，资产结构由市域铁路基础设施与附属设施构成。从资产结构分析，这类资产特点决定了其投融资模式的差异。由于市域铁路运输组织的特殊性，区间线路与站场是可拆分建设但不可拆分经营的资产；站内商业服务设施是与车站不可拆分的但具有可经营性的资产；临线与临站附属设施是可拆分同时又具有可经营性的资产。

市域铁路基础设施建设的效益主要是经济效益与社会效益。经济效益中的直接效益通过受益者付费使用形成资金流，间接效益则是对可经营性资产的开发而形成的资金流，如图 6.15 所示。

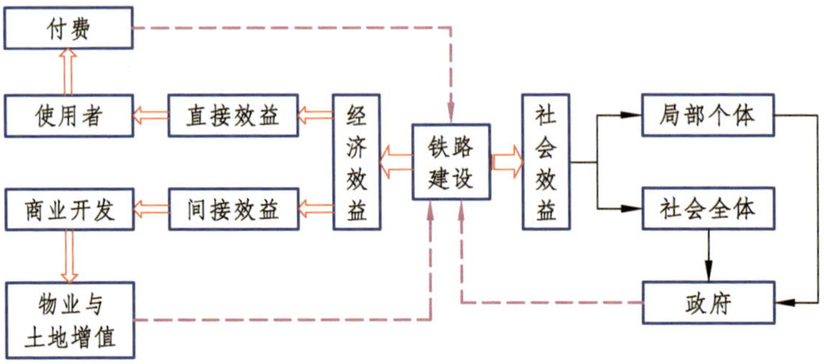

图 6.15　市域铁路基础设施建设效益循环结构

市域铁路交通具有的“准公共产品、准公益性和准商业化经营”的行业特点，表明市域铁路建设投融资模式的特殊性与未来盈利模式设计，它不能按一般商业原则进行项目运作。而市域铁路的内生效益的经济特点，充分体现出其衍生商业价值在创新的投融资模式设计可行的盈利模式的可操作性。因此，可以根据庇古的经济理论构建一种可持续发展的未来运营管理模式。

庇古的外部性理论表明，某一经济主体的活动对于其他经济主体产生的一种未能由市场交易或价格体系反映出来的影响，从而导致资源配置不能达到帕累托最优。在现实生活中，这种外部性按产生的不同的领域可划分为消费外部性与生产外部性，按其影响又区分为正外部性与负外部性。交通产品是一种具有显著正外部性的典型。据此，设计一种盈利模式，使这种外部效益内部化，实现产权理论所要求的谁投资谁得益原则，是实现市域铁路建设良性发展的出发点，也是实现可持续发展城市交通建设的投融资模式建立的基本原则。

从市域铁路建设所形成的投入产出关系分析，市域铁路产出效益主要分为两大类：一是线路与设备等基础设施；二是附属资源及增值效益。前者属公共基础设施的范畴，而后者则是外部性效益，按科学合理的原则将其内部化方式与投融资相结合，构建一种新的模式，在政策保证的前提下，实现资源配置优化目标，形成市域铁路建设、经营与发展的良性循环。

2. 市域铁路网盈利模式选择及实现方式

按上述可行性分析结论，可以对市域铁路网未来运营管理的盈利模式进行构建设计。

从交通的利润创造机制分析，盈利模式的选择问题是如何实现潜在收益，实现外部收益内部化，其本质也就是利益返还模式的选择问题。目前世界各地区主要手段可归纳为政府补贴模式，按补贴的方式不同又区分为前补和后补二类，但二者回报形成结果有很大的差异。

后补方式是利用财政资金对交通因公益性而亏损进行的全额财政补助，可看作为政府对产生正外部性的产品生产提供经营保证，以纠正市场机制失灵的行为。这种模式操作简单，但通常被视为没有效率，同时极容易出现企业道德风险。

前补方式在形式上可以有多种，其代表性观点是给予交通企业沿线房地产开发权，以实现外部效益内部化模式。这种方式在港铁取得了成功，香港地铁公司来自物业发展的利润 2007 年达到 83 亿港元，比 2003 年 38 亿港元增长了 2 倍多。

从经济理论分析，前补与后补是等效的。但从目前世界各地的实际实施效果看，很明显，前补的效果优于后补。结合我国的实际情况分析，认为在前补模式中，要取得效果，有别于香港模式的是应首先解决规划与开发一体化问题，将土地资源与规划资源一体化，给予交通沿线开发的特许经营权。据此，市域铁路网企业盈利模式构建的基本框架如图 6.16 所示。

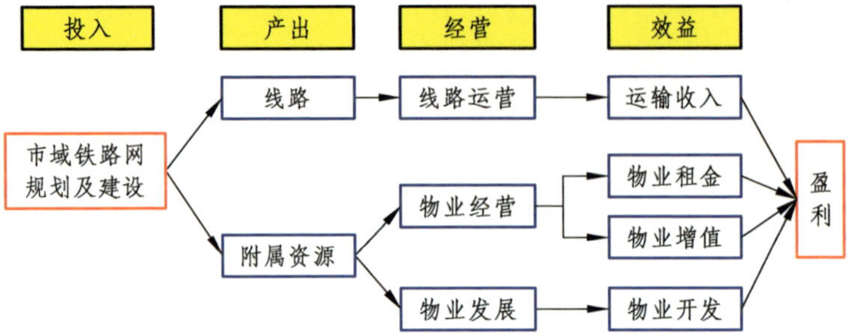

图 6.16　市域铁路网企业盈利模式构建的基本框架

根据上述盈利模式的设计思想，从投入产出关系分析，市域网建设、经营开发过程的投资与运行的盈利结构关系为：站点设施出售经营权，其收益主要用于平衡车站建设与运营的成本；周边商业开发以特许经营获取资金，用于本项目建设投资费用；可供开发土地的批租收益，平衡市政配套设施的投资与维护费用，平衡土地的拆建费用，提供开发利益等。

6.4.5　市域铁路运营组织机构设置

1. 组织机构

市域铁路可采用独立自主的运营管理模式，也可采用委托本地运输企业运营的管理模式，无论何种模式，均需建立新的公司组织架构。若采用独立自主运管模式，以功能设计为基础，可按两级管理（集团公司、专业公司/中心）确定基本组织架构。若采用委托运营，则在被委托运输企业下设市域铁路运营分公司。

集团层面参与运营管理的部门有安全监管部、经营管理部、调度指挥与票务清算中心等。集团公司下设运营分公司，负责客运管理、车辆检修、综合维修、人员培训等。

2. 各运营管理部门的职能

安全监管部：在运营管理中，负责市域铁路各线路安全生产、综合治理、消防工作和运营安全质量的管理和监督。

经营管理部：对接运营分公司和调度指挥与票务清算中心，主要负责市域铁路运营质量管理，建立经营管理制度和执行监督等工作。

调度指挥与票务清算中心：负责市域铁路全网运营计划编制、调度指挥、应急指挥、对外信息发布、线网资源共享、票卡管理、清分规则的制定与实施以及运营收入清分清算等工作。

客运中心：负责市域铁路线网范围内的站务管理、客运组织、乘务管理、固定设备设施的日常使用及维修和人员日常管理。

车辆检修中心：负责市域铁路动车段和动车运用所的管内动车运用和检修工作。

综合维修中心：负责除车辆设备以外运营设施、设备（包括工务、机电、供电、通信信号、自动售检票等设备系统）的维修、维护；负责综合维修、预防性计划维修和临时补修后的质量验收；对突发事故组织进行紧急抢修。

培训中心：负责市域铁路各类技术人员的培训工作；培训的组织及实施；人员职业技能的考核、鉴定和发证等。

6.4.6 市域铁路建设组织机构设置

1. 现行主要建设管理模式分析

现行主要的企业管理模式中常见的有采取扁平化管理、垂直化管理和矩阵式管理等。

（1）扁平化管理

扁平化管理是管理层次少而管理幅度大的结构，较好地解决了等级式管理的“层次重叠、冗员多、组织机构运转效率低下”等的弊端，加快了信息流的速率，提高决策效率，精炼了管理层次。但该模式实际上是由决策者直接面对职能部门和基层生产单位的“一对多”的组织构架，大量的数据和管理信息的交流只能在决策者和所面对的管理部门之间进行，而部门与部门之间的信息资源的交流及相互调用亦只能通过决策者来进行，不利于企业内部各种管理信息流的迅速汇集，不利于有序整合相关的数据、合理配置企业资源和提高决策效率，如图 6.17 所示。

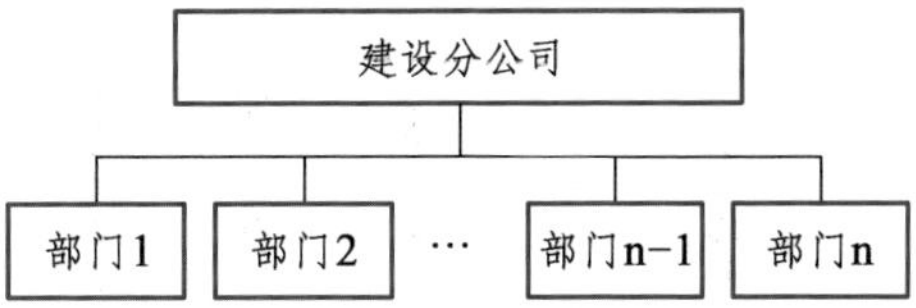

图 6.17　扁平化管理机构设置示意图

典型案例为香港地铁。香港地铁的建设采用的是总公司下设工程处的模式，主要负责新线的土建、机电设备、车辆工程和既有线路的大型改造工程，工程处内部按照职能分工采用扁平化管理模式，设有设计管理部、土建建造部、机电建造部、工程策划部、合约部等，如图 6.18 所示。

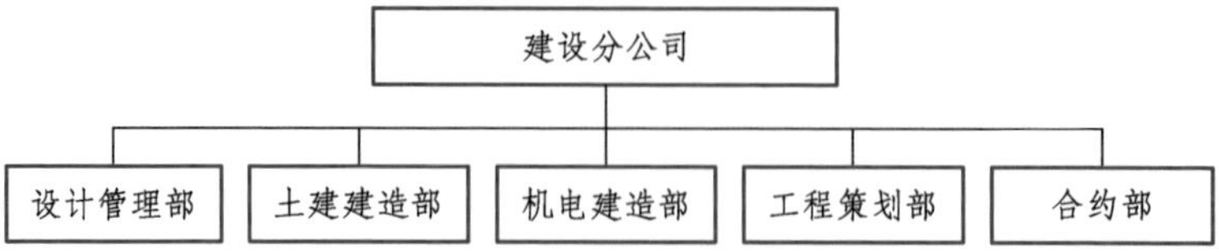

图 6.18　香港地铁工程处设置示意图

（2）垂直化管理

垂直化管理是管理层次多而管理幅度小的结构，垂直管理部门的业务系统建设自成体系，结构简单，指挥系统清晰、统一，权责关系明确，横向联系少，内部协调较容易，信息沟通迅速，能解决问题及时，管理效率较高；但通常缺乏专业化管理分工，随着同步建设项目的不断增多，易导致人员配置重复、组织规模庞大、企业运行效率低、内耗大，如图 6.19 所示。

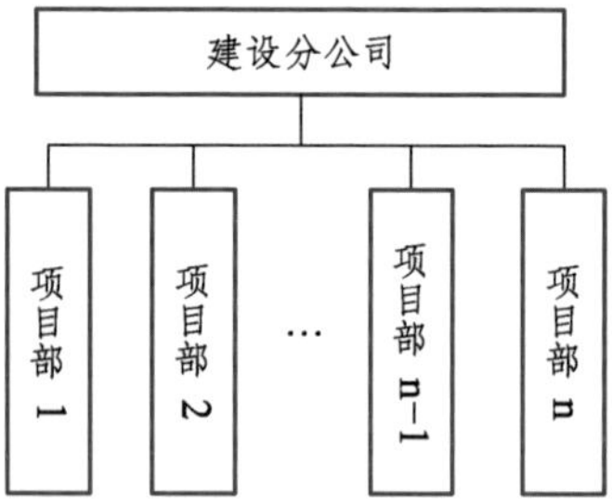

图 6.19　垂直化管理机构设置示意图

典型案例为上海申通地铁集团。申通地铁集团采用的“建设集团+项目公司”模式，项目建设采用垂直化管理模式，如图 6.20 所示。

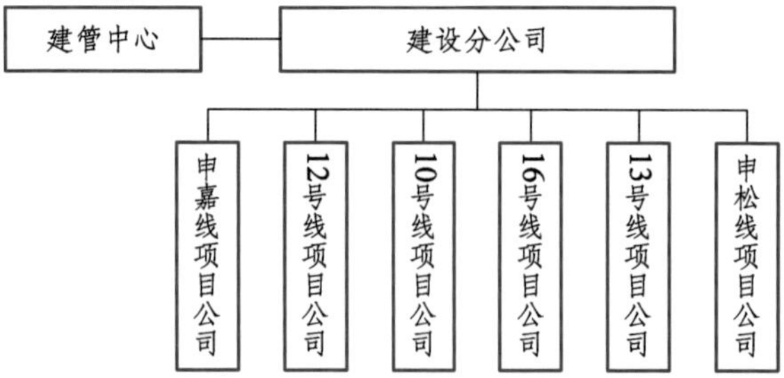

图 6.20　申通地铁集团建设组织机构示意图

建设公司以网络统筹协调推进为重点，管理职责更加专注于网络统筹、协调推进、业务指导和考核监管职责。项目公司负责项目的具体实施，各项目公司对各自管辖的线路从前期规划到具体实施全过程负责到底。项目公司内设职能部室为：设计技术部、投资合约部、计划财务部、质量安全部、机电工程部及办公室。

（3）矩阵式管理

矩阵式管理模式是扁平化与垂直化管理的综合体，通常由职能部门系列和为完成某一临时任务而组建的项目小组系列组成，其最大特点在于具有双道命令系统。矩阵式管理模式横纵结合较好，有利于部门之间的协作和配合；组建方便，能够在不增加机构和人员编制情况下，将不同部门专业人员集合在一起，将综合管理与专业管理结合起来，既能保持组织结构的稳定性，又适应管理任务多变要求，但组织关系相对较为复杂，如图 6.21 所示。

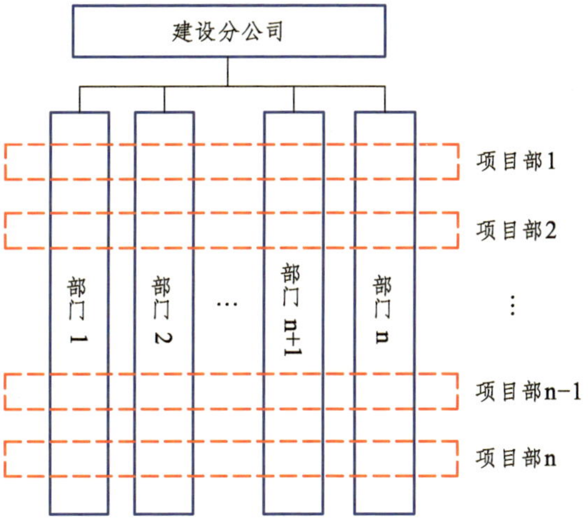

图 6.21　矩阵式管理机构设置示意图

2. 组织构架

市域铁路建设公司的设置应综合考市域铁路的建设时序及进度安排等因素，做到超前谋划建设管理，统筹规划，精心组织，逐步推进，稳步实施，保证队伍稳定和正常经营，通过建设管理组织的有效管理来控制市域铁路建设的工期、投资和质量，保证建成后的成功运营，发挥出市域铁路的经济效益和社会效益。

初期，鉴于市域铁路建设项目较少，扁平化管理模式有利于建设初期管理经验相对不足、专业人员较缺乏情况下的管理和操作，故建议初期采用扁平化管理模式。

建设分公司内按职能分工，下设规划设计部、工程部、机电部、合约部、财务部、办公室等部门，具体设置如图 6.22 所示。

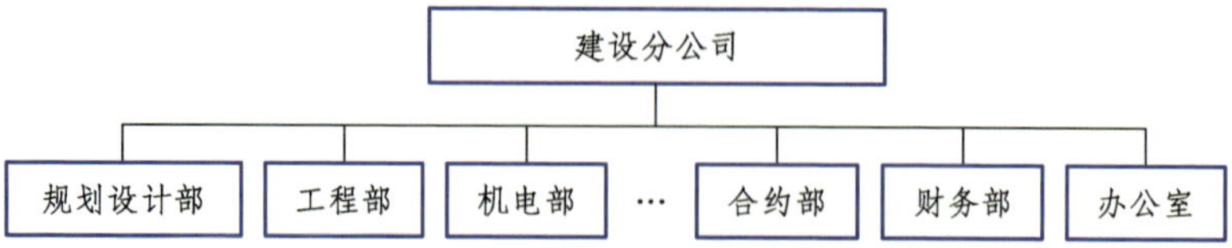

图 6.22　建设分公司初期组织机构示意图

后期，随着市域铁路建设项目的不断推进，宜采用矩阵式管理模式，在原有部门的基础上将不同部门专业人员集合在一起，形成部门与项目部的结合体，有利于在市域铁路大规模建设期间统筹安排相关人员，避免形成庞大的组织规模，造成建设项目完成后相关人员安置难的问题，具体组织机构设置如图 6.23 所示。

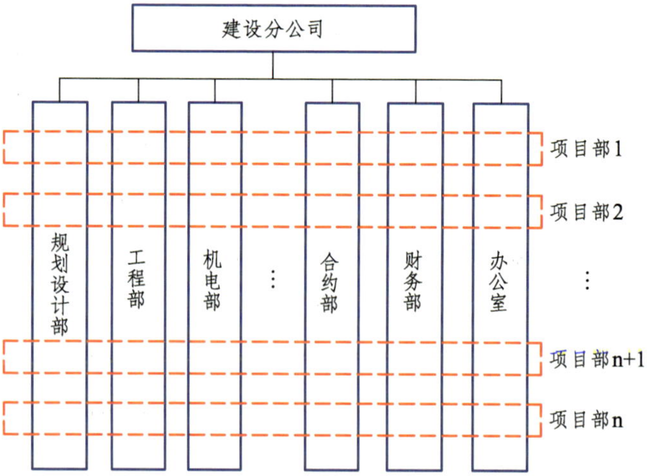

图 6.23　建设分公司远期组织机构示意图

对于建设分公司各部门职能分工初步建议如下。

规划设计部：主要负责工程前期规划研究及各个设计阶段的技术管理工作。

工程部：主要负责工程土建部分实施、工程筹划、动拆迁等方面的相关管理及安全监管等工作。

机电部：主要负责工程机电设备安装技术、管理及安全监管等工作。

合约部：主要负责组织分公司各项工程招标、工程招标文件、招标标底的审核及投标文件中的审核、合同的起草、签订及管理等工作。

财务部：主要负责分公司全面预算管理的实施、管理分公司财务和会计工作、统筹分公司资金和税务管理、固定资产核算、审计监督等工作。

办公室：主要负责分公司领导秘书服务和对外联络、重要会议的组织和会务工作、人力资源和干部管理、日常后勤服务保障、规章制度的制订、修订和执行监督等工作。

6.5 客运管理

6.5.1 站务管理

车站是市域铁路的基层管理单位和为乘客服务的窗口，加强车站管理，提高服务质量，是保障安全运输的重要环节。由于市域铁路线路长、设站少，初期市域铁路可采用中心站管理模式，待市域铁路网建成后，可采用站区管理模式。

中心站管理方式，每个中心站负责管辖相邻的 3 ~ 5 个车站。中心站设置仅为行政管理意义上的中心站，与车站设备集中设置、集中控制的重要性无关。采用中心站管理模式，可以进行人员或者物资等相关资源共享和合理调配。同时，可以提高管理幅度的宽度，规范管理流程的接口、信息传递渠道，提高技术管理人员的利用率和技术共享的程度。

6.5.2 客运组织

车站是客流集散的场所，也是运营企业与服务对象的主要联系环节。车站客运作业直接面对乘客，客运服务的质量，既反映轨道交通的乘客服务水平，也反映轨道交通的运营管理水平。车站客运作业包括售检票、组织乘客乘降和换乘等。市域铁路客运组织应遵循以下原则：

（1）合理安排车站售检票、出入口及楼梯的位置和数量，客流流线简单明确，尽量减少客流交叉、对冲；

（2）完善车站内外乘客导向系统的设置，使乘客快速分流，减少客流聚集和拥挤现象；

（3）合理设计换乘方式和客流换乘流线，减少客流对冲、拥堵，满足换乘客流方便、安全、舒适的基本要求；

（4）完善车站大客流和突发事件时的客运组织和应急预案。

6.5.3 安检互信

1. 与城轨安检互信

以上海为例，上海城市轨道交通目前由轨交总队负责安检工作的全面指导、检查和督促，开展对各派出所安检工作的考核同时加强与轨道保安公司的协调配合以及做好初任或退回安检队员的审核工作。

上海市域铁路与城市轨道交通之间的安检互信，需在公共安全监管单位的指导下先制定安检的统一标准，主要涉及安检设备设施、管理机制、相关法理依据等，为与轨道交通的安检互信提供前提条件。市域的安检设备设施采用的配置标准建议按不低于城市轨道交通的配置标准，符合制定统一标准的相关条件。在上海市域铁路形成安检统一标准后，需要与城市轨道交通相关部门洽谈协商安检互信相关事宜及措施，达成安检互信协议。

2. 国铁下线带来的问题

目前，部分城市新建市域铁路考虑了与国铁的互联互通性，国铁列车在市域网内出现是否需要实现安检互信的问题。若国铁列车需要在市域网内停靠车站实现安检互信，目前难度较大。主要原因是国铁的安检程序较为复杂，需进行身份证核验、查包、搜身、通过检查设备等步骤，而轨交及市域铁路主要服务于城市内部，公交化运营，对快速进站要求较高，安检步骤适当简化。因此，若不同方式间需形成互信，需要在技术设备和管理办法上统一安检的标准，形成互信机制。

若市域铁路与国铁采取互相跨线的运输组织方式，则双方实现了人车混行，以目前铁路的管理要求，采取国铁代为管理的方式较具备实施性，市域铁路采取国铁的相关管理办法，技术设备与铁路统一标准，实现安检互信在国铁停靠站点的三个方向：① 实现单向互信，国铁可直接进入市域；② 两者互信，城轨与市域付费区通道内先安检，再进入市域；③ 两者不互信，通过土建措施隔离。

6.5.4 换乘组织

1. 换乘组织的概念

列车运行“环路”加上其辐射线路后，可组成一个小型列车运行网络，必然涉及跨径路的旅客换乘问题。无缝式、一体化的市域铁路换乘将带给旅客良好的旅行感受。因此，必须从时间与空间角度做好方便旅客换乘的服务工作。时间角度主要指从时刻表的衔接设计方面考虑，控制旅客的换乘等候时间；空间角度主要指从车站物理结构方面考虑，运输设施布局要完善与其他交通方式的配合及衔接，形成换乘枢纽，控制旅客的换乘行走距离。

国外旅客换乘多为站内换乘，有条件的情况下，还采用同站台换乘的方式，因此旅客换乘比较便捷。目前我国铁路车站考虑旅客换乘问题较少，由于受到流线规划、进出站验票同机等多方面因素影响，旅客在某一个车站换乘列车需要先出站再进站，造成换乘时间较长，对短途客流的吸引尤为不利。

经市域线路进入城区的长距离乘客，无疑希望尽可能减少换乘，缩短到达目的地的时间。在规划线网既有格局不变的情况下，为弥补线路直达性和连续性的不足，需要调整线路的有接方式，才能真正满足乘客快捷顺畅的出行需求。

2. 换乘站型的选择问题

目前，我国城市轨道交通间的换乘布局主要有多线间在单点集中换乘和多点两两换乘等方式，换乘站的站型主要有同站台换乘、十字型换乘、T 型换乘以及通道换乘等形式。多线之间的单点集中换乘车站，前期建设时土建工程结构复杂、风险高、难度大，后期运营时客运组织压力大，在非正常运营情况下客流组织和疏散比较困难。例如，上海轨道交通人民广场站为 3 线集中换乘站，每天换乘量近 40 万人次，加上进站量和出站量，客流最高曾达到 100 万人次。该车站换乘通道经多次改造运营压力仍然很大。再如，上海轨道交通世纪大道站 4 线在一点集中换乘，6 号线车站直接设置在 2、4、9 号线车站上方，车站疏散空间受限，且改造空间有限，站间换乘客流组织压力非常大，未来很难适应客流进一步增长的需要，成为永久的遗憾。网络化运营的实践证明，中心城区线网两两单点换乘方式优于多线集中一点换乘方式，如因规划需要采用多线集中换乘，必须考虑充足的换乘空间和快速疏散条件。

在换乘站的换乘形式上，为缩短换乘距离，我国很多城市轨道交通的设计换乘方案采用了十字换乘或者 T 型换乘，这两种换乘方案中，受站台宽度限制的换乘楼梯成为换乘客流的聚集点，也成为客运组织的难点，很多已经运营的车站受客流压力影响在高峰时段只能采取单向客流组织措施。除此之外，设计上多用通道换乘方式，通过有效延长换乘客流的疏散距离来缓解大客流冲击。以牺牲乘客的便捷性来保证运营安全，并非最佳的换乘方式，是无奈之举。纵观国内外轨道交通换乘形式，规划设计方案最佳的是香港地铁，全网两线之间的换乘功能主要通过两座连续的换乘站同站台实现，两条线路之间具备 4 个方向的同站台换乘的条件，在保证换乘站两条线间运能匹配的前提下能够实现安全、便捷、快速、高效的换乘，是我国轨道交通换乘设计的典范。总之，换乘站布局以及换乘站型的选择必须要着眼于乘客换乘便捷、客流均衡和运营安全。

轨道交通线路的衔接方式主要有两种：

（1）换乘衔接。此衔接方式不一定要求设备制式的统一，两线为独立运营，线与线之间由旅客换乘来完成衔接过程。北京八通线与地铁 1 号线的衔接就采用了容易疏散旅客的“两点换乘”（四惠和四惠东换乘站），但高峰时段换乘站客流压力仍然难以减轻，原因是形成的端点换乘使全部市域旅客都必须通过换乘才能到达中心城区。

（2）直线式的贯通接或共线运营衔接。该方式可减少换乘次数，提高服务效能，但在实施过程中需要设计合理的配线，采取统一的设备制式或设备的技术转换，注意分析客流分布能为灵活的运营组织创造有利条件。日本东京就采取了这种方式。最初，从市域线路到中心线，旅客必须换乘，使得换乘站十分拥挤。由于两线的换乘衔接方式影响了交通的便利性，使外围人口增长速度缓慢，从 1966 年起，东京不得不实行市域列车直接通达“山手线”以内的区域，实施了直通运行方式。市域快线的平均站距为 2 km，平均运营速度为 60 ~ 70 km/h，列车采取快慢结合的行车方式，快车和慢车在同一轨道上运营，快车利用越行线完成越站运营。东京采取“东急东横线”的灵活运营，极大地方便了家住横滨到东京上班的人，“站站停”列车需要运行 1 小时多的路程，乘“通勤特急”车只需 36 min。

两条同方向的线路以换乘方式衔接，必然产生大量的换乘，其量值以及对换乘站的影响与两线之间的客流分布特征有关，客流分布的不均衡系数由下式计算得到：

$$a_n = \frac{\max\{p_1, p_2\}}{(p_1 + p_2)/2}$$

式中 a——高峰双向客流不均衡系数；

p_1——上行最大断面流量；

p_2——下行最大断面流量。

a_n——越大，表明双方向客流越不均衡，当 $a_n \geq 1.5$ 时，其不均衡程度较大。另外，换乘系数也是衡量换乘量和线路衔接方式的指标，由下式计算得到：

平均换乘系数=（总出行人次+换乘总次数）/总出行人次

换乘次数是反映轨道交通线网旅客直达程度的指标。换乘系数越低，说明直达性越好，旅客利用轨道交通出行的连续性越强，轨道交通提供的服务水平就越高。因此，为改善轨道交通线网的换乘状况，降低换乘系数，应努力优化运输组织。

6.6 调度指挥系统

6.6.1 概　述

市域铁路调度系统是对全网列车运行、电力供应、车站设备运行、防灾报警、环境监控、票务管理以及乘客服务等市域铁路运营的全过程实行调度指挥监控的中心，是市域铁路线网的通信枢纽和信息交换中心，也是紧急情况下组织抢修救灾的指挥中心，为行车指挥与列车自动化运行提供重要保证。市域铁路调度系统能够有效调配网内运力资源，协调市域铁路与国铁、城际铁路互联互通运营时的交接工作。

6.6.2 调度系统总体原则

1. 统一规划，系统性研究的原则

市域铁路调度指挥系统是市域铁路运输指挥的中枢，其系统性包括市域铁路网规划的协调，互联互通能力协调，建筑与环境的协调，调度中心内部各种设施间的有机结合、系统优化，通过系统的研究把功能性、前瞻性、安全性、文化性、经济性有机地结合起来。

调度中心应以互联互通网络化运营为基础，留有充分余地以便功能扩展。立足于"优化管理"和"信息集成"的理念，注重运营协调与调配、网络化信息服务以及应急救援等功能。

2. 具有前瞻性，把握先进性原则

以市域铁路交通网络总体规划为标准，充分考虑预留后续线路设备的接入条件，为市域铁路交通网络化管理打下基础。

坚持科学发展观，在未来较长时间内能够满足运输需求，适应中长期市域铁路网规划需要并预留发展条件；充分体现在设施的完备和现代化上；综合布线，强电、弱电，通风、空调，电梯等采用先进、成熟、适用的技术装备，少维修免维修，以尽量减少设备维修对日常调度工作的影响。充分借鉴、吸收国内外的先进技术和经验，消化吸收，再创新。

3. 合理布局，体现功能性原则

建筑设计将有限的空间、环境、资源合理利用，对空间布局、通道设置、管线接口，各种设备满足功能要求，数据、信息传输通道预留有冗余，预留新增设备接口，重要的、不能间断工作的设备要有预备；充分考虑备用系统及应急指挥的需要；坚持“以人为本”，为调度人员提供一个舒适的工作环境，充分考虑建筑的通风、节能、环保设计。

4. 采取防范措施，保证安全性原则

调度系统是市域铁路的神经中枢，关系到铁路运输安全，设备、环境的安全非常重要，整个建筑要有全覆盖的安全保卫防范系统，空间结构和材料安全及信息、消防安全措施。

5. 严格控制投资，坚持经济性原则

设计中要根据功能要求，精打细算、精心勘测、精心设计。根据不同的功能空间区别对待；注重环保设计、体现节能效果。

6.6.3 调度系统总体功能

调度中心除要做好对各线路的运营调度指挥，保证行车安全的同时，最大限度提高运输效率和实施优化措施以外，还要对管辖范围内运力资源进行统一安排和调配，充分考虑线路间的相互协调配合，体现市域铁路综合效益。主要有以下几点功能设置原则：

1. 保持路网功能完整性

根据市域铁路网规划，为充分发挥网络功能的整体效应和综合利用各线的运输能力，市域铁路宜采用一套完整、统一、独立、兼容的调度指挥系统。

2. 保持调度指挥完整性与统一性

调度指挥系统的完整性和统一性是指市域铁路调度指挥应在市域铁路全网络统一的计划下实施，须对基本列车运行计划、动车组运用和分配计划等涉及全网运输组织的重要计划实行集中统一编制和管理；须对全网运营调度实行集中统一管理，随时掌握全网运行情况，确保线网内部各相关系统间的统一与协调，在特殊情况下及时调度各种资源，处理各类突发事件。同时可以根据线网发展的需要，对各种政策和策略的调整给出及时的快速反应，使得系统具有较强的可重构性，从容应对未来发展的需要。

3. 保持调度指挥独立性与兼容性

市域铁路网具有网络性、整体性、联动性的特点，网内各线在保证独立运行的前提下，还将容纳网内其他线路的跨线列车及部分国铁跨线列车，将各线的调度系统集成、集中设置一处，并完全独立于既有国铁调度系统，更有利于路网建成投入运营后，市域铁路运营公司掌控“统一调度指挥”权，更好地实现市域铁路统一调度指挥，最大限度整合网内资源、发挥网络整体运营效率，为市域铁路乘客提供安全、高效的服务。同时，由于市域铁路网与国铁以及都市圈城际铁路网具备互联互通功能，因此市域铁路调度中心需与国铁和都市圈城际铁路调度指挥中心实现列车跨线运行的信息交互。

4. 以行车计划为核心的一元化管理

市域铁路以服务乘客为宗旨，确保正点运行是其运输的目标和准则，因此与运输相关的行车调度、电力调度、动车组运用、乘务组管理和综合维修等一切工作必须紧密围绕确保网络运输计划的实施，因此市域铁路调度中心离不开行车计划为核心的功能。同时市域铁路又必须满足公交化运营的要求，因此行车计划又需与行车调度相结合、相统一的原则。

6.6.4 调度系统功能需求

（1）以保障市域铁路交通网络运营安全和高效为总体目标，调度中心承担领导指挥功能，协调各调度台、单位、部门按照全局一体化，车站与中心协作配合的原则，强调局部利益服从整体利益，进而达到实现整体安全和高效目标。

（2）调度中心必须实现应急处置的调度指挥功能，突发性事件的处置结果在社会上有着明显的外部放大效应，其公共产品的特性使得应急处置过程中必须重视除了市域铁路自身工作以外，通过政府职能部门配置公共资源（轨道交通、地面公共交通以及其他相关的社会资源）来保障交通、消除社会负面影响、保障社会的正常秩序。

（3）在实际执行过程中，各相关单位应积极主动地提供技术支持，及时通报事态的变化，保障调度中心下达的各项指令顺利完成。

（4）应协调好线网内各部门、各系统之间的关系，通过科学高效的调度技术手段，提高市域铁路线网的运输能力，服务质量和安全保证。

（5）应对全线所有列车、车站、车辆段、停车场和区间实施集中的指挥、调度、监视、控制和维修管理工作。

（6）对客流进行实时记录、分析和预测，为全网的运营指挥提供直接和必要的数据。

（7）编制合理的运营计划和列车运行图，满足行车指挥的需要。

（8）应具备应急救援功能，在发生事故时能够组织相关的线路实时抢险和救援的远程指挥。

（9）实施管辖线路票务的统一编码、制卡、管理以及票务统计、审核和核算等工作。

（10）实现对所辖线路的通风、空调、门禁、给排水及供电等机电系统实施远程集中监控等工作，并完成中心级统一调度工作。

（11）实现市域铁路线网内的信息汇集、处理、交换和转发工作，直接支持各系统的信息联系，直接服务于运营和乘客。

（12）为了实现对市域铁路集中统一指挥监控功能，调度区域内按照运营的要求配备各类调度席位，各调度人员应分工明确，紧密协作，共同完成对调度区域内的指挥管理。

6.6.5 国内轨道交通调度系统概况

1. 地铁调度系统概况

在城市轨道交通领域内，通常把单条轨道交通线路的控制中心称为 OCC，即“一线一中心”的管理模式。这是最基本的轨道交通控制中心，也是最常见的一种轨道交通运营管理模式。随着轨道交通事业的发展，近些年某些新建地铁的城市推荐把初期规划的几条线共用一个 OCC，组成多线 OCC。而特大城市为了便于对轨道交通的集中管理，提高应急指挥能力，趋向于在 OCC 的上面再新建一个线网级的控制中心（COCC），即把所有 OCC 的信息汇总到 COCC 来。

地铁控制中心（OCC）是地铁全线的集中管理枢纽，同时也是地铁通信枢纽、信息集散和交换处理的中心，控制中心也是事件应急处理的中心。控制中心具备行车、通信、电力、环境与设备监控、防灾、票务管理、乘客服务和动态管理、设备维修及信息管理等运营调度和指挥功能，对地铁运行的全过程进行集中监控和管理。其中综合监控系统将电力监控系统（PSCADA）、环境与设备监控系统（BAS）、火灾自动报警及消防联动控制系统（FAS）、站台门、防淹门、门禁（ACS）、视频监控（CCTV）等系统通过集成或互联的方式进行集中管理和控制。

地铁调度系统由于受一线一中心的管理模式的限制，在建设初期并未考虑互联互通的要求，同时由于各个集成商的调度系统架构、功能、界面均存在较大的差异性。因此各线路的控制中心的调度系统并不存在互联关系，均采用完全独立运营的方式。

目前很多城市在建设地铁控制中心时，习惯建多线 OCC 或 COCC，虽然在形式上进行了信息的汇总，但对于控制中心系统而言，也仅仅是对控制中心设备进行空间上的整合和信息汇总，各条线路 OCC 之间的调度信息并不互联，调度台的设置也严格按线路进行区分。

地铁调度系统网络架构示意图如图 6.24 所示。

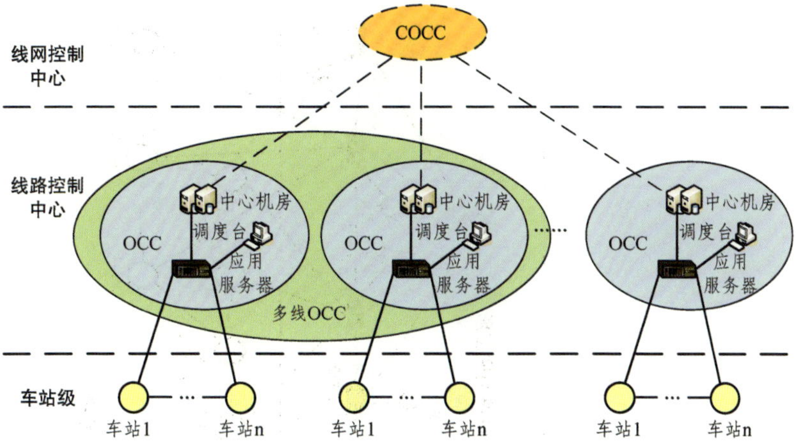

图 6.24　地铁调度系统网络架构示意图

2. 国铁调度系统概况

目前全国铁路共设有 18 个铁路局，在铁路总公司设有总调度中心，各铁路局均设置有铁路局调度中心，与路局管辖下的各站段级调度管理系统构成三级管理模式。

各铁路局调度中心的管理范围以局界划分，目前大部分铁路局管辖铁路运营里程 5000 km 以上，基本全部均由铁路局的一个调度中心管辖控制，一般仅设置一个调度大厅，仅当一个调度大厅无法放置全部调度台席位时，则一般在不同楼层增设一个调度中心大厅，如西安铁路局调度中心；调度中心系统设备一般根据线路性质将客运专线和普速铁路调度系统分开设置。

国铁调度指挥中心系统的功能与线路性质（客货运、高速普速）、运营组织模式有密切关系。其中客运专线或高速铁路调度指挥系统主要设置有调度集中（CTC）系统、牵引供电和电力综合调度（PSCADA）系统、运营调度管理信息（TDMS）系统、动车组管理信息系统、旅客服务信息系统、综合维修管理信息系统。

普速铁路和货运专线铁路根据需要配置相应的调度系统，如行车调度指挥系统采用列车运行调度指挥（TDCS）系统、运营调度管理信息（TDMS）系统中增加机车调度、货运调度等调度台的设置、牵引供电调度系统（SCADA）(电力调度系统分散设置于各站段)。

国铁调度中心系统采用网络化运营管理组织模式，各路局调度中心与铁总调度中心实现信息交互，各相邻铁路局之间通过路局调度中心层实现信息交互，各铁路局管辖的相邻线路之间通过车站层实现信息交互。

国铁调度系统网络架构示意图如图 6.25 所示。

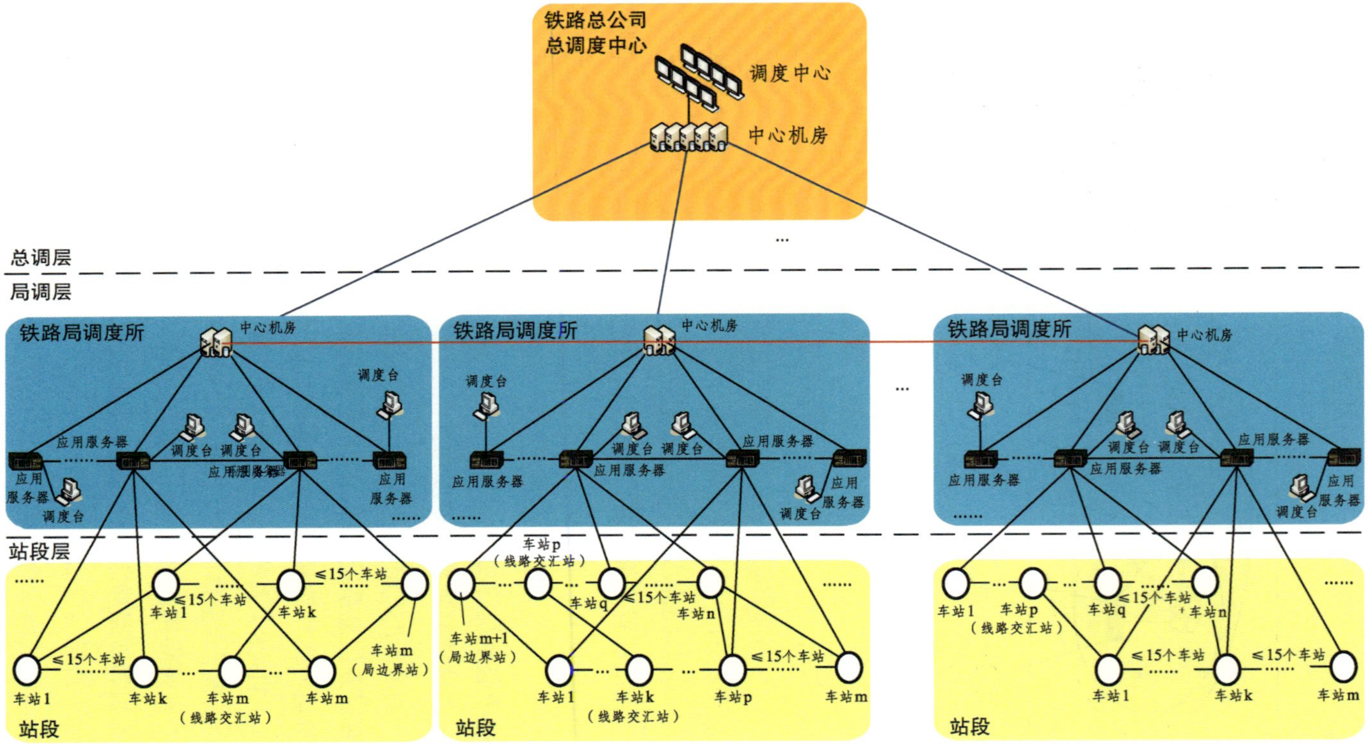

图 6.25　国铁调度系统网络架构示意图

3. 地铁和国铁调度系统差异性分析

国铁调度中心和地铁控制中心在运营组织模式、调度系统架构、调度管辖范围、调度功能、调度台种类和数量、调度区划分的灵活性等主要功能和特点方面均存在较大的差异，进而地铁和国铁调度中心系统主要功能特点、调度功能设置也存在较大的差异。地铁与国铁主要功能及特点对照详见表 6.6 所示。

表 6.6　主要功能及特点对照表

内容	地铁	国铁	备注
运营组织模式	单一线路独立运营	网络化运营	
调度系统架构	二级或三级架构，系统架构相对简单	三级架构，系统架构复杂	
调度管辖范围	较小、单线化	较大、区域化	
调度功能	功能种类和涉及专业较少	功能种类和涉及专业多	
调度台种类和数量	较少	较多	
调度区划分	固定	灵活	路局基本每年都会对线网内调度区划分进行局部调整

地铁与国铁调度功能设置对照详见表 6.7 所示。

表 6.7　地铁与国铁调度功能设置对照表

序号	地铁	国铁	备注
1	行车调度指挥（ATS）	行车调度指挥（CTC）	
2	电力调度（PSCADA/ISCS）	电力调度（PSCADA）	
3	维修调度	综合设施调度	
4	无	计划调度（TDMS）	
5	无	动车调度	
6	无	动车司机调度	
7	无	客服调度	
8	无	客服综控	
9	环控调度（FAS/ISCS）	无	

6.6.6 市域铁路调度中心系统方案

（1）主要系统组成

通过对市域铁路运营特点和网络化运营需求分析，市域铁路调度中心首先必须完成行车集中调度指挥的功能，故参照国铁系统架构设置行车调度集中（CTC）系统。为满足公交化相关功能，将包含行车计划编制功能和与其他系统的接口功能。

为实现市域铁路管辖范围内牵引和电力供电设施的监视与控制，实现统一的调度指挥管理，设置牵引供电及电力调度（PSCADA）系统。

考虑到市域铁路一般采用统一标准的动车组列车，执行线网内公交化运营，取消乘务员管理，车辆基地与国铁相比体量较小，同时市域铁路的动车调度管理和动车司机管理相对规律，且两种调度任务互相协调作业紧密，拟设置动车组管理信息系统，并将动车调度台、动车司机台整合为动车调度台。

为实现市域各车站旅客服务信息系统的集中管控，实现数据的集中处理和业务的集中控制，实现车站广播、乘客信息显示等信息的统一编播和下发，市域铁路应设置旅服集成管理平台。由于市域铁路公交化运营，传统客服调度和客服综控的功能进一步弱化，故建议将客服调度台与客服综控台整合为客服调度台。

为加快服务响应速度，并为设备监控、客流组织和防灾提供有力的技术和设备保障，提高管理效率和智能化水平，需设置综合监控系统。

市域铁路具有高速度、高密度、安全平稳的行车要求，对其基础设施的检养修提出更高要求，建议采用综合维修管理方式，需设置综合维修管理系统。

国铁/市域调度中心功能对照表如表 6.8 所示。

表 6.8 市域铁路调度中心调度台及主要功能

调度中心调度台名称	主要功能
列车调度	行车调度、计划调度、与车辆、维修、客服等接口
供电调度	牵引和电力供电设施监视与控制
综合维修调度	维修计划编制、维护人员调度管理等
动车调度	动车组和动车司机调度
客服调度	客服调度、客服综控调度
环控调度	FAS、BAS、ISCS

根据市域铁路调度功能需求分析，市域铁路新设调度中心，调度指挥系统由以下系统组成：

行车调度指挥系统、牵引供电及电力调度系统、综合监控系统、动车组管理信息系统、综合维修管理信息系统、旅服集成管理平台六个功能子系统。

市域铁路调度指挥系统架构图如图 6.26 所示。

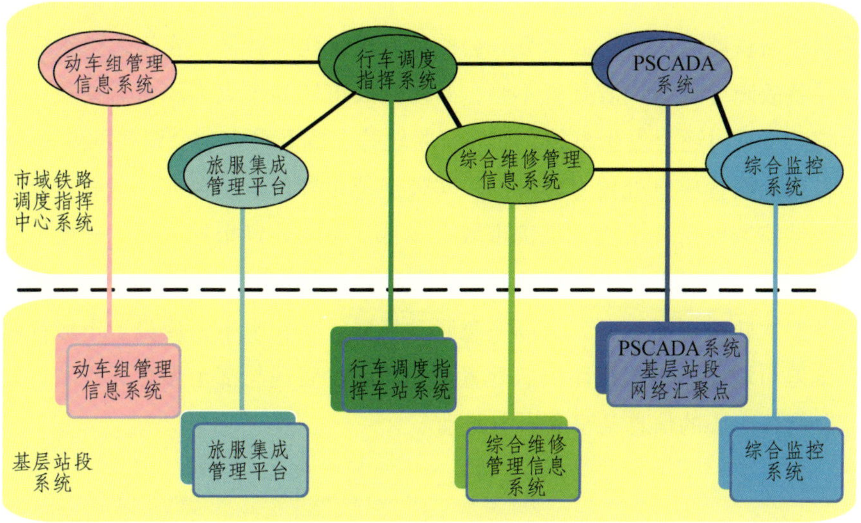

图 6.26　市域铁路调度指挥系统架构图

（2）其他系统设置

为市域铁路列车控制、运营调度、旅客服务、经营管理、防灾安全监控等业务应用系统提供网络服务，并为运输提供高质量的语音、数据及图像等综合通信业务，须设置通信系统。

市域铁路拟采用独立运营、独立结算的方式，故须设置票务中央系统。考虑到市域铁路调度中心与运营中心、综合楼均设置较为接近，为便于各系统机房的专业化集中维护管理，拟将票务中央系统设置在调度中心大楼内。

市域铁路调度中心应具备应急指挥功能，故设置应急指挥中心。

同时为保证上述各系统在调度中心能够安全、稳定、可靠、高效运行，相应设置电源系统、通风空调系统、消防系统、给排水系统、智能楼宇系统等配套系统。

综上所述，市域铁路的调度系统是基于网络化运营的需求，结合市域铁路运营特点及整个市域铁路线网规模，量身定制的一套调度中心指挥系统。

6.6.7 调度指挥应急处置体系

市域铁路实行统一指挥的运输组织模式。市域铁路调度指挥系统是运输组织的神经中枢，担负着市域铁路日常运输的组织、协调、指挥工作，通过实现对运输过程的高效组织、对运力资源的合理运用，及时处理突发事件，确保市域铁路的运输安全、正常秩序。伴随着市域铁路高密度、高运量、公交化、网络化等特征，在运输组织应急处置方面也存在设备故障等风险，若处置不当，容易造成市域列车大面积留滞现象，给乘客出行带来影响。严重时还会发生事故，如列车脱轨等，危及乘客生命财产的安全。

科学合理地设置应急处置专职部门，实现规范化管理，是提高应急处置水平的核心内容。市域铁路调度指挥中心应负责市域行车日常应急处置指挥工作，调度值班主任负责应急处置把关和信息上报工作。为满足市域铁路与都市圈轨道交通一体化发展需要，充分调动各层次轨道交通资源，提高应急联动处置效率和水平，应设置市域铁路应急指挥中心，统筹市域铁路相关线路应急处置工作，同时实现与都市圈城际铁路、城市轨道交通等应急指挥中心的信息共享和应急联动。

6.7 票务管理

市域铁路票务系统需满足其公交化开行的运输组织要求，作为国铁干线和城市轨道交通之间的中间层次，其票务系统内部业务需求相对更靠近城市轨道交通的模式，但其同时也需考虑与城市轨道交通、国铁干线、都市圈城际间产生的有关业务，适应多层次一体化发展需要。

从地方主导票款收益的角度，市域铁路票务系统目前暂不推荐接入国铁票务系统体系，考虑到市域铁路公交化运输组织模式，其票务系统的建设模式可采用独立建设票务系统（含清分系统）或接入城市轨道交通票务系统两种模式。

市域铁路宜采用独立建设票务清分系统，形成独立票务体系管理。充分适配市域铁路规划和发展需要，系统建设时可充分考虑后期扩容升级条件，适应后续线路接入，业务定制也相对灵活。同时，市域铁路票务系统可以独立主体形式，自主灵活对接与国铁票务系统、都市圈城际票务系统及城市轨道交通票务系统的业务范围及实现方式。

6.7.1 票制票价

1. 票价

票价制定一般考虑成本、市场需求、其他轨道交通方式的费率水平、经济发展水平、居民生活水平以及乘客承受力、物价政策、政府补贴政策等因素，并且根据相关规定，票价属于政府定价范围。一般可采用政府指导价、政府定价、市场价、联合定价等方式。

2. 票制

票制即票价制式，指票价的结构，决定了票价的计算方式。市域铁路公交化运营更有效地满足城市居民出行的要求，实现地区资源整合和共享，促进城市交通的健康发展。在制定合适的清分模型和优化车站流线组织的基础上，计程票制方案可适配复杂运输组织的特点，也保障建设及运营的票款收益。同时，综合考虑与其他交通方式协同服务情况下的乘客需求，目前国铁和城市轨道交通的票制方案均以计程票制为主。结合市域铁路的特点，以及将来多层次一体化发展趋势，市域铁路的基本票制方案宜采用计程票制。

3. 边界条件

票价、票制的确定很大程度上影响了与相邻轨道交通的换乘效果。

考虑地方定价因素，市域铁路与国铁城际采用相同票价票制的可能性不大。从市场经济角度，市域铁路单里程票价（费率）很大可能性高于城市轨道交通，详细的票制（整体票价计算公式）也与轨道交通不一致。票价票制的不一致直接影响了换乘方式，目前与轨交可实现土建付费区的车站数量不少，在目前技术成熟度层面下，市域铁路与城轨无法实现无障碍付费区换乘，考虑的直接方案是换乘通道内设置设备，实现对乘客票卡进行验证、标记、筛选等功能。

同时，由于市域铁路自成票务体系，故“一票换乘”的实现并不是全部车票的一票换乘，目前针对既有轨交票卡梳理，具备实现“一票换乘”票卡仅为公共交通卡和电子车票，实体单程车票（简易 IC 卡）不支持“一票换乘”。其中电子车票所用的 App 不建议市域铁路自行设置，建议采用城市内部成熟的既有公共交通 App 系统。

6.7.2 城轨换乘票务管理

票价、票制的确定很大程度上影响了与相邻轨道交通的换乘效果。

考虑地方定价因素，市域铁路与国铁城际采用相同票价票制的可能性不大。从市场经济角度，市域铁路单里程票价（费率）很大可能性不同于城市轨道交通，详细的票制（整体票价计算公式）也与轨道交通不一致。票价票制的不一致直接影响了换乘方式，目前与轨交可实现土建付费区的车站数量不少，在目前技术成熟度层面下，市域铁路与城轨无法实现无障碍付费区换乘，考虑的直接方案是换乘通道内设置设备，实现对乘客票卡进行验证、标记、筛选等功能。

基于无直接票价财政补贴情况下，市域铁路与城轨执行不同票价票制。付费换乘通道设置换乘设备（建议闸机形式），可通过的车票类型为公共交通卡和电子车票，主要实现三种票务管理：

一是市域车站—市域城轨换乘站—城轨车站方式，可明确换乘节点，确定清分清算的界面；二是市域城轨换乘站—市域城轨换乘站方式，可确定乘客使用的运输服务，收取相应的票款；三是国铁车站—轨交车站方式，可同时隔离国铁车票进入轨交，隔离轨交车票进入国铁。

6.7.3 国铁跨线票务管理

跨线停靠车站设置支持国铁票卡进出的闸机，可与市域的闸机整合，实现人流混进混出。考虑到下线停靠车站较少，可明确国铁列车的到发只支持 12306 车票上下车。

票务管理的难点是目前国铁与市域铁路无差别共用站台停车，基本无法把国铁车票直接在节点进行处理，会导致漂流至整个市域线网车站。

故研究的票务管理为两个方向：一是节点处通过土建或管理形成独立国铁的付费区管理区域，二是市域所有车站均考虑加载国铁票务系统，实现读取票卡，同时向乘客补足相应市域铁路部分票款。

6.7.4 票务清分

1. 轨交换乘

通过公共交通卡和电子车票实现在换乘通道处换乘设备上分段计费，同时考虑换乘优惠。分段计费直接实现乘客上一段行程结束及下一段行程开始，在乘客体验上优良，且市域无须与轨交清分，分别向公交卡公司结算即可。

2. 国铁跨线

由于票务管理层面不考虑市域车票上下国铁跨线列车，相关清算方式简单，票款收入、线路使用、电费等协商清算。

3. 跨省市域

直通运输的情况下，需要签订跨省运营协议，规定票价标准、互信原则、收入清算等。

6.8 动车管理

6.8.1 市域动车组检修特点

市域动车组以国铁动车组技术平台为基础，主体结构和关键部件材料性能等与现有的动车组基本相同，根据具体运用环境和要求进行了适应性改进，同时市域动车组还需适应网络化运营，因此其检修制度可借鉴成熟的CRH6F型动车组检修模式。

1. 市域动车组与国铁动车组检修差异

相对于国铁动车组车型种类繁杂、日走行里程长（4000 km左右）、运行环境复杂、线路条件复杂等情况，市域动车组具有车型单一（如上海市域动车组）、日走行里程短（一般600 ~ 900 km）、运行环境稳定、线路条件简单等显著特征。那么市域动车组的运用检修相对国铁动车组而言大大简化，主要表现在：

（1）运行交路短，多次往返。除跨线列车外，市域动车组开行方式类似于城市轨道交通，运行交路比较单一且固定，简化了动车组的周转、接续，有利于运营组织和管理。

（2）服务方式不同。如市域动车组不设盥洗和真空集便设施，因此不必在车辆基地考虑上水和卸污设备。

（3）配属车型单一。车型的单一化，使得运用检修设备极为简化，如立体作业平台限界、检查库尺寸、同步架车机、转向架更换设备、轮轴检修、转向架检修等大多数设备均不必考虑兼容多种车型。同时动车组检修基地的备品备件数量也可以大大减少。

根据市域动车组上述特点，动车组维修间隔可借鉴CRH6F型动车组的维修模式，根据市域动车组日均、年均运用里程少的特点，维修间隔设置在CRH6F型动车组基础上适当延长时间周期间隔，使时间周期和里程周期合理匹配。

2. 市域动车组修程修制自身特点

市域动车组修程修制在参考借鉴既有CRH6F型动车组的基础上，还需根据自身特点注意以下几点：

（1）一、二级修，结合市域动车组的运用特点和整车检修间隔周期延长要求，重点加强对转向架、车门、受电弓、制动装置等系统及部件的运用检查和预防性维修。

（2）高级修，间隔周期适当延长，对与时间、动作次数强相关的部件，如转向架系统节点类橡胶件、制动系统密封件和阀类、车门、受电弓等涉及安全和运营秩序的部件按每间隔 4 年进行检修或更新，将检修周期前移；仅影响舒适性和服务功能的部件按每间隔 8 年进行检修或更新，将检修周期后移。

（3）各级检修规程宜依据“以可靠性为中心的维修”进行制定和优化，实现由“预防性维修为主，纠正性维修为辅”向以可靠性为中心的维修方式转变，降低动车组的维修成本。

“以可靠性为中心的维修”（简称 RCM）是当今欧洲轨道交通行业及港铁普遍采用的维修理念，即在安全性、可靠性与经济性间寻找平衡点，以最低的维修成本维持产品固有的安全性与可靠性，其主要是依据“IEC60300-3-11 可靠性为中心的维修”标准来进行动车组维修过程中的维修策略分析、维修间隔分析、维修任务分析、维修成本分析、维修优化分析、老化管理分析、维修设计分析、维修资源分析等。

6.8.2 市域动车组检修周期

市域动车组计划修修程和周期应根据车辆技术平台、车辆全寿命周期质量指标和运用检修经验确定。根据制式不同，修程可分为列检、双周检、三月检、定修、架修和大修（模式一），也可分为一、二、三、四、五级修（模式二），其车辆修程和周期分别见表 6.9、表 6.10 所示。

表 6.9 市域车辆修程和周期（模式一）

类别	检修修程	检修周期		检修时间/天
		走行里程/万千米	时间间隔	
定期检修	大修	150	8～10 年	35
	架修	60	4～5 年	20
	定修	15	1～1.25 年	8
日常维修	三月检	3.75	3 月	2
	双周检	0.625	0.5 月	0.5
	列检	—	每天或两天	—

表 6.10　市域车辆修程和周期（模式二）

类别	检修修程	检修周期		检修时间
		走行里程/万千米	时间间隔	
定期检修	五级修	240	12 年	45 天
	四级修	120	6 年	35 天
	三级修	60	3 年	15 天
日常维修	二级修	1.5 ~ 20	1 ~ 12 月	8 小时
	一级修	0.15	2 d	2 小时

根据市域铁路车辆车型确定检修修程和周期，目前国内 120 km/h 速度等级的地铁快线大多采用地铁设计规范指标，市域铁路较地铁在运营速度、运营里程以及日车公里指标提高后，部分城市大修里程提高至 150 万千米，故采用模式一的车辆大修里程建议取 120 万 ~ 150 万千米，采用一至五级修模式的车辆参照温州市域 D 型制造厂商提供的资料，五级修里程建议取 180 万 ~ 240 万千米。

6.8.3　市域车辆基地设置原则

市域车辆基地设置应遵循以下原则：

（1）资源共享：市域铁路线网车辆选型建议尽量保持一致，车辆基地的设计应结合市域铁路线网规划统筹考虑，避免重复设置，实现线网资源共享。

（2）集中检修：市域铁路线网车辆基地布点按照集中检修的原则，根据线网规划里程，在整个市域线网内统筹考虑设置高级修检修基地。

（3）分散存放，片区管理：动车运用所、停车场实行片区化管理，可承担片区范围内动车组存放，发车及运用检修作业。市域线网布点不按单线配置，各线配套的布点也不应只考虑单线需求，而应辐射相邻片区和相关线路。

（4）一次规划，分步实施，近远结合，逐步到位：车辆基地的分布和规模，应超前规划，适时建设。以近期建设规划为基础，远期线网规划为依据，车辆基地建设时序根据各线建设时序的安排，一次规划，分步实施。

（5）布点合理、规模适当：车辆基地设置在有大量动车组始发终到的车站（主要节点站），实现多条线路资源共享，减少动车组日常回送空走距离。在节省土地资源，满足工艺要求的前提下，车辆基地布置尽量留有余地，以应对在修建顺序、建设运营体制、系统制式或土地风险等方面的可能变化。同时也宜为线网发展预留一定冗余。

（6）修程合理、依据充分：结合市域动车组运营特点，参照市域铁路动车组修程修制，确定合理的运用检修制度和设备配置标准。

（7）因地制宜、满足功能、统筹考虑、降低造价：车辆基地总平面布置设计应符合城市规划要求，并与周围环境相协调。在满足功能要求的前提下，尽量紧凑，最大限度利用土地资源。

6.9 上海市域铁路发展案例分析

根据长三角一体化的国家战略和长三角轨道交通一体化的发展要求，上海轨道交通发展提出“一张网、多模式、广覆盖、高集约”的理念。结合新一轮城市总体规划编制，在市域范围规划形成“九射（主城区新城近沪城镇放射线）、十三联（放射线间的联络线）”的市域线网布局。市域线网络总规模约 1157 km，设置 194 座车站。其中利用国铁通道约 443 km，城市轨道快线通道（地铁制式）约 202 km，新增市域（郊）铁路通道约 512 km。

上海市域（郊）铁路线网规划示意图如图 6.27 所示。

从上海市域（郊）铁路线网规划图可以看出：上海新建的市域（郊）铁路基本将整个上海市域（郊）区域覆盖，并与干线铁路、城际铁路和城市轨道交通组成了一张层次清晰、架构相对合理、衔接相对顺畅的轨道交通网络。但在市域（郊）铁路线网结构中，东北面区域仅有沪通二期线路连接，而沪通二期属于城际铁路范畴。与此同时，在整个上海地区的西面形成了一个“扇形”往整个长三角区域腹地辐射状轨道交通网络。由此可见，上海市域（郊）铁路与长三角都市圈城际铁路联系紧密，长三角都市圈城际铁路列车通过上海市域（郊）铁路线路快速进入上海市中心城区的需求比较强烈。

上海市域铁路目前正在建设中的是虹桥机场至浦东机场的机场联络线和从嘉定至闵行的嘉闵线。本书分别对这两条线路的情况做一个简要介绍。

6.9.1 机场联络线

1. 项目概况

机场联络线是上海市东西主轴内的市域快速通道，是上海市城市轨道交通线网的重要组成，主要承担市域内虹桥、浦东两机场间以及市中心与机场间的城市客流，并兼顾浦东新区与长三角近沪地区的城际客流；是浦东衔接上海市对外主要铁路客运通道的重要联络线，是沪宁铁路通道和沪杭铁路通道向浦东地区的延伸；是浦东二次开发的重要交通基础设施。

图 6.27　上海市域（郊）铁路线网规划示意图

建设机场联络线，是满足城市内部快速出行需求，提高居民市域出行质量的现实需要；是满足浦东就近上车、快速直通需求，缓解浦江两岸市内交通压力以及节省人员流通时间成本的需要；是完善和优化上海铁路枢纽总图规划的需要。上海机场联络线线路走向示意图，见图 6.28 所示。

轨道交通线网中的东西向市域线线路由闵行区虹桥综合交通枢纽的虹桥火车站至浦东新区上海东交通枢纽的上海东站。途经闵行区、徐汇区、浦东新区 3 个行政区，自西向东经过的主要区域有虹桥商务区、七宝、梅陇、华泾、三林、张江科学城、国际旅游度假区、浦东国际机场、铁路上海东站等，与轨道交通线网中多条线路换乘。

机场联络线线路全长 68.15 km，设站 8 座，动车所 1 处、存车场 1 处。2018 年 12 月 11 日，机场联络线正式获得国家发改委批准，采用市域铁路的运营模式，使用设计时速 160 km 的 CRH6F 型车，8 节编组。

2. 项目功能定位

（1）城市内部换乘至两场、两站的城市轨道交通系统。

机场联络线线路由主线和支线组成，主线线路由虹桥枢纽至上海东站，途经闵行区、徐汇区和浦东新区，串联了虹桥枢纽、闵行七宝地区、华泾地区、三林环外地区、国籍旅游度假区、张江科学城、浦东国际机场和上海东站等，支线线路由上海南站至三林南站，途经徐汇区和浦东新区，串联了上海南站和机场联络线。本线串联 8 个车站，每个站均能与上海市内轨道交通系统实现换乘，是上海市区快速通达两场（虹桥机场、浦东机场）、两站（虹桥火车站、上海东站）的城市轨道交通系统，根据客流预测，本线初近期换乘客流占总客流的 39%，远期占 55%。因此，本项目是上海市内换乘至两场、两站的城市轨道交通系统。

（2）长三角核心区助推浦东的快速轨道交通系统。

浦东是建设上海国际金融中心和国际航运中心的核心功能区，是发挥长三角示范带动作用的重要区域，承担着服务长三角的区域职能。上海市现状主要铁路客站有上海南、上海、虹桥三个车站，全部位于浦西地区，浦东现状仅芦潮港站每天始发 2 对至上海南站的市域车，没有通达至上海地区之外的铁路客运车站。规划的上海东站通过机场联络线联通沪通铁路和沪乍杭铁路，辐射苏北、苏南中小城市以及环杭州湾重点城镇；通过机场联络线可联系沪杭和沪宁通道，辐射沿沪杭、沪宁交通走廊的城市带。未来的浦东新区依托机场联络线衔接上海各个方向的对外通道。

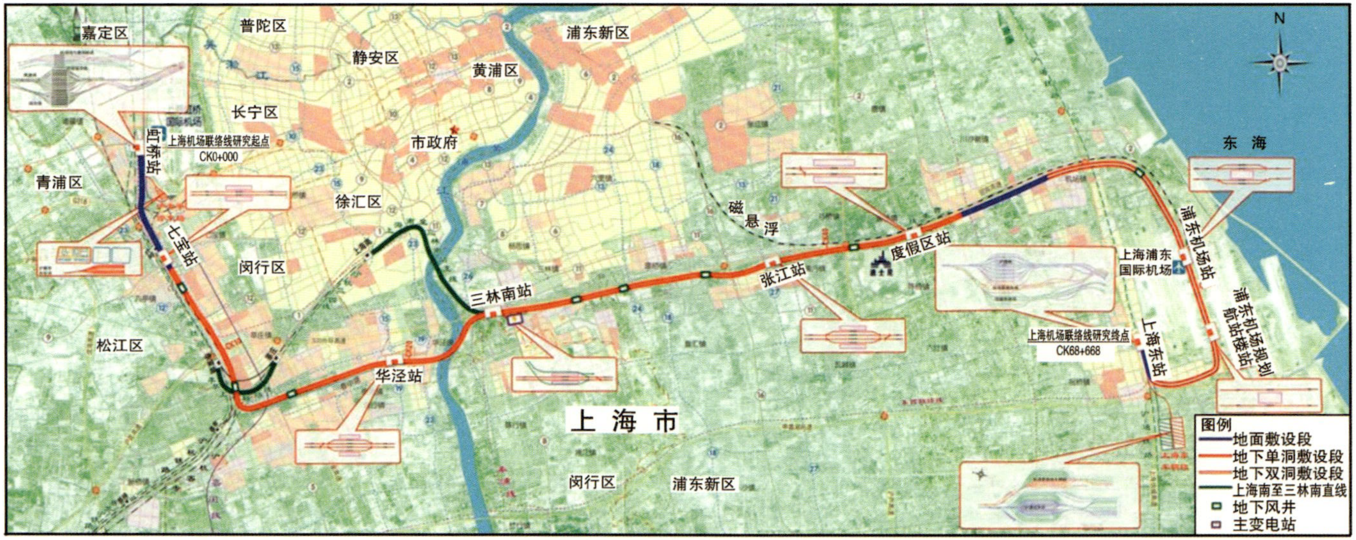

图 6.28　上海机场联络线线路走向示意图

（3）联系两场、两站和服务沿线地区的市域快线。

机场联络线是上海市域网络中东西向骨干线路，起到形成两场（虹桥机场、浦东机场）、两站（虹桥站、上海东站）与主城区沿线张江、国际旅游度假区等重点地区间的快速便捷联系，进一步整合航空、高铁等对外交通资源，提高浦东机场、上海东站等地区的区域服务功能。虹桥铁路枢纽主要承担沪宁、沪昆高速通道的长途列车，长三角核心区以外的出境客流可经由本线快速通达浦东机场，是扩大浦东机场覆盖范围的捷运系统，是快速联系两场、两站客运交流的快线。

3. 主要技术标准

铁路等级：市域铁路

正线数目：双线

速度目标值：160 km/h

正线线间距：4.0 m

最小曲线半径：地段正线一般为 1500 m，困难条件下 1300 m；限速地段采用与行车速度相适应的曲线半径，最小半径 600 m。

最大坡度：一般 20‰，困难 30‰

牵引种类：电力（25 kV 交流）

机车类型：动车组（8 辆）

站台长度：220 m，有配线车站到发线有效长度：400 m

列车运行控制系统：CTCS2+ATO

行车方式：左侧行车

4. 土建工程

新建机场联络线工程（西段）全部位于闵行区境内，线路全长 18.834 km，其中桥梁长 3.351 km，隧道 14.143 km，路基长 1.34 km，共设车站 2 座，其中七宝站为地面站，华泾站为地下站。

（1）线路

线路平面曲线：区间正线最小曲线半径一般地段 1500 m，困难地段 1300 m；限速地段根据实际情况和速度时间曲线模拟确定。

线路纵断面：尽量采用高站位低区间的节能坡度设计，正线最大坡度 20‰，困难情况 30‰。

（2）轨道工程

全线一次铺设跨区间无缝线路，高架线、地下线及路基地段均铺设无砟轨道，车辆段线均采用有砟轨道。正线间渡线道岔及到发线上用于接发旅客列车的道岔均采用12号。正线、到发线、联络线、出入段线、辅助线采用60 kg/m钢轨，其余车场线采用50 kg/m钢轨。

（3）车站建筑

西段全线共设2座车站，地面车站七宝站，地下车站华泾站。根据运输组织、旅客换乘、线路敷设方式、车站性质、工程条件等因素，分别选用侧式、越行站双侧式站型。

根据远期8辆编组情况，确定本线车站站台有效长度为220 m，站台宽度按客流计算确定。

机场联络线与9、15（在建）及规划19号线等3条轨道交通线换乘。

（4）结构工程

① 车站结构。

地下车站华泾站，地面车站七宝站。

地下车站根据场地条件采用明挖顺作施工，地下车站主体结构采用箱型框架结构，纵梁体系。地面车站采用现浇混凝土框架结构。

② 高架桥梁。

高架桥梁一般为32 m简支箱梁体系，采用整孔预制施工。

机场联络线浦西段正线全长18.833 km，正线大中桥共2座3.353 km，分别为跨沪渝高速公路特大桥、蒲汇塘中桥，占线路长度的17.8%。

③ 区间隧道。

机场联络线西段明挖段总长806.9 m；盾构段总长12 741.444 m。区间隧道主要采用盾构法施工，出入地面段采用明挖工法施工。

隧道断面形式为圆形单洞双线。单洞双线盾构隧道设置中隔墙，线间距6.1 m。在满足轨道、接触网、隧道轮廓限界、结构预留变形基础上，经过综合分析，建议方案如表6.11所示。

表6.11　单洞双线隧道尺寸建议表

	建筑限界直径/m	设备限界直径/m	管片外径直径/m	管片厚/m	轨面上净空面积/m^2
单洞双线	12.2	12.5	13.6	0.55	43.1

（5）路基

上海机场联络线工程（西段）：正线路基长度 1.038 km/3 处。

上海机场联络线工程（西段）路基工点类型主要为边坡防护路基、软土路基、侵限路基（房屋、道路、沟渠）及临近既有线路基等。主要路基工程措施为软土地基加固，拟采用钻孔灌注桩+U 型槽结构形式，钻孔灌注桩桩径 0.8 m，桩间距 3 ~ 5 m。

（6）车辆段、综合维修

本线车辆运用检修设施按照“检修集中、运用分散”的设计思路，以及“集约运作、节省资源”要求，设“一段一场”，即上海东车辆段和申昆路存车场（在嘉闵线上海虹桥申昆路存车场统筹考虑，统一实施），高级修由线网统筹考虑、集中设置。在上海东站设综合维修车间（含工区）。

5. 车辆、机电系统

1）车辆

采用最高运行速度为 160 km/h 的市域动车组。

2）机电系统

（1）供电系统

机场联络线牵引供电系统采用单相工频 25 kV 交流制，正线采用带回流线的直接供电方式，站线、车辆段内各种段线采用直接供电方式。

新建 110 kV 三林南牵引电力合建变电所 1 座（预留三林南至上海南供电条件），利用沪通二期规划的上海东牵引变电所 1 座，新建虹桥、浦东分区所 2 座，新建上海东开闭所 1 座。

新建三林南 110 kV 牵引电力合建变电所牵引变压器采用 110/27.5 kV 三相 V/V 牵引变压器，安装容量 2×（12.5+12.5）MVA；电力变压器采用 YN，D11 接线型式，安装容量 2×20 MVA。

接触网采用全补偿简单链形悬挂方式。

动力照明：35 kV 电源与牵引电力合建，全线新建两条 35 kV 电力主干环网线路，沿线工作井、洞口和所有车站的 35/0.4 kV 变电所均由 35 kV 电力环网线路供电。正常情况下七宝站至张江站（含）由三林南 35 kV 配电所供电，张江站（不含）至上海东站由上海东 35 kV 配电所供电。在华泾站、三林南站、张江站、浦东机场站设 35/10 kV 变配电所，由 35 kV 电力环网线路供电。区间设 10/0.4 kV 箱变，为区间水泵及隧道照明供电。

10/0.4 kV 箱式变电所由车站 35/10 kV 变配电所接取 10 kV 电源。

动力照明系统采用 380/220 V 三相四线制 TN-S 接地系统。

（2）通信系统

通信系统由专用通信系统、公安通信系统及民用通信系统组成。

专用通信系统由传输系统、公务电话系统、专用电话系统、LTE 车地无线通信系统、视频监视系统、广播系统、时钟系统、办公自动化系统、乘客信息系统、电源系统及接地、集中告警系统及国铁通信系统组成。

公安通信系统由公安视频监视系统、公安消防无线通信系统、公安计算机网络及有线电话系统和公安电源系统构成。各子系统接入上海市轨道交通总队公安通信系统。

本线路为民用通信建设及运营商提供设备机房、用电及管线径路要求，民用通信系统设备投资不纳入本工程考虑。

（3）信号系统

① 运输调度指挥系统

全线拟采用调度集中系统（CTC3.0），接入新建的上海市域铁路 CTC 调度中心。调度中心设机场线调度台，本线各站均纳入机场线调度台的管辖范围。正线各有岔站、上海东车辆段均设置 CTC 车站分机，无配线站不设分机，分别纳入邻站控制。

② 列车运行控制系统

采用 CTCS2 级列控系统，设置列车自动运行系统（ATO）。

③ 闭塞系统

区间采用 ZPW-2000 系列无绝缘轨道电路，区间设信号标志牌，列车运行以列控车载设备显示作为行车凭证，正向按自动闭塞、反方向按自动站间闭塞行车。

④ 车站联锁系统

有岔站、上海东车辆段新建硬件安全冗余型计算机联锁系统。无配线站分别纳入邻站控制。

（4）信息系统

信息系统在各车站设置市域 AFC 系统、旅客服务信息系统、办公自动化系统、综合布线系统以及电源及设备房屋环境监控系统；在国铁互通站设置国铁客票系统；在车辆段设置车辆段信息系统，在综合维修车间设置办公自动化系统等；在车辆基地、车站设置安防系统。

（5）综合监控系统（ISCS）

综合监控系统包含中央级、车站级（含车辆基地）、主干网络组成。中央级与车站级均采用客户/服务器结构，中央级综合监控系统通过全线的主干网络（MBN）将各车站级监控网的监控信息汇集到控制中心，在控制中心实现多系统的综合监控。综合监控系统设置网络管理系统、培训管理系统、软件测试平台、综合维修信息显示系统等辅助系统。

（6）通风空调

通风空调系统由车站建筑的通风空调系统和隧道通风系统组成。车站、地下区间分别设置防烟、排烟及事故通风系统。

区间隧道设置中间风井，西段全线共设置 3 处，满足区间隧道新风量以及防排烟的要求。

（7）给排水及消防

给排水及消防系统包括给水系统、排水系统和消防系统。其中给水系统应包括生产、生活给水系统；排水系统包括污水、废水及雨水系统；消防系统包括消防给水系统、自喷系统、灭火器的配置及气体灭火系统。

（8）FAS/BAS/ACS

FAS 按两级监控方式设置，第一级为中央级，设置于申昆路控制中心；第二级为车站级，设置于各车站的车站控制室及车辆段等建筑的消防控制室，实现对其所管辖的范围内系统的监控管理。车站级按具备独立运行能力要求设计。

BAS 由中央级、车站级、就地级以及全线通信网络构成。BAS 在车站级与综合监控系统接口，实现在综合监控系统中的集成。其中，中央级设备、车站级设备及全线通信网络由综合监控系统提供。车站 BAS 系统采用分层分布式结构，由 PLC 控制设备、现场变送器及 UPS 电源等组成。

ACS 是实现员工进出管理的自动化系统，为中央与车站两级管理，中央、车站和现场三级控制。

（9）站台门系统

全线车站设置站台门系统，地面车站设置低站台门、地下车站设置高站台门。市域车停靠站台，站台门紧贴站台边缘安装；国铁车停靠站台，站台门考虑退后站台边缘 1.2 m 安装。

（10）电、扶梯系统

为方便乘客，提高市域铁路运营服务质量，在各车站设置自动扶梯；为方便残疾人进出车站及车站内小型设备运输，实现无障碍通道，在各车站设置电梯。

（11）安防系统

安防系统由车辆基地视频监视系统、周界入侵报警系统、电子巡查系统、车辆基地汽车出入口管理系统、车站安全检查及探测系统以及安防集成平台组成。

6.9.2 嘉闵线

1. 项目概况

嘉闵线自嘉定区城北路站引出南行，途经嘉定、闵行 2 个行政区，至闵行区银都路站；线路自北向南经过的主要区域有嘉定新城、马陆、南翔、江桥、虹桥商务区、七宝、莘庄等，与轨道交通线网中多条线路换乘；全线长 44.035 km。全线设城北路、新成路、嘉戬公路、丰茂路、南翔、金园五路、金运路、天山路、虹桥、迎宾三路、沪星路、七宝、七莘路、莘建路、银都路等 15 座车站；设马东动车运用所 1 座、申昆路停车场 1 座。

2. 项目功能定位

本项目是上海市域网络中南北向的骨架线路，是服务于城市西侧嘉定、松江新城及金山滨海地区快速出行的重要线路，是对接长三角、体现长三角更高质量一体化发展的重要支撑，是和城市内部多条轨道交通线路换乘体现多网融合的重要线路。

嘉闵是上海市无缝衔接内外交通、通过轨道交通“多网融合”共享资源、打造立体化公共交通体系的需要，是支撑新城和新市镇内向协同发展、外向开拓发展的双重需要，是推行城际出行公交化运营、促进长三角地区高质量一体化发展的需要，是发展绿色交通，促进城市健康可持续发展的需要。

3. 主要技术标准

（1）铁路等级：市域铁路。

（2）正线数目：双线。

（3）速度目标值：160 km/h。

（4）正线线间距：高架及地面段 4.0 m，单洞单线隧道根据隧道结构、防灾与救援等要求确定。

（5）最小曲线半径：一般地段 1400 m、困难地段 1300 m；限速地段采用与行车速度相适应的曲线半径，最小半径 350 m。

（6）最大坡度：一般地段 25‰，困难地段 30‰。

（7）牵引种类：交流 25 kV 交流。

（8）机车类型：市域动车组（8 辆编组）。

（9）站台有效长度：220 m。

（10）列车运行控制系统：CTCS2+ATO。

（11）最小行车间隔：3 min。

（12）行车方式：左侧行车。

4. 行车组织与运营管理

1）车辆选型及编组

本线车辆选用时速 160 km、8 辆编组的市域动车组。

2）运输组织方案

（1）运输组织模式

本项目在上海轨道交通网络中的骨架作用明显，是一条兼顾本线客流和交换客流的网络骨架线路。运输组织模式应根据本线功能定位及客流需求综合确定。

① 功能定位

本线是上海市域网络中南北向的骨架线路；是服务于城市西侧嘉定、松江、奉贤新城及金山滨海地区与主城区之间快速出行的重要放射线路；是支撑长三角更高质量一体化发展的重要交通基础设施；是与多条不同层次轨道交通线路衔接实现多网融合的重要线路。

② 客流需求

本线是一条兼顾本线客流和交换客流的网络骨架线路。其中，交换客流主要包括沿线组团及金山、松江、奉贤等南部新城与主城区、其他新城间的市域中长途跨区客流，远期占比 51.7%。

根据上海市域线网络，设计年度本线与相关市域线客流交换量如表 6.12 所示。

表 6.12　嘉闵线与相关市域线客流交换量表

交换方向	全日换乘量/（人次/h）			高峰小时交换量/（人次/h）		
	初期	近期	远期	初期	近期	远期
机场联络线→嘉闵线（东北）	7 934	9 570	11 495	604	832	1 019
嘉闵线→机场联络线（北东）	7 897	9 847	11 459	886	1 278	1 525
金山铁路→嘉闵线	—	6 625	7 458	—	1 578	1 819

续表

交换方向	全日换乘量/（人次/h）			高峰小时交换量/（人次/h）		
	初期	近期	远期	初期	近期	远期
嘉闵线→金山铁路	—	6 514	7 359	—	718	832
东西联络线→嘉闵线	—	14 025	15 399	—	2 634	2 929
嘉闵线→东西联络线	—	13 925	15 387	—	1 817	1 978
宝嘉线→嘉闵线（东南）	—	14 978	16 889	—	3 842	4 417
嘉闵线→宝嘉线（南东）	—	14 899	16 931	—	4 074	987

综上分析，考虑本线与相关市域线交换客流较大，从客流需求角度本线可开行跨线列车。

③ 上海市城市发展战略

根据上海市最新城市发展战略，强化与近沪地区一体化融合发展成为重要方向之一。上海市按照国家新型城镇化、长三角高质量一体化和上海未来全球城市发展要求，提出了“一张网、多模式、广覆盖、高集约”的规划理念，形成以市域铁路、轨道交通等制式为主体的“市域线—市区线—局域线”三层次多模式轨道交通网络。其中市域线以市域铁路为主体，具备内部互联互通以及与周边市域轨道交通互联互通的功能，提供主城区与郊区新城、新市镇以及上海与近沪地区的快速轨道交通服务，并且强调枢纽与城市的紧密结合，通道资源复合利用。

嘉闵线是上海市市域线网络中的西部纵向骨干，其所在通道也是上海市扇形发散式国铁网络的弓形部分，是上海市域各组团与沪宁、沪杭、沪湖等多个方向沟通的必经之路，起到非常明显的路网通过作用和门户交接的作用。从具体节点看，嘉定、南翔、江桥、虹桥、闵行、松江、金山、奉贤等新城、新市镇、近郊重点开发区均是嘉闵线的直接服务对象，这些节点是上海中心城区与近沪地区衔接的桥头堡，也是上海市自身挖潜提升的主要区域，为其提供与上海市中心城区、近沪地区互联互通的快速交通服务是非常迫切的。因此，从上海都市圈一体化发展角度出发，构建“近沪地区—新城新市镇—中心城区”的运行径路是必要而迫切的，且该运行径路由于距离较长，对运输组织的时效性、换乘便捷性、舒适性均提出了较市区线更高的要求，该三项因素直接影响服务水平和综合竞争力，对客流需求的敏感性影响极大。

综上所述，结合本线功能定位，为满足客流需求、适应城市发展，本线组织开行跨线列车，采用本线列车与跨线列车共线运行的运输组织模式。

（2）列车运行模式

轨道交通列车运行模式通常可分为仅开行站站停列车、组合开行站站停列车和大站快车两种模式。本线列车运行模式分析如下。

① 大站快车开行必要性

a. 客流特征及需求

本项目交换客流主要包括沿线组团及金山、松江、奉贤等南部新城与主城区、其他新城间的市域中长途跨区客流，远期占比 51.7%。该部分客流总体呈现中长运距的出行特征，平均运距相对较大，对旅行速度、乘车舒适性要求较高，市区轨交线路运营模式无法较好地满足其乘坐需求，对开行大站快车的需求强烈。

b. 时间目标值要求

嘉闵线是上海市域网络中南北向的骨架线路，可与市域线网内机场联络线、金山铁路、宝嘉线、东西联络线等互联互通，并预留与近沪地区都市圈城际铁路开行跨线列车的条件。因此，嘉闵线列车运行模式应考虑相关跨线交路时间目标值的要求。

相关跨线交路列车运行模式可分为以下三种：嘉闵线及相邻线均仅开站站停列车；嘉闵线仅开行站站停列车、相邻线组合开行站站停列车和大站快车；嘉闵线及相邻线均组合开行站站停列车和大站快车。本次设计分析跨线交路时间目标值时相邻线按采用组合开行站站停列车和大站快车模式，各跨线交路列车在嘉闵线范围外采用大站停（旅行速度取 100 km/h）；此时，若在嘉闵线范围内（城北路—银都路）采用站站停列车运行模式，则相关跨线交路主要节点间的旅行时间及是否满足时间目标值要求分析如表 6.13 所示。

表 6.13　相关跨线交路主要节点间的时间目标值分析表

主要节点区段	里程/km	时间目标值/min	旅行时间/min	是否满足时间目标值
城北路—浦东机场	89	45	63	否
虹桥—金山	62	45	45	是
虹桥—杨行	40	45	31	是
虹桥—松江南	39	45	31	是
虹桥—奉贤	48	45	37	是
虹桥—太仓	49	60	40	是
虹桥—平湖	97	60	66	否
虹桥—苏州	106	60	74	否

注：跨线交路主要节点间的时间目标值按上海市域线网络规划所提出的“市域 45 min、区域 60 min”确定。

由上表可知，从市域网络互联互通角度出发，当跨线交路在嘉闵线范围内（城北路—银都路）采用站站停列车运行模式时，存在部分跨线交路主要节点间的时间目标值无法满足规划要求。因此，嘉闵线应考虑开行大站快车，以进一步提高本线旅行速度。

综上所述，根据本线客流特征及需求、相关跨线交路主要节点间的时间目标值分析，嘉闵线应考虑开行大站快车，以进一步提高本线旅行速度，满足不同客流需求。

② 大站快车停站方案

大站快车停站方案应根据客流特点，考虑组团交流、站间 OD、站点乘降量等因素，并结合沿线换乘站设置综合确定。结合后文大站快车开行时段分析，本线推荐在非高峰时段组织开行大站快车，故大站快车停站方案按全日客流数据分析。

a. 组团交流分析

根据行政区划，将全日站间 OD 合并划分组团，以远期为例形成全日组团交流示意图如图 6.29 所示。

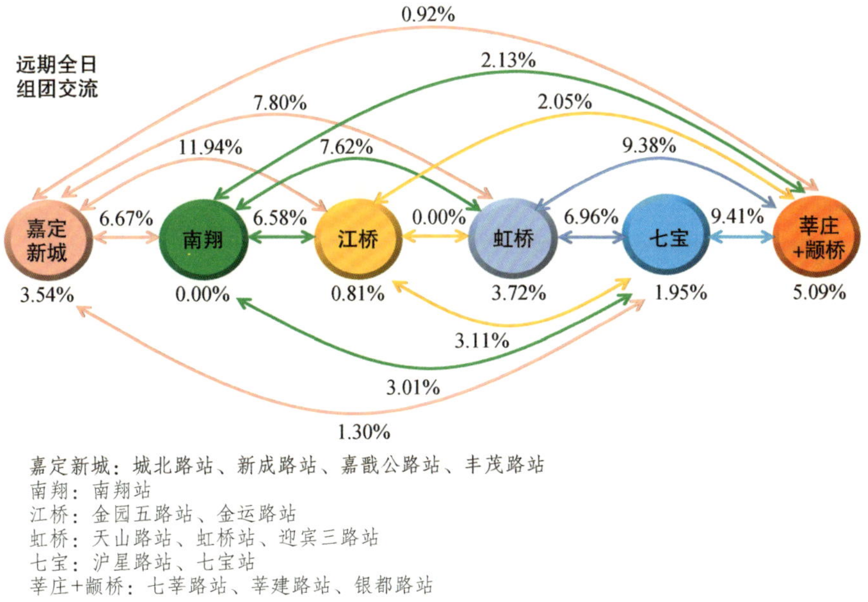

图 6.29　远期全日组团交流示意图

由上图可以看出远期全日组团交流较大的有：嘉定新城—南翔 6.67%，嘉定新城—江桥 11.94%，嘉定新城—虹桥 7.80%，南翔—江桥 6.58%，南翔—虹桥 7.62%，江桥—虹桥 6.00%，虹桥—七宝 6.96%，虹桥—莘庄+颛桥 9.38%，七宝—莘庄+颛桥 9.41%；上述交流各组团均有涉及，因此开行大站快车不宜越过其中任何一个组团，即嘉定新城组团、南翔组团、江桥组团、虹桥组团、七宝组团、莘庄+颛桥组团均应设置大站。

b. 全日站间 OD 分析

表 6.14　远期全日站间 OD 表　　单位：人次

车站	城北路	新成路	嘉戬公路	丰茂路	南翔	金园五路	金运路	天山路	虹桥	迎宾三路	沪星路	七宝	七莘路	莘建路	银都路
城北路	0	1438	1851	2093	3348	2304	3062	289	3534	200	443	334	299	112	220
新成路	1445	0	833	1883	6185	5616	4512	334	4799	165	322	253	241	78	91
嘉戬公路	1827	830	0	2286	5735	3528	3446	236	3451	170	332	256	286	97	142
丰茂路	2092	1883	2279	0	4319	5301	7251	1431	7506	716	1112	753	663	166	300
南翔	3395	6079	5749	4318	0	9232	10008	5130	13524	3686	4044	4778	3764	1022	1472
金园五路	2312	5686	3505	5245	9210	0	2383	693	6052	566	1428	1614	1070	261	428
金运路	3060	4502	3415	7272	10109	2368	0	1759	7622	922	1855	4191	2425	668	1138
天山路	288	333	232	1420	5107	684	1758	0	4989	103	647	1066	906	262	431
虹桥	3525	4791	3493	7566	13558	6056	7570	4986	0	5816	4199	10204	9183	4454	6531
迎宾三路	200	167	170	720	3674	568	919	104	5831	0	777	3445	3293	826	1654
沪星路	441	324	330	1111	4078	1431	1862	644	4145	779	0	5710	5264	3274	4903
七宝	334	249	255	761	4774	1631	4221	1064	10319	3483	5707	0	2215	3804	8095
七莘路	297	241	289	657	3719	1085	2422	903	9124	3250	5311	2218	0	2733	10122
莘建路	111	78	96	168	1037	260	670	259	4388	820	3279	3821	2725	0	2108
银都路	219	91	141	300	1478	432	1145	430	6604	1682	4913	8075	10049	2102	0

由表 6.14 可以看出，本线远期丰茂路、南翔、金园五路、金运路、虹桥、七宝、七莘路、银都路的站间交流较大；大站快车停靠车站宜根据客流需求从上述车站选取。

根据站间 OD 交流情况，综合考虑客流需求及旅行时间，按照站间 OD 交流递减的原则，可得到以下大站快车停站方案开行效果。

不同大站快车停站方案开行效果如上表所示，其在服务客流、旅行时间及速度方面存在一定差别。当大站快车停站个数在 5 站及以下时，其服务客流占比过低（大站快车 5 站方案服务 OD 占比约为 17.8%）、经济性差，本次设计暂不考虑，运营期可结合实际客流情况调整，如表 6.15 所示。

表 6.15　不同大站快车停站方案开行效果比较表

大站快车停站方案		大站快车开行效果		
		OD 占比（远期）	旅行时间/min	旅行速度/（km/h）
9 站方案	城北路、丰茂路、南翔、金园五路、金运路、虹桥、七宝、七莘路、银都路	53.7%	36.3	71.8
8 站方案	城北路、南翔、金园五路、金运路、虹桥、七宝、七莘路、银都路	44.1%	35.2	74.2
7 站方案	城北路、南翔、金运路、虹桥、七宝、七莘路、银都路	36.2%	34.0	76.7
6 站方案	城北路、南翔、金运路、虹桥、七宝、银都路	26.7%	32.9	79.4

c. 全日站点乘降量分析

站点乘降量与站点区位条件、交通功能以及与其他交通方式的衔接程度紧密相关。由图 6.30 可以看出，从全日客流来看，沿线站点乘降量较大的站点主要有：虹桥站、南翔站、七宝站、金运路站等。

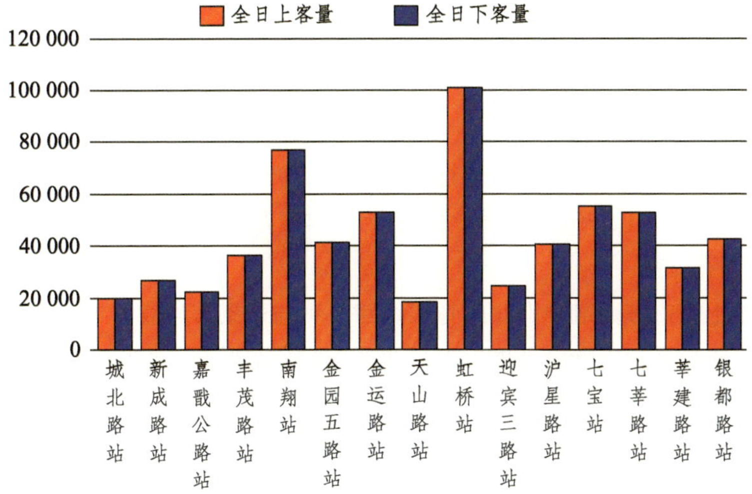

图 6.30　远期全日站点乘降量

d. 大站快车停站设置

根据上述分析，综合考虑组团交流、站间 OD 及站点乘降量等因素，同时考虑沿线换乘节点情况，大站快车停站方案可考虑灵活设置。不同大站快车停站方案服务客流、旅行时间及旅行速度有所差别，运营期可结合实际情况合理选择，如图 6.31 所示。

③ 越行方案设置

根据前期研究成果，通过铺画运行图，并综合考虑运输功能、工程实施难度及工程投资等因素，确定本线越行站设置为：丰茂路站、沪星路站。

（3）大站快车开行时段

参照国内既有轨道交通运营经验，如上海轨道交通 16 号线，高峰时段受能力限制，仅开行站站停列车；非高峰时段能力富余，灵活组织开行一站直达列车、大站快车及站站停列车，以满足多样化客流需求。

本线高峰小时能力较为紧张，若在高峰小时开行大站快车，以开行大站快车 6 站方案为例，初、近、远期高峰小时最多分别开行 4 对/h、1 对/h、1 对/h。此时，大站快车开行对数少，对全线大站间客流出行效率的提升效果有限；高峰小时能力储备小、突发性客流应对能力差；且初、近、远期大站快车开行对数逐年降低，服务水平下降、乘客接受度低。

因此，综合国内既有轨道交通运营经验及本线能力情况，同时考虑初、近、远期服务的延续性，本线初、近、远期高峰小时均仅开行站站停列车；非高峰时段开行对数较少，可灵活组织开行不同停站方案的大站快车及站站停列车，以满足本线多样化客流出行需求。

（4）结论

综上分析，推荐本线采用组合开行站站停列车和大站快车的列车运行模式，大站快车在非高峰时段灵活组织开行，越行站设置为：丰茂路站、沪星路站。

3）列车开行方案

嘉闵线是上海市域网络中南北向骨架线路，可与多条市域线、市区线沟通换乘，高峰小时断面客流呈现“以虹桥为界、南高北低”的分布形态，根据客流特点，同时考虑服务水平及运营经济性，制定高峰小时列车开行方案如图 6.32 所示。

4）全日行车计划

全日行车计划的编制应符合全日客流时间分布规律，根据本线客流时间分布特征，设计年度本线全日列车开行计划安排如表 6.16、表 6.17、表 6.18 所示。

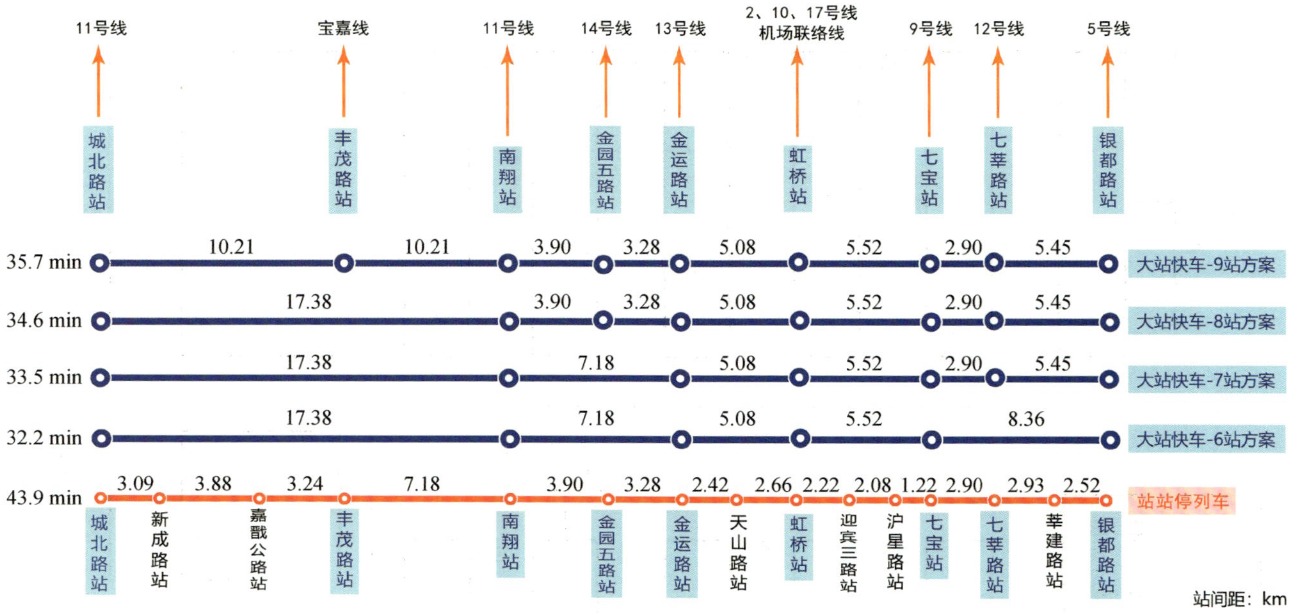

图 6.31　嘉闵线大站快车停站设置示意图

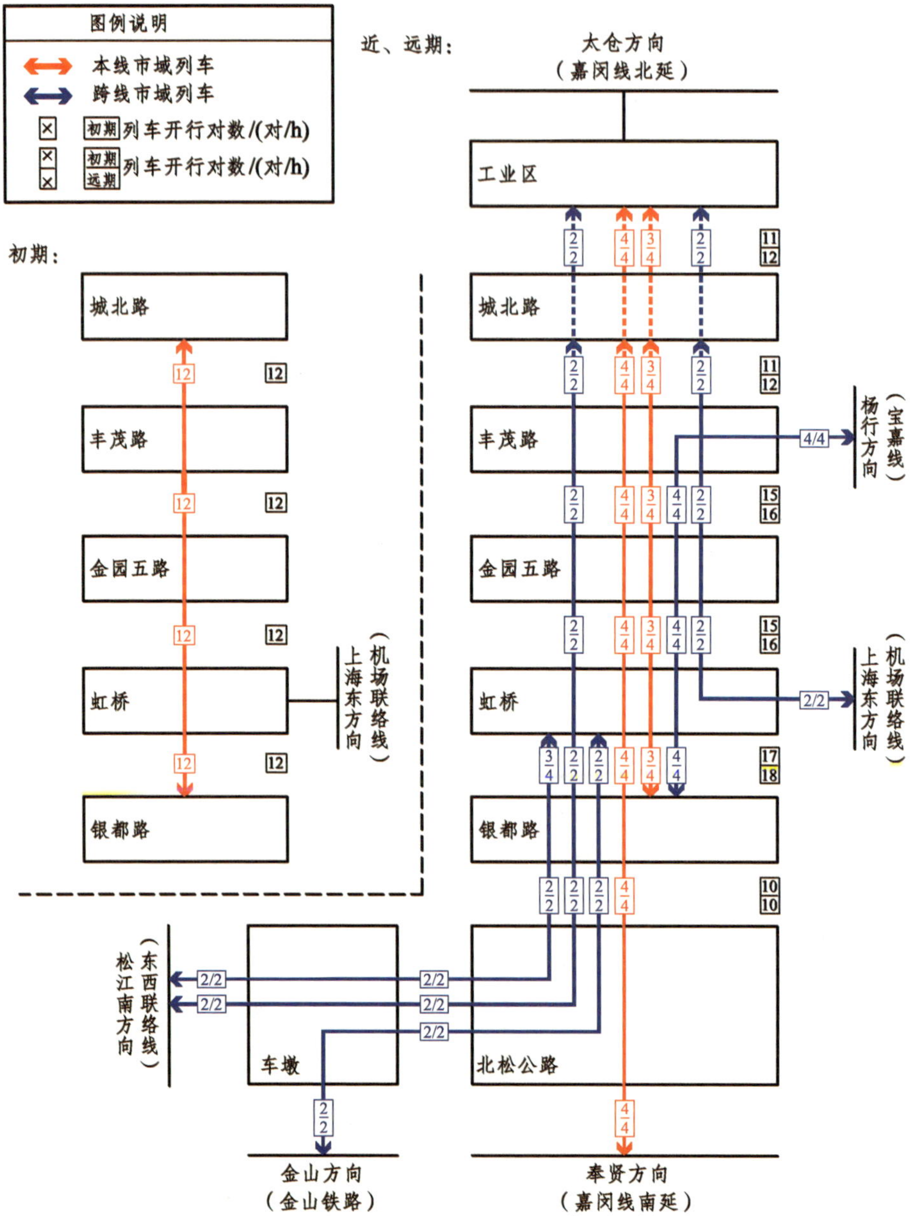

图 6.32　嘉闵线高峰小时列车开行方案

表 6.16　初期全日行车计划表

运营时段	交路 1	交路 2	交路 3	交路 4	交路 5	交路 6	交路 7	合计
	城北路—银都路	城北路—平庄西路	城北路—松江南	杨行—银都路	虹桥—松江南	虹桥—金山卫	城北路—上海东	
05:00—06:00	2	0	0	0	0	0	0	2
06:00—07:00	4	0	0	0	0	0	0	4
07:00—08:00	8	0	0	0	0	0	0	8
08:00—09:00	12	0	0	0	0	0	0	12
09:00—10:00	6	0	0	0	0	0	0	6
10:00—11:00	4	0	0	0	0	0	0	4
11:00—12:00	4	0	0	0	0	0	0	4
12:00—13:00	4	0	0	0	0	0	0	4
13:00—14:00	4	0	0	0	0	0	0	4
14:00—15:00	4	0	0	0	0	0	0	4
15:00—16:00	4	0	0	0	0	0	0	4
16:00—17:00	4	0	0	0	0	0	0	4
17:00—18:00	6	0	0	0	0	0	0	6
18:00—19:00	12	0	0	0	0	0	0	12
19:00—20:00	6	0	0	0	0	0	0	6
20:00—21:00	4	0	0	0	0	0	0	4
21:00—22:00	2	0	0	0	0	0	0	2
22:00—23:00	2	0	0	0	0	0	0	2
小计	92	0	0	0	0	0	0	92

注：合计为高峰小时最大断面（七宝—沪星路）开行对数，不含交路 7，下同。

表 6.17　近期全日行车计划表

运营时段	交路 1	交路 2	交路 3	交路 4	交路 5	交路 6	交路 7	合计
	城北路—银都路	城北路—平庄西路	城北路—松江南	杨行—银都路	虹桥—松江南	虹桥—金山卫	城北路—上海东	
05:00—06:00	1	1	0	0	0	0	0	2
06:00—07:00	3	1	1	1	0	0	0	6

续表

运营时段	交路 1	交路 2	交路 3	交路 4	交路 5	交路 6	交路 7	合计
	城北路—银都路	城北路—平庄西路	城北路—松江南	杨行—银都路	虹桥—松江南	虹桥—金山卫	城北路—上海东	
07:00—08:00	3	3	2	3	1	2	1	14
08:00—09:00	3	4	2	4	2	2	2	17
09:00—10:00	3	2	1	2	1	1	1	10
10:00—11:00	2	2	0	1	1	0	1	6
11:00—12:00	3	1	0	0	0	1	1	5
12:00—13:00	1	2	0	1	1	0	1	5
13:00—14:00	2	1	1	0	0	1	1	5
14:00—15:00	1	2	0	1	1	0	1	5
15:00—16:00	3	1	0	0	0	1	1	5
16:00—17:00	2	2	0	1	1	0	1	6
17:00—18:00	3	2	1	2	1	1	1	10
18:00—19:00	3	4	2	4	2	2	2	17
19:00—20:00	3	2	1	2	1	1	1	10
20:00—21:00	2	1	1	1	0	0	1	5
21:00—22:00	2	1	0	1	0	0	0	4
22:00—23:00	2	0	0	0	0	0	0	2
小计	42	32	12	24	12	12	16	134

表 6.18　远期全日行车计划表

运营时段	交路 1	交路 2	交路 3	交路 4	交路 5	交路 6	交路 7	合计
	城北路—银都路	城北路—平庄西路	城北路—松江南	杨行—银都路	虹桥—松江南	虹桥—金山卫	城北路—上海东	
05:00—06:00	1	1	0	0	0	0	0	2
06:00—07:00	3	1	1	1	0	0	1	6
07:00—08:00	3	3	2	3	1	2	2	14
08:00—09:00	4	4	2	4	2	2	2	18
09:00—10:00	2	3	1	2	1	1	1	10

续表

运营时段	交路1 城北路—银都路	交路2 城北路—平庄西路	交路3 城北路—松江南	交路4 杨行—银都路	交路5 虹桥—松江南	交路6 虹桥—金山卫	交路7 城北路—上海东	合计
10:00—11:00	4	2	0	1	1	0	1	8
11:00—12:00	3	1	0	1	0	1	1	6
12:00—13:00	2	2	0	1	1	0	1	6
13:00—14:00	2	1	1	1	0	1	1	6
14:00—15:00	2	2	0	1	1	0	1	6
15:00—16:00	3	1	0	1	0	1	1	6
16:00—17:00	4	2	0	1	1	0	1	8
17:00—18:00	1	3	1	3	1	1	2	10
18:00—19:00	4	4	2	4	2	2	2	18
19:00—20:00	2	3	1	2	1	1	1	10
20:00—21:00	3	1	1	1	0	0	1	6
21:00—22:00	2	1	0	1	0	0	1	4
22:00—23:00	1	1	0	0	0	0	0	2
小计	46	36	12	28	12	12	20	146

3. 系统设计规模及能力

根据客流预测结果、车辆选型、列车定员及列车编组方案，设计年度本线主城区（金运路—银都路）和主城区外围（城北路—金运路）设计输送能力如表6.19、表6.20所示。

表6.19　主城区（金运路—银都路）高峰小时最大断面设计输送能力表

设计年度	初期	近期	远期
运营范围及里程	金运路—银都路（19.0 km）		
车辆选型及编组/（辆/列）	市域动车组，8编		
站席标准/（人/m^2）	5		
列车定员/（人/列）	1754		
高峰小时单向最大断面客流/（人次/h）	17 538	24 657	27 318

续表

设计年度		初期	近期	远期
高峰小时最大断面设计开行对数/（对/h）	本线列车	12	7	8
	跨线列车	0	10	10
	合计	12	17	18
最小行车间隔/min		5.0	3.5	3.3
设计输送能力/（人次/h）		21 048	29 818	31 572
输送能力富余		16.7%	17.3%	13.5%

表 6.20　主城区外围（城北路—金运路）高峰小时最大断面设计输送能力表

设计年度		初期	近期	远期
运营范围及里程		城北路—金运路（24.5 km）		
车辆选型及编组/（辆/列）		市域动车组，8 编		
站席标准/（人/m^2）		4		
列车定员/（人/列）		1504		
高峰小时单向最大断面客流/（人次/h）		11 664	15 602	17 152
高峰小时最大断面设计开行对数/（对/h）	本线列车	12	7	8
	跨线列车	0	8	8
	合计	12	15	16
最小行车间隔/min		5.0	4.0	3.8
设计输送能力/（人次/h）		18 048	22 560	24 064
输送能力富余		35.4%	30.8%	28.7%

4. 配线设置

1）配线设置原则

车站配线是运营需求在工程上的直接体现。本次设计在明确系统运营组织特点的基础上，结合工程条件及实施难度，按包容性和灵活性的原则，设置全线配线系统。主要原则有：

（1）车站配线设置需考虑满足初、近、远期线路设计能力的需要，应从远期线路全线范围内考虑，并尽量方便运营管理。

（2）车站配线设置应综合运营与造价的关系，减少控制性工程，避免因设置配线大拆大改，提高工程造价的同时也增加施工风险。

（3）折返线设置在交路折返站，可采用站前折返或站后折返形式，并与故障车停车线分别设置。

（4）到发线应结合运输组织模式综合考虑，具备越行功能的车站应设置到发线，满足运输组织需要。

（5）故障列车停车线应结合停车场、运用所位置，且宜与到发线合设。停车线设置间距应满足列车故障救援要求，不宜大于 20 km，其间每隔 8 ~ 10 km 宜增设单渡线。

（6）渡线设置首先是配合折返线、到发线、出入线、联络线等功能设置，其次根据工程车、故障车转线需要，灵活设置，宜做到全线配线均匀分布；无特定功能及工程条件允许的情况下，渡线优先设置为顺岔。

（7）出入线的设置方式，应尽量减少进出段列车对正线列车的干扰，保证行车安全，出入线与正线尽量采用立体交叉。

（8）联络线设置从线网角度确定，结合资源共享、跨线运营等需求确定。

2）本线配线设置

根据本线运输组织方案及特点，结合工程条件及实施难度，按包容性和灵活性的原则，本线配线设置如下。

（1）折返线

根据运输组织组织方案，本线起点站城北路站、终点站银都路站、中间站虹桥站设置折返线。

（2）越行线

本线采用组合开行站站停列车和大站快车的列车运行模式，为减少开行大站快车对系统能力及服务水平的影响，需在部分车站设置越行线。综合考虑运输功能、工程实施难度及工程投资等因素，确定越行站设置为：丰茂路站、沪星路站。

（3）故障列车停车线

停车线设置间距应满足列车故障救援要求，本线丰茂路站（马东动车运用所）、虹桥站（申昆路停车场）、银都路站具备故障列车待避条件；另沪星路站越行线可兼做故障列车停车线使用。

（4）单渡线

为增加运营组织灵活性，满足故障列车下线、临时交路折返以及工程车转线等功能，本线丰茂路站、南翔站、金运路站、虹桥站、七莘路站设置单渡线。

（5）联络线

为满足互联互通及资源共享，本线在丰茂路站预留与宝嘉线设置联络线的条件。

（6）动车走行线

本线设马东运用所、申昆路停车场，分别接轨于丰茂路站、虹桥站，各设置两条动车走行线。

5. 运营管理

1）站务管理

（1）车站管理模式

车站是轨道交通的基层管理单位和为乘客服务的窗口，加强车站管理，提高服务质量，是保障安全运输的重要环节。本线车站管理模式推荐采用中心站管理。采用中心站管理模式，可以进行人员或者物资等相关资源共享和合理调配；同时，可以提高管理幅度的宽度，规范管理流程的接口、信息传递渠道，提高技术管理人员的利用率和技术共享的程度。

（2）中心站设置及管辖范围

中心站一般选取行车组织和客流组织相对复杂的车站，每个中心站负责管辖相邻的3~5个车站。根据本线运输组织方案及客流情况，本线中心站设置及管辖范围如表6.21所示。

表6.21　中心站设置及管辖范围表

序号	中心车站	管辖车站
1	城北路站	新成路站、嘉戬公路站
2	南翔站	丰茂路站、金园五路站、金运路站
3	虹桥站	天山路站、迎宾三路站、沪星路站
4	银都路站	七宝站、七莘路站、莘建路站

（3）车站岗位设置及定员

采用中心站管理模式仅中心站设置站长、副站长，负责所管辖车站全面的生产和行政管理工作。每个车站另需设置值班站长、行车值班员、客运值班员、站务员、票务员等职位。

中心车站站长、副站长采用日班制；值班站长、行车值班员、客运值班员采用四班三运转制；站务员、票务员采用三班二运转制；备员率暂按10%考虑，如表6.22所示。

表 6.22　车站岗位及定员表（定员×班制，单位：人）

序号	车站	站长	副站长	值班站长	行车值班员	客运值班员	票务员	站务员	合计
1	城北路站	1×1	2×1	1×4	2×4	2×4	2×3	2×3	35
2	新成路站			1×4	2×4	2×4	2×3	2×3	32
3	嘉戬公路站			1×4	2×4	2×4	2×3	2×3	32
4	丰茂路站			1×4	2×4	2×4	2×3	2×3	32
5	南翔站	1×1	2×1	1×4	2×4	2×4	2×3	2×3	35
6	金园五路站			1×4	2×4	2×4	2×3	2×3	32
7	金运路站			1×4	2×4	2×4	2×3	2×3	32
8	天山路站			1×4	2×4	2×4	2×3	2×3	32
9	虹桥站	1×1	2×1	1×4	2×4	2×4	2×3	2×3	35
10	迎宾三路站			1×4	2×4	2×4	2×3	2×3	32
11	沪星路站			1×4	2×4	2×4	2×3	2×3	32
12	七宝站			1×4	2×4	2×4	2×3	2×3	32
13	七莘路站			1×4	2×4	2×4	2×3	2×3	32
14	莘建路站			1×4	2×4	2×4	2×3	2×3	32
15	银都路站	1×1	2×1	1×4	2×4	2×4	2×3	2×3	35
备员									50
总计									542

2）票务管理

（1）票制

票价制度结合目前国内公交化运营轨道交通运营现状，采用计程票价制。

计程票价制基本上是根据乘客乘车距离的远近来收取相应的车费，可兼顾乘客和市域公司双方利益，有利于吸引乘客，并能杜绝逃票和作弊的漏洞，增加运营收入。但计程票价制乘客乘车时，进出站都有检票，需在车站安装自动售检票设备。

计程票价制度，也不是完全按照实际乘车距离计费，那样的售票机结构复杂，造价太高。一般是将线路分成几个计费区段，定出各个区段的车票价格，售票机只出售规定的几种车票。

（2）车票票种

市域自动售检票系统可处理市域专用车票、上海公共交通卡、“金融 IC 卡”车票、电子车票及免费乘客凭证等。

市域专用票种主要包括单程票、储值票、乘次票、一日票、三日票、纪念票、员工票、测试票、出站票等，并根据实际票务管理的需要，预留一定数量的备用票种。市域专用的车票将由市域公司负责发行、管理。

上海公共交通卡由上海公共交通卡股份有限公司负责发行、管理。上海公共交通卡包括普通卡、学生卡、老年卡等，卡片内含电子钱包。

“金融 IC 卡”由商业银行（信用社）或支付机构发行，采用集成电路技术，遵循国家金融行业标准，具有消费信用、转账结算、现金存取全部或部分金融等功能，可以在市域线应用。

电子车票指由市域公司自主开发或互联网企业合作，采用 NFC、二维码技术等技术，在乘客移动终端上绑定的车票，可实现便捷通行。

（3）票务流程

票务流程为票卡采购、初始化编码、售票、检票、回收、结算和统计分析，并包括补票、充值、退票等。

（4）车票发售

① 车票由市域清分中心统一采购发行，清分系统编码机负责对车票的初始化编码。

② 编码机应可对系统授权的应急票等车票进行集中赋值，然后分发至各车站人工发售。

③ 自动售票机负责单程票的赋值与发售。

④ 半自动售票机负责赋值与发售各种类型的车票。

（5）票价表

票价表由市域清分系统统一制定发布，并下载到各线路系统及各车站终端设备。

① 票价表的定义和结构

单程票票价表已定义了各区收费限制，为每个收费区域设定一个票价。成人储值票、学生储值票、老人储值票以及纪念票等票种的票价表结构与单程票票价表的结构相同。每种车票均具有各自独立的票价表，票价表应包括正常票价表、高峰期票价表、非高峰期票价表、节假日票价表及周末票价表等。

为方便今后系统的扩展，系统仍需保留一定数量的预留票价表的设置，票价表的容量必须满足市域单程票非接触式集成电路（IC）卡技术规范的要求。

② 票价表的输入

各线路车站计算机系统应提供一个系统参数输入程序，接受由市域清分系统下达的系统票价表。

③ 票价表的下发、保存和历史查询

票价表首先由市域清分系统下载到各线路车站计算机系统及车站终端设备上保存，各车站终端设备中的票价表分为当前和将来票价表，可按系统指定的日期与时间进行票价表切换。

（6）乘务制度

列车乘务制度通常有包乘制和轮乘制两种。本线建议采用轮乘制，以减轻司机劳动强度，改善劳动条件，有利于运行安全。列车前进方向司机室设司机一名，负责列车驾驶、瞭望、开关车门等工作，在折返站更换司机。

第 7 章　市域铁路发展与展望

近年来，一线超大城市日益交通拥挤、住房紧张，其功能外溢、人口疏解已经是必然的客观导向，充分发展跨越行政边界的大都市圈成为有效承接溢出资源、疏导中心城市压力的科学选择。加快市域铁路发展，对扩大交通有效供给、优化城镇空间布局、促进新型城镇化建设，作用不可小觑，能够分担通勤功能、方便快捷、经济实惠的市域铁路无疑是解决交通连接问题的有效途径。

7.1　我国发展市域铁路优势分析

当前新型城镇化快速推进，人口增长正在创造更大的需求。随着城市群内部各城市间联系的不断加深，既有的“铁路+城市轨道交通”发展模式已经难以适应城镇化的变化需求，不少城市和地区构建多层次轨道交通系统的呼声日趋强烈。一组数据表明：目前我国 200 km 以内短途客运量，占到了全社会客运量的 98%。近年来，城市群内部中短途客运量一直保持 10%增长。由此也可以看出，我国城市市域铁路覆盖距离内的运量需求确实不小。这或许就是越来越多的城市将目光瞄向了市域快速轨道交通发展的原因。

随着社会经济的发展，尤其是一些诸如北上广深等特大城市，城市中心区人口承压能力已经近乎饱和，现有的住宅、医疗、卫生、教育等带来的高额消费，以及市区交通的拥堵、拥挤状况，已经让很多人“喘不过气”，于是出现了人口、工业等“外移”潮。而物价、消费相对较低、交通状况顺畅的都市近郊区域便成为很多人的首选，既远离了市区的喧嚣，又没有离开这座城市，于是形成了以中心城市为核心点，并逐步向外围扩散的工作与居民住宅结构模式。大量人口居住在郊区或者卫星城而在市中心上班的现象，产生流向集中且时间段明显的往返潮汐客流。卫星城的大量增加，每天来往于市中心和近郊区的旅客急剧增加，除了公共汽车、地铁、有轨电车等交通工具以外，市域铁路以其综合运输速度快、运送能力大、资源消耗少、污染少等诸多优势，居于这些交通工具之上，成为较受欢迎的城市交通方式之一，逐渐在城市交通体系中占有更重要的地位，显示其优势和重要性，由此产生市域铁路新一轮的发展契机。

从国家发改委 2014 年推动新城镇化规划、2017 年推动城市群规划、2019 年推动都市圈规划，这个序列展现出了层层递进的思想脉络。这个脉络呼应着我国城市发展的趋势，即打破过去割裂式、个体式、孤立式的单体城市发展模式，转向更加强调协同式、和谐式的区域发展模式。2019 年 4 月 8 日，国家发改委印发《2019 年新型城镇化建设重点任务》，提出包括加快农业转移人口市民化、优化城镇化布局形态、推动城市高质量发展以及加快推进城乡融合发展四个方面重点任务。任务提出深入推进城市群发展，加快京津冀协同发展、长江三角洲区域一体化发展、粤港澳大湾区建设。扎实开展成渝城市群发展规划实施情况跟踪评估，研究提出支持成渝城市群高质量发展的政策举措，培育形成新的重要增长极。有序推动哈长、长江中游、北部湾、中原、关中平原、兰州—西宁、呼包鄂榆等城市群发展规划实施，建立健全城市群协调协商机制。加快出台实施天山北坡、滇中两个边疆城市群发展规划。培育发展现代化都市圈，实施《关于培育发展现代化都市圈的指导意见》，落实重点任务部门分工。指导有关地方编制实施都市圈发展规划或重点领域专项规划。探索建立中心城市牵头的都市圈发展协调推进机制。加快推进都市圈交通基础设施一体化规划建设。强化交通运输网络支撑，综合考虑人口规模结构和流动变化趋势，构建有前瞻性的综合交通运输网络。在城市群和都市圈构建以轨道交通、高速公路为骨架的多层次快速交通网，推进干线铁路、城际铁路、市域铁路、城市轨道交通融合发展。

7.1.1 我国特色城镇体系需要优化交通运输结构

我国城市市域广阔，尤其是市管县的行政区划体制，管理的城镇较多。在东部地区，经济发达、人口众多，中心城区、副中心及主要城镇已成为经济活动和人口主要聚集区，市域内各组团经济联系紧密、人员通勤出行频繁。但许多城市市域范围内交通仍以道（公）路为主，机动车数量增长迅猛，各组团之间交通拥堵状况日趋严峻，出行时间不能很好把握，严重影响了社会经济活动的正常进行。因此，进一步优化市域内交通运输结构，提高公共运输供给能力和效率，有效缓解地面道路资源供求矛盾，适应城镇化交通需求不断增长的需要是一项非常紧迫的任务。随之而来的是城市中心与周边城镇（含卫星城、新城、组团等），甚至是大城市与周边经济发达的区域城市群之间的出行需求逐步增多，逐渐形成一定规模的市域或市域客流。这些客流有着明显的潮汐特征，出行目的主要以通勤通学居多，迫切需要长运距、快速度、节能环保的绿色公共交通，以满足这种高强度、强时效、高频次、多样化的交通需求。

随着城市周边郊区人口的不断增长、基础设施的加快建设以及职能的不断完善，超大、特大、大城市周边渐渐形成了一定规模的卫星城镇，有的已发展成为城市副中心，以中心城区为核心的现代多中心城市，正在逐渐替代原来的单中心城市。城镇化人口增长正在创造更大的需求，特别是在中心城市。截至 2016 年底，我国常住人口城镇化率已经达到 57.35%，相比改革开放初期的 17.92%增长 2.2 倍，同比 2015 年提高 1.25 个百分点，全年新增城镇就业 1314 万人，可见我国仍然处于城镇化快速增长的时期。而且，城市群已经成为我国城镇化发展的主体形态。以京津冀、长三角、珠三角为代表的城市群所贡献的经济体量占我国生产总值比重超过六成，随着城市群整体能级的不断增长，城市群内部各城市间联系的不断加深，如何推动并发挥好城市群的辐射带动作用将成为今后一段时间内我国城镇化发展工作的重要内容。

我国城镇化快速发展，城镇化率将达到 60%。但在城市发展过程中，交通拥堵、环境污染、承载力弱等“城市病”愈发凸显。因此，走中国特色新型城镇化道路，必须优先发展公共交通，提升城市综合承载能力。随着新型城镇化快速推进，尤其是以城市群为代表的城镇化地区不断扩大，从供给侧角度来说，既有“铁路+城市轨道交通”发展模式已经难以适应城镇化的变化需求，不少城市和地区构建多层次轨道交通系统的呼声日趋强烈，包括北京、上海、天津、重庆、深圳、成都等城市在内，都在推动市域铁路发展方面做了一些尝试，开通运行了一些线路，取得了一些经验。但是对比日本、美国、西欧等发展成熟的国家和地区，总体看来，我国市域铁路目前还处在初级发展阶段。发展市域铁路，有利于优化城市空间布局、促进城乡融合发展、构建综合交通运输体系、破解大城市交通拥堵问题等，前景十分广阔。

7.1.2 拓展城镇发展空间需要高效的公共交通体系

许多城市往往注重围绕中心城区发展，使得中心城区负荷过重，承载能力下降，如果缺乏大容量、快速的公共交通体系，市域内组团之间直达性较弱，导致中心城区对周边区域、城镇辐射能力不强，很难发挥中心城区组织和推动区域经济一体化发展的作用。加快发展市域内高效的公共交通系统，引导城市向新区、郊区、中心城镇发展，可有效缩短中心城区与外围组团的时空距离，有利于拉大城市框架、改善和优化城市空间格局，有利于降低中心城区的人口密度及交通需求压力，有助于中心城区各项功能的向外辐射，从而促进中心城区与外围组团的均衡合理发展。

7.1.3　增强城镇承载能力需要重视绿色交通

在城镇化过程中，城区内的土地和通道资源日趋紧缺，传统的道路交通发展模式受到很大局限，无法满足日益增长的交通需求。由于近年来城市内的机动车特别是私家车数量增长很快，导致城市空气污染严重，部分城市机动车污染物排放量已占城市大气污染物总量的40%以上。因此，建设绿色城镇，实现人与社会、人与自然的和谐可持续发展，就必须构建资源节约、环境保护型的城市交通方式。

7.1.4　城镇经济社会转型需要加强交通设施引导

我国特色城镇化发展过程中要做到"安全、繁荣、宜居、特色、文明、和谐"。实现这个目标，需要加强交通基础设施建设，通过TOD模式（"以公共交通为导向"的开发模式）引导城市发展。优良的交通设施对沿线周边商业、居住、公共服务等开发建设具有较高的吸引力，从而促进城市功能以网络化的形式在通勤圈的范围内实现整合和再分配，使生产和人们的活动能在更广泛的范围共享自然资源和社会资源。贯彻TOD发展理念，市域铁路与城市建设同步规划发展，综合开发沿线土地和结点，将城市带转变成功能区，从而实现区域一体化协调发展，同时探索市域铁路相关企业通过物业开发、物业租赁和管理等形式，构建综合开发溢价回收机制，补贴市域铁路基础设施建设。将交通、生活、商业、娱乐等功能设施与市域铁路站点（车辆基地）进行有机合理，形式多样的结合，不仅可以提升市域铁路服务水平和便利性，同时也可实现城市可持续发展。

发展市域铁路对于优化城市空间布局，促进城乡融合发展，构建综合交通运输体系，破解大城市交通拥堵问题，减少能源消耗和污染排放，均具有非常重要的意义。进入新时代，发展市域铁路正逢其时，政策有支持，发展有基础，市场有需求，条件极为有利。推进市域铁路高质量发展，需要多种交通方式融合发展，需要科学做好项目规划安排，需要建立可持续的运营模式，需要持续提升运营服务水平，需要创新投融资模式。

跨城交通建设的落后，是制约我国都市圈节点城市和微中心发展的重要原因。例如，北京目前市域铁路仅290 km，远低于东京4476 km、伦敦3076 km，而北京极端通勤平均需要72 min，54%集中在北三县。解决之道在于以公共交通导向的开发模式（TOD）和社会服务设施建设为导向的开发模式（SOD）建设微中心，优化都市圈空间结构。无论是伦敦新城建设，还是东京新城发展，均采用TOD和SOD理念推进，我国应在推进TOD的同时，倡导SOD理念，完善基本公共服务共享机制，促进产城融合发展。在具体实施层面，应发展多层次、多模式、多制式无缝连接的综合交通系统。构建以城际铁路、市域铁路和市域轨道为主体覆盖都市圈的综合交通网络。

7.1.5　市域铁路是城市公共交通的重要组成部分

我国大城市、特大城市已经出现郊区化趋势，一部分人口及城市功能从城市中心区向郊区迁移，在主城与新城及外围组团之间产生大量客流。而且更多的中小城市正处于加速发展时期，是我国推进城镇化的主体。这些城市地域广、城镇多、经济社会发展快，城镇之间的经济互补与联系愈加紧密。因此，在加快推进城镇化过程中，在城市尤其是新兴的城市发展联系中心城区与周边城镇、组团的快速、大容量、“公交化”、采用铁路制式的市域铁路，是适合建设中国特色城镇化的高效、绿色公共交通方式，对坚持走我国特色城镇化道路非常重要，时机已逐渐成熟。

市域铁路发展存在新建和利用既有（通道）资源两种模式。研究推动城市铁路资源的合理利用及保运等功能外迁，释放城市内部线路运输能力，通过既有铁路补强、局部线路改扩建、站房站台改造等方式，扩大市域铁路公共产品和服务供给能力。2016 年 6 月 2 日，中华人民共和国国家发展和改革委员会、中华人民共和国住房和城乡建设部、国家铁路集团公司与浙江省人民政府签订《推进市域（郊）铁路示范项目合作框架协议》，协同推进市域铁路共建示范项目，将在规划建设、装备应用、技术标准、投融资改革、运营管理等五大关键领域全面深化合作，共同推动我国市域铁路加快发展，拓展城市发展空间、实现城乡统筹发展。相信随着市域铁路的不断探索和新型城镇化的推进，其发展空间潜力巨大。

市域铁路的规划、设计、建设、运营需要精细化和科学化，提高市域铁路的合理性、适用性与经济性，面对未来我国方兴未艾的市域铁路广阔发展前景，还将围绕以下 3 个方面紧紧把握技术发展总体思路：

（1）与新型城镇化发展形势相呼应，具有独特的市场定位与发展空间。市域铁路作为城市轨道交通的一种重要发展模式，适合于一些特大城市外围组团与中心城区的快速联系，是解决“摊大饼”城市快速入城的一种有效方式；同样，还适合于一些组团、多中心分布的大城市，也是加快一些地方新城建设，实现组团、新老城区之间快速联系的一种有效方式。市域铁路作为一种快速轨道交通方式，具有传统城市轨道交通无法比拟的优点，其发展定位比较清晰，也为市域铁路提供了较好的发展空间和市场。

（2）与轨道交通发展趋势相吻合，符合国家相关技术发展要求。针对轨道交通的功能层次、多组团和多中心联系的时空目标都已做出规定，明确提出将市域铁路作为一种选择方式来实现组团的快速联系功能。

（3）在温州、台州的应用具有良好的示范效应。温州、台州作为市域铁路在新型城镇化、盘活既有铁路资源、多组团大空间城市分布、经济发达中等规模城市的应用，在全国具有一定的泛用性，为未来市域铁路拓展起到良好的示范效应。

总之，随着经济发展和城镇化水平提高，长期以来发展缺位的市域铁路在轨道交通体系中是一个短板，在我国城镇化快速发展进程中，将迎来难能可贵的发展机遇。发展市域铁路，开展 TOD 模式，离不开国家铁路和地方政府的深度合作，国家铁路、市域铁路和城市轨道交通的互联互通是便捷旅客的优先努力方向，优先利用既有铁路政府购买服务开行市域铁路列车、实现资源的集约利用，在此基础上有序新建部分线路来完善市域铁路网络，是投资省、见效快、可复制、可模仿的有效途径。

7.2 市域铁路建设中的共识

7.2.1 城市化从单个城市向都市圈发展主体形态变化的必然要求

（1）从广义来看，大都市区、都市圈、城市群轨道交通体系包括了干线铁路网、城际铁路网、市域（郊）轨道网和市区轨道网（城市轨道网）四级体系，其中高铁网、城际铁路网和城市轨道网已经形成相对明确的功能等级和技术标准，许多大城市已经形成了规模化、网络化。但市域（郊）轨道网的功能、制式、标准以及布局等还存在较大模糊甚至争议，还远没形成规模化、网络化。

（2）不同层级轨道网之间缺乏有机融合。随着城市规模进一步扩张，能级提升，功能聚集并在空间上进一步分化，城市已进入以大都市圈、同城一体化、城市群为主要形态的新阶段。目前除干线铁路与城际铁路实现了融合外，与城市轨道交通缺乏有机深入融合，仅在枢纽站点实现了节点换乘衔接。

（3）我国都市圈呈现发展速度快、空间规模大、空间格局由单核向多核及轴向聚集等特点。都市圈通勤、商务与生活交往等频繁出行与规律出行日益增多，出行距离日益拉长，出行方向性日益复杂，且受到通勤 1 小时可达性约束，使得传统单一层次的城市轨道体系已无法满足出行服务要求，亟须在都市圈、同城化乃至城市群等更广域空间构建多层级（运量和速度）、多模式、一体化、与私家车有竞争力的轨道交通体系，以提升公共交通对需求的适应能力。其中市域铁路是支撑城市外围圈层空间拓展和向心通勤出行服务需求的必要轨道方式，这是我国城市化发展历史的客观要求。

7.2.2　大都市圈、城市群应构建多层级的轨道体系

大都市圈、城市群的拓展规模受到出行时间和可达性约束，对于不同的空间圈层，要求形成多层级（速度和运量）、大规模、广覆盖的强大轨道交通体系，不同层级的轨道互相取长补短，发挥其比较优势，提供差别化的客运服务。其中，市域铁路是都市圈轨道运营组织的一种模式，其最主要的技术特征是相对快速和运输能力，主要指设计时速 100 km 以上、旅行时速 45 km 以上、服务范围 30 km 以上的带有通勤性、公交化特征的轨道交通线路。由于我国大都市圈、城市群规模体量巨大，应站在城市、区域甚至更大空间范围来考虑整个轨道交通体系的构建，其中，市域铁路本身也应具有不同层级，包括 140、160、200 km 以上层级的轨道系统，以支撑不同圈层的城市（群）空间联系和差异化的交通服务需求。

7.3　发展市域铁路的政策及技术规范和标准

7.3.1　发展市域铁路的政策

市域铁路既不像城市内部的地铁，也不像城际铁路，更不像长距离高铁，这个“四不像”曾长期属于边缘性的轨道交通模式，如今能够进入宏观决策视野，并列入重点发展计划，有其深刻的成因背景。随着我国大都市和组团城市的兴起，市域铁路发展迅速。国家“十三五”规划和《城镇化地区综合交通网规划》都提出要在城镇化地区发展市域铁路。目前，我国浙江、上海、成都、武汉等很多省市都规划了市域铁路。我国市域铁路未得到充分发展还有其他细节因素，基础设施不足、发展理念滞后和体制机制束缚，只是从宏观上概括了阻碍我国发展市域铁路的因素，是其他细节因素的根源。未来，要满足城镇化的需求、解决特大城市出行问题、建成分工合理的城市轨道交通网络，还需要加大基础设施建设力度，重视市域铁路对城市交通的服务作用，改革铁路运输市场，促进市场竞争，培育市场发挥资源配置作用的基本条件。

近年来，随着轨道交通基础设施快速发展，提供城际服务的铁路网和服务城市内部的轨道交通网缺乏整合，城市群范围内的轨道交通系统功能结构与组织层次没有理顺，轨道与国民经济、社会其他行业融合发展不够，特别是市域铁路的层次缺失，已经成为困扰我国轨道交通体系构建、实现全面发展的突出短板。

2014 年 11 月 26 日，《国务院关于创新重点领域投融资机制鼓励社会投资的指导意见》（国发〔2014〕60 号）明确提出，向地方政府和社会资本放开市域铁路的所有权、经营权。这不仅是改革完善交通投融资机制的重要举措之一，同时对市域铁路建设标准的技术经济性提出了更高要求。

2017 年 6 月，国家发改委等五部委联合发布的《关于促进市域铁路发展的指导意见》（发改基础〔2017〕1173 号）指出，“当前时期要加快市域（郊）铁路发展”。其中明确，至 2020 年，京津冀、长江三角洲、珠江三角洲、长江中游、成渝等经济发达地区的超大、特大城市及具备条件的大城市，市域铁路骨干线路基本形成，构建核心区至周边主要区域的 1 小时通勤圈；其余城市群和城镇化地区具备条件的城市启动市域铁路规划建设工作。并将市域铁路定义为：城市中心城区连接周边城镇组团及其城镇组团之间的通勤化、快速度、大运量的轨道交通系统，提供城市公共交通服务，是城市综合交通体系的重要组成部分，从国家层面已经明确都市圈轨道的基本概念、发展方向、规划建设要求等，我国北京、上海、广州、成都、重庆等也在持续推进，北京平谷线、广州 18 号线等一批真正意义上的都市圈轨道正在有序开展。未来应站在都市圈的视角，首先是要建立完善的都市圈行政管理体制，其次要不断总结国际经验和我国的实践探索，尽快建立适合我国国情和发展阶段要求的都市圈轨道发展模式，重点解决好都市圈轨道的规划布局、运营服务、与地铁的便捷衔接、与城市的融合发展等关键问题。

2018 年，中国铁路总公司出台了《关于积极稳妥推进市域铁路发展的通知》，旨在充分发挥铁路便捷、绿色、环保的骨干作用，补足都市圈交通短板，促进铁路与城市协调发展，互利共赢。政策文件的出台，开启了我国市域铁路发展的新里程。2018 年年底，国家发改委批复同意了江苏省沿江城市群城际铁路建设规划，南京、苏锡常及其周边地区共计 8 条城际线，总规模 1063 km；在国家发改委批复的浙江省都市圈城际铁路一期建设规划中，包含杭州都市圈、宁波都市圈、温州都市圈、金义都市圈，共计 14 条都市圈城际线，总里程 608.9 km；批复的安徽省皖江城际轨道交通线网近期建设规模为 4 个项目，总长 310 km。

2019 年，国家发展改革委发布了《关于培育发展现代化都市圈的指导意见》发改规划〔2019〕328 号明确提出：

（1）都市圈是城市群内部以超大特大城市或辐射带动功能强的大城市为中心、以 1 小时通勤圈为基本范围的城镇化空间形态。

（2）推进基础设施一体化。以增强都市圈基础设施连接性贯通性为重点，以推动一体化规划建设管护为抓手，织密网络、优化方式、畅通机制，加快构建都市圈公路和轨道交通网。

（3）打造轨道上的都市圈。统筹考虑都市圈轨道交通网络布局，构建以轨道交通为骨干的通勤圈。在有条件地区编制都市圈轨道交通规划，推动干线铁路、城际铁路、市域（郊）铁路、城市轨道交通“四网融合”。

（4）探索都市圈中心城市轨道交通适当向周边城市（镇）延伸。统筹布局都市圈城际铁路线路和站点，完善城际铁路网络规划，有序推进城际铁路建设，充分利用普速铁路和高速铁路等提供城际列车服务。

（5）大力发展都市圈市域（郊）铁路。有序新建市域（郊）铁路，将市域（郊）铁路运营纳入城市公共交通系统。探索都市圈轨道交通运营管理“一张网”，推动中心城市、周边城市（镇）、新城新区等轨道交通有效衔接，加快实现便捷换乘，更好适应通勤需求。

（6）总结国内外先进经验和有效做法，以体制机制创新为动力，以示范项目为抓手，强化规划衔接，推进既有铁路挖潜扩能改造，视需要有序规划新线，着力扩大市域（郊）铁路公交化运营服务的有效供给，鼓励发展多层次、多模式、多制式的轨道交通系统，完善城市综合交通运输体系，更好地适应都市圈和城市群发展新要求。

2019 年 9 月，中共中央、国务院印发实施《交通强国建设纲要》明确提出：

（1）推动交通发展由追求速度规模向更加注重质量效益转变，由各种交通方式相对独立发展向更加注重一体化融合发展转变，由依靠传统要素驱动向更加注重创新驱动转变，构建安全、便捷、高效、绿色、经济的现代化综合交通体系。

（2）到 2035 年，基本建成交通强国。基本形成“全国 123 出行交通圈”（都市区 1 小时通勤、城市群 2 小时通达、全国主要城市 3 小时覆盖）。

（3）建设城市群一体化交通网，推进干线铁路、城际铁路、市域（郊）铁路、城市轨道交通融合发展。

（4）构筑多层级、一体化的综合交通枢纽体系。建设一批全国性、区域性交通枢纽，推进综合交通枢纽一体化规划建设，提高换乘换装水平，完善集疏运体系。

2021 年 2 月 24 日，中共中央、国务院印发《国家综合立体交通网规划纲要》明确提出：

（1）改革开放特别是党的十八大以来，在以习近平同志为核心的党中央坚强领导下，我国交通运输发展取得了举世瞩目的成就。基础设施网络基本形成，综合交通运输体系不断完善；运输服务能力和水平大幅提升，人民群众获得感明显增强；科技创新成效显著，设施建造、运输装备技术水平大幅提升；交通运输建设现代化加快推进，安全智慧绿色发展水平持续提高；交通运输对外开放持续扩大，走出去步伐不断加快。交通运输发展有效促进国土空间开发保护、城乡区域协调发展、生产力布局优化，为经济社会发展充分发挥基础性、先导性、战略性和服务性作用，为决胜全面建成小康社会提供了有力支撑。

（2）我国交通运输发展还存在一些短板，不平衡不充分问题仍然突出。综合交通网络布局仍需完善，结构有待优化，互联互通和网络韧性还需增强；综合交通统筹融合亟待加强，资源集约利用水平有待提高，交通运输与相关产业协同融合尚需深化，全产业链支撑能力仍需提升；综合交通发展质量效率和服务水平不高，现代物流体系有待完善，科技创新能力、安全智慧绿色发展水平还要进一步提高；交通运输重点领域关键环节改革任务仍然艰巨。

（3）总体要求。统筹发展和安全，充分发挥中央和地方两个积极性，更加注重质量效益、一体化融合、创新驱动，打造一流设施、技术、管理、服务，构建便捷顺畅、经济高效、绿色集约、智能先进、安全可靠的现代化高质量国家综合立体交通网，加快建设交通强国，为全面建设社会主义现代化国家当好先行。

（4）工作原则。服务大局、服务人民；立足国情、改革开放；优化结构、统筹融合；创新智慧、安全绿色。

（5）国家综合立体交通网 2035 年主要指标见表 7.1。

表 7.1　国家综合立体交通网 2035 年主要指标表

序号	指标		目标值
1	便捷顺畅	享受 1 小时内快速交通服务的人口占比	80%以上
2		中心城区至综合客运枢纽半小时可达率	90%以上
3	经济高效	多式联运换装 1 小时完成率	90%以上
4		国家综合立体交通网主骨架能力利用率	60%～85%
5	绿色集约	主要通道新增交通基础设施多方式国土空间综合利用率提高比例	80%
6		交通基础设施绿色化建设比例	95%
7	智能先进	交通基础设施数字化率	90%
8	安全可靠	重点区域多路径连接比率	95%以上
9		国家综合立体交通网安全设施完好率	95%以上

（6）推进各种运输方式统筹融合发展。推动城市内外交通有效衔接。推动干线铁路、城际铁路、市域（郊）铁路融合建设，并做好与城市轨道交通衔接协调，构建运营管理和服务“一张网”，实现设施互联、票制互通、安检互认、信息共享、支付兼容。

（7）推进区域交通运输协调发展。建设“轨道上的京津冀”，加快推进京津冀地区交通一体化，建设世界一流交通体系，高标准、高质量建设雄安新区综合交通运输体系。建设“轨道上的长三角”、辐射全球的航运枢纽，打造交通高质量发展先行区，提升整体竞争力和影响力。粤港澳大湾区实现高水平互联互通，打造西江黄金水道，巩固提升港口群、机场群的国际竞争力和辐射带动力，建成具有全球影响力的交通枢纽集群。成渝地区双城经济圈以提升对外连通水平为导向，强化门户枢纽功能，构建一体化综合交通运输体系。

（8）推进都市圈交通运输一体化发展。建设中心城区连接卫星城、新城的大容量、快速化轨道交通网络，推进公交化运营，加强道路交通衔接，打造 1 小时“门到门”通勤圈。

（9）加快既有设施智能化。利用新技术赋能交通基础设施发展，加强既有交通基础设施提质升级，提高设施利用效率和服务水平。运用现代控制技术提升铁路全路网列车调度指挥和运输管理智能化水平。

（10）加强交通运输人文建设。完善交通基础设施、运输装备功能配置和运输服务标准规范体系，满足不同群体出行多样化、个性化要求。

随着新型城镇化的不断推进，长期以来发展缺位的市域铁路在我国将迎来难能可贵的发展机遇。当越来越多的城市开始布局市域铁路建设，如何解决已经出现的问题，将成为未来发展的关键所在。市域铁路是我国新型城镇化背景下，为城市核心区与外围城镇组团之间提供快速、大容量、“公交化”服务的轨道交通系统，是城市综合交通运输体系的重要组成部分，是支撑与引导大城市由单中心向多中心发展形态转变、促进新城发展的重要基础设施。

统筹多层次综合交通系统协调发展，梳理市域铁路与高速铁路、城际铁路、城市轨道交通的合理分工，加强各方式的高效衔接，提高城市交通组合效率，实现基础设施和运营服务方面的资源共享、互联互通，实现市域铁路与其他综合交通方式的无缝衔接和便捷换乘。

市域铁路与城市建设同步规划发展，贯彻 TOD 开发理念，综合开发沿线土地和站点，使城市产生空间延展效应，将城市带转变成功能区，从而实现区域一体化协调发展。同时探索市域铁路相关企业通过综合物业开发、物业租赁和管理等形式，构建综合开发溢价回收机制，补贴市域铁路基础设施建设。将交通、生活、商业、娱乐等功能设施与市域铁路站点（车辆基地）进行有机合理、形式多样的结合，不仅可以提升市域铁路服务水平和便利性，同时也可实现城市可持续发展。

7.3.2　我国市域铁路的技术规范和标准

1.《上海市域铁路设计规范（试行）》

我国的干线铁路和地铁的技术标准和规范较为齐全，但市域铁路有其自身的技术特性，所以不能沿用已有的干线铁路或地铁设计标准，制定一套具备地方特色并适用于上海这样的超大型城市的设计规范迫在眉睫，中铁上海设计院集团有限公司 2017 年初开始组织编制，于 2018 年 6 月 29 日发布了《上海市域铁路设计规范（试行）》（T/SHJX002—2018），目前正在进行上海市域铁路设计标准的地方标准编制工作。市域铁路与其他轨道交通系统相比在技术方面存在一定差异，要通过技术标准的构建，快速有效提高市域铁路的建设、运营水平。根据市域铁路的基本功能和大运量、快速度、通勤化的特征，市域铁路技术标准的功能性要求：如线路要连接沿线 5 万人口以上的城镇和旅游景点，以增强交通引导和提高客流聚集；车站要坚持设施简易、安全便捷，并且尽量设置于城镇中心，以实现旅客快进快出。对设计时速、站间距、敷设方式等提出了推荐而非强制性的要求，体现了针对性、合理性和先进性。中铁上海设计院集团有限公司标准编制组开展了一系列市域铁路关键技术研究，包括：市域铁路运营组织模式、车辆选型及关键参数、荷载与限界、线路平纵断面与线间距设置标准、桥梁荷载，刚度限值与桥面布置，隧道内净空设计标准等，适应市域铁路特点的轨道路基结构和减振方案、电力牵引供电、专用无线通信系统、列控系统、固定设施与移动设备维修养护、车站建筑及噪声振动治理等关键技术研究，取得了宝贵成果经验。

2.《市域快轨交通技术规范》

2019 年 7 月 26 日，中国城市轨道交通协会团体标准《市域快轨交通技术规范》在 2019 北京国际城市轨道交通高峰论坛上发布。

该规范适用于旅行速度在 50 km/h 及以上，最高运行速度在 100 ~ 160 km/h 范围内的多种城市轨道交通系统制式的新建、改建、扩建工程及运营维护技术工作。规范覆盖了市域快轨从规划到运营的全过程和市域快轨范围内的全制式（钢轮钢轨、单轨、磁悬浮）。

内容包括范围、规范性引用文件、术语和定义、基本规定、线网与线路、行车组织与运营管理、车辆、限界、轨道、区间工程（含路基、桥梁和隧道）、车站建筑与结构工程、供电、通信信号、机电设备、综合监控系统（含 FAS、BAS 和 ACS）、运营控制中心与信息化、车辆基地、防灾、节约能源与环境保护、施工技术管理、工程验收、试运营与运营维护共 22 章。

编制组在编制过程中，详细分析总结了我国城市轨道交通规范标准体系、现状以及市域快轨特点，提出双全覆盖理念，即覆盖市域快轨从规划到运营全过程，覆盖市域快轨交通范围的全部制式，并贯穿于该规范编写的全过程。特别强调市域快轨低建设投资、低运营成本、高旅行速度、高服务水平的特征，突出了市域快轨的特点以及与其他轨道交通的不同点。

该规范涵盖范围广、适应性强。市域快轨车辆涵盖了钢轮钢轨、胶轮和磁悬浮三种系统；供电涵盖了 AC 25 kV、DC 1500 V、DC 3000 V 和双流等多种制式；运营涵盖了单线独立运营、市域快轨间的互联互通、与城轨和城际铁路的互联互通三种模式以及单线多模式运营组织；区域轨道交通“三网融合”，涵盖中心城区轨道网、市域轨道网和城际铁路网的融合；以及市域快轨旅行速度和设计最高速度的区间相对性，旅行速度不低于 50 km/h，旅行速度为 50 ~ 60 km/h 宜选用设计最高速度为 100 ~ 120 km/h，旅行速度为 60 km/h 以上宜选用设计最高速度为 120 ~ 160 km/h。

该规范是在总结我国市域快轨交通规划建设的经验基础上编制，编制组调研了北京、上海、广州、南京、重庆、青岛、温州等地的多个市域轨道交通项目，包括已开通的上海 16 号线、温州 S1 线的实施情况。同时参考了地铁、城际铁路等轨道交通相关规范标准以及近期陆续颁布实施的市域快轨交通规范标准，充分考虑了规范标准间的协调性。该规范共分 22 章和附录，于 2019 年 12 月 1 日正式实施。

3.《市域（郊）铁路设计规范》

2020 年 12 月 24 日，国家铁路局批准发布《市域（郊）铁路设计规范》（TB 10624—2020），自 2021 年 2 月 1 日起实施。《市域（郊）铁路设计规范》在节约建设投资、提高投资效益方面主要采取了以下措施：

一是区间正线最小线间距，按 A、B、C、D 四种车型分别做出了规定，避免了单一线间距，正线间距更加经济合理，有利于节约建设用地。

二是相较于城际铁路乘车时间较短，优化了市域（郊）铁路舒适度标准，缩短了正线缓和曲线长度，可更好适应市区内工程环境，减少征拆工程。

三是根据我国不同地域气候特点，提出了寒冷及温暖地区道岔始端、终端至梁缝距离，减少了道岔连续梁长度、车站岔区长度及车站用地规模，降低工程造价。

四是桥梁设计采用的 ZS 荷载，相当于城际铁路设计荷载的 67%，并依据桥址温差规定了桥梁墩顶水平线刚度限值，当温差≤65 °C 时，常用简支梁刚度限值相当于城际铁路的 72%，显著降低了桥梁建设成本，优化桥梁景观效果。

五是相对于城际铁路，无砟轨道正线基床底层高由 1.5 m 调整至 1.4 m，优化了无砟轨道工程沉降控制标准，节约工程投资。

六是根据市域铁路运行速度较地铁高的技术特点，将救援速度适当提高，从而将全线设置停车线的间距扩大至“不宜小于 20 km”，体现了技术合理性和工程经济性。

7.4 市域铁路发展对策分析

7.4.1 市域铁路规划与建设

我国城市对市域铁路的重要性认识普遍不足，或虽能认识到市域铁路在城市交通中的重要性，但由于城市轨道交通修建起步较晚，中心城地铁线网尚存在巨大的规模缺口，受财政、资源限制，通常只能采取“先内后外”策略，将市域铁路的规划与建设向后推。

市域铁路系统规划不及时，会导致卫星城在缺乏快速交通走廊引导的情况下自由发展，进而影响城市整体规划。同时，大量的通勤客流转移到公路也会导致严重拥堵。考虑到城市发展带来的地价、物价和劳动成本上涨问题，规划建设越向后推，建设新线路所需成本就越高。

1. 市域铁路规划应加强改革引领、创新突破

市域铁路的功能主要是满足大区域空间的快速联系，特别是满足通勤 1 小时可达性要求，当都市圈规模足够大或具有某些特殊空间结构时，可考虑系统性地统筹规划市域铁路。面对市域铁路在行政、利益、模式、制式、标准、工程、运营、财务等多方面争议、博弈的情况下，需要以人为本，改革引领，创新突破，实现市域铁路的科学、理性、可持续发展。

市域铁路应尽量布局在城市功能核心区和城市拓展轴带上，慎重选择轨道线位、间距和站址，连接各类城市中心、副中心、新城、外围主要城镇和交通枢纽，实现城市功

能核心的互联互通、直连直通，尤其是与主要客源地的直接连通。对解决市域和中心城出行双重功能的市域铁路，宜采用直接穿越中心城的布局方式，避免端端接力而无法贯通。在轨道沿线，应对产业布局、用地规划进行重整优化，实现站城融合。市域铁路应更加注重运速、运能，因此在规划阶段应突破传统思路，充分考虑运营层面的要素，包括客流规模、发车间隔、可达性、直达性、越站运行、不同制式之间跨线直通等，以便在不同的空间圈层提供差异化服务。

轨道交通线网规划是根据城市总体发展要求，统筹人口分布、交通需求等情况编制的，是指导城市轨道交通长远可持续发展的总体性方案，是编制近期建设规划的基础，需具有前瞻性并预留发展空间。当前我国许多城镇正处于向更大、更高级的城市发育和形成过程中，必须吸取过去城市发展圈城式、摊大饼式的惨痛教训。因此，在城市发展过程中，必须重视规划，用科学合理的规划来指导城市发展。交通对城市发展有着重要的引导作用，优秀的城市交通发展规划对未来城市发展至关重要。科学的城市交通规划首先要提高科学性和前瞻性。例如，合理的地铁网和换乘站规划也可以缓解客流压力。

不同的交通模式由于其本身性能不同，在引导城市发展过程中有不同的作用。规划的编制必须立足于基本的国情市情，准确把握经济社会发展的情况和趋势，体现城市发展的长远战略。要深入研究各种运输方式的现代技术经济特征，综合考虑各自的比较优势及相互间的互补性，结合城市总体规划的需要，寻找最佳的线网布局和各种运输方式协调发展的方案。要从规划层面做好市域铁路发展的统筹，科学合理的规划是推动市域铁路发展工作的重要抓手。制定市域铁路发展规划需要从协调构建多层次轨道交通的角度出发，整合高速铁路、城际铁路、市域铁路、地铁、轻轨等各类轨道交通要素资源，突破传统的城市行政管辖界限，优化地区综合交通系统和轨道交通结构，理清楚市域铁路与城际铁路、城市轨道的关系，做好不同轨道交通系统的相互衔接和互联互通。

2. 市域铁路应加强建设工作

（1）市域铁路的建设应加强建设前期工作

为加快推进市域铁路的发展，指导意见已经明确了规划项目管理分工与程序。规划审批后，当地政府应该精心组织好项目建设前期工作，做好土地利用控制，并根据城市发展的总体安排、客运需求以及资金筹集等情况，科学选择适应国情市情的铁路技术标准，统筹安排好项目建设时序，最大限度地发挥项目的效率和效益。

近年来，很多城市的轨道交通建设规划规模调整频繁，造成新线建设主要换乘节点、资源共享和用地控制难以落实，这在一定程度上反映了线网规模超前考虑不足。究其原因，一方面在于我国正在加速城市化过程中，城市人口规模预计不足，几乎所有城市规划的人口规模未到规划年限就已超过规划控制人口；另一方面是决定城市总出行量的居民日均出行率随着经济社会发展在逐年提高，如上海市居民日均出行率 1995 年为 1.87 次，到 2009 年就提高到 2.23 次，在人口规模不变的前提下相当于总出行量提高了 19%。因此，在城市人口规模的预估和出行率的选取上一定要结合我国国情，充分考虑城市未来的发展。

从类比角度看，与国际同类规模城市的轨道交通线网相比，我国特大或大城市的轨道交通规划线网总体规模也是偏小的。以上海和东京为例，上海中心城相当于东京区部，上海市域相当于东京交通圈，但上海中心城和市域的线网密度分别为 0.88 km/平方公里和 0.16 km/平方公里，而东京相应指标分别为 1.31 km/平方公里和 0.36 km/平方公里；上海中心城和市域每万人拥有的线网长度分别为 0.49 km 和 0.43 km，均小于东京（见表 7.1）。此外，纽约、巴黎、伦敦在中心城的线网密度分别为 1.38 km/平方公里、2.02 km/平方公里和 1.31 km/平方公里，远大于上海中心城的线网密度。因此，线网密度和人均拥有长度也是衡量一个城市线网规模的重要因素。

表 7.2　上海与东京轨道交通线奥通线网指标比较表

指标	上海中心城	东京区部	上海市域	东京交通圈
面积/平方公里	663	621	6769	6451
人口/万人	1200	880	2424	3016
线网长度密度/（km/平方公里）	582	807	1051	2300
线网密度/（km/平方公里）	0.88	1.31	0.16	0.36
万人拥有长度/（km/万人）	0.49	0.92	0.43	0.76

从可持续发展角度看，如果当前的线网没有在规划层面得到控制，由于城市建设的快速发展，未来将很难找到轨道交通加密线路的通道。而通道资源在城市中是非常有限的，是不可再生的资源。因此，在城市轨道交通线网规划时，应尽量多预留未来轨道交通的建设通道，线网规划需具有前瞻性。

（2）市域铁路的建设时机时序应注重近远期结合

市域铁路的建设应注重近远期结合，既要具有前瞻性，适度超前，又要注意加快客流培育，避免市域铁路资源闲置和运营财务负担。适度超前重点是在城市建成区不断扩大的过程中，提前谋划并预控市域铁路的通道资源，以防未来因通道缺乏造成被动，并降低建设地下线带来的高昂造价负担。其次应合理把握建设时机，以轨道交通引领都市圈拓展和沿线土地优化。为加快客流培育，宜先行建设与城市中心和功能区直连直通的线路；综合分析轨道站距、运营速度、客流保障之间此消彼长的关系，审慎选择站距、站址；合理确定轨道运营时间、频次、票价，对长距离通勤客流比例较重的通道，要开行一定频次的快捷直达服务；优化站点周边土地利用，提高用地混合度和开发强度，扩大服务覆盖人群和岗位；尽量与大轨道交通换乘，形成网络规模效应，并和城市其他交通系统紧密融合，尤其是与中心城区的交通便捷衔接；出台土地等相关政策，增加轨道公司的利润来源，尽早实现财务盈利，减轻城市财政负担。此外，为减少市域铁路的站距、站址受沿线利益群体的影响，继而影响市域铁路建成后的实际运营效率。

（3）市域铁路建设建议

① 在缺乏足够资金新建市域铁路时，应提前做出规划。规划应预留出空间足够的走廊，以免日后因建成区侵占红线导致规划线条无法落地，避免产生高额的拆迁费用。

② 条件成熟的市域铁路应及早批复，及早投资，及早建设。先修建的地铁等市政交通工程应为规划中市域铁路做好预留，以免日后修建该线路时产生巨大的改造成本。

③ 规划线网时应有足够远见，避免频繁修改规划导致建成线路改造或预留工程废弃；或因规划运能不足导致线路建成营运后无法承受超出规划的客流。

① 在新建线路和利用既有铁路两种市域铁路建设方式上，优先利用既有铁路资源，在充分利用既有铁路的基础上，有序新建部分线路。

利用都市圈既有铁路的富余能力开行市域列车，或者利用线路进行局部线路改扩建和车站改造，可以盘活既有闲置资源，节约工程投资成本，实现资源的集约节约利用。当然，都市圈的既有铁路是按其当时其承担的功能建设的，有些线路即使适当改建也未必符合市域铁路的需求特征、服务的空间范围、服务对象等的要求。中心城区与周边城镇组团之间也会有轨道交通线路的空白，在尽可能利用既有铁路的基础上，要通过有序新建部分线路来完善市域铁路网络。

3. 系统规模确定问题

轨道交通系统规模取决于车型选择、列车编组和线路通行能力。轨道交通的土建工程具有难以、甚至不可改造的特点，根据测算，土建成本在全寿命周期成本中的比例不超过 20%，但一条线路建成后占用的城市通道资源是不能用经济来衡量的，是不可再生的。从城市轨道交通的可持续发展看，特大或大城市应选择宽体、大编组的列车。如日本东京的山手线采用 11 辆编组，13 条地铁线路中有 4 条采用了 10 辆编组；韩国首尔的 1 ~ 4 号线有超过 95%的车辆采用 10 辆编组；我国香港地铁、台北捷运均采用了 3.2 m 的宽体车等。而反观北京、上海、广州等特大城市的地铁线路，最大系统规模设计为 8 辆编组的 A 型车。从运营后面临的大客流拥挤现象看，其主要客运走廊上的线路均存在系统规模不够的问题。例如，北京地铁 5 号线和 10 号线开通不到一年，高峰高断面客流已接近远期的预测值；上海轨道交通投入运营的 14 条线路中，有 7 条线路高峰高断面客流超过原设计。针对运营线路系统规模设计不足的问题，有专业人员提出缩短运营间隔的对策，即提高行车密度，但据测算，从原设计 2 min 间隔提升至 90 s，对系统进行改造的费用远大于前期扩大系统规模而产生的土建规模增加的费用，且维持列车高密度运行对日常运营的安全压力非常大。因此，特大或大城市主要客运走廊的系统规模，除了土建规模要预留未来发展的弹性外，机电设备系统和土建的折返能力方面也要考虑预留可扩展的能力。

4. 合适的市域铁路规划技术指标

（1）地铁与市域铁路里程比例

东京、巴黎等国外大城市均有长度超过 1000 km 的市域铁路网，但地铁路网里程却通常限制在 300 km 左右。而我国大城市地铁路网远期规划均远远超过 300 km，这意味着单条地铁线路的里程过长，许多线路超过 30 km，部分线路甚至超过 50 km。过长的地铁线路会导致长途旅行速度下降，基建投资增加，同时也会诱使城市“摊大饼”式发展。地铁路网里程长，市域铁路路网里程短的线网结构会导致整体旅行速度下降，效率降低，效益变差。建议：控制中心城地铁线网规模与线路长度，避免地铁线路过度延伸至郊区；增加市域铁路长度，保证卫星城通勤旅客可通过市域铁路快速到达中心城；对于沿线客流较多的市域铁路走廊，可以根据客流大小采取开行快慢车或修建“市域铁路+地铁”四线的方式解决沿线客流与中长途通勤客流的冲突。

（2）合适的线网平面布局

城市轨道交通线网由地铁线网和市域铁路线网构成，两者在中心城区的功能既有重叠也有互补。地铁线网可充分照顾中心城区内部的通勤客流，而市域铁路可将郊区通勤人群快速送达中心城内各主要地区，还能够高速有效地解决穿城客流的问题。因此，中心城除地铁线网外，还应有独立的市域铁路线网。建议：借鉴东京、巴黎等国外大城市经验，中心城轨道交通网络规划普速、快速两个层次线网，其中市域铁路构成市域及穿城快速轨道交通网；普速地铁构成中心城普速轨道交通网；对于规模较大的城市，应视情况考虑修建环线。其中市区环线站距小、设站密度大、客运量大，主要起连接加强中心城路网、沟通不同方向放射线的作用；郊区环线站距大、设站密度小，主要起连接各卫星城作用。

（3）制式选择的灵活性

在我国城镇化进程中，市域铁路这种客运交通方式对于城市结构发展，形成多中心城镇体系有着重要意义，可以预计市域铁路的规划与建设将会得到进一步重视。由于市域铁路不同于地铁和国铁的特点，其技术标准和制式也应该有其独特之处。我国的轨道交通根据客运能力划分了 4 类线路，搭配 ABCD 等不同的车型。车型的级别越高，车厢越大，能装下的乘客也越多。我国建设地铁的核心思路是量力而行，经济适用。因此，诞生了被称为“小编组高密度”的设计理念，试图使用短编组列车高密度运行，降低车辆采购和站台建设成本。即使在全国地铁客流量最大的北京，地铁列车大多仅为 6 节 B 型车，即使把人挤成海绵，也最多只有 2087 个人。相比之下，纽约的地铁编组一般为 8 到 10 节，而东京的 JR 山手线，更是使用了长 11 节的 E235 系列车以提升运力。至于市域铁路所使用的车型制式，各城市是八仙过海、各显神通：最快的是采用 350 时速的电驱 CRH2C 城际动车组，8 节编组全坐席设置，例如天津—于家堡铁路；其次是采用 250 时速的电驱 CRH2A 城际动车组，8 节编组全坐席设置，例如上海金山铁路；有的采用 200 时速的电驱 CRH1A 型城际动车组，8 节编组全坐席设置，例如深圳福田—坪山快捷线；有的采用 160 时速的电驱 CRH6F 城际动车组，8 节编组部分站位设置，例如宁波—余姚铁路；有的采用 160 时速的内燃驱动“小动车”，车嘴不那么尖锐的动车头拖着 7 节旅游客车车厢，例如北京 S2 线（北京北—延庆）；有的采用 100 km 时速的中低速磁悬浮列车，车嘴更圆润的车头拖着 6 辆编组类似于地铁的车厢，可站立无洗手间，例如即将通车的北京 S1 线（苹果园—门头沟）；最慢的是采用 80 时速的电驱新型“准动车”，车嘴极圆润的车头拖着 4 辆编组类似于地铁的车厢，同样可站立无洗手间，例如即温州 S1 线。

以上市域铁路的制式可谓五花八门、精彩纷呈，不同风格的列车跑在城市乡间，成为一道时尚的风景线。但在突破城市行政边界的局限方面，目前尚未有联结大城市与相邻另一座地级城市的市域铁路项目落地。这种联结并不是通过高铁或城际铁路的模式来实施，市域铁路的特色，在于实现核心大城市与 50 ~ 100 km 区域内卫星城市的交通联结，因此科学设计的市域铁路，应该具备站距相对于地铁长、时速相对于地铁快、多班次准

“公交化”运营、无须提前购票、交通卡通刷、不对号入座等更类似地铁的功能。

（4）市域铁路发展试点

2018 年 6 月 28 日，国家发改委发布《关于促进市域铁路发展的指导意见》，提出至 2020 年，京津冀、长江三角洲、珠江三角洲、长江中游、成渝等经济发达地区的超大、特大城市及具备条件的大城市，市域铁路骨干线路基本形成，构建核心区至周边主要区域的 1 小时通勤圈；其余城市群和城镇化地区具备条件的城市启动市域铁路规划建设工作。《意见》还列出了全国市域铁路第一排试点项目表，如表 7.3 所示。

表 7.3　全国市域铁路第一批试点项目表

序号	项目名称	所在省（区、市）	项目类型
1	副中心线（北京西站—通州站）	北京	利用既有铁路开行列车
2	S5 线（黄土店站—怀柔北站）	北京	
3	金山铁路（上海南站—金山卫站）	上海	
4	天津—蓟州	天津	
5	北京—蓟州	北京、天津	
6	天津—于家堡	天津	
7	诸暨—杭州东	浙江	
8	余姚—宁波	浙江	
9	福田—深圳坪山	广东	
10	温州 S1 线一期工程（温州南—半岛）	浙江	利用既有通道新建
11	虹桥机场—浦东机场	上海	新建线路

针对市域铁路运营方面，一些国际性大都市的运营案例是可供参考的。综合国内外部分城市市域铁路行车组织和行车安排，对于近远郊明晰的线路，可以开行长短交路套跑的组合方式。对于较长路线，可以组织快慢车方案，在不同支线、不同时段、不同节日等也可采取不同的运营方式。此外，行车间隔不宜过大，要综合考虑设计年限客流量、列车编组与定员、系统服务水平、系统运输效率等综合因素。部分城市市域铁路行车组织和行车安排，如表 7.4 所示。此外，由于市域铁路乘客乘车时间较长，对列车的舒适度要求较高，因此相对地铁车辆来说要考虑增加坐席，减少站席，并根据旅途的长短考虑是否需要设置卫生间。

表 7.4　部分城市市域铁路行车组织和行车安排

城市和铁路名称	运营组织方式				行车间隔/min	
	共轨运营	快慢车结合	大小交路套跑	贯通或直通运营	高峰	非高峰
纽约	不同运营方之间的共线运营	快慢车结合	大小交路套跑		8~20	30~60
巴黎	B 线部分区域与 D 线共轨	快慢车结合、直达	大小交路套跑	主轴线贯通市区	3（B 线）	5（B 线）
伦敦	少部分线路与货运共线	快慢车结合	大小交路套跑		4~8 日	20~30
东京京王线	主线与支线之间共轨	快慢车结合	大小交路套跑	与地铁自动	2~10	10~20
上海金山线	“站站停”、直达				5	30
北京 S2 线	越站运行					34
香港东、西铁	“站站停”				3.5~4.5	5~7

为了加快市域铁路发展，目前在重点城市选择一批重点项目实施市域铁路发展示范工程，明确示范工程内容，系统总结实践经验，发挥典型示范作用，以点带面，点面结合，以期形成可推广、可借鉴、可复制的发展模式。我国超大、特大城市人口情况如表 7.5 所示。

表 7.5　我国超大、特大城市人口情况

城市	人口/万人	面积/平方千米	人口密度	备注
上海	2341.6	3820	6100	含太仓
北京	2100.9	3820	5500	
广州—佛山	2059.7	3432	6000	含佛山
深圳	1205.4	1748	6900	含惠阳区
天津	1092	2007	5400	
成都	1037.6	1541	6700	
东莞	844.2	1619	5200	
武汉	750.9	1166	6400	

续表

城市	人口/万人	面积/平方千米	人口密度	备注
杭州	727.5	1217	6000	
重庆	721.7	932	7700	
泉州	671	1528	4400	含石狮、晋江
南京	615.5	1269	4800	
沈阳	607.8	1010	6000	
西安	597.7	932	6400	含咸阳
青岛	581.6	1489	3900	
苏州	524.6	1127	4700	

（5）市域铁路应与其他轨道实现“多网融合”

为了在城市不同空间圈层上兼顾快速化、直达性、可达性和客流量，国家铁路网、区域轨道网、市域快线网和城市普线网四个层级之间没有明确的边界，应统筹考虑，实现“四网融合”，以最大程度发挥各层级轨道的比较优势。“多网融合”应体现在规划、设计、运营各个阶段。在规划设计阶段，应充分注重打破轨道层级壁垒，一体化统筹考虑，互联成网，以及普快结合、复合走廊等要素，并充分论证大站快车的越站运行、不同制式轨道间的跨线直通可行性等；在运营阶段，应实现不同制式之间票务一体化、安检一体化、运营时刻一张表、运营信息一体化等。

7.4.2 铁路既有线和通道资源利用

许多城市尤其是特大、大城市如北京、上海、广州、武汉、重庆等都有大量的城市内既有铁路。随着铁路建设不断发展，城市枢纽内既有铁路的功能和作用也发生了变化，一些铁路可能闲置下来，一些铁路由于货运外迁而使能力得到大幅度释放，还有一些铁路通过优化运输组织也可增加运力。因此，要在合理增量的同时，优先用好存量，通过对部分线路适当进行改造，充分挖掘枢纽内铁路富余能力发展市域运输，将城区内线路“以货为主”变成“以客为主”“辐射外部”变为“服务城区”，以解决城市的市域运输问题。

发达国家通常铁路发展较早，相应的，其城市既有线网也较为发达。如东京、巴黎等城市在 20 世纪早期便已拥有发达的铁路网络。随着城市化进程的加深，城市工业纷纷外迁，城市铁路货运需求减少，这些既有线网被大量改造为市域铁路，成为城市发展新的引导动力。与之相对应，我国铁路发展起步晚，在相当长的时间内发展缓慢，因此我国大城市大多依靠公路交通发展壮大。随着城市的扩大，原先连接城市与卫星城镇的公路逐渐转化为城市道路，失去了快速连接中心城与卫星城的功能。目前我国大城市与外围城镇的联系主要通过在中心城形态基本固定后新建的高速公路。这些干线公路大多采取封闭式管理，占地大，对城市空间切割严重。因此，为避免对既有建成区造成进一步切割，应将市域铁路的规划和干线公路的外移、城市快速路的修建结合，构建以轨道交通线为核心的新城市结构。

然而，许多城市包括一些借助铁路而发展起来的内陆城市，却因为种种原因而纷纷将原市区段铁路拆除外迁，并未考虑过将其改造为市域铁路的可能性。既有交通线一旦拆除，其用地很容易被其他建筑物侵占，从而破坏城市中已经存在的交通走廊。将这些建筑物拆除并重新恢复交通走廊的完整性无疑是成本高昂的，因此利用既有铁路改造成市域铁路，或利用既有铁路拆除后留下的空间新建更高标准的城市轨道交通线路，才是节约成本，提高效率的最佳方案，建议：

（1）对市区内既有铁路应认真研究其开行市域列车的可行性。如线路运能允许，尽量直接利用其开行市域列车；如线路运能不允许，则可提前规划，待其客货运功能弱化转移后将其改造为市域铁路。

（2）对于市区内的低运量或废弃铁路，在封闭拆除前应先分析其改造成为市域铁路或城市轨道交通线路的可行性。

（3）对于市区内目前尚有较大客货运量的铁路，如其线路经由具有改造成市域铁路的价值，则可考虑对该线路进行扩能改造，以开行与长途列车混行的市域列车，或沿该线路新建并行的市域铁路。

在整个城市范围内，市域铁路的作用需要在综合交通体系中竞争获得，竞争的基本方面无非速度、频率、价格、能力和舒适度五个方面。依托铁路，利用剩余能力开行市域列车，网络覆盖率低，能力不足且没保证，运行间隔过大，车站位置偏僻，普速线路速度不高等一系列问题。这些因素导致目前市域列车在出行速度（包括候车时间），平均价格和运输能力上基本没有优势，优势可能就是宽松的车厢环境。

7.4.3 交通、产业、空间的协同布局

1. 引导统筹规划层面

作为城市重要基础设施，市域铁路发展要以规划为先，充分协调各方需求，整合纳

入土地利用总体规划和城市总体规划。通过规划的协同，在顶层设计层面发挥市域铁路作为城市重要基础设施对于城市空间、功能布局的影响，加强对都市圈空间结构优化、产业布局调整的作用，做到交通、产业、空间的协同布局。强调市域铁路发展要面向新型城镇化建设需要，适应现代城市发展新要求。市域铁路通常位于城镇密集区域，与城市发展、与产业组织的关系密切，推进市域铁路发展不仅是要完善基础设施建设，还应该以城镇建设为载体、以优化功能分工和产业布局为目的，协调处理好发展过程中的交通、产业、空间关系。

2. 强化综合交通体系中的地位

市域铁路是多元化综合交通体系的组成部分。要做好与重要交通枢纽的联系对接，包括接入机场航站楼、引入高铁枢纽等，通过无缝换乘等措施实现市域铁路与枢纽设施的整合。在面向城市的布局方面，市域铁路线路要深入城市的核心内部，尽量避免多次换乘，提高门到门的出行效率。市域铁路还要做好与其他集散交通方式的组织衔接，统筹考虑与道路系统、公共交通系统、步行与自行车系统、停车系统等相关系统的协调，通过一体化的衔接提高城市交通资源的配置效率和城市交通系统的服务水平。

都市圈交通体系是各种交通方式相互协作、互相补充的整体，不是简单地在空间上相互衔接。都市圈内的经济联系强度、通勤联系强度、协作效率要远大于与圈外区域的联系，超出一定的出行时间成本和费用成本，采用与城市群联系强度、联系成本相匹配的交通组织模式更为合理，不能无视都市圈与城市群工作机理的差别，没有区分地予以配置。日本东京都市圈多层次的轨道交通的组织方式中，各层级轨道交通不是简单的“城市轨道+市域轨道”的换乘模式，很多市域轨道可直接驶入城市轨道直通市中心，大大缩减了外围地区与中心区的通行时间，也使得东京都市圈突破行政范围，形成了经济意义上的“都市圈”。例如，从南京新街口到高淳老街的公共交通路径是“地铁 1 号线—市域轨道 S1 线—市域轨道 S9 线—高淳 105 路环 2 环的接力模式，空间距离 95 km，时间距离 2 h 15 min。因此，都市圈建设不能过于追求“形态圈”和圈的空间范围大小，都市圈也不是想要多大就能多大的，可以突破行政范围，同一行政范围内的区域也不见得就一定属于同一个都市圈。

3. 做好沿线站场综合开发工作

市域铁路在站场综合开发方面具有较强的比较优势。由于位于大城市的外围地区，市域铁路的站场开发条件通常较好，既没有城市轨道在城市中心设站面临的设施已经建成、开发空间受限等困扰，同时这些地区也具备很好的人口集聚和产业吸纳能力。还要做好与其他交通方式的衔接和共享，尤其是如何与城际轨道、地铁、公交车之间进行无缝的衔接。要统筹多层次轨道交通系统协调发展，科学把握市域铁路与干线铁路、城际铁路、城市轨道交通等线路的合理分工，加强各种交通运输方式及不同层次轨道交通系统的高效衔接，提高城市交通组合效率。从便捷乘客出行，提高与其他公共交通的竞争优势，宜缩短在途时间，国外一些城市的经验也表明，主城和卫星城之间 1 小时的通达时间是比较有吸引力和竞争力的。

4. 规范市域铁路审批流程

市域铁路新建项目由省级政府审批，批复文件抄送国家发展改革委、住房城乡建设部、交通运输部、国家铁路集团公司等相关部门。在国家发布的《关于促进市域铁路发展的指导意见》中指出：至 2020 年，京津冀、长江三角洲、珠江三角洲、长江中游、成渝等经济发达地区的超大、特大城市及具备条件的大城市，市域铁路骨干线路基本形成，构建核心区至周边主要区域的 1 小时通勤圈；其余城市群和城镇化地区具备条件的城市启动市域铁路规划建设工作，并给出《市域铁路第一批试点项目表》。可见，未来将会有一大批城市提出修建市域铁路的要求，包括有关既有铁路相应的改建与运营方案，等待有关部门的审批。

7.4.4 做好投融资与商业模式创新

树立 TOD（以公共交通为导向的开发）理念，发挥市域铁路对新型城镇化的支撑服务作用，集约利用资源，拓展城市综合服务功能，提高城市综合承载能力；依托市域铁路通道推进城市新区和外围城镇组团建设，引导人口布局，不断优化城市空间。在资金来源上，可建立政府投入、各类金融机构和社会资本相互支持的多层次、多元化投融资体系。充分发挥市域铁路具备稳定现金流的优势，拓展资金来源，探索吸引保险资金、企业年金等长期资本参与市域铁路发展。支持通过企业债券、公司债券、非金融企业债务融资工具等方式融资。鼓励金融租赁公司研发适合市域铁路特点的金融产品，采用直接租赁、售后回租等形式提供融资服务。另一方面，市域铁路建设和运营在拉动区域经济发展，带动沿线土地、矿产等资源开发上发挥重要作用，产生了良好的社会效益。

发挥综合开发效能，在市域铁路建设过程中深度整合站场综合开发，能够在优化城市整体空间结构、疏散中心城区人口、改善郊区开发利用环境、引导产业组织布局等方面发挥作用。通过推动市域铁路站点与周边影响范围内土地开发统筹规划，推动市域铁路设施与公共服务设施、商业开发设施一体化建设，利用土地开发增值收益弥补轨道交通建设及运营成本，既能有助于实现市域铁路自身的投资与收益平衡，又能有利于实现沿线交通、产业、空间一体化发展。作为新事物，市域铁路在我国的发展模式与操作方式还面临进一步探讨。随着参与市域铁路发展主体的日益多元化和利益诉求的更加多样化，企业、公众对于参与轨道交通发展决策的积极性不断提高，多方协调需求更加迫切。对此，需要强调以体制机制创新为动力，以典型示范工程为抓手，鼓励各地在具体的实践过程中趟出新路子。地方也应该结合自身情况特点，通过制度改革与体制机制创新为市域铁路发展提供深化支撑。例如，2017 年，香港地铁赚了一百多亿港币，这是因为香港地铁在修建新线路的时会同步开发沿线房地产，从而获得土地增值收益。

推动市域铁路的发展工作不能只靠政府，投融资与商业模式方面更需要形成创新亮点。市域铁路线路大多位于中心城市的外围地区，产业集聚能力好，土地升值空间大，在站场综合开发和构建交通引导发展 TOD 模式方面具有先天优势。当前我国城市规划更多强调对建设的规划设计，忽视运营管理和投融资等方面内容，缺乏更加全面的协调。市域铁路作为与城市发展联系紧密的基础设施，需要城市规划就一体化开发需求制定相应的流程，并且通过规划制度的设计更大可能发挥对市场主体的激励作用。例如日本，在都市地区不动产开发中就提出集约化引导的容积率奖励概念，轨道站点及周边开发对城市建设带来较大的改善，项目开发商将得到突破法定容积率的额外奖励，由此促进轨道站、枢纽站与土地的深度融合。

支持通过既有铁路站场土地综合开发，盘活利用既有铁路设施，规范推进新建市域铁路站场土地综合开发。鼓励市域铁路相关企业通过物业开发、物业租赁和管理、车站和车辆商业开发等形式，构建综合开发溢价回收机制，支持市域铁路发展。土地出让模式是制约市域铁路综合开发能否实现的关键。借鉴城市轨道方面的经验，上海、深圳等城市就站点一体化开发与土地出让方式创新等做了一些探索值得吸纳，但对比香港还存在差距。按照香港“轨道+物业”的开发经验，政府出资注入港铁，港铁按照商业准则实行市场化操作，通过政府特许的土地供应，形成土地溢价回收和分配，在这个过程中，通过提前收储、特许协议出让、土地分层出让等措施确保土地得到供应。

推动市域铁路发展要通过投融资机制和商业模式创新，更大程度要发挥交通引导下的土地增值效益，通过拓展投融资渠道，参照商业运作办法推进市域铁路项目，比如发挥前期策划作用，为市域铁路及综合开发方案提供盈利保障。还要进一步加强公私合营PPP方面的创新，通过加强政府信用、特许经营、商业纠纷仲裁等方面制度建设，探索灵活适用的运输服务价格形成机制和综合开发权益分配模式，吸引更多社会资本参与并助力市域铁路的发展。

随着新型城镇化工作的不断推进，长期以来发展缺位的市域铁路在我国将迎来难能可贵的发展机遇。市域铁路在很多方面具有比较优势，推动过程中需要加强对市域铁路典型特点和价值作用的关注，注意与铁路、城市轨道交通系统的区别联系，有针对性地满足都市圈和城市群等需求市场要求，扩大有效供给。

市域铁路发展需要集中精力、紧抓要点，运用结构性改革和体制机制创新等办法在发展机制构建、发展规划制定、标准体系建设、投融资和商业模式创新等方面取得突破。随着交通供给侧结构性改革的不断推进，城镇化发展需求的进一步凸显，市域铁路在我国将迎来良好的发展前景，为支撑和引领城镇化建设发挥重要的作用。

解决好建设资金是加快市域铁路发展的关键，必须要在投融资体制改革上迈出更大步伐，进一步拓宽融资渠道、创新融资机制。在新的形势下，市域铁路建设在发展理念、建设方式、运管模式、投资融资、标准体系等方面有许多问题需要探索和解决。政府除了加大资金支持力度外，可以引进社会资金，尤其在东部发达地区，可以通过引进企业资本、自然人资本等，共同参与项目的投资、建设、运营和管理等。即可以运用各种金融工具比如设立专项基金、发行债券、定向募集等筹集一定资金，还可以通过给予铁路沿线土地开发权吸引企业参与投资，有条件的还可以采用BOT、PPP等投融资模式。城市内如有可利用的既有铁路线，铁路部门也可以通过入股或置换给予必要的支持。然而，推动市域铁路的发展工作不能只靠政府，投融资与商业模式方面更需要形成创新亮点。市域铁路线路大多位于中心城市的外围地区，产业集聚能力好，土地升值空间大，在站场综合开发和构建交通引导发展TOD模式方面具有先天优势。

7.4.5 创新运营管理模式

1. 采取一体化管理

即集建设、运营、沿线商业开发于一体的公司制模式；或者把建设、运营、沿线商业化开发分别由专业化公司承担。前者经营管理的成本较大，对公司管理水平要求高，后者机制则较灵活。不管采用哪种模式，都必须根据各个城市的具体情况合理选择。对于经济发展水平高、投融资环境好、市域线网规模大、市场经营开发前景好的城市，可以组建一体化公司统筹市域铁路的建设和运营管理。为了节约成本，在前期线路较少时也可先委托铁路集团公司等帮助运营。无论采取哪种经营管理模式，运输组织和服务理念一定要适应城市交通的特点，实行小编组、“公交化”运输。

对于客流量大的并行区段，建议市域铁路与地铁线路并行修建，地铁线路采取小站距，市域铁路采取大站距；在较不繁忙的并行区段，市域铁路可与地铁共线运行，但应当采取快慢车模式，市域列车只停大站。相应的越行站配置应当在线路规划时一次性设计完成。

鼓励多种制式，推进新型装备研发，完善市域铁路列车谱系，建立具有国际竞争力的装备产业链。市域铁路适用范围广，对各类资源的整合要求和力度较大，各级政府、铁路企业和社会资本都需要参与到市域铁路的发展工作中去，因此推动市域铁路发展首先要以体制机制构建为基础，凝聚共识、形成合力。

2. 市域铁路可持续发展的体制与机制

市域铁路是公共交通的重要组成部分，公益性突出、社会效益显著。市域铁路建设投资巨大，为适应通勤需要一般运营采用低票价，因此市域铁路的经济效益普遍较差，特别是远郊线路客流量少，且集中分布在上下班时段，运营的直接经济效益不好。在我国，推进市域铁路健康发展，必须解决市域铁路的建设资金，保障运营中的经济和财务可持续。从投融资体系、运营补偿机制、土地综合开发等方面，切实提出推进市域铁路可持续发展的体制机制。

市域铁路的公益性特征决定了政府在其建设中负有重要义务。市域铁路投资大，在特定政策支持下可经营、可盈利，能够吸引社会资本投入，加大政府资金投入支持市域铁路，同时鼓励建立多元化投融资体系，全面向社会资本放开市域铁路从投资建设到运营管理的各个环节，鼓励企业创新融资工具，支持各类金融企业、保险机构等以多种形式参与市域铁路的建设。政府对市域铁路企业承担公益服务责任、实施低票价等造成政策性亏损给予补贴，是欧洲国家采取的普遍做法。北京、成都、上海等城市在利用既有铁路线路或与铁路企业合作运营市域铁路中，探索出多种合作方式和运营管理模式，如政府购买服务、低票价补贴等。同时也要注意到，市域铁路客流水平受城市经济社会发展影响较大，为保证市域铁路在建成后不致长时期欠负荷运营或短期内频繁扩容改造而对运营产生干扰，并节约初期的建设投资，市域铁路应经济合理地分阶段进行投资建设。市域铁路近、远期设计年度宜与国家铁路相同，对于易改、扩建的建筑物和设备，可按近期运量的运输性质设计，并预留远期发展条件，基础设施及不易改、扩建的建筑物和设备，应按远期运量和运输性质设计，对于随运输需求变化而增减的运营设备。

市域铁路由于公益特性，在票价上实行较低的政府指导价，尽可能贴近老百姓的生活，因此很难依靠自身的运输赢利。政府必须加大政策支持力度，比如用其他收益对运输企业予以补贴等，才能有利其可持续发展。对于市域铁路，目前一些城市正在进行大胆尝试，并取得了良好效果。同时，要加大市域铁路客运产品开发力度。建立政府购买服务长效机制，统筹城际列车和市域列车开行能力，打造京津冀、长三角、珠三角、长江经济带等城市群、都市圈快线产品。强化换乘衔接，补强配套设施，做好新线规划建设、设施扩容，规范售票及乘降流程，促进市域列车“公交化”开行。选择合适线路推广应用手机便捷扫码进站。

3. 运营管理的优化

我国城市轨道交通运营组织比较单一，很少考虑交路和快慢车组织优化问题，市域铁路线路可以采用多种交路和多种停站方式，这种跨站运营的模式既能保证通道资源的高效利用，又能满足乘客的个性化出行需求。

对于新建的市域铁路，可以根据客流大小和运营需求，考虑车辆等候越站，规划四股道双复线，以具备运营组织创新的前提条件；运营班次根据需求可以分成特快、快、普快等线路，实现跨站运营。特快线路具有运营速度快、停靠站点少的特点。速度较慢的普速线路停靠站间距较小，以保证市域铁路沿线地区的可达性。

我国大城市的市域铁路和地铁采用相同的制式时，可依客流需求，在过站客流大的区段，开通直通运营线路。直通区段的起终点可灵活设置，郊区线路可全线或部分区段参与直通。在高峰时段，开通连接郊区大型住宅区和中心商务区的通勤线路，从而减少乘客换乘次数和出行时间，提升轨道交通系统的整体运输效率和服务质量。

市域铁路是市域范围多层次快速轨道交通的组成部分，市域铁路各线间及其与其他不同交通方式间的客流交换，结合客流需求特点及关联线路之间的技术条件可采用旅客换乘和关联线路间贯通运营的宿接方式予以实现。采用换乘方式时，市域铁路上仅运行本线列车，运营组织简单，列车间相互干扰少，行车组织相对容易，能充分发挥市域铁路运力大的特点。为实现与国家铁路和城市轨道交通的无缝衔接，提高服务质量，在重要节点可采用同站换乘的方式来实现与国铁与地铁的互联互通，开行跨线列车虽可便捷到达目的地，实现客运服务的延伸，提高铁路服务质量，但受制于市域铁路与国家铁路和城市轨道交通在建筑限界、牵引供电方式，设计荷载、车辆类型和列车运行控制系统等主要技术标准方面的差异性，仅在关联线路之同的技术条件协调匹配时，方可实现，且需要修建跨线联络线，需增加较大的工程投资，特别是在城市中心地区，工程实施难度大。因此，市域铁路可自成体系独立运行。

7.5 市域铁路发展展望

近几十年来，我国在轨道交通领域取得了举世瞩目的成绩，全球规模最大的高速铁路网和以地铁为主体的城市轨道网基本成型。但在轨道交通基础设施快速发展的进程中，我国大城市与都市圈范围内的轨道交通系统层次尚不完善，为中心城与外围组团之间提供快速、大容量、公交化交通服务的市域铁路层次缺失、发展滞后，对比欧、美、日等市域铁路发展成熟的国家和地区，我国市域铁路尚处在初级发展阶段。随着国家新型城镇化建设的加速推进和国家对于市域铁路发展的政策支持，长期以来发展缺位的市域铁路在我国将迎来难能可贵的发展机遇。

市域铁路的发展势必从线网规划、体制机制建设、技术标准体系构建、运营管理模式、智慧市域铁路、多层次轨道交通融合发展等方面取得长足进展。同时为扩大交通有效供给、缓解城市交通拥堵，改善城市人居环境，优化市域空间布局，促进新型城镇化建设，市域铁路将会越来越多地受到地方政府、国家铁路和社会资本的重视，发挥越来越大的作用。

总之，立足于我国都市圈和城市群发展的新阶段、新需求，坚持新发展理念，积极有序推进市域铁路规划建设，增强市域铁路有效供给能力和服务水平，对于完善城市综合交通运输体系、引领现代化都市圈发展具有重要意义，也是支撑都市圈高质量发展的必由之路。

我国在轨道交通领域取得了举世瞩目的成绩，全球规模最大的高速铁路网和以地铁为的城市轨道网基本成型。但在轨道交通基础设施快速发展的进程中，我国城市群范围内的轨道交通系统组织层次尚未理顺，为中心城与外围组团之间提供快速、大容量、公交化公共交通服务的市域铁路层次缺失、发展滞后，对比欧、美、日等市域铁路发展成熟的国家和地区，我国市域铁路尚处在初级发展阶段。随着国家新型城镇化建设的加速推进，长期以来发展缺位的市域铁路在我国将迎来难能可贵的发展机遇。为扩大交通有效供给、缓解城市交通拥堵，改善城市人居环境，优化市域空间布局，促进新型城镇化建设，市域铁路将会越来越多地受到城市政府、国家铁路和社会资本的重视，发挥越来越大的作用。

参考文献

[1] 曲思源．长三角高速铁路运营管理创新[M]．成都：西南交通大学出版社，2019.

[2] 毛保华、高自友、柏斌．城市轨道交通网络运营组织理论与方法[M]．北京：人民交通出版社股份有限公司，2018.

[3] 贾俊芳．旅客运输组织[M]．北京：中国铁道出版社，2016.

[4] 陈明莉. 国铁参与城市轨道交通投资建设和运营的探讨[J].《铁道运输与经济》,2010，32（8）：61-64

[5] 袁新宇．成灌市域铁路经营管理模式化探讨[D]．成都：西南交通大学，2012.

[6] 刘先梦．市域铁路快慢列车开行方案研究[D]．同济大学，2015.

[7] 陈孟乔，施仲衡，刘建坤．国外主要城市市域铁路发展现状分析及启示[J]．综合运输，2010（3）：77-81.

[8] 明瑞利，叶霞飞．东京地铁与郊区铁路直通运营相关问题研究[J]．城市轨道交通研究，2009（1）：21-25.

[9] 孙颖，林航飞．巴黎轨道交通系统及对我国的启示[J]．交通科技与经济，2010（1）：32-35.

[10] 颜颖，方奕，李得伟．德法市域铁路运营管理特点分析[J]．都市快轨交通，2012，25（4）：123-126.

[11] 徐行方，戴风，鲁海涛．上海金山市域铁路客流特征调查分析[J]．城市轨道交通研究．2013，16（10）：99-102.

[12] 汤莲花，徐行方．国外典型都市圈市域铁路发展与启示[J]．中国铁路，2018，9.

[13] 住房和城乡建设部标准定额研究所．市域快速轨道交通规划与设计原则，我国建筑工业出版社，2018.

[14] 郑晓薇．北京郊区线（市域快线）技术发展策略研究[D]．2018.

[15] 曲思源．城际铁路运营组织与管理[M]．北京：中国铁道出版社，2017.

[16] 江志彬．城市轨道交通网络列车运行组织与管理[M]．上海：同济大学出版社，2018.

[17] 孔繁钰，翟长旭，刘海洲. 大都市区市域铁路规划方法与实践[M]. 成都：西南交通大学出版社，2017.
[18] 毕湘利. 当前轨道交通发展中几个技术问题的思考. 同济大学运输系成立 60 周年报告，2018，5.
[19] 赵峻. 高速铁路开通准备及运营[M]. 北京：中国铁道出版社，2016.
[20] 曲思源. 铁路运营组织与管理系统分析[M]. 北京：北京交通大学出版社，2019.
[21] 张沛，王超深. 世纪交通网，中国大都市区市域快轨发展滞后的原因. 2019. 6.
[22] 南京院. 中国城市交通发展论坛域快线规划与建设 国城第二十二次研讨会成果摘要. 2019. 6
[23] 张鸿. 市域快速轨道交通系统制式比选分析[J]. 城市交通，2019，8